Trivial Pursuit™ Encyclopaedia

Le Dictionnaire

CRÉMER / NÉGIAR

Trivial Pursuit™ Encyclopaedia

Le Dictionnaire

EDITION GENUS™

Edition• 1 - Marabout

AVERTISSEMENT

TRIVIAL PURSUIT ENCYCLOPAEDIA ©, Le Dictionnaire, a pour but de compléter et préciser les réponses du jeu TRIVIAL PURSUIT ™.
Il en est la référence officielle.

TRIVIAL PURSUIT ENCYCLOPAEDIA © se consulte alphabétiquement. Pour simplifier vos recherches, en effet, nous avons choisi de traiter ensemble toutes les rubriques (Géographie, Divertissements, Histoire, Arts et Littérature, Sciences et Nature, Sports et Loisirs).
Il vous suffit donc d'aller directement au mot (nom propre ou commun) qui figure dans la question ou dans la réponse, pour trouver les informations que vous souhaitez.

TRIVIAL PURSUIT ENCYCLOPAEDIA © répond à trois objectifs :

- **Arbitrer les litiges.**

Il peut arriver que la réponse donnée par GENUS vous paraisse contestable.
Exemple : Si l'on vous demande quel est le premier jour de la semaine, sans doute répondrez-vous « lundi ». Or votre adversaire, consultant la réponse, rétorquera : « Non, c'est dimanche ».
Dans ce cas, reportez-vous l'un et l'autre à « **DIMANCHE** » pour dissiper le malentendu :

> **DIMANCHE.** – Ce mot vient du latin ecclésiastique *dies dominica,* jour du Seigneur, c'est-à-dire dernier jour, après les six jours de la Création, consacré au repos de Dieu.

Mais, en langue anglaise, il est bien le *premier* jour de la semaine, car *sunday* signifie jour du soleil et correspond donc au calendrier romain original, qui le nommait *solis dies* et le plaçait en première position dans la liste des jours. La version française du jeu TRIVIAL PURSUIT ™ ayant été en partie élaborée à partir de la version américaine, voilà sans doute qui explique cette réponse, surprenante pour un Français.

- **Prévenir toute frustration.**

Si vous ne comprenez pas la question posée ou la réponse donnée, TRIVIAL PURSUIT ENCYCLOPAEDIA © vous explique... pourquoi vous avez perdu!

Exemple : *Question :* Où se trouvent les jardins d'Hamilcar?
Réponse : A Megara.

TRIVIAL PURSUIT ENCYCLOPAEDIA © :

HAMILCAR. – Il s'agit d'une allusion à la première phrase du roman de Flaubert *Salammbô* : *C'était à Megara, faubourg de Carthage, dans les jardins d'Hamilcar.*

- **Satisfaire votre curiosité.**

Souvent, vous avez envie d'informations complémentaires. Lorsque GENUS vous apprend, par exemple, que le spectacle favori du prince Rainier III de Monaco est le cirque, vous voudrez peut-être savoir pourquoi. Et vous le découvrirez immédiatement en consultant l'article : **RAINIER III DE MONACO ET LE CIRQUE.**

TRIVIAL PURSUIT ENCYCLOPAEDIA ©, Le Dictionnaire, répond donc à ces trois objectifs; mais il est aussi un recueil d'anecdotes qui vous distrairont et vous instruiront. Après l'avoir consulté, vous en saurez plus sur Céline, Pearl Harbor, Babar, La Pléiade, le Yeti, Beaumarchais, mais aussi sur ce que nous réserve le Soleil, etc.

Crémer/Négiar.

A

ABEILLE, symbole de l'Empire napoléonien à partir de 1812. L'aigle, utilisée sous l'Empire romain, fut réintroduite sous Napoléon par le décret du 21 août 1804. En 1815, la fleur de lys royale fut rétablie, et l'aigle réapparut sous le Second Empire.

ABÉLARD (Pierre) (1079-1142), théologien et philosophe français. Sa liaison avec Héloïse et l'émasculation dont il fut victime donnèrent le jour à l'une des plus belles correspondances amoureuses du Moyen Âge.

ABLETTE (du latin *albulus*, blanchâtre), petit poisson d'eau douce qu'on trouve principalement dans les lacs.

ABOLITIONNISTES, partisans de l'abolition de l'esclavage. Connu depuis 6 000 ans, l'esclavage a eu de tout temps des adversaires, les abolitionnistes – en Égypte, avec les Hébreux et leur chef Moïse, en Grèce et à Rome, mais surtout à partir du XVIe siècle et de la découverte de l'Amérique, où des esclaves furent transplantés d'Afrique. Ce n'est qu'à la fin du XVIIIe siècle en Angleterre, et au milieu du XIXe aux États-Unis, que le mouvement abolitionniste gagna du terrain. L'esclavage fut condamné à Genève en 1926.

ABOMINABLE HOMME DES NEIGES, voir **YÉTI**

ABORIGÈNES D'AUSTRALIE, premiers hommes venus d'Asie, vers 40 000 av. J.-C., habiter l'Australie, alors sans doute reliée à la Nouvelle-Guinée. On estime à quelque 150 000 le nombre de leurs descendants actuels.

ABOVILLE (Gérard d'). – C'est en août 1980 qu'il traversa l'Atlantique à la rame, en 72 jours, ce qui constitua un nouveau record (cap Cod–Brest). La première traversée de ce genre avait été réalisée en 1969, par John Fairfax, et avait duré 6 mois.

ABWEHR, service de renseignements de l'armée allemande entre 1925 et 1945. Hitler fit exécuter son chef le plus célèbre, l'amiral Canaris (1887-1944).

ABYSSINIE (de l'arabe, peuples mélangés), ancienne contrée comprenant la Somalie, l'Érythrée, et une partie du Soudan.

ACADÉMIE DES GASTRONOMES. – Son siège se trouve au 23, rue d'Artois, dans le 8e arrondissement, à Paris. Fondée en 1928, elle ne compte que 40 membres, dont des journalistes et des présidents d'autres associations de gastronomes, lesquels échangent régulièrement leurs vues culinaires chez *Maxim's*.

A CAPELLA ou **A CAPPELLA** (de l'italien « à la chapelle »). – Les compositions musicales *a capella* sont des œuvres chorales sans accompagnement instrumental, comme c'était l'usage dans les anciennes chapelles.

ACAPULCO, ville située sur la côte ouest du Mexique, dans l'État de Guerrero. Elle est célèbre notamment pour les plongeons vertigineux auxquels s'y livrent, depuis plus de 30 mètres, quelques téméraires.

AC/DC, groupe de rock-and-roll new-wave des années 70. Littéralement, AC/DC signifie en anglais, courant alternatif/courant continu (*alternate current/direct current*), et familièrement à voile et à vapeur.

ACÉTILSALICYLIQUE (acide) (d'*acétyle* et du latin *salix*, saule), agent antalgique et anti-inflammatoire, plus connu sous le nom d'aspirine, qui fut découvert en 1853 par le chimiste français Charles Gerhardt (1816-1856).

ACÉTIQUE (acide), acide auquel le vinaigre doit son goût (CH_3 CO_2 H).

ACHAB (capitaine), héros du roman de Herman Melville, paru en 1871, *Moby Dick*.

ACHARD (Marcel Augustin Ferréol, dit Marcel) (1899-1974), auteur dramatique français. *Patate*, l'une de ses comédies, fut écrite en 1957. Il est également l'auteur de *Jean de la lune*, qui révéla, en 1929, un grand comédien, Michel Simon. Il existe des extraits de *Jean de la lune*, avec Michel Simon et Armontel, enregistrés sur disque Columbia-Pathé-Marconi, 45 ESJFIA.

ACHILLE, personnage central du poème d'Homère *L'Iliade*, racontant un épisode de la guerre de Troie et rédigé aux environs de 850 av. J.-C.

ACKERMAN, voir **AKERMAN**

AÇORES, archipel volcanique de neuf îles dans l'océan Atlantique, d'une superficie de 2 335 km² pour 260 000 habitants.

ACREMANT (Germaine) (1889-), romancière française. Son livre *Ces dames aux chapeaux verts*, paru en 1921 chez Plon, fut un best-seller de l'époque.

ACROPOLE (du grec *akros*, élevé, et *polis*, ville). – Celle d'Athènes était considérée, au Ve siècle av. J.-C., comme la résidence des dieux et des demi-dieux. Y furent édifiés, grâce à Périclès, notamment l'Érechthéion (lieu réservé aux offrandes aux dieux) vers 660 av. J.-C., les Propylées, le temple d'Athéna, et le Parthénon.

ACTÉON, dans la mythologie grecque, fils d'Aristée, élevé par Chiron. Ayant surpris Artémis au bain, il fut métamorphosé en cerf et dévoré par ses chiens.

ACTOR'S STUDIO, école d'art dramatique fondée en 1947 à New York par Lee Strasberg, disciple de Stanislavski, auteur et metteur en scène russe (1863-

1938). Cette école compta dans ses rangs des comédiens tels que Marlon Brando, James Dean, Montgomery Clift, Paul Newman, Jane Fonda, etc.

ACUPUNCTURE ou **ACUPONCTURE,** médecine consistant à piquer avec des aiguilles certains points très précis du corps, correspondant à des lignes de force vitales.

ADAM et ÈVE, voir **ÈVE**

ADAMO (Salvatore) (1943-), chanteur belge de variétés, également comédien. *Vous permettez, monsieur?* est l'un des succès qu'il connaît dans les années 60, et qui le place à cette époque devant les Beatles. De même, en 1967, *Inch Allah* le place devant Johnny Hallyday.

ADENAUER (Konrad) (1876-1967), chancelier ouest-allemand de 1949 à 1963. Président du parti chrétien-démocrate. Hostile au marxisme, partisan des thèses libérales, il créa avec le général de Gaulle une politique d'entente avec la France et l'Europe.

ADER (Clément) (1841-1925), ingénieur français. Devenu riche grâce à ses inventions électriques (parmi lesquelles le microphone), il se consacra à la construction aéronautique. Il fut le premier au monde à s'élever de quelques centimètres dans un véhicule plus lourd que l'air, l'*Éole I,* le 9 octobre 1890, sur 50 m. Son vol sur 300 m n'a pas eu lieu en 1896, mais le 14 octobre 1897. Il est de plus controversé.

ADIEU AUX ARMES (L'), voir **HEMINGWAY**

ADJANI (Isabelle) (1955-), actrice française. Elle a déjà tourné dans 16 films. Elle est entrée comme pensionnaire à la Comédie-Française en 1972, à 17 ans, où elle s'est fait remarquer dans *Ondine*, de Jean Giraudoux, et *L'école des femmes*, de Molière, en compagnie de Bernard Blier; elle refuse d'y signer un contrat de vingt ans pour s'engager, en 1975, dans *L'histoire d'Adèle H*, le film de François Truffaut. Le film *La gifle*, qui la révéla au grand public, avec Lino Ventura et Annie Girardot, date de 1974. Elle a tourné dans *L'été meurtrier*, de Jean Becker, avec Alain Souchon comme partenaire, en 1983.

ADRET, mot originaire du sud-est de la France, désignant le versant ensoleillé d'une montagne. On dit aussi soulane. Le versant situé dans l'ombre se nomme l'ubac.

ADRIATIQUE (mer) (d'Adria, ville du nord de l'Italie), bras méditerranéen, mesurant 772 km de long sur 160 km de large.

ADYAR, voir **THÉOSOPHIE**

AER LINGUS, compagnie aérienne nationale irlandaise, fondée en 1936, dont le premier vol transatlantique eut lieu en 1958. Dotée d'une flotte d'une vingtaine d'appareils, elle assure chaque année le transport de près de 2 millions de passagers à destination d'une dizaine de pays.

AEROFLOT, compagnie aérienne nationale soviétique. Aeroflot est la plus importante compagnie aérienne du monde. Fondée en 1923, elle lie l'URSS à 94 pays et 3 600 villes d'URSS. Ses avions transportent plus de 100 millions de passagers par an (contre 13 millions pour Air France); ils répandent aussi des engrais sur 90 millions d'hectares; ils surveillent 750 millions d'hectares de forêt. 96 % de la population de l'URSS a pris au moins une fois l'avion.

AÉROLITHE ou **AÉROLITE** (du grec *aêr*, air, et *lithos*, pierre), météorite.

AÉROSTAT (du grec *aêr*, air, et *statos*, qui se tient), appareil plus léger que l'air.

AFFAIRE TOURNESOL (L'), album des aventures de Tintin et Milou. Voir **TINTIN.**

AFRICAN QUEEN (1952), film américain réalisé par John Huston, avec Katharine Hepburn et Humphrey Bogart.

AFRIQUE. – Plus de 90 % de la surface de ce continent se trouve dans la zone tropicale. Les températures y varient plus entre le jour et la nuit qu'entre l'été et l'hiver. La température la plus élevée, relevée le 13 septembre 1922 en Libye, était de 58 °C. Continent le plus chaud de tous, il comporte aussi le plus grand nombre d'États (51).

AFRIQUE DU SUD. – Quatre provinces composent cet État, situé le plus au sud du continent africain : le Cap, le Natal, l'État libre d'Orange, et le Transvaal. Une émeute fit 575 morts à Soweto, en 1977, siège de l'exploitation diamantaire De Beers, société minière créée en 1880 qui contrôle 80 % du marché mondial des diamants bruts. Voir **APARTHEID.**

AGAMEMNON, roi légendaire de Mycènes, puis d'Argos, chef des Grecs qui assiégèrent Troie. Pour apaiser le courroux d'Artémis et faire cesser les vents contraires, il sacrifia l'un de ses trois enfants, Iphigénie, épargnant les deux autres, Électre et Oreste. À son retour de Troie, il fut assassiné par Clytemnestre, sa femme.

ÂGE DU BRONZE, ÂGE DU FER. – L'âge du bronze, période préhistorique située autour du IIe millénaire av. J.-C. et pendant laquelle s'est répandu le bronze, alliage de cuivre et d'étain, fut suivi par l'âge du fer, période préhistorique pendant laquelle l'homme commença à utiliser le fer pour ses outils.

AGEN, chef-lieu du département de Lot-et-Garonne, comptant environ 33 000 habitants, célèbre pour ses pruneaux et son chasselas, mais aussi pour sa cathédrale et ses églises, d'époques romane et gothique, ainsi que pour son musée du XVIe siècle, qui compte dans ses collections, notamment, cinq Goya.

AGENCE FRANCE-PRESSE, première agence de presse française. Son siège se trouve au 11, place de la Bourse, à Paris. En 1944, elle a repris le service de nouvelles de l'agence Havas, fondée en 1835 par Charles Havas. Elle diffuse 1 million de mots par jour et 30 000 photos par an dans plus de 150 pays.

ÂGE TENDRE (Mademoiselle), voir **MADEMOISELLE ÂGE TENDRE**

ÂGE TENDRE ET TÊTE DE BOIS, émission de variétés télévisées diffusée dans les années 60, au temps des Chaussettes noires, de Dick Rivers, etc., animée par le joueur d'harmonica Albert Raisner (né en 1925) et son trio : Sirio Rossi (né en 1923), et André Dionnet (né en 1924).

AIGLE A DEUX TÊTES (L') (1947), film français écrit et réalisé par Jean Cocteau, avec Edwige Feuillère et Jean Marais.

AIMANT, oxyde naturel de fer qui attire le fer et quelques autres métaux, à partir duquel est réalisé un matériau qui, lui-même magnétisé grâce à ses deux pôles, positif et négatif, sert à produire un champ magnétique extérieur.

AIMÉE (Nicole Françoise Dreyfus, dite Anouk) (Paris, 1932-), actrice française. Elle devint vedette en 1949 dans le film d'André Cayatte *Les amants de Vérone*, sur un scénario et des dialogues de Jacques Prévert. *Lola*, de Jacques Demy, fut réalisé en 1961. Elle tourna également avec Fellini (*La dolce vita, Huit et demi*), et connut en 1966 un immense succès populaire (palme d'or au festival de Cannes) avec *Un homme et une femme* de Claude Lelouch dont elle tourna la suite en 1985 : *Un homme et une femme, vingt ans déjà*, toujours en compagnie de Jean-Louis Trintignant. De *Lola* également, elle tourna une suite en 1969 : *Model Shop*, du même Jacques Demy.

AIRBUS A 310. – Son premier vol eut lieu le 28 mars 1981.

AIX-EN-PROVENCE, ville française des Bouches-du-Rhône, où naquirent Cézanne et Zola, respectivement en 1839 et 1840. Elle est également célèbre pour son cours Mirabeau, large avenue ombragée de beaux platanes, avec en son milieu la fontaine des Neuf Canons, et, à l'une de ses extrémités, celle du Roi René, qui est l'œuvre de David d'Angers.

AKERMAN (Chantal) (Bruxelles, 1950-), cinéaste belge. *Les rendez-vous d'Anna*, tourné en 1978, est son premier vrai film de fiction. Pour l'instant elle n'a pas encore obtenu l'audience d'un large public, son cinéma étant soit expérimental, soit austère.

AKHÉNATON, voir **AMÉNOPHIS IV**

AKII-BUA (John) (1949-), athlète ougandais spécialiste du 400 m-haies, dont il fut sacré champion olympique à Munich, en 1972.

AKVAVIT ou **AQUAVIT** (mot suédois, du latin *aqua vitae*, eau de vie), eau-de-vie de grain ou de pomme de terre.

AL CAPONE, voir **CAPONE (Al)**

AL PANAMA BROWN, boxeur panaméen, champion du monde de la catégorie des poids coq (53,525 kg en 1929).

ALAIN-FOURNIER (Henri Alban Fournier, dit) (1886-1914), écrivain français mort au combat. Son seul roman, *Le grand Meaulnes*, est paru en 1913. Il est également l'auteur d'une grande correspondance avec Jacques Rivière, écrivain français (1886-1925), directeur de la *Nouvelle revue française* de 1919 à 1925, qui eut aussi une importante correspondance avec Paul Claudel, etc.

ALAMEIN (El) (été 1942). – Situé à 100 km à l'ouest d'Alexandrie, en Égypte, c'est le point extrême de l'avance de l'armée de Rommel en direction du canal de Suez. La progression de cette armée fut stoppée par Montgomery et sa

VIIIe armée, qui entamèrent ensuite la grande offensive leur permettant la conquête de la Libye et de la Tunisie.

ALAMO (Jean-François Grandin, dit Frank) (1944), chanteur français de variétés. « *Biche oh ma biche, lorsque tu soulignes / Au crayon noir tes jolis yeux, / Biche oh ma biche moi je m'imagine / Que ce sont deux papillons bleus.* » C'était en 1964.

ALASKA, État du nord-ouest des USA, à 82 km de l'URSS. Il s'appelait la Russie américaine jusqu'en 1867, année de son rachat par le secrétaire d'État William Seward pour 7,2 millions de dollars, ce qui lui valut un nouveau surnom, celui de *Seward's Folly*. Il est devenu en 1959 le 49e État des USA. Ses ressources principales sont la pêche, la forêt, le tourisme et le pétrole.

ALBATROS, oiseau palmipède originaire des mers australes, d'une envergure de 3 m, à propos duquel Charles Baudelaire écrivit, dans un poème qui porte son nom : « *Ses ailes de géant l'empêchent de marcher* ».

ALCATRAZ, prison bâtie sur un rocher dans la baie de San Francisco. Elle a été utilisée entre 1933 et 1963 et fermée à cause des coûts de maintenance trop élevés. Chaque prisonnier qui essaya de s'en évader fut repris ou se noya. Elle est surnommée *Le Rocher*.

ALCAZAR, music-hall parisien, situé rue Mazarine, créé en 1968 par Jean-Marie Rivière et Marc Doelnitz.

ALCHIMIE, recherche principalement au Moyen Âge, de la pierre philosophale, qui permettrait d'opérer la transmutation des métaux, notamment celle du plomb en or.

ALDRICH (Robert) (1918-1983), cinéaste américain. Il réalisa son film *Les douze salopards* en 1967. Le succès énorme qu'il en retira lui permit de devenir le seul cinéaste d'Amérique à posséder ses propres studios de production.

ALEA JACTA EST (*le sort en est jeté*), phrase célèbre attribuée à César au moment de franchir le Rubicon. Suivant la loi, tout général qui arrivait en Italie par le nord devait licencier ses troupes avant de franchir le Rubicon. César passa outre. Quand, après une longue hésitation, on prend une décision audacieuse et de lourdes conséquences, on emploie cette phrase. Voir **CÉSAR.**

ALEXANDRE LE BIENHEUREUX (1968), film français réalisé par Yves Robert (né en 1920), avec Philippe Noiret (né en 1931).

ALEXANDRE LE GRAND (356-323 av. J.-C.). – Très tôt formé aux disciplines guerrières, instruit par un précepteur prestigieux, Aristote, Alexandre, après des conquêtes en Orient et en Afrique, vient à bout de l'armée perse et du roi Darius III. Il meurt à 32 ans, laissant l'image d'un conquérant quasi divin. Voir **BUCÉPHALE,** v. **ARISTOTE,** v. **ISKANDAR.**

ALEXANDRIE, ville d'Égypte, fondée en 331 av. J.-C. par Alexandre le Grand, qui, tout en s'en proclamant le roi, se déclara fils de Dieu, détruisant ainsi la souveraineté perse établie depuis 341 av. J.-C. par Artaxerxès III.

ALEXIS NIKOLAÏEVITCH (1904-1918), seul fils de Nicolas II et d'Alexandra Fedorovna, il fut le dernier tsarevitch. Avec la famille impériale il fut déporté en Sibérie, puis à Iekaterinbourg. La famille Romanov fut exterminée par le soviet régional dans la nuit du 16 au 17 juillet 1918.

ALFA-ROMEO, marque d'automobiles italienne. Elle apparaît dans la compétition en 1950.

ALGÉRIE (guerre d') (1954-1962), en 1954 se forme le Front de libération nationale (FLN). Soutenu par les pays arabes, il demande au peuple algérien de combattre les Français avec l'aide de l'Armée de libération nationale. 1954 : premiers troubles dans les Aurès et en Grande Kabylie. 1962 : l'indépendance de l'Algérie est reconnue à Évian.

ALI BABA, voir **MILLE ET UNE NUITS**

ALICE, voir **CARROLL**

ALIÉNOR D'AQUITAINE (1122-1204), duchesse d'Aquitaine et de Gascogne, comtesse de Poitou. En 1152 après l'annulation de son mariage avec Louis VII, roi de France, elle épouse Henri Plantagenêt, futur roi d'Angleterre, lui apportant les territoires du sud-ouest de la France.

ALI KHAN, gendre de Mahomet, 4e calife, à partir de 656. Il est assassiné en 661. Aujourd'hui, il est vénéré en tant que *proche de Dieu.*

ALIX, bande dessinée créée par le dessinateur belge Jacques Martin en 1948.

ALLAIS (Alphonse) (Honfleur, 1854-1905), écrivain français. L'un des fondateurs du cabaret du *Chat-Noir*. Auteur notamment de *On n'est pas des bœufs* (1896) et de *Le captain Cap* (1902).

ALLEMAGNE DE L'OUEST ou **RÉPUBLIQUE FÉDÉRALE D'ALLEMAGNE.** – Les couleurs de son drapeau national sont disposées en rayures horizontales. La Forêt-Noire, massif hercynien planté d'arbres résineux, se trouve au sud-ouest du pays. La consommation annuelle de bière, qui la place devant la Tchécoslovaquie et le Danemark, y est de 148 litres par habitant.

ALLEMAND (la langue allemande), voir **ANGLAIS.**

ALLEN (Allen Stewart Konigsberg, dit Woody) (New York, 1935-), acteur et cinéaste américain. D'abord auteur franchement comique, il se dirige peu à peu vers un style plus philosophique. Clarinettiste, il se produit encore de temps à autre dans les cabarets new-yorkais. Son film *Tout ce que vous avez toujours voulu savoir sur le sexe sans jamais oser le demander*, qui date de 1972, fait encore partie de sa période strictement comique. *Quoi de neuf, Pussycat ?* (1965), de l'Anglais Clive Donner (né en 1926) avec Peter Sellers, fut tourné à partir d'un scénario remanié en 1964 par Woody Allen à la demande du producteur Charles Feldman.

ALLENDE (Salvador) (1908-1973), homme politique chilien. Il est l'un des fondateurs du parti socialiste chilien. Après trois échecs, il est élu, comme candidat de gauche, à la présidence de la République en 1970. Il applique alors son programme qui a pour but de transformer la société chilienne, mais une opposition se développe et l'armée, commandée par le général Pinochet, attaque le palais présidentiel où Allende trouve la mort.

ALLIGATOR, crocodile d'Amérique équatoriale. C'est le plus grand des crocodiles; il peut mesurer jusqu'à 6 m, les autres n'excédant que très rarement 4 m. À ce titre, c'est lui qui a le plus de chance de surprendre à la course un homme peu vigilant. En fait, sauf énorme négligence, il n'a aucune chance de le rattraper sur la terre ferme, sa vitesse de pointe étant de 13 km/h, celle de l'homme de 35 km/h. En revanche, dans l'eau, l'homme, avec ses 6 km/h, est, confronté aux 25 km/h du crocodile..., un homme mort!

ALLILUYEVA (Svetlana) (1926-), fille de Staline. Lorsqu'elle a six ans sa mère se suicide pour manifester son opposition aux actes politiques de son mari. Suivront pour elle dix ans de solitude. À 17 ans, elle s'attache à un homme de 20 ans son aîné; Staline le fait arrêter. Elle se marie plusieurs fois, a des enfants. En 1966, saisissant l'occasion de ramener les cendres de son mari hindou, elle part pour l'Inde et, de là, pour les États-Unis en 1967. Elle est rentrée en Russie en 1985 avec sa fille. Elle a écrit *Vingt lettres à un ami* et *En une seule année*, qui constituent ses souvenirs.

ALLIO (René) (Marseille, 1924-), cinéaste français. Principaux films: *La vieille dame indigne* (1965); *Moi, Pierre Rivière, ayant égorgé ma mère, ma sœur et mon frère...* (1976); *Matelot 512* (1985).

ALPES. – Sont ici citées comme étant un des deux départements français comportant des haut et des bas. Pourtant, le mot « bas » n'y apparaît pas: Hautes-Alpes (05), Alpes-de-Haute-Provence (04), Alpes-maritimes (06). En revanche, c'est bien le cas pour le Rhin : Bas-Rhin (67) et Haut-Rhin (68). Il existe des haut sans bas: Haute-Corse (20 B), Haute-Garonne (31), Haute-Loire (43), Hautes-Pyrénées (65), Haute-Saône (70), Haute-Savoie (74), Haute-Vienne (87), et Hauts-de-Seine (92). Il n'y a pas de bas sans haut.

ALPHA et **OMÉGA**, voir **ALPHABET GREC**

ALPHABET (d'*alpha* et *bêta*, noms des deux premières lettres de l'alphabet grec).

ALPHABET GREC. – Α α (alpha), Β β (bêta), Γ γ (gamma), Δ δ (delta), Ε ε (epsilon), Ζ ζ (dzéta), Η η (êta), Θ θ (thêta), Ι ι (iota), Κ κ (kappa), Λ λ (lambda), Μ μ (mu), Ν ν (nu), Ξ ξ (ksi), Ο ο (omicron), Π π (pi), Ρ ρ (rô), Σ σ (sigma), Τ τ (tau), Υ υ (upsilon), Φ φ (phi), Χ χ (khi), Ψ ψ (psi), Ω ω (oméga).

ALPHA DU CENTAURE, étoile d'une constellation australe, située à 43 années-lumière de la Terre (le Soleil, quant à lui, n'est qu'à 150 millions de kilomètres de la Terre).

ALPINE-RENAULT, marque automobile, championne du monde des rallyes en 1971 et en 1973. La longueur de chaque épreuve de ce championnat est d'au moins 2 000 km.

ALSACE. – Réputée pour sa bière (les premiers consommateurs au monde ne sont pas loin : en Allemagne), ses vins blancs et ses eaux-de-vie.

ALTMAN (Robert) (1925-), cinéaste américain. C'est *M.A.S.H.*, palme d'or au festival de Cannes, qui le révèle, en 1970, au grand public. Son film *Le privé*, avec Elliot Gould, qui apparaissait déjà dans la distribution de *M.A.S.H.*, fut réalisé en 1973.

AMADEUS, pièce de Peter Shaffer (écrivain anglais né en 1925), sur la vie de Mozart et Salieri, avec, dans les deux rôles principaux, Roman Polanski et François Périer. Milos Forman en fit une libre adaptation cinématographique en 1984.

AMARANTE, plante d'une hauteur de 1 mètre, donnant des grappes de fleurs rouges.

AMAZONE. – Avec ses 6 437 km, il est le deuxième fleuve au monde par la longueur, derrière le Nil et ses 6 690 km. Néanmoins, il reste le plus long fleuve des deux Amériques, et le premier fleuve navigable au monde. Son embouchure s'étend sur 140 km et sa largeur varie entre 2,4 km et 10 km.

AMAZONES, dans la mythologie grecque, femmes guerrières, parmi lesquelles Hippolyte et Penthésilée. Les Amazones se mutilaient le sein droit pour pouvoir tirer facilement à l'arc. Les premiers voyageurs européens prirent pour des femmes, en Amérique du Sud, sur les rives du fleuve Marañón, des hommes imberbes aux cheveux très longs qui mettaient au combat tant d'ardeur qu'ils nommèrent Amazone et Amazonie le fleuve et le pays.

AMBROISIE (du grec *ambrosia*, nourriture des dieux), substance délicieuse – selon les auteurs anciens, neuf fois plus douce que le miel – qui rendait immortels ceux qui la goûtaient.

AMÉNOPHIS IV (1372-1354 av. J.-C.), roi d'Égypte. Il quitta Thèbes en 1366 pour s'installer à Akhénaton (Tell al Amarna) et remplaça le culte d'Amon par celui d'Aton, créant une religion monothéiste. C'est à ce moment qu'il prit le nom d'Akhénaton. Cette nouvelle religion ne fut pas bien comprise et ne lui survécut pas. Son épouse était Néfertiti.

AMERICAN GIGOLO (1980), film américain réalisé par Paul Schrader (né en 1946), décrivant sans complaisance la vie d'un gigolo, c'est-à-dire d'un homme entretenu.

AMERICAN GRAFFITTI (1973), film américain réalisé par George Lucas. C'est un témoignage du réalisateur (né en 1945) sur sa jeunesse.

AMIN DADA (Idi) (1926-), général ougandais musulman. Le 25 janvier 1971, il renverse le président Obate, suspend la Constitution, dissout le Parlement, interdit la formation des partis politiques, et se proclame maréchal et président de la République à vie. Le 11 avril 1979, malgré l'aide Kadhafi, il sera à son tour renversé par l'armée tanzanienne. On estime à 200 000 morts le bilan de ses huit années à la tête de l'Ouganda. En effet, ancien champion de boxe, il alla même jusqu'à proposer au président Nyerere (Tanzanie) de régler sur un ring le différent opposant leurs deux pays!

AMMÂN, capitale de la Jordanie. Elle compte actuellement 745 000 habitants, descendants d'Araméens proches des Hébreux, les Ammonites, qui peuplèrent la Jordanie dès le XVIIe siècle av. J.-C. La capitale du pays s'appelait alors Rabbath Ammon.

AMNISTIE. – Par l'amnistie, le pouvoir législatif efface un fait qui méritait condamnation, et il supprime la punition. Traditionnellement, une loi d'amnistie suit l'élection d'un président de la République.

AMOUR, fleuve asiatique. Il sert de frontière entre la Sibérie et la Mandchourie sur 4 667 km.

AMRITSAR, ville sainte des sikhs dans laquelle se trouve le Temple d'Or. Dans ce temple se trouve l'*adi-granth*, ou livre saint, écrit vers 1600 par Arjun Dev. Le sikhisme est une religion fondée au XVIe siècle par le gourou Nânak (1469-1539), en Inde, afin de rapprocher l'hindouisme de l'islam.

AMSTERDAM, capitale des Pays-Bas. Elle compte un million d'habitants et est célèbre, entre autres, pour son Rijksmuseum, construit de 1876 à 1885 par Cuypers et dont les 200 salles sont consacrées notamment aux XVe, XVIIe, XVIIIe, et XIXe siècles, réunissant peintures et sculptures et près d'un million d'estampes – l'un de ses départements est intégralement consacré aux arts décoratifs. Si Amsterdam est la capitale des Pays-Bas, c'est à La Haye que siège le gouvernement, et que se trouvent la Cour et le corps diplomatique.

AMUNDSEN (Roald) (1872-1928), explorateur norvégien. En 1903, à bord de son cotre de 22 mètres, le *Gjoa*, il partit essayer de franchir le premier le passage du Nord-Ouest; il n'y parvint qu'en 1906. Ensuite, en secret, il partit vers le pôle Sud et, le 14 décembre 1911, il y arriva un mois avant Robert Falcon Scott, explorateur anglais. Il mourut dans l'Antarctique, au cours d'un raid de sauvetage en avion en 1928.

ANARCHISME, système politique qui rejette toute tutelle gouvernementale ou religieuse. Sa devise est *ni Dieu, ni maître.* La plupart des anarchistes furent exclus de la 1re Internationale lors du Congrès de La Haye, en 1872. Depuis, de nombreux groupes, en France et ailleurs, se sont inspirés de ces conceptions. Voir **BAKOUNINE.**

ANASTASIA, fille de Nicolas II, tsar de Russie. D'abord déportée en Sibérie, puis à Iekaterinbourg, la famille impériale fut exterminée par le soviet régional dans la nuit du 16 au 17 juillet 1918. La princesse Anastasia aurait peut-être échappé à la mort.

ANAXIMANDRE (610-547 av. J.-C.), philosophe grec, auteur du traité *De la nature.* Sa philosophie passe pour être la plus ancienne expression de la pensée occidentale. En voici une traduction (cf. « La parole d'Anaximandre », de Martin Heidegger, dans *Chemins qui ne mènent nulle part*, traduit par W. Brakneier, aux éditions Gallimard, 1970; p. 262) : « *D'où les choses ont leur naissance, vers là aussi elles doivent sombrer en perdition, selon la nécessité; car elles doivent expier et être jugées pour leur injustice, selon l'ordre du temps.* »

ANCHORAGE, important centre commercial du sud de l'Alaska (173 000 habitants). La ville fut baptisée ainsi, en 1915, parce que son site servait alors de zone d'ancrage aux navires qui y apportaient les matériaux nécessaires à la construction de son chemin de fer.

ANDERSEN (Hans Christian) (1805-1875), écrivain danois né à Odense. Auteur de *Contes* (1835-1872).

ANDES (chaîne des), chaîne montagneuse située sur la côte ouest de l'Amérique du Sud et qui s'étend sur plus de 7 000 km. Quatre lignes de chemin de fer empruntent son tracé, dont une, le chemin de fer central, culmine à 4 816 m.

ANDORRE, principauté située dans les Pyrénées, entre la France et l'Espagne (465 km², 35 000 habitants). En 1278, un jugement arbitral a donné à Andorre deux suzerains : l'évêque espagnol d'Urgell et le comte de Foix. Celui-ci fut remplacé en 1607 par le roi de France. Aujourd'hui ce pays est gouverné conjointement par l'évêque d'Urgell et le président de la République française représenté par le préfet des Pyrénées-Orientales. La devise d'Andorre est *Touche-moi si tu l'oses.*

ANDREA DORIA, navire italien qui fit naufrage au large des côtes orientales de l'Amérique du Nord, le 26 juillet 1956, après être entré en collision avec le *Stockholm*, navire effectuant la liaison Suède-Amérique. Il y eut 34 morts.

ANDRESS (Ursula) (1936-), actrice allemande née en Suisse. *James Bond 007 contre Dr No* fut le film qui la révéla en 1962. À signaler, le film qu'elle tourna avec Jean-Paul Belmondo, son compagnon d'un temps, en 1965, *Les tribulations d'un Chinois en Chine.* Elle a depuis disparu petit à petit du haut de l'affiche.

ANDRETTI (Mario) (1940-), pilote de course américain, champion du monde des conducteurs de formule 1 en 1978.

ANDREWS (Julia Elizabeth Wells, dite Julie) (1935-), actrice et chanteuse américaine née en Angleterre. Elle interpréta longtemps au théâtre *My fair lady.* Au cinéma, elle triompha en 1964 dans *Mary Poppins* et en 1965 dans *La mélodie du bonheur. Victor Victoria*, dont elle fut aussi la vedette, en 1982, fut réalisé par son second mari, Blake Edwards.

ANDROMAQUE. – Dans la chute de Troie, elle perd Hector, son mari, et Astyanax, son fils, et est emmenée prisonnière en Grèce. Sa légende donna lieu à deux tragédies (Euripide, 426 av. J.-C., et Racine, 1667).

ANDROMÈDE, dans la mythologie grecque, fille de Céphée, roi d'Éthiopie, et de Cassiopée. Celle-ci ayant trop vanté la beauté de sa fille, Poséidon suscita un monstre marin qui ravagea le pays. Pour l'apaiser, on lui livra Andromède. Liée sur un rocher, celle-ci allait être dévorée lorsque Persée, monté sur Pégase, tua le monstre, la délivra, puis l'épousa.

ANDROPOV (Iouri) (1914-1984), homme d'état soviétique. Directeur du KGB de 1967 à 1982, il prend la suite de Brejnev à la tête du parti communiste en novembre 1982 et devient président du Soviet suprême en juin 1983.

ANDY CAPP, personnage de bande dessinée américaine, créée par le dessinateur Reg Smythe.

ANET (pic d'), sommet pyrénéen situé dans le massif de la Maladeta (hauteur : 3 404 m).

ANGE BLEU (L'), voir **DIETRICH**

ANGÉLIQUE, MARQUISE DES ANGES, série de films d'aventures et d'amour réalisée dans les années 1950-60 par Bernard Borderie (1924-1978), avec Michèle Mercier et Robert Hossein. Voir **LAURENT.**

ANGLAIS, langue indo-européenne du groupe germanique, comme l'allemand. C'est la deuxième langue du monde par le nombre de ses locuteurs (environ 400 millions) après le chinois (750 millions). En quatrième position vient le russe, en troisième l'espagnol ; le français vient en douzième position.

ANGLETERRE (famille royale d'). – Pendant la première guerre mondiale la famille royale d'Angleterre changea son nom de Saxe-Cobourg et Gotha en Windsor. Voir **GRANDE-BRETAGNE.**

ANGLICANISME, doctrine de l'Église officielle d'Angleterre depuis 1547, née de la rupture d'Henri VIII avec Rome. Elle conserve la hiérarchie séculière et les sacrements du catholicisme.

ANGLO-NORMANDES (îles), groupe d'îles britanniques situées dans la Manche et peu éloignées de la côte normande. Elles sont au nombre de quatre : Jersey, Guernesey, Aurigny, Sercq. Elles furent occupées par les Allemands pendant la Deuxième Guerre mondiale.

ANGOLA, État du sud de l'Afrique, d'une superficie de 1 246 000 km² pour 8,4 millions d'habitants. Son nom lui vient de N'Gôla, roi du pays en 1574. Entièrement sous dépendance portugaise à partir de 1920, l'Angola obtient son indépendance le 11 novembre 1975.

ANIMALS (Les), groupe musical pop des années 60 tenant du *blues revival* ou blues blanc, qu'illustrait alors aussi John Mayall. Le groupe était formé d'Éric Burdon, chef de file, Alan Price, Hilton Valentine, Chas Chandler et John Steel. Il fut une des sources d'inspiration des Rolling Stones à leurs débuts. *The house of the rising sun* a été repris en français par Johnny Hallyday.

ANKARA. – Avec ses 3 millions d'habitants, elle est plus petite qu'Istanbul, autre ville turque, qui en compte 5 millions.

ANNABA, port de l'Est algérien, qui compte 260 000 habitants. La ville fut créée au tout début de notre ère, lors de la romanisation de cette partie de la Méditerranée. Elle s'appelait alors Hippone, et était une colonie de Carthage.

ANNAPURNA, voir **HERZOG**

ANNE BOLEYN, deuxième femme d'Henri VIII, roi d'Angleterre, avec lequel elle eut une fille, Elizabeth, qui fut reine d'Angleterre. Elle fut décapitée en 1536.

ANNE D'ANGLETERRE (princesse) (1950-), deuxième enfant (après le Prince Charles) d'Élisabeth II (21 avril 1926) et du prince Philippe de Grèce et de Danemark (Mountbatten) (10 juin 1921). Le 14 novembre 1973, elle épouse le lieutenant Mark Phillips. Ils ont eu à ce jour deux enfants : Peter Mark Andrew, né le 15 novembre 1977, et Zara, née le 15 mai 1981. La princesse Anne est une cavalière de niveau international.

ANNE D'AUTRICHE (1601-1666), fille de Philippe III d'Espagne. Elle épousa Louis XIII en 1615 et devint reine de France. Elle eut deux enfants, Philippe, qui deviendra Philippe d'Orléans, et Louis, qui deviendra Louis XIV. C'est d'Espagne qu'elle introduisit en France le cacao, avec lequel on fait le chocolat. Hernán Cortés l'avait lui-même rapporté en Espagne, en 1519, après sa conquête du Mexique.

ANNEAUX OLYMPIQUES, emblème inauguré au XXe anniversaire du Comité international olympique, en 1914. Cinq anneaux unis représentent l'union des cinq continents. Voici les correspondances : bleu : Europe, jaune : Asie, noir : Afrique, vert : Océanie, rouge : Amérique.

ANNÉE DERNIÈRE À MARIENBAD, voir **MARIENBAD (l'année dernière à)**

ANNECY, ville de Haute-Savoie, sur les rives du lac d'Annecy. Célèbre pour sa vieille ville et son feu d'artifice annuel, elle l'est encore pour avoir compté parmi ses habitants Jean-Jacques Rousseau, qui fut notamment titulaire de l'orgue de sa cathédrale en 1729 et 1730, à l'âge de 18 ans, et écrivit dans la région une bonne partie de ses *Confessions*. Le fameux cerisier sous lequel il aimait à se retirer est encore debout près de Thônes (capitale du reblochon), route du Glapigny.

ANNIE AIME LES SUCETTES, chanson de Serge Gainsbourg qui rendit célèbre France Gall. Voir **GALL.**

ANODE (du grec *ana*, en haut, et *hodos*, route), électrode positive. L'électrode négative est la cathode (du grec *kata*, en bas).

ANOREXIE (du grec *a*, préfixe privatif, et *orexis*, appétit). – L'anorexie mentale consiste en un refus de la nourriture et se rencontre principalement chez les nourrissons et les jeunes filles (résultat possible de perturbations affectives).

ANQUETIL (Jacques) (1934-1987), champion cycliste français. Ses cinq victoires dans le Tour de France ont été obtenues en 1957, puis de 1961 à 1964. Il a également remporté le Giro (Tour d'Italie) à deux reprises, en 1960 et 1964.

ANTANANARIVO, nouveau nom de Tananarive, la capitale de Madagascar et, avec ses 800 000 habitants, la plus grande ville du pays. Son nom signifie Cité des mille guerriers. La langue officielle de Madagascar est le malgache. C'est en 1960 que Madagascar acquit son indépendance, après avoir été sous dominations française et anglaise.

ANTARCTIQUE ou **ANTARCTIDE** **(Grande Ourse** ou **Petite Ourse)** (du grec *anti*, opposé, et *arktos*, ours). – Point culminant : Le Vinsar, 5 140 m. Le mont Erebus (4 023 m) sert de site à la base américaine Mac Murdo. Le « gâteau antarctique » est partagé entre quatorze pays, dont la France qui ne bénéficie que de la plus petite part de cet immense territoire de 13 millions de km^{2}. En 1961, un traité en instaura le libre usage, à des fins scientifiques, à tous les pays représentés territorialement ainsi qu'à certains pays membres de l'ONU.

ANTIGONE, dans la mythologie grecque, fille d'Œdipe et de Jocaste. Elle sert de guide à son père, qui s'est crevé les yeux après la révélation de son inceste. Voir **ŒDIPE.**

ANTINOÜS, favori de l'empereur romain Hadrien. Voir **HADRIEN.**

ANTOINE (Pierre-Antoine Muracciole, dit) (1944-   ), chanteur français. Ingénieur, il se lança dans la chanson dans les années 60 et imposa les cheveux longs et les chemises à fleurs ainsi que les textes volontiers insolents. Il a quitté le devant de la scène pour naviguer dans les Caraïbes. Voulait notamment mettre Johnny Hallyday « *en cage à Medrano* », lequel lui répliqua, toujours en chanson : « *Cheveux longs, idées courtes* ».

AOÛT (du latin *Augustus*, Auguste), mois d'Auguste, empereur romain, neveu de Jules César et son héritier. Auguste est né à Rome en 63 av. J.-C. et mort à Nola en 14 apr. J.-C.

APARTHEID. – Au début du XVIIe siècle, des colons hollandais de la Compagnie des Indes orientales peuplèrent l'Afrique du Sud en refoulant vers le nord les autochtones, ou en les réduisant à l'esclavage. Les premières mesures officielles d'apartheid apparurent en 1913. Le système se durcit encore en 1948, à la faveur de l'accession au pouvoir du parti nationaliste, opérant une ségrégation systématique entre les Blancs et les autres.

APENNINS, chaîne montagneuse calcaire d'Italie. Elle est l'une des moins élevées d'Europe. Elle s'étend du golfe de Gênes jusqu'à la pointe de la botte italienne, en passant par la baie de Naples et son Vésuve, massif volcanique encore en activité. En 1934 fut percé dans les Apennins un tunnel ferroviaire qui est, encore à ce jour, le cinquième du monde par la longueur.

APHÉLIE (du grec *apo*, loin, et *Hêlios*, Soleil), point de l'orbite d'une planète le plus éloigné du Soleil. Prononcer « apéli ». Contraire : périhélie.

APHRODITE, dans la mythologie grecque, déesse de l'amour et de la beauté. Les Romains lui identifieront leur Vénus.

APIA, ville d'Océanie, capitale des Samoa, située dans le sud des îles Phoenix, sur l'île Upolu, l'une des deux plus importantes avec Sawaii. Apia compte 33 000 habitants. C'est en 1962 que les Samoa-Occidentales gagnèrent leur indépendance. Elles étaient, depuis 1899, sous tutelles américaine et allemande.

APOCALYPSE NOW (1979), film américain consacré à la guerre du Viêt-nam réalisé par Francis Ford Coppola, avec Martin Sheen, Robert Duvall, Marlon Brando, Dennis Hopper, etc. La « valse » des hélicoptères se déroule sur l'air de la fameuse Chevauchée des Walkyries, diffusé par des haut-parleurs fixés aux carlingues. Voir **COPPOLA.**

APOLLO, nom donné par les Américains au programme d'investigation spatiale au cours duquel eurent principalement lieu les six séjours sur le sol lunaire. Ce programme, comportant au total dix-sept vols, s'échelonna de 1967 à 1972, date à laquelle les expéditions sur la Lune furent abandonnées. Voir **LUNE.**

APOLLON, dieu grec de la beauté, de la lumière, des arts, et de la divination.

APPEL DU 18 JUIN 1940, voir **GAULLE (Charles de)**

APPIENNE (voie). – La voie appienne doit son nom à Appius Claudius, consul, dictateur et censeur romain. Il construisit également le premier aqueduc romain (*aqua Appia*), en 312 av. J.-C. La voie appienne reliait Rome à Brindisi.

APRÈS QUE. – Malgré la règle grammaticale concernant la proposition adverbiale de temps, on a de plus en plus tendance, en littérature comme dans le langage parlé, surtout depuis le deuxième tiers du XXe siècle, à faire suivre « après que » du subjonctif. Proust, déjà, dans *À l'ombre des jeunes filles en fleurs*, écrit : « *Après que j'eusse salué ces jeunes filles* » (*À la recherche du temps perdu*, édition de la Pléiade, page 886, tome 1). Cf. *Le bon usage* de Grevisse, paragraphe 1082, a.

ARA, perroquet de l'Amérique du Sud à longue queue et à plumage très coloré, de la famille des *psittacidés* (oiseaux grimpeurs tels le perroquet ou la perruche).

ARABE. – Environ 170 millions de personnes parlent l'arabe, ce qui fait de cette langue la sixième au monde. À titre de comparaison, sachez que 110 millions d'individus au monde parlent le français.

ARABIE SAOUDITE, royaume créé en 1932. Il n'y a pas de partis politiques. Le roi est en même temps premier ministre.

ARAFÂT (Yasser) (1929-), homme politique palestinien. C'est lui qui préside depuis 1969 l'Organisation de libération de la Palestine. Il est un des principaux chefs de la résistance palestinienne.

ARAGO (François) (1786-1853), astronome, physicien et homme politique français. C'est en 1839 qu'il publie sa découverte concernant la photographie. L'État acquiert l'invention, versant une rente viagère de 6 000 F à Daguerre, et de 4 000 F au fils de Niepce.

ARAGON (Louis) (Paris, 1897-Paris, 1982), écrivain français. Un des premiers animateurs du surréalisme (*Le paysan de Paris*, 1926), il adhère bientôt au parti communiste (*Les beaux quartiers*, 1936; *Les communistes*, 1949-50). Directeur de l'hebdomadaire *Les Lettres françaises* de 1953 à 1972, il est élu en 1967 à l'académie Goncourt. Il en démissionne en 1968.

ARAMIS, voir **DUMAS**

ARARAT (mont), massif de la Turquie orientale (Arménie) sur lequel, d'après la tradition judéochrétienne, l'arche de Noé s'est échouée après le Déluge.

ARBRE À CAME(S), axe de transmission ou de transformation des mouvements.

ARC DE TRIOMPHE DE L'ÉTOILE. – Il est construit entre 1806 et 1836, sur ordre de Napoléon, à la gloire de la Grande Armée. En 1854, l'architecte Hittorff construisit 12 hôtels identiques autour de la place de l'Étoile, ainsi dénommée parce que ses pavés dessinent une étoile autour de l'arc (elle est appelée aujourd'hui place Charles-de-Gaulle). De cette place partent douze avenues, dont la plus célèbre est celle des Champs-Élysées. Voici les onze autres : la Grande-Armée, Marceau (François, 1769-1796, général de l'armée de la Ire République), Iéna (où Napoléon Ier battit Hahenlohe en 1806), Kléber (Jean-Baptiste, 1753-1800, général en chef puis gouverneur de l'Église), Victor Hugo (1802-1885), Foch (maréchal, coordinateur des forces françaises, 1851-1929), Carnot (Lazare, 1753-1823, responsable des armées et ministre de l'Intérieur), Wagram (bataille où Napoléon vainquit en 1809 les archiducs Charles et Jean), Mac-Mahon (comte et maréchal, 1808-1893), Hoche (Lazare, 1768-1797, ministre de la Guerre), et Friedland (où Napoléon battit, en 1807, Bennigsen).

ARC DE TRIOMPHE (prix de l'), course hippique créée en 1920, courue sur une distance de 2 400 m, à l'hippodrome de Longchamp, tous les ans au début du mois d'octobre, et réservée aux chevaux âgés de 3 ans au moins. On y distribue 2 500 000 F de prix.

ARC-EN-CIEL. – La particularité de l'arc-en-ciel est de contenir les couleurs du spectre, c'est-à-dire : rouge, orange, jaune, vert, bleu, indigo, violet.

ARCHE DE NOÉ, dans la tradition judéo-chrétienne, grand bateau que Noé construisit sur l'ordre de Dieu pour échapper avec sa famille au Déluge. Entrèrent donc dans l'arche, Noé, la femme de Noé, leurs trois fils, Sem, Cham et Japhet, les trois femmes de ces derniers et un couple de chaque espèce animale vivant sur terre. (On en trouve le récit biblique dans la Genèse, 7.) Voir **ARARAT.**

ARCHIMÈDE (Syracuse, 287-212 av. J.-C.). – Hiéron, roi de Syracuse, soupçonnant un orfèvre d'avoir mêlé de l'argent à l'or de l'une de ses couronnes, demanda à Archimède d'établir la preuve de cette fraude sans pour autant altérer la couronne. Lors d'un bain, constatant la diminution en poids des parties immergées de son corps, il découvrit le principe qui porte désormais son nom, et qui lui permit de satisfaire à la requête de Hiéron; aussi, dans son enthousiasme, s'écria-t-il : « *Eurêka* », ce qui, en grec, signifie : « *J'ai trouvé !* »

ARCIMBOLDO ou **ARCIMBOLDI** (Giuseppe) (Milan, 1527-Prague, 1593), peintre italien qui fut également le metteur en scène des fêtes des Habsbourg.

ARCTIQUE (océan). – Il a une superficie de 13,3 millions de km².

ARDENNES (bataille des) (déc. 1944). – Ce fut la dernière grande contre-offensive allemande de la Seconde Guerre mondiale. L'attaque de la Wehrmacht, commandée par von Rundstedt, fut un échec à cause de la résistance de l'armée américaine à Bastogne.

ARGENTINE (du latin *argentum*, argent). – Le pays fut exploré au XVIe siècle par les Espagnols, désireux d'y découvrir ce métal précieux. L'Aconcagua, au centre de la cordillère des Andes, y culmine, à 7 020 m pour certains, à 6 959 m pour d'autres. Il fut gravi pour la première fois, en 1897, par un Suisse, Mattias Zurbriggen.

ARIANE, voir **PASIPHAÉ**

ARISTOTE (384-322 av. J.-C.), philosophe grec. Il suivit les cours de Platon à l'Académie de 365 à 348. En 335, à Athènes, il fonda le Lycée. Œuvres : *Métaphysique*, *Physique*, *Politique*, *Éthique à Nicomaque*, etc. Au Lycée, il enseignait à ses élèves en se promenant avec eux le long des chemins. Parmi eux se trouvait Alexandre, qu'Aristote suivit plus tard dans une partie de ses campagnes et de la vie duquel il consigna quelques épisodes. Voir **ALEXANDRE LE GRAND.**

ARLES (arènes d'). – Construites au Ier siècle av. J.-C., elles ont un diamètre de 104 m et peuvent accueillir 1 600 spectateurs.

ARLETTY (Léonie Bathiat, dite) (Courbevoie, 1898-), actrice française. Elle débute au théâtre en 1920, au cinéma en 1930. C'est en 1938, dans *Hôtel du Nord*, de Marcel Carné, aux côtés de Louis Jouvet, qu'elle s'impose, avec, notamment, la fameuse réplique : *Atmosphère ? Atmosphère ? Est-ce que j'ai une gueule d'atmosphère ?* Puis ce sont *Le jour se lève* (1939), *Les visiteurs du soir* (1942), *Les enfants du paradis* (1945), etc.

ARMADA, voir **INVINCIBLE ARMADA**

ARMÉE DU SALUT. – Créée par William Booth en 1878, elle succède à la Mission Chrétienne qu'il avait fondée en 1865. C'est une organisation presque militaire avec à sa tête un général élu. L'Armée recueille environ 6 000 personnes chaque jour. Voir **BOOTH.**

ARME NUCLÉAIRE. – Les pays officiellement détenteurs de l'arme nucléaire sont à ce jour l'URSS, les USA, la France, la Grande-Bretagne, la Chine, l'Inde, et Israël.

ARMSTRONG (Louis) (La Nouvelle-Orléans, 1900-New York, 1971), trompettiste, chanteur, compositeur et chef d'orchestre de jazz, noir américain.

ARMSTRONG (Neil) (1930-), astronaute américain. Il fut le premier homme à avoir marché sur la Lune. Voir **LUNE.**

ARRAS, chef-lieu du Pas-de-Calais. Ses habitants, les Arrageois, sont près de 46 000. Le beffroi de son hôtel de ville ainsi que sa grand-place du XIIe siècle attirent de nombreux visiteurs, dont certains viennent de Calais, ville voisine, premier port français de voyageurs.

ARRONDISSEMENTS. – Sous l'impulsion du baron Haussmann, préfet de Paris de 1853 à 1870, la ville connut un bouleversement sans précédent : nombreuses restaurations de monuments, créations d'avenues et du système des arrondissements.

ARTAGNAN (d'). – D'Artagnan se joint à Athos, Porthos et Aramis, et devient ainsi avec eux l'un des quatre héros du roman d'Alexandre Dumas père, *Les trois mousquetaires.* Voir **DUMAS.**

ARTÉMIS, déesse grecque de la nature et de la chasse. Le temple d'Artémis (la Diane des Romains) à Éphèse était considéré comme l'une des sept merveilles du monde. Il fut incendié par Érostrate au IVe siècle avant J.-C.

ARTHUR ou **ARTUR** ou **ARTUS,** roi légendaire du Pays de Galles (fin Ve siècle) dont les aventures ont donné naissance aux romans courtois du cycle de la Table ronde, encore appelé cycle d'Arthur ou cycle breton. *Excalibur,* son épée, donna son nom à un film de John Boorman, réalisé en 1981.

ARTISTES ASSOCIÉS (en anglais, *United Artists*), firme cinématographique qui, après succès et déboires, fut rachetée en 1981 par la Metro Goldwin Mayer.

ASCENSEUR POUR L'ÉCHAFAUD (1958), film français de Louis Malle (né en 1932) ayant obtenu le prix Louis-Delluc. Voir **MALLE.**

ASCENSION, dans la tradition chrétienne, commémoration de la montée au ciel de Jésus-Christ après sa résurrection, fêtée 40 jours après Pâques.

ASCOT HEATH, course plate de chevaux, créée en 1951, réservée au 3 ans et plus, sur 2 400 m.

ASHE (Arthur) (1943-), champion de tennis noir américain vainqueur du tournoi de Wimbledon en 1975.

ASIE (de la racine sémitique *esch* ou *ushos*, lever du soleil, ou Orient). – Au contraire, Europe vient de *Ereb*, coucher du soleil, ou Occident.

ASSAM, État indien situé entre la Birmanie, le Bangladesh, et la Chine, essentiellement producteur de thé. Il compte environ 15 millions d'habitants, et a pour capitale Shillong.

ASSOCIATED PRESS. – L'agence de presse Associated Press est une société sans but lucratif dont le siège est à New York. Fondée en 1848, elle transmet quotidiennement des millions de mots. Elle dessert 6 000 stations de radio et de télévision et 1 500 quotidiens aux États-Unis, et 10 000 quotidiens à l'étranger. Elle offre ses services en sept langues.

ASSOUAN. – Le barrage d'Assouan (2/3 en Égypte, 1/3 au Soudan), inauguré en 1971, a été construit afin d'éviter les inondations annuelles. Il retient 160 milliards de m³ d'eau et a permi d'arracher 800 000 ha au désert.

ASSURANCETOURIX, voir **ASTÉRIX**

ASTAIRE (Frederick Austerlitz, dit Fred) (1899-1987), danseur, chorégraphe et acteur américain. Il a dansé et chanté au cinéma avec Ginger Rogers, Lucille Bremer, Rita Hayworth, Elaine Powell, Judy Garland, Cyd Charisse, etc. *Parade de printemps,* de Charles Walters, date de 1948.

ASTÉRIX LE GAULOIS, bande dessinée de René Goscinny et Albert Uderzo parue pour la première fois en 1959 dans le journal *Pilote.* Le premier album paraît en 1961, et est tiré à 6 000 exemplaires. L'album paru en 1983 a été tiré à 7 millions d'exemplaires dans le monde. Quelques personnages : Astérix, son compagnon Obélix (qui n'a pas besoin de potion magique), Panoramix (le druide), Abraracourcix (le chef du village), Assurancetourix (le barde qui chante faux), Idéfix (le chien minuscule, compagnon de l'énorme Obélix), etc.

ASTÉROÏDES, petites planètes orbitant habituellement entre Mars et Jupiter. Certains sont des résidus du système solaire primitif qui n'ont pas pu s'agglomérer, d'autres sont des débris issus de collisions. Le premier a été découvert le 1er janvier 1801, et reste le plus gros actuellement connu. Il mesure 1 000 km de diamètre, et s'appelle Cérès. Environ 3 000 astéroïdes ont déjà été répertoriés.

ASTRAGALE, os court du pied, qui forme le sommet de la voûte tarsienne et joue un rôle essentiel dans les mouvements de flexion-extension du pied sur la jambe. En architecture, une astragale est un ornement, un motif décoratif. On peut aussi déguiser une pensée sous des astragales littéraires. *L'astragale* est également un roman français, d'Albertine Sarrazin, paru en 1965. Albertine Sarrazin est par ailleurs l'auteur de *La cavale* (1965).

ASTRUC (Alexandre) (Paris, 1923-), cinéaste français également auteur de romans. *Le rideau cramoisi,* moyen métrage réalisé en 1953 sur une adaptation de Barbey d'Aurevilly (1808-1889), a obtenu le prix Louis-Delluc.

ASUNCIÓN. – Située sur le fleuve Paraguay, à la frontière argentine,

Asunción compte plus de 600 000 habitants. L'État paraguayen date de 1649; quittant le joug brésilien, il devient une république indépendante en 1811. Il a depuis lors toujours fait montre d'une assez grande instabilité politique. En témoignent les 30 coups d'État qui le secouèrent entre 1900 et 1954.

ATHÉNA, déesse grecque, fille de Zeus. Elle symbolise l'action de la sagesse et de l'intelligence sur la vie de la cité.

ATHLÉTISME (du grec *athlêtès*, combattant), ensemble d'épreuves, individuelles ou par équipes, de courses à pied, sauts, lancers, ainsi que d'épreuves combinées. On trouve déjà dans *L'Iliade* (Homère) la description de courses et de concours.

ATHOS, voir **DUMAS**

ATHOS (mont), montagne de la Macédoine qui culmine à 2 033 m et sert d'asile à la dernière colonie monastique de l'Orient chrétien. Tournés vers la contemplation et le travail manuel, les moines, en 1970, y étaient au nombre de 1 300, contre 15 000 au XVIe siècle.

ATLANTIC CITY, ville de la côte est des USA, dans l'État du New Jersey. Le droit d'exploitation de sociétés de jeu et de casinos ne lui fut accordé qu'au début des années 70. Auparavant, la ville se contentait d'être une station balnéaire réputée, en partie pour son immense « *promenade* », entièrement en bois, de plus de 10 km. Elle doit aussi sa notoriété au fait que Miss America y est couronnée tous les ans.

ATLANTIQUE (océan). – Il sépare les deux Amériques de l'Europe et de l'Afrique. Sa superficie totale est de 106 200 000 km². Il est le plus salé de tous les océans. (L'océan Pacifique a une superficie de 180 000 000 de km².)

ATLAS, voir **PLÉIADE**

ATTILA (†453), roi des Huns. Il envahit l'Empire byzantin puis se dirigea vers l'ouest, entra en Gaule, pilla Metz, assiégea Orléans, et épargna Lutèce. Il fut vaincu près de Troyes, en 451. Ensuite, il envahit l'Italie, ravagea la Lombardie mais épargna Rome. Son empire s'effondra après lui. Il a été surnommé le Fléau de Dieu. Lui-même prétendait que l'herbe ne repoussait plus où son cheval avait passé!

AU NOM DE LA LOI, voir **McQUEEN**

AU VIEUX CAMPEUR, magasin de sport, dans le Ve arrondissement à Paris, muni de parois artificielles permettant de tester le matériel de varappe avant de l'acheter.

AUBERGE DU CHEVAL BLANC (L'), opérette, créée en 1930, qui vient au sixième rang des œuvres du genre les plus jouées en France.

AUBIGNÉ (Françoise d'), voir **MAINTENON**

AUCASSIN ET NICOLETTE, roman anonyme du XIIIe siècle, écrit en prose et en vers, relatant les amours d'un jeune noble avec une esclave.

AUCKLAND, principale agglomération néo-zélandaise. Elle compte 840 000 habitants, soit plus du cinquième de la population.

AUCKLAND (îles), archipel du sud du Pacifique, découvert en 1806, d'une superficie de 612 km². Ses îles sont inhabitées et servaient au XIXe siècle d'entrepôts pour la chasse à la baleine et au requin.

AUDI QUATTRO, modèle automobile de la firme allemande Audi Union, filiale de Volkswagen.

AUDRAN (Colette Dacheville, dite Stéphane) (1932-), actrice française. Découverte par le cinéaste Claude Chabrol, qu'elle épousa, elle tourna dans une quinzaine de ses films. *Le boucher*, réalisé en 1970, est un de ceux-là.

AUGUSTE DE THOU, voir **CINQ-MARS**

AUGUSTIN (saint) (354-430), théologien, philosophe et moraliste, né à Tagast (Aurès), évêque d'Hippone. Ses principales œuvres sont *La cité de Dieu*, les *Confessions*, et son traité *De la grâce*.

AURÈS, voir **AVOIR VINGT ANS DANS LES AURÈS**

AURICULOTHÉRAPIE (du latin *auricula*, oreille, et du grec *therapeia*, soin), spécialisation de l'acupuncture, localisée dans le pavillon de l'oreille.

AURORE POLAIRE, phénomène lumineux en forme d'arc, consécutif à l'action conjuguée de la haute atmosphère et de particules solaires chargées d'électricité. L'aurore boréale se produit au pôle Nord (du grec *boreas*, vent du nord), l'aurore australe au pôle Sud (du latin *auster*, vent du midi).

AUSTEN (Jane) (1775-1817), femme de lettres anglaise. *Orgueil et préjugé* (1813) n'est pas son premier livre, mais *Raison et sentiments* (1811). Suivirent *Mansfield Park* (1814) et *L'abbaye de Northanger* (1818, posthume). Son œuvre fut d'abord publiée anonymement.

AUSTERLITZ, victoire de Napoléon sur les empereurs d'Autriche et de Russie. Le 2 décembre 1805, Napoléon disposa ses troupes dos au soleil afin que l'ennemi ait le soleil dans l'œil et ne puisse viser correctement, d'où l'expression *soleil d'Austerlitz*.

AUSTIN, ville des USA située sur la rivière Colorado. Elle compte 345 000 habitants. Célèbre pour son université.

AUSTRALIE (du latin du XVIe siècle *terra australis incognita*, terre au sud inconnue). – Les premiers immigrants européens n'y arrivèrent qu'en 1788. Aujourd'hui, sa population dépasse les 15 millions d'habitants, ce qui est peu si l'on songe que sa superficie atteint presque les 8 millions de kilomètres carrés – soit 14 fois la France –, territoire auquel il faut ajouter près de 25 % de l'Antarctide, à 3 000 km de là. En raison de son éloignement qui, aux XVIIIe et XIXe siècles, rendait l'Australie assez difficile d'accès, d'anciens forçats purent y trouver un refuge et des terres encore vierges, dont quelques-unes, désertiques, furent transformées en prairies artificielles où paissent maintenant plus de 150 millions de moutons, et 30 millions de bovins.

AUSTRO-PRUSSIENNE (guerre) (1866), guerre entre la Prusse, alliée à l'Italie, et l'Autriche, aidée par les principaux États allemands. La victoire de Sadowa, remportée par la Prusse, mit fin au rôle dominant de l'Autriche en Allemagne, but recherché par Bismarck.

L'Autriche perdit la Vénétie au profit de l'Italie.

AUTANT EN EMPORTE LE VENT (1939), film américain de Victor Fleming, d'après le roman de Margaret Mitchell, avec Clark Gable, Vivien Leigh, Olivia De Havilland, etc. Il remporta notamment les oscars du meilleur film, du meilleur réalisateur, de la meilleure actrice, du meilleur second rôle féminin, etc.

AUTANT-LARA (Claude Autant, dit Claude) (1901-), cinéaste français. Il réalisa son film *Le diable au corps,* d'après le roman de Raymond Radiguet (1923), en 1947.

AUTRICHE, pays d'Europe centrale, d'une superficie de 84 000 km², qui compte un peu plus de 7 500 000 habitants. Ses villes les plus importantes, hormis Vienne, la capitale, sont Graz, Linz, Salzbourg, Innsbruck, qui toutes comptent plus de 100 000 habitants. À Vienne seule, se trouve réuni le cinquième de la population. 99 % des Autrichiens parlent allemand.

AUTRUCHE, oiseau africain inapte au vol mais pouvant atteindre 40 km/h à la course. Ses œufs peuvent mesurer jusqu'à 20 cm de haut sur 15 de large et peser jusqu'à 1,750 kg; leur coquille fait 1,5 mm d'épaisseur. Il faut environ 40 mn pour les cuire à la coque, et plus d'une heure et demie pour les cuire dur.

AVALANCHE (opération). – Le 19 septembre 1943, Anglais et Américains (V^e^ armée, général Clark) débarquèrent en Italie, à 3 h 30 du matin, dans la baie de Salerne.

AVATAR (du sanskrit *avatâra,* descente de Visnu sur la terre, c'est-à-dire ses diverses incarnations), chacun des divers aspects d'une personne ou d'une chose. Ce mot ne signifie pas mésaventure.

AVENTURIERS DE L'ARCHE PERDUE (Les), voir **SPIELBERG**

AVENUE DE L'OPÉRA. – Elle fut la première avenue de Paris à avoir été éclairée à l'électricité, en 1844. Les places de la Concorde et du Théâtre-Français avaient été le lieu des premiers essais d'éclairage par lampe à arc (découverte de l'Anglais Humphry Davy, en 1801), lampes qui, à partir de 1879, grâce à Charles Brush, alimentèrent les lampadaires.

AVERTY (Jean-Christophe) (1928-), journaliste, écrivain et critique de jazz français, producteur d'émissions à la télévision et à la radio. Son émission *Les cinglés du music-hall,* créée en collaboration avec Jacques Crépineau, est dorénavant programmée sur France-Musique chaque samedi de 19h à 20h.

AVERY (Fred Avery, dit Tex) (1907-1980), cinéaste américain spécialiste du dessin animé caricatural, créateur du chien Droopy, bègue et minus, mais aussi du canard Daffy Duck et de gags devenus des références (impuretés directement dessinées sur la pellicule pour induire en erreur projectionnistes et spectateurs, etc.). Il peut être qualifié d'anti-Walt Disney.

AVIGNON (festival d'), festival d'art dramatique, créé en 1947 par Jean Vilar, à Avignon, dans le Vaucluse. Voir **VILAR.**

AVIRON. – Virgile, dans *L'Énéide*, fait la plus ancienne description connue d'une course d'aviron. En 1716 a lieu la première course des temps modernes, en Grande-Bretagne, sur la Tamise. Les premières régates en France ont lieu en 1834. La course Oxford-Cambridge est créée le 10 juin 1829, et se court sur 6 840 m. Cambridge compte 69 victoires, contre 60 à Oxford. En 1986, la victoire revient à Cambridge.

AVOIR VINGT ANS DANS LES AURÈS (1972), film français réalisé par René Vautier, avec Philippe Léotard. Voir **ALGÉRIE.**

AVORTEMENT. – En France, la loi du 17 janvier 1975 légalisa l'interruption volontaire de grossesse, qui est remboursée en partie par la Sécurité sociale depuis le 31 décembre 1982.

AWELÉ, jeu de calcul faisant partie du *mancala*, ensemble de jeux de société originaires d'Afrique mais également pratiqués en Asie.

AXEL BORG. – Dans la bande dessinée de Jacques Martin, Borg est le méchant, Lefranc est le bon. Martin est également l'auteur d'*Alix*.

AYATOLLAH, dignitaire religieux des chiites. Le chiisme est la religion nationale de l'Iran depuis le XVIe siècle. Il est caractérisé par la reconnaissance des descendants d'Ali et comporte plusieurs sectes (druzes, ismaéliens, zaydites, etc.).

AYMÉ (Marcel) (Joigny, 1902-1967), écrivain français, auteur de nouvelles (*Le passe-muraille*) et romans (*La jument verte*), de pièces de théâtre (*Clérambard*), et de contes (*Contes du chat perché*).

AYMON (Les quatre fils), autre titre de la chanson de geste *Renaut de Montauban* (XIIe siècle) et du roman de chevalerie tiré de la même œuvre, récit de la lutte de Charlemagne contre les quatre fils du duc Aymes, montés sur le cheval Bayard aux bonds fabuleux.

AZINCOURT. – Au cours de la guerre de Cent Ans, les Anglais débarquèrent en Normandie, le 13 août 1415. Après avoir conquis Harfleur, l'armée du roi Henri V rencontra l'armée française à Azincourt, dans la Somme. Mal préparée et mal armée, l'armée française fut défaite et perdit beaucoup d'hommes. Les survivants furent faits prisonniers.

AZNAVOUR (Shahnour Varenagh Aznavourian, dit Charles) (Paris, 1924-), auteur-compositeur-interprète français d'origine arménienne turque. Il est également acteur et obtint en 1959 le prix d'interprétation au festival de Cannes pour son rôle dans *La tête contre les murs*, de Georges Franju. Il fut remarqué, en compagnie du compositeur Pierre Roche, en 1947, par Edith Piaf, qui les emmena tous les deux avec elle dans sa tournée au Canada. Roche s'y maria et y resta et Aznavour en revint pour devenir célèbre.

B

BAADER (Andreas) (1943-1977), militant allemand d'extrême gauche. Il fonda, en 1968, la Fraction armée rouge, qui rassemblait des terroristes et fut appelée aussi la « bande à Baader ». Il est arrêté en juin 1972 avec d'autres compagnons. Leurs partisans organisent alors des attentats pour essayer d'obtenir leur libération, mais en 1976, les prisonniers sont condamnés à la prison à perpétuité. Il y a une nouvelle vague d'attentats, puis on retrouve Baader et deux autres de ses compagnons morts dans leur cellule de la prison de Stammheim, près de Stuttgart.

BABAR (île), voir **BANDA**

BABAR, éléphanteau, personnage de bande dessinée créé en 1929 par le peintre français Jean de Brunhoff sur le conseil d'un de ses amis qui avait remarqué une tâche de couleur en forme d'éléphant sur sa palette...

BABEL, nom de Babylone dans la Bible. La tour de Babel symbolise l'orgueil de l'homme voulant escalader le ciel. Cet orgueil sera châtié par la dispersion de l'humanité, explication folklorique de la diversité des nations et des langues (cf. la Bible, Genèse, 11, 1-9).

BABETTE S'EN VA-T-EN GUERRE (1959), film français de Christian-Jaque, avec Brigitte Bardot, alors âgée de 25 ans.

BABY DOC, voir **PAPA DOC**

BACALL (Betty Joan Perske, dite Lauren) (New York, 1924-), actrice américaine. Elle débute à peine au théâtre quand, en 1943, Howard Hawks l'engage pour son film *Le port de l'angoisse*, aux côtés de Humphrey Bogart. Elle tournera encore avec les deux mêmes, en 1946, dans *Le grand sommeil.*

BACCARAT, chef-lieu de canton de Meurthe-et-Moselle, comptant environ 5 500 habitants, célèbre pour sa Compagnie des cristalleries, fondée au XVIIIe siècle, et son église, construite en 1957, dont les vitraux sont en cristal de la ville.

BADEN-POWELL (Baron Robert) (1857-1941), général anglais qui, pendant la guerre contre les Boers, défend Mafe King. Ses expériences dans l'armée le poussent à s'occuper de la formation des jeunes et, en 1908, il crée les *boy scouts* puis, en 1910, avec sa sœur Agnès Baden-Powell, les *girl guides*.

BADINGUET. – Le 25 mai 1846, Louis-Napoléon Bonaparte s'évade du fort de Ham, où il était enfermé depuis six ans, en empruntant des vêtements d'ouvrier à Badinguet. Le surnom de Badinguet fut donné, à la suite de ce déguisement, à Napoléon III. Voir **NAPOLÉON III.**

BADMINTON. – Il existait déjà dans l'Antiquité, en Chine, au Japon et chez les Incas et fut pratiqué en Europe à partir du XVIIe siècle. Il se joue avec une raquette et un volant, sur un terrain de 13,40 m x 5,18 m séparé en deux parties par un filet à 1,50 m du sol. Les championnats du monde, créés en 1977, ont lieu tous les 3 ans. Ils furent remportés par Hartons (Indonésie) en 1980 – et non pas en 1981. La coupe Thomas, créée en 1948, est un championnat international masculin.

BAGDAD. – Située sur le Tigre, elle compte 3 210 000 habitants. Fondée vers 630, elle est détruite en 1258 par les Mongols, placés sous le commandement de Tamerlan, et ne retrouve calme et prospérité que dans le courant du XVIIIe siècle. Capitale du monde musulman dès 760, elle acquiert son statut actuel en 1930.

BAHAMAS (îles), archipel de l'océan Atlantique, membre du Commonwealth, d'une superficie de 13 864 km², et qui compte 50 000 habitants. Les Bahamas furent découvertes en 1492 par Christophe Colomb et annexées par l'Angleterre au début du XVIIe siècle, au cours duquel de nombreux pirates tentèrent de s'y installer; d'où la devise : « *Les pirates chassés, le commerce restauré* », la principale activité commerciale étant actuellement le tourisme. Elles obtinrent leur indépendance en 1973.

BAHAMONTES (Federico) (1928-), coureur cycliste espagnol vainqueur du Tour de France en 1959.

BAHREIN, émirat arabe insulaire, du golfe Persique, d'une superficie de 662 km², comptant 400 000 habitants. La principale ressource de son économie est le pétrole. Il subit l'occupation portugaise au XVIe siècle, puis perse aux XVIIe et XVIIIe, avant de devenir peu à peu, à partir du XIXe, protectorat britannique, effectif depuis 1914, jusqu'en 1971, date de l'indépendance.

BAHT. – Vaut 0,27 F.

BAIE DES COCHONS. – Le 16 avril 1961, mille cinq cents exilés cubains, équipés et recrutés par les services secrets américains, débarquent dans la baie des Cochons mais en sont très rapidement refoulés. Quelques mois plus tard, en octobre 1962, la présence sur l'île de fusées soviétiques amène les USA et l'URSS au bord de l'affrontement.

BAÏKAL (lac), huitième lac du monde, avec ses 31 500 km², situé en URSS dans le nord de la Mongolie. Sa profondeur atteint 1 741 m. Au sud, il est longé par la ligne ferroviaire du transsibérien.

BAILLY (Anatole) (Orléans, 1833-Orléans, 1911), helléniste français. Son dictionnaire grec-français date de 1894 et est régulièrement réédité depuis.

BAÏONETTE. – Afin de permettre le combat à courte distance, et pour parer à une panne de fusil ou de munitions, les Bayonnais eurent l'idée de fixer une petite épée au bout du fusil.

BAKER (Caroll) (1931-), actrice américaine. *Baby doll*, réalisé par Elia Kazan en 1956, lui apporta brutalement la notoriété, et est à peu près son seul titre de gloire.

BAKER (Joséphine) (1906-1975), chanteuse de music-hall américaine, longtemps vedette, à Paris, des *Folies-Bergères* et du *Casino de Paris*. Elle avait « *deux amours :* (son) *pays* et *Paris* ».

BAKOUNINE (Mikhail-Aleksandrovitch) (1814-1876), anarchiste russe. En 1867, il rejoignit la Ire Internationale et il en créa la première section en Italie. Après s'être séparé de Marx en 1872, il écrivit *L'État et l'anarchie* (1873), livre dans lequel il expose ses idées contre tout pouvoir, même révolutionnaire.

BALANCHINE (Gueorgui Melitonovitch Balanchivadze, dit George) (Saint-Pétersbourg, 1904 - New York, 1983), danseur puis chorégraphe russe, plus tard naturalisé américain. Le New York City Ballet provient de la School of American Ballet, que Balanchine créa en 1934.

BALEINE BLEUE. – Encore appelée rorqual, elle peut mesurer jusqu'à 30 m et peser 150 tonnes, la femelle atteignant parfois les 200 tonnes. Aucun animal, à quelque époque géologique que ce soit, n'a jamais atteint ni même approché ces dimensions.

BALI, île volcanique d'Indonésie située à l'est de l'île de Java. Sa température équatoriale de 26 °C toute l'année en fait un havre touristique bien desservi par l'aéroport Ngurah Rai. Elle abrite un centre pour artistes européens et américains. Outre la pratique des combats de coqs, la danse, la musique, la poésie, y sont également très développées les cultures du riz et du café.

BALLADE DE NARAYAMA (La), film japonais de Shohei Imamura, qui a obtenu la palme d'or au festival de Cannes, en 1983. Une première version, d'après la même œuvre de Fukazawa, avait été réalisée en 1958 par Kinoshita.

BALLON DE GUEBWILLER. – Situé près de Guebwiller, au nord-ouest de Mulhouse, il offre, grâce à ses 1 424 m d'altitude, un splendide panorama sur les Vosges, le Jura, la Forêt-Noire et les Alpes. On le surnomme le Grand Ballon.

BALL-TRAP, tir d'entraînement au fusil pratiqué avec un appareil à ressort propulsant des assiettes en argile (« pigeons ») faisant office de cibles mobiles. Ce sport est encore appelé tir aux pigeons.

BALMAT (Jacques) (1762-1834), guide montagnard français originaire de Chamonix. C'est le 8 août 1786 qu'il réussit l'ascension du mont Blanc. Il y retourna dès l'année suivante, emmenant avec lui le naturaliste Saussure (1740-1799).

BALTHUS (Balthasar Klossowski, dit) (Paris, 1908-), peintre français directeur de l'académie de France à Rome de 1961 à 1976.

BALTIMORE. – C'est grâce à l'invention de Samuel F. B. Morse qu'y a été transmis, en 1850, depuis la Cour suprême américaine, le premier message télégraphique : « *What hath God wrought* (Ce que Dieu a forgé) ».

BALTIQUE (mer), portion de l'océan Atlantique baignant l'URSS, les deux Allemagnes, la Suède, la Finlande, la Pologne, et le Danemark. Elle apparut lors de la fonte des glaces du quaternaire, qui recouvraient alors 415 000 km² du continent européen; d'où ses faibles profondeur (au maximum 460 m) et salinité.

BALTORO, glacier dans l'est du Karakoram (massif du nord du Cachemire), d'une longueur de 86 km. À titre de comparaison, la mer de Glace de Chamonix, ne fait que 12 km de long.

BALZAC (Honoré de) (Tours, 1799-Paris, 1850), écrivain français. *La comédie humaine* est composée de 90 romans regroupant plus de 2 000 personnages.

BANCROFT (Anna Maria Italiano, dite Ann) (New York, 1931-), actrice américaine. Elle tourne *Le lauréat*, sous la direction de Mike Nichols, en 1967, avec Dustin Hoffman dont c'est la révélation publique.

BANDA (îles), groupe d'îlots indonésien de l'archipel des Moluques qui, avec plus de 90 îles, a une superficie totale de 74 506 km² pour 1 535 000 habitants. On trouve également dans cet archipel l'île de Babar, au nord-est de Timor.

BANGKOK. – Elle compte 5 500 000 habitants. Les Thaïlandais l'appellent encore Phra Nakhon (Ville capitale).

BANGLADESH. – D'une superficie de 142 780 km², il compte 101,5 millions d'habitants. Son nom signifie Nation bengale. Fondé en décembre 1971, il équivaut à l'ancien Pakistan oriental. La langue officielle y est le bengali, mais l'anglais et l'ourdou (langue officielle du Pakistan) y sont également parlés. Plus de 70 % de la population est illettrée.

BANGUI, 450 000 habitants, fondée en 1889 sur la rivière Oubangui. Elle tire son nom de *bangui*, qui signifie « rapides ».

BANJUL, 46 000 habitants. Jusqu'en 1974, elle s'appelait Bathurst et était capitale de l'ancienne colonie britannique; elle est située au sud de l'estuaire de la Gambie.

BANQUE DU SPERME. – En France, il y avait, en 1986, 20 banques du sperme, dont 3 à Paris (Bicêtre, Necker, Hôtel-Dieu). Le sperme y était conservé dans l'azote liquide à – 196 °C. Le pourcentage d'échecs d'insémination par ce biais est de 30 %.

BAO DAI (1913-), empereur d'Annam (1925-1945). Il abdiqua quand l'État dirigé par le Viet-minh se forma, puis, de 1949 à 1955, il fut chef de l'État vietnamien.

BARABBAS ou **BARRABAS,** prisonnier juif condamné sous Ponce Pilate pour crime de sédition et meurtre. À l'occasion de la fête de la Pâque, Ponce Pilate proposa au peuple que, de Jésus et Barabbas, l'un des deux fût délivré; le peuple condamna Jésus, et Barabbas échappa ainsi au supplice.

BÂRÂBUDUR, temple bouddhique de Java qui remonte au IXe siècle. Les quatre galeries évoquent la vie du Bouddha dans un symbolisme complexe.

BARBADE (La). – L'île de la Barbade, aux Antilles, appartient à l'Amérique du Nord. Colonie britannique depuis 1627 jusqu'à son indépendance, en 1966, elle fait partie du Commonwealth. Population : 250 000 habitants.

BARBE-BLEUE, voir **PERRAULT**

BARBEROUSSE (opération). – Le 23 août 1939, Hitler et Staline signaient un pacte. Moins de deux ans plus tard, le 22 juin 1941, 150 divisions allemandes franchissaient la frontière russe selon le plan *Barbarossa.* La surprise et l'inorganisation de l'Armée rouge permirent aux Allemands d'avancer jusqu'à 70 km de Moscou.

BARBEY D'AUREVILLY (Jules Amédée) (1808-1889), écrivain français. Il s'était fixé comme but, dans sa vie comme dans ses écrits, d'étonner. Sa violence s'exerça contre le scientisme, le positivisme, l'égalitarisme – dont Émile Zola était pour lui le plus redoutable représentant. Œuvres principales : *Le chevalier des Touches* (1864), *L'ensorcelée* (1854), *Les diaboliques* (1874), etc.

BARBIE (Klaus), chef de la Gestapo à Lyon, où son procès a eu lieu en 1987. Entre autres crimes de guerre, il est soupçonné d'avoir été à l'origine de l'arrestation de Jean Moulin, ce qui donnera lieu à un procès ultérieur.

BARBIER DE SÉVILLE (Le), voir **BEAUMARCHAIS**

BARBIZON, commune de Seine-et-Marne ; 1 273 habitants. Y travaillèrent notamment les peintres Corot, Millet et Daubigny.

BARBU (Marcel). – Il était candidat aux élections présidentielles en 1965 et a obtenu 1,15 % des voix par rapport aux suffrages exprimés, score qui l'a placé en 6e et dernière position, derrière le Charentais Marcilhacy (1,71 %) et Tixier-Vignancour (5,19 %).

BARCLAY (Eddie) (1921-), homme d'affaires français. Il est l'un des plus importants représentants au monde de l'édition phonographique. Il a fondé sa société en 1953. La place des Lices se trouve à Saint-Tropez.

BARDOT (Brigitte), voir **B.B.**

BAR DU TÉLÉPHONE. – Dans ce bar, le 3 octobre 1978, à Marseille, quatre hommes tuèrent dix consommateurs en quinze secondes. Ce règlement de compte termina une série de 27 meurtres.

BAR-MITZVAH, ensemble de cérémonies assez récentes célébrées quand un garçon juif atteint l'âge de 13 ans, âge auquel, d'après le Talmud, un jeune homme devient responsable. La cérémonie a lieu un samedi matin. L'adolescent lit un passage de la Torah et il s'engage à voix haute à poursuivre dans la direction qui lui est assignée. *Bar-mitzvah* signifie aussi garçon juif de 13 ans qui, après une formation, est considéré comme membre actif de la communauté.

BARNARD (Christian) (Le Cap, 1922-), chirurgien sud-africain. Il fut le premier au monde à réaliser une greffe cardiaque, en 1967.

BARNUM (Phineas Taylor) (1810-1891), directeur de cirque américain devenu célèbre grâce à ses grandes tournées mondiales.

BAROMÈTRE (du grec *baros*, pesanteur, et *metron*, mesure), instrument pour mesurer la pression atmosphérique.

BARRAULT (Jean-Louis) (1910-), acteur et metteur en scène français. Il fait ses débuts au théâtre avec Charles Dullin, au théâtre de l'Atelier en 1931. Il s'initie au mime à partir de 1935. Avec Madeleine Renaud (née en 1900), qu'il épouse en 1940, il fonde la Compagnie Renaud-Barrault, aujourd'hui installée au théâtre du Rond-Point (des Champs-Élysées). Citons, parmi quelques-uns de ses plus beaux films, *Drôle de drame* (1937), *Les enfants du paradis* (1945), *Le testament du Dr Cordelier* (1961), etc.

BARRAULT (Marie-Christine) (Paris, 1944-), actrice française révélée au cinéma par Éric Rohmer dans *Ma nuit chez Maud*, en 1969. Elle tourne ensuite avec Delvaux, Wajda, Woody Allen, Schlöndorff.

BARRÈRE (Igor) (1931-), professionnel français de la télévision.

BARRIÈRE DE ROSS, immense falaise de glace de l'Antarctique située le long de la mer de Ross à l'ouest de l'île de Ross. Sir John Ross, explorateur britannique né en 1777 en Écosse, mort à Londres en 1856, découvrit le pôle magnétique en 1833.

BARTHES (Roland) (1915-1980), écrivain français. *Le degré zéro de l'écriture* date de 1953. Quelques autres œuvres : *Mythologies* (1957), *L'empire des signes* (1970), *Le plaisir du texte* (1973), *Fragments d'un discours amoureux* (1977).

BARTHOLDI (Frédéric Auguste) (Colmar, 1834-1904), statuaire français. Sa statue *La Liberté éclairant le monde*, à l'entrée du port de New York, date de 1886. Il est également l'auteur du *Lion de Belfort* (1880), situé place Denfert-Rochereau à Paris. Voir **LIBERTÉ**.

BASHUNG (Alain), chanteur français de variétés. Il « perce » en 1980 avec *Gaby oh Gaby*, titre vendu alors à 1,3 million d'exemplaires. Il avait été auparavant un des accompagnateurs de Dick Rivers.

BASKET-BALL. – Les États-Unis furent médaille d'or de cette discipline à tous les jeux Olympiques depuis 1936, sauf en 1980, qui vit le succès de la Yougoslavie, l'URSS finissant troisième. En revanche, l'URSS gagna les championnats du monde en 1967, 1974, 1982, et fut battue par les USA en 1986. Ce sport est originaire des USA, où il fut inventé en 1891 par le Canadien James Naismith (1861-1939).

BASSE-CALIFORNIE, péninsule située au Mexique, au sud de la Californie, qui sépare le golfe de Californie de l'océan Pacifique. Les Mexicains et les Américains l'appelle *Baja California*. Elle fut découverte par les Espagnols en 1533.

BASTIEN-THIRY. – Le 22 août 1962, le lieutenant-colonel Bastien-Thiry, aidé de 12 hommes armés, mitraille la voiture du général de Gaulle au carrefour du Petit-Clamart. Par miracle, les passagers sont intacts. Arrêté peu après, le 17 septembre, Bastien-Thiry est jugé.

condamné à mort et exécuté, le 11 mars 1963. L'épouse du général transportait ce jour-là des poulets dans le coffre de l'automobile. Après l'attentat, elle s'inquiéta de savoir s'ils avaient été épargnés par la mitraille.

BASTILLE (la), forteresse construite de 1370 à 1382. Elle eut d'abord un usage militaire puis fut transformée en prison d'État. Considérée comme le symbole de l'arbitraire royal parce que le roi pouvait *embastiller* qui bon lui semblait, elle fut prise par le peuple de Paris le 14 juillet 1789 et démolie ensuite. Ce fut le début de la Révolution française. Le 14 Juillet est devenu la fête nationale française. De nos jours, place de la Bastille, anciennement porte Saint-Antoine, se dresse une colonne, érigée entre 1831 et 1840.

BATAILLE, jeu très ancien, qui se joue avec 32 ou 52 cartes, leur ordre étant as, roi, dame, valet, 10, 9, etc., les couleurs étant toutes équivalentes. Charles VI (1368-1422), « le bien-aimé », y aurait en effet joué avec sa favorite pendant des jours entiers.

BATAVIA (de *Bataves*, premières tribus germaniques de Hollande). – Jakarta, en Indonésie, avait été baptisée Batavia, en 1619, par le gouverneur hollandais Jan Pieterszoon Cohen, qui avait obtenu la souveraineté sur la ville.

BATEAU-LAVOIR (Le), immeuble, situé à Montmartre, qu'habitèrent Picasso, Van Dongen, et d'autres peintres Fauves, au début de ce siècle.

BATISTA Y ZALDIVAR (1901-1973), officier et homme d'État cubain. Il fut président de la République de 1940 à 1944, et à nouveau de 1952 à 1959, date à laquelle il fut déposé par Fidel Castro.

BATON-ROUGE. – Située sur le Mississippi, au nord-ouest de la Nouvelle-Orléans, la ville compte 220 000 habitants. Sa région fut découverte en 1682 par le Français René Robert de La Salle, parti depuis 1673 reconnaître le cours du Mississippi.

BATRACIENS ou **AMPHIBIENS,** classe de vertébrés parmi lesquels on trouve la salamandre, la grenouille, la rainette, le crapaud, etc.

BAUDELAIRE (Charles) (Paris, 1821-Paris, 1867), écrivain français. *Les fleurs du mal* (1857), *Le spleen de Paris* ou *Petits poèmes en prose*, ses traductions des contes d'Edgar Poe, et ses critiques sur l'art romantique, font de lui l'un des esprits les plus éclairés et les plus influents du XIXe siècle littéraire et poétique. « *Là, tout n'est qu'ordre et beauté, / Luxe, calme et volupté* » est extrait de l'un des poèmes des *Fleurs du mal*, « L'invitation au voyage ».

BAUDROIE, poisson comestible – pourtant peu engageant d'aspect – abondant sur le littoral français, pouvant mesurer jusqu'à 2 m de long.

BAULE (La). – Située sur l'Atlantique, son agglomération compte 30 000 habitants. Sa plage s'étend sur 7 km. La plus longue plage du monde est celle de Virginia, sur la côte est des USA : 61 km.

BAYE (Nathalie) (1948-), actrice française. Elle débuta dans *La nuit américaine*, réalisé par François Truffaut en 1973, et obtint un large succès populaire grâce à *La balance*, de Bob Swain, en

1982, rôle pour lequel elle obtint le césar de la meilleure actrice. Épouse pour un temps de Johnny Hallyday, elle s'en sépara en 1986, après avoir eu un enfant de lui, Laura.

BAYEUX (Tapisserie de), broderie dite « tapisserie de la reine Mathilde ». Sa longueur est de 70 m. Elle raconte en 58 épisodes la conquête de l'Angleterre par les Normands. Guillaume, duc de Normandie, gagna la bataille d'Hastings le 14 octobre 1066 et fut aussitôt couronné roi. Cette tapisserie fut exécutée de 1066 à 1077 pour la cathédrale. Un musée la conserve actuellement.

BAYREUTH, ville d'Allemagne fédérale; 61 000 habitants. Un théâtre y a été construit en 1876, par le roi Louis II de Bavière, pour la représentation des œuvres de Richard Wagner. Un festival consacré à ses opéras y a lieu chaque année, et il est l'occasion d'un véritable pèlerinage pour de nombreux wagnérophiles.

BAZAINE (Achille) (1811-1888), maréchal de France. Il commanda au Mexique. Il capitula le 27 octobre 1870, à Metz, et fut condamné à mort. Sa peine ayant été commuée en détention perpétuelle, il s'évada en Espagne.

B.B. (Brigitte Bardot dite) (Paris, 1934-), actrice française de cinéma. Quelques films : *Et Dieu créa la femme* (Vadim, 1956), *En cas de malheur* (Autant-Lara, 1958), *La vérité* (Clouzot, 1960), *Vie privée* (Malle, 1962), *Le mépris* (Godard, 1963), *L'ours et la poupée* (Deville, 1969). Elle a abandonné sa carrière en 1974, et elle se consacre notamment, depuis, à la protection des animaux dans le monde entier. *Le trou normand*, de Jacques Boyer, son premier film, date de 1952. *Shalako*, western médiocre avec un Sean Connery tout récemment libéré de ses obligations d'agent secret de Sa Majesté, date de 1968.

BEACH BOYS (les), groupe de pop-music fondé en 1961 par Carl, Brian, et Dennis Wilson, auxquels se joignirent Al Jardine et Mike Love.

BEAMON (Robert), athlète noir américain. Il a sauté, à son premier essai aux jeux Olympiques de 1968, 8m 90 (saut en longueur), ce qui constitue encore à ce jour le record du monde.

BEATLES (les), groupe anglais de pop-music des années 60 composé de Ringo Starr (Richard Starkey, né en 1940), batterie; George Harrison (né en 1943), guitare solo; Paul McCartney (né en 1942), guitare basse; et John Lennon (1940, assassiné en 1980), guitare d'accompagnement. Ils se séparèrent en 1971 et connurent alors des fortunes diverses. « *Michelle, ma belle, / Sont deux mots qui vont très bien ensemble, très bien ensemble, / I love you, love you...* » sont les premières paroles de *Michelle*, une de leurs plus célèbres chansons. Leurs films : *Quatre garçons dans le vent* (1964); *Help!* (1965); *Magical mystery tour* (1967); *Le sous-marin jaune* (1968), *Let it be* (1970). Paul McCartney, avec sa femme Linda, fonda le groupe Wings.

BEATTY (Henry Warren Beatty, dit Warren) (1937-), acteur et cinéaste américain. Il commence sa carrière d'acteur avec Elia Kazan, en 1961, dans *La fièvre dans le sang*. Il obtient l'oscar du meilleur acteur pour le rôle de Clyde Barrow dans *Bonnie and Clyde*, en 1967. En 1981, il réalise une biographie du journaliste John Reed, dont il est aussi l'interprète : *Reds*.

BEAUHARNAIS (Hortense de), reine de Hollande. Fille d'Alexandre de Beauharnais et de Joséphine de la Pagerie, elle épouse en 1802 Louis Bonaparte. Des trois fils qu'ils ont, un seul survit : Charles Louis Napoléon, né en 1808 et futur Napoléon III. En outre elle a un fils naturel avec le général de Flahaut en 1811 : Charles, duc de Morny, brillant diplomate, qui mourut en 1865.

BEAUMARCHAIS (Pierre Augustin Caron de) (1732-1799), écrivain français inventeur de la montre à échappement, professeur de harpe, agent diplomatique, trafiquant d'armes, fondateur de la Société des auteurs dramatiques, éditeur des œuvres complètes de Voltaire, trois fois marié, deux fois emprisonné... Il est surtout connu pour ses deux pièces de théâtre : *Le barbier de Séville* (1775) et *Le mariage de Figaro* (1784).

BEAUVOIR (Simone de) (Paris, 1908-Paris, 1986), femme de lettres française, philosophe et romancière, disciple et compagne de Jean-Paul Sartre. Ses *Mémoires d'une jeune fille rangée* paraissent en 1958. *Le deuxième sexe* date de 1949.

BÉBÊTE-SHOW, séquence de satire politique intervenant dans l'émission de télévision produite par Stéphane Collaro (né le 20 mai 1943, anciennement journaliste), intitulée *Cocoricocoboy*. Elle avait lieu tous les soirs sur TF1 avant le journal de 20 heures. Après un court passage sur la cinquième chaîne il est maintenant revenu à la première.

BE BOP A LULA, tube créé en 1956 par Gene Vincent, repris par Gégène en 1962, par Les Chaussettes noires et Eddy Mitchell en 1961, puis par Eddy Mitchell seul en 1963, 1968, 1980, par Alan Vega en 1982, sans oublier John Lennon en 1975. La liste n'est sans doute pas définitivement close.

BÉCAUD (François Silly, dit Gilbert) (Toulon, 1927-), auteur-compositeur-interprète français de variétés. C'est en 1954 qu'il se voit consacré star de la chanson, et surnommé « *monsieur 100 000 Volts* ».

BECHET (Sidney) (La Nouvelle-Orléans, 1891-Garches, 1959), clarinettiste de jazz noir américain, compositeur et chef d'orchestre. Il jouait aussi du saxophone, et affectionnait tout particulièrement le saxophone soprano, dans le maniement duquel il passa virtuose.

BECKER (Jacques) (1906-1960), cinéaste français auteur de 13 films seulement, entre 1942 et 1959, parmi lesquels *Antoine et Antoinette*, *Casque d'or* (1952), *Touchez pas au grisbi* (1954), *Rendez-vous de juillet* (1949). *Falbalas*, peinture du monde de la haute couture parisienne, date de 1945.

BECKET. – Il était l'ami intime d'Henri II d'Angleterre, qui le nomma en 1162 archevêque de Cantorbéry. Prenant alors la défense des intérêts de l'Église, il s'opposa au roi, qui le fit assassiner dans sa cathédrale le 29 décembre 1170.

BECKETT (Samuel) (1906-), écrivain irlandais né près de Dublin. Depuis 1945, il écrit ses livres directement en français. La première d'*En attendant Godot*, une de ses pièces de théâtre, a été donnée en 1953. Prix Nobel en 1969. Quelques autres œuvres : *Murphy*, *Malone meurt*, *Mercier et Camier*, *Oh les beaux jours*, *Le dépeuplement*, etc.

BECQUEREL (Henri) (1852-1908), physicien français découvreur de la radioactivité en 1896, prix Nobel de physique en 1903, en même temps que Pierre et Marie Curie.

BEECHER-STOWE (Harriet) (Lichtfield, 1811-1896), femme de lettres américaine. Son roman *La case de l'oncle Tom* parut en 1852.

BEE GEES (les), groupe vocal de pop-music anglais constitué par trois frères : Barry Gibb, né en 1946, Maurice et Robbin, tous deux nés en 1949 (Bee Gees = Brothers Gibb). Après avoir remporté plusieurs succès dans les années 60, avec un style qui leur était propre, très vocal et très mélodique, ils connurent une éclipse, avant de revenir en force, dans les années 70, à la faveur de la vague disco. Ils ont composé la musique du film de John Badham, *La fièvre du samedi soir*, qui, en 1977, révéla John Travolta (né en 1954). *Massachusets* appartenait à leur première manière, incontestablement la plus intéressante.

BEETHOVEN (Ludwig van) (Bonn, 1770-Vienne, 1827), compositeur allemand. Auteur notamment de 32 sonates pour piano, de 17 quatuors à cordes, de 9 symphonies, d'un opéra (*Fidelio*), d'ouvertures, de sonates pour piano et violon, de trios à cordes, d'œuvres pour flûte et piano, etc.

BEGIN (Menahem) (Brest-Litovsk, 1913-), homme d'État israélien. Né en Biélorussie, il milite en Pologne au sein du mouvement de jeunesse sioniste Bétar. Devenu le chef de cette organisation, il est arrêté en 1938 et déporté en Russie. Il rejoint la Palestine en 1942 et devient pendant plus de 30 ans le chef du parti de droite Hérout. Premier ministre en 1977, il démissionne en 1983. Il est colauréat du prix Nobel de la paix 1978 avec Anouar el-Sadate.

BÉGUETER, crier, pour la chèvre et le bouc.

BÉJART (Maurice-Jean Berger, dit Maurice) (Marseille, 1927-), danseur et chorégraphe français. Il est la tête du Ballet du XXe siècle et de l'école Mudra. Il emprunte son pseudonyme à la comédienne que Molière épousa en 1662, Armande Béjart.

BELAFONTE (Harold George, dit Harry) (New York, 1927-), chanteur et acteur américain d'origine jamaïcaine. Il est dans les années 50 l'un des chanteurs noirs les plus populaires des États-Unis. Voir **CARMEN.**

BELFAST. – Plus de 350 000 habitants. Elle obtient son statut en 1920, lors de la séparation de l'Irlande du Nord d'avec la république d'Irlande (Eire).

BELGIQUE. – Elle est surnommée par Jacques Brel *le Plat Pays*; son point culminant est le signal de Botrange, dans les Ardennes (province du Luxembourg), à 694 m.

BELGRADE, capitale de la Yougoslavie. Elle compte 1 500 000 habitants. Située au confluent du Danube et de la Save, c'est un important centre administratif et industriel.

BÉLIER, premier signe du Zodiaque, dont la période s'étend du 21 mars au 20 avril.

BELL (Marie-Jeanne Bellon-Downey, dite Marie) (1900-1985), actrice française. Entrée à la Comédie-Française en 1921, elle en devient sociétaire. Elle tourne dans le film de Julien Duvivier, *Carnet de bal*, en 1937.

BELLADONE (de l'italien *bella dona*, belle dame), plante poussant dans les taillis qui donne un fruit noir très vénéneux utilisé en pharmacie.

BELLE AU BOIS DORMANT (La), voir **PERRAULT**

BELLE DE MOSCOU (La) (1956), film américain de Rouben Mamoulian, avec pour principale interprète Tula Ellice Fiuklea, dite Cyd Charisse, actrice et danseuse américaine (née en 1922).

BELLE ET SÉBASTIEN, feuilleton télévisé pour les enfants diffusé au début des années 60, réalisé et écrit par Cécile Aubry (Anne-Josée Bénard) pour son fils Mehdi et le chien Belle, magnifique berger des Pyrénées.

BELLE POULE (la). – Au début de 1840, le roi Louis-Philippe fait voter le retour en France des restes de Napoléon. La frégate *La belle poule* appareille le 7 juillet 1840 et, après 5 mois de voyage, accoste à Cherbourg, le 30 novembre. Les cendres de l'empereur sont transférées aux Invalides au cours d'obsèques grandioses, le 15 décembre de la même année.

BELLINI, nom donné à un cocktail, emprunté aux Bellini, famille de peintres vénitiens du XVe siècle.

BELLINI (Vincenzo) (Catane, 1801-Puteaux, 1835), compositeur italien. Il donna au bel canto son apogée dans son opéra *Norma* (1831).

BELMONDO (Jean-Paul) (Neuilly-sur-Seine, 1933-), acteur français. Il pratiqua la boxe en amateur pendant son adolescence. Véritable mascotte de la Nouvelle Vague, il tourna pour elle ses meilleurs films : *Classe tous risques* (Sautet, 1960), *À bout de souffle* (Godard, 1960), *Moderato cantabile* (Brook, 1960), *Léon Morin, prêtre* (Melville, 1961), *Le doulos* (Melville, 1963), *Pierrot le Fou* (Godard, 1965). *Les tribulations d'un Chinois en Chine*, de Philippe de Broca, date de 1965. *Stavisky*, d'Alain Resnais, fut tourné en 1974, à partir des faits réels qui aboutirent, en décembre 1933, à la découverte de l'escroquerie de l'homme d'affaires Alexandre Stavisky (né en 1886, suicidé en 1934), affaire qui eut d'importantes répercussions sur la vie politique de l'époque. Ce film n'ayant pas obtenu le succès que Belmondo en attendait et auquel il était désormais habitué, il fut à jamais dégoûté du cinéma dit d'auteur. *L'homme de Rio*, de Philippe de Broca, date de 1963; *Le marginal*, de Jacques Deray, de 1983.

BELOTE, jeu de cartes d'origine américaine introduit en Europe par des diamantaires hollandais commerçant avec les bijoutiers new-yorkais de la 5e Avenue. La belote se joue à 2 ou par 2 équipes de 2. L'ordre des figures est : sans atout : as, 10, roi, dame, valet, 9, 8, 7; dans l'atout : valet, 9, as, 10, roi, dame, 8, 7. Variantes : belote bridgée, belote contrée (un nombre minimal de points doit être amené).

BELPHÉGOR, roman du début du siècle de l'écrivain français Julien Benda (1867-1956), qui donna lieu, dans les années 60, à une adaptation télévisée en quatre épisodes, diffusée le samedi soir, et qui passionna la France entière, avec Juliette Gréco, Christine Delaroche et François Chaumette, sociétaire de la Comédie-Française.

BELTOISE (Jean-Pierre) (1937-), pilote de course automobile français. Le grand prix de Monaco est sa seule victoire en grand prix de formule 1.

BÉNARÈS. – Située sur le Gange, cette ville compte 585 000 habitants et est, depuis le VIe siècle, l'un des principaux centres religieux et intellectuels de l'hindouisme.

BEN BARKA (Mehdi) (1920-1965), homme politique marocain. Il est l'un des fondateurs, en 1950, de l'Union nationale des forces populaires, principal parti de gauche, opposé au régime. Obligé de s'exiler, il disparaît mystérieusement à Paris, en sortant de la brasserie *Lipp*, le 29 octobre 1965, ce qui déclenche une crise entre la France et le Maroc et deux procès.

BEN BELLA (Ahmed) (1916-), résistant algérien, qui organise, dès 1954, le soulèvement contre la France. Il sort vainqueur, avec les militaires, des discussions contre les politiques. Nommé chef du premier gouvernement algérien en 1962 et président de la République algérienne en 1963, il est renversé par Houari Boumediene en 1965 et emprisonné jusqu'en 1980.

BENDA (Julien) (Paris, 1867-1956), essayiste français. Il combattit le philosophe Bergson et la tendance des écrivains modernes à « s'engager », dans *La trahison des clercs* (1927).

BENGALE (golfe du), golfe du nord-est de l'océan Indien, entre le Bangladesh, l'Inde et la Birmanie, dans lequel se jettent, entre autres, le Gange et l'Irrawaddy.

BEN GOURION (David) (1886-1973), homme politique israélien. Émigré de Pologne en Palestine en 1906, élu en 1948 président du conseil provisoire qui proclame l'indépendance de l'État d'Israël, il démissionne en 1953 et se retire dans un kibboutz. Il reprend en 1955 la direction du gouvernement.

BÉNIN. – Le Bénin est le nouveau nom du Dahomey depuis novembre 1975, date à laquelle le président Mathieu Kérékou a annoncé une organisation politique marquant le premier anniversaire d'une « nouvelle société » guidée par les principes de Marx et Lénine. Ce nouveau nom a été choisi en souvenir de l'ancien royaume du Bénin, sur la côte de Guinée, florissant au XVIIe siècle et détruit en 1897 par les Britanniques. Le Bénin, pays d'Afrique occidentale, partage ses frontières avec le Togo, le Nigéria, le Burkina Faso et le Niger. Sa langue officielle est le français.

BENJAMIN OU LES MÉMOIRES D'UN PUCEAU (1968), film français de Michel Deville (né en 1931), avec Pierre Clementi.

BEN NEVIS, mont écossais, dans les Grampians, point culminant de la Grande Bretagne, à 1 343 m.

BENOIT (Pierre) (Albi, 1886-1962), romancier français auteur de *Koenigsmark*, *L'Atlantide*, *La chaussée des géants*, etc. Académicien.

BERCHTESGADEN, ville d'Allemagne fédérale, située dans les Préalpes bavaroises, qui compte 4 500 habitants. Aujourd'hui l'une des principales stations de sports d'hiver du pays, elle fut la résidence de Hitler.

BERG (Alban) (Vienne, 1885-Vienne, 1935), compositeur autrichien, élève de Schönberg. Il ne sacrifia pas totalement l'univers tonal ni la tradition romantique au langage sériel de son maître. Ses deux opéras sont *Wozzek* (1925) et *Lulu* (1928-1935). Il est également l'auteur d'un concerto pour violon *A la mémoire d'un ange.*

BERGAME, ville italienne de Lombardie qui compte 122 000 habitants, cité éminemment artistique.

BERGER (Helmut Steinber, dit Helmut) (1944-), acteur autrichien découvert par Visconti, qui le révèla au grand public dans *Les damnés,* en 1969.

BERGER (Michel Hamburger, dit Michel) (1947-), auteur-compositeur-interprète français. Il a écrit notamment des chansons pour Johnny Hallyday, et pour sa compagne, France Gall, et une comédie musicale, *Starmania.*

BERGMAN (Ingrid) (1915-1982), actrice suédoise. Elle a eu, avec le réalisateur italien Roberto Rossellini (1906-1977), en 1953, une fille, Isabella, également actrice. *Fleur de cactus,* film américain de Gene Saks, fut réalisé en 1970; *Casablanca,* de Michael Curtiz, avec Humphrey Bogart, en 1943. Bien que n'ayant aucun lien de parenté avec le grand cinéaste Ingmar Berman, suédois comme elle, elle trouva son dernier rôle, qui fut un grand rôle, dans l'un de ses films : *Sonate d'automne,* réalisé en 1978. *Intermezzo* date de 1936 et non de 1938. Son premier film est *Le comte de Munkbro* (1935).

BÉRING ou BEHRING (détroit de), d'une largeur de 80 km, il tient son nom de Vitus Bering (ou Behring), explorateur danois (1681-1741) qui prouva que l'Asie n'était pas jointe à l'Amérique et découvrit l'Alaska.

BERLIN (mur de). – En 1945, Berlin, située dans la zone occupée par les Soviétiques, fut divisée en 4 secteurs d'occupation : anglais, français, américain et soviétique. De juin 1948 à mai 1949, l'URSS imposa le blocus des secteurs occidentaux. Un pont aérien pallia ce blocus. En 1958, l'URSS décida seule d'abolir le statut quadripartite de Berlin. La ville fut divisée en Berlin-Ouest, appartenant à la République fédérale, et Berlin-Est, capitale de la République démocratique. Le 13 août 1961, la frontière entre Berlin-Est et Berlin-Ouest fut fermée par un mur. Le passage le plus connu est appellé *Check point Charlie* à Berlin-Ouest.

BERLIN-OUEST. – L'ancienne capitale de l'empire allemand (depuis 1871) et la plus grande ville de l'Allemagne de l'Ouest se trouve de fait en Allemagne de l'Est, derrière le rideau de fer (80 500 km de fil de fer barbelé et 2 millions de mines afin d'empêcher le passage de l'Est vers l'Ouest depuis 1961).

BERMUDES. – Les Bermudes constituent un archipel de 360 îles dans l'océan Atlantique, dont 20 habitées. Elles demeurent une colonie britannique, dirigée par un gouverneur nommé par la reine. La devise des Bermudes est : « *Sur les voies du destin* ».

BERNACLE ou **BERNACHE** ou **BARNACHE,** oie sauvage des régions de l'extrême Nord que l'on rencontre parfois en hiver, sur les côtes d'Europe occidentale. Un crustacé porte le même nom.

BERNADOTTE, dynastie fondée en Suède par Charles Bernadotte, né à Pau en 1763, maréchal français puis roi de Suède et de Norvège de 1818 à 1844, date de sa mort.

BERNANOS (Georges) (1888-1948), écrivain français. Principales œuvres : *Sous le soleil de Satan* (1926), *L'imposture* (1927), *La joie* (1929), *La grande peur des bien-pensants* (1931), *Journal d'un curé de campagne* (1936), *Histoire de Mouchette* (1937), *Les grands cimetières sous la lune* (1938), *Nous autres, français* (1939), *Dialogue des Carmélites* (1948), *Les enfants humiliés* (1949).

BERNARD (Claude) (1813-1878), physiologiste et médecin français. Il découvrit l'existence du système nerveux sympathique. Son *Introduction à l'étude de la médecine expérimentale* (1865) posa les fondements de la recherche scientifique.

BERNHARDT (Henriette-Rosine Bernard, dite Sarah) (Paris, 1844-Paris, 1923), actrice française qui fut une des plus grandes comédiennes du XIXe et du début du XXe siècle. Outre son immense activité au théâtre, elle participa aux débuts du cinéma, notamment en 1919, avec *Adrienne Lecouvreur*, de Mercanton et Desfontaines.

BERRY (Chuck) (1931-), chanteur-compositeur américain. Il est, parmi d'autres, à l'origine de la vulgarisation, au début des années 50, du rhythm and blues en rock and roll.

BERRY (Jean de France, duc de) (Vincennes, 1340-Paris, 1416), prince capétien. Il mena l'existence d'un mécène et sa « librairie » possédait quelques-uns des plus beaux manuscrits du siècle, notamment les *Très riches heures du duc de Berry*, composé par les frères de Limbourg (Pol, Jean et Herman, peintres néerlandais du début du XVe siècle).

BERSAGLIER, fantassin de l'armée italienne (infanterie légère).

BERTHA (La grosse) (du nom de la fille de l'industriel allemand Krupp), canons lourds allemands qui pouvaient tirer à plus de 100 km. Du 23 mars au 9 août 1918, ils tirèrent en effet sur Paris 350 obus environ.

BÉRURIER, voir **DARD**

BESSON (Colette) (1946-), athlète française championne olympique du 400 m en 1968 en 52 s.

BEUVE-MÉRY (Hubert) (1902-), journaliste français fondateur du journal quotidien *Le Monde*, et auteur du *Suicide de la quatrième République*, paru en 1958.

BEVERLY HILLS (en anglais, collines de Beverly), quartier résidentiel des stars, à Los Angeles, l'immense ville du sud de la Californie, qui s'étend sur plus de 8 000 km^2. On peut y faire du *shopping* dans Rodeo Drive, où sont représentés Cartier, Hédiard, Saint-Laurent, etc.

BHOUTAN. – Dans ce pays, entouré par le Tibet, la Chine, l'Inde et le Sikkim, un *ngultrum* est égal à cent *chetrums*. La langue officielle y est le *dzongka* (tibétain). 90 % de la population est analphabète.

BHUTTO (Zulkifar Ali) (1928-1979), homme politique pakistanais. À partir de 1958, il s'occupe de la réforme des institutions et de l'économie. C'est lui qui crée le Parti populaire. Il est président de la République de 1971 à 1973 et Premier ministre en 1973. Un coup d'État met fin à sa carrière en 1977. Il est exécuté en 1979.

BIATHLON, course de cross-country à ski, de 20 km, entrecoupée de 4 séances de 5 tirs à la carabine (1 minute de pénalisation par tir manqué). Les championnats du monde existent depuis 1958. C'est un sport olympique depuis 1960.

BIBLIOTHÈQUE NATIONALE. – La Bibliothèque nationale se trouve au 58, rue de Richelieu, dans le 1er arrondissement de Paris. Elle a 4 étages et 38 km de rayonnages. Institué sous Charles V, le système du dépôt légal (obligatoire) permet d'y conserver un exemplaire de tous les livres, journaux, estampes, etc., qui paraissent en France. Paris compte en outre 82 bibliothèques municipales.

BIDASSE (Avec l'ami), chanson populaire du début du siècle, sans doute un des chefs-d'œuvre du genre comique troupier. Début : « *Avec l'ami Bidasse, / On ne se quitte jamais, / Attendu qu'on est / Tous deux natifs d'Arras, / Chef-lieu du Pas-de-Calais* ».

BIDAULT (Georges) (1899-1983), homme politique français, élu président du Conseil national de la résistance à la mort de Jean Moulin. Il fut président du Conseil, ministre à plusieurs reprises. Ses différends avec le général de Gaulle sur la politique algérienne le conduisirent à l'exil.

BIENVENÜE (Fulgence) (1852-1936), architecte-ingénieur, réalisateur du métro parisien, inauguré le 19 juillet 1900 (Vincennes-Neuilly), en même temps que le pont Alexandre-III, le Grand et le Petit Palais, la basilique du Sacré-Cœur, et l'Exposition universelle, qui attira plus de 50 millions de spectateurs.

BIÈRE (plus grands consommateurs de). – 1. Allemands : 148 l/an 2. Polonais : 146 l. 3. Danois : 133 l. Les Français viennent en septième position, avec 44 l.

BIG APPLE (en anglais, Grosse pomme).

BIG-BANG (en anglais, grand boum), thèse inventée par l'Américain George Gaman (1904-1968), vulgarisée en 1978 par Steven Weinberg, dans son livre *Les trois premières minutes de l'Univers*, selon laquelle l'Univers serait issu de l'énorme explosion, il y a 15 ou 20 milliards d'années, d'une boule de matière d'énorme densité. Cette thèse est actuellement la plus répandue.

BIG SUR, village du nord de la Californie, au sud de San Francisco. Il donna son titre à l'un des livres d'Henry Miller, dont c'était le village natal.

BIKILA (Abébé) (1932-1973), athlète éthiopien spécialiste du marathon, dont il fut champion olympique en 1960 et 1964.

BILBOQUET, jeu d'adresse consistant à introduire un bâton dans le trou pratiqué dans la bille de bois à laquelle il est relié par une courte corde. (Il s'agit sans doute, dans la question du *Trivial Pursuit* ™, d'une allusion – humoristique – à la sodomie.)

BILLARD. – Ce ne sont pas les anciens billards qui comportent des « blouses » (6 : 1 à chaque coin de chacune des 2 grandes bandes), mais les billards anglais, créés en 1875, se jouant avec 22 boules. Les plus anciens billards datent du XVIIe siècle et furent recommandés à Louis XIV par ses médecins pour faciliter la digestion (en raison de la position que doit adopter le joueur de billard!). Ces billards, français, ne comportent pas de blouses, et l'on y joue avec 3 boules.

BILLY THE KID (William H. Bonnay, dit) (1859-1881), célèbre hors-la-loi américain de la seconde moitié du XIXe siècle abattu par le shérif Pat Garret et ses hommes à l'âge de 22 ans. Sa vie courte et tumultueuse inspira plusieurs films, dont le très beau *Le gaucher*, d'Arthur Penn, en 1958, avec Paul Newman alors âgé de 33 ans mais encore suffisamment juvénile pour être crédible dans le rôle du *Kid* (signalons que si Newman est un gaucher qui a la main froide, c'est parce qu'il a également tourné, en 1967, dans *Luke la main froide*, de Stuart Rosenberg).

BINAIRE (système), système de numération notamment utilisé pour simplifier la mémoire des calculatrices électroniques : 1 = 1 ; 2 = 10 ; 3 = 11 ; 4 = 100 ; 5 = 101 ; 6 = 110 ; 7 = 111 ; 8 = 1000 ; 9 = 1001 ; 10 = 1010 ; etc.

BINET (Alfred) (1857-1911), psychologue français, inventeur du test permettant d'établir l'âge mental d'une personne, son quotient intellectuel (Q. I.).

BINGO, jeu de hasard originaire des États-Unis, proche du loto.

BINIOU, marque de whisky préférée de François Mitterrand, fabriqué en Bretagne. Introuvable à Paris (sauf à l'Élysée).

BIRMANIE. – La rivière Kwaï y prend sa source, avant de poursuivre son cours en Thaïlande. C'est en Birmanie que se déroule l'action du film de David Lean *Le pont de la rivière Kwaï* (1957), qui raconte l'histoire authentique de la construction d'un pont pour le compte des Japonais, en 1944, par des prisonniers de guerre britanniques. La route de Birmanie, vitale pour les Alliés durant la Deuxième Guerre mondiale, reliant la ville de Rangoon à celle de Kuming en Chine, fut rendue inopérationnelle en décembre 1941 par les Japonais, lors de leur invasion de la Birmanie. La Birmanie est célèbre pour ses rubis sang-de-pigeon, dont l'extraction a lieu à Mogak.

BISMARCK, le plus grand cuirassé allemand pendant la Seconde Guerre mondiale (41 000 tonnes). Il fut mis en service au début de 1941. Il croisa dans l'Atlantique mais, après avoir combattu contre deux navires anglais, manquant de carburant, il fut repéré le 26 mai par l'aviation anglaise qui l'endommagea et, rejoint par le Rodney, il coula le 27 à 11 heures.

BISMARCK (Otto von) (1815-1898), homme d'État allemand, Premier ministre de Guillaume Ier, roi de Prusse en 1862. Par ses conquêtes, il donna à l'Allemagne une place prépondérante dans la Confédération germanique. Proclamé chancelier de l'empire en 1871, à Versailles, après la victoire de l'Allemagne sur la France, il quitta le pouvoir en 1890.

BISSEXTILE, se dit d'une année qui compte 366 jours au lieu de 365. Tous les ans divisibles par 4 sont bissextiles. 1974 ne l'est pas. 1972, 1976, 1980, 1984, 1988 le sont. Mais les années qui se terminent par deux zéros ne le sont que si elles sont divisibles par 400.

BIZET (Georges) (1838-1875), compositeur français né à Paris, prix de Rome en 1857. Ses principaux ouvrages, *Les pêcheurs de perles* (1863), *L'Arlésienne* (1872), et *Carmen* (1875), ont remporté après sa mort un triomphe, dont *Carmen* continue aujourd'hui encore à bénéficier.

BLACK AND WHITE (de *black*, noir, et *white*, blanc), marque de whisky.

BLACK IS BLACK. – Créé par Los Bravos, ce tube fut ensuite repris en français par Johnny Hallyday (*Noir c'est noir*).

BLACK-JACK ou **VINGT-ET-UN,** jeu de cartes, déjà pratiqué au XVIIe siècle. Il se joue avec 6 jeux de 52 cartes, un nombre indéterminé de joueurs, et un banquier, encore appelé croupier. L'as vaut 1 point ou 11 points, au choix. Les figures valent 10 points, les autres cartes leur valeur inscrite. Le but du jeu consiste, avec au minimum 2 cartes, à se rapprocher du nombre 21 ou à l'atteindre. Le joueur qui le dépasse a perdu. Ce jeu d'argent est pratiqué dans les casinos.

BLACK PANTHER PARTY, organisation militante noire américaine, née en 1967 et inspirée par le cri que lança l'année précédente Stokely Carmichael au comité de coordination des étudiants non violents : *Black Power*! Ses dirigeants furent Eldridge Cleaver, Huey Newton et Bobby Seale.

BLAIREAU, mammifère omnivore d'Europe occidentale avec les poils duquel sont fabriqués certains pinceaux, ainsi que la brosse à savon à barbe, dite *blaireau.*

BLAKE ET MORTIMER, bande dessinée belge créée par Edgar P. Jacobs et parue pour la première fois dans l'hebdomadaire *Tintin* en 1946.

BLANC (mont). – Situé en Haute-Savoie, près de la frontière italienne, il culmine à 4 807 m. Son sommet fut gravi pour la première fois le 8 août 1786, par Jacques Balmat. Un tunnel y fut percé en 1965, reliant la France à l'Italie ; il mesure 11 600 mètres, ce qui le place en 4e position après ceux du Saint-Gothard (1980 ; 16 918 m), de l'Arlberg (1978 ; 13 972 m) ; et de Fréjus (1980 ; 12 901 m).

BLÉ. – C'est l'une des plus anciennes cultures du monde. Bien qu'il s'adapte à des climats variés, l'idéal est pour lui un climat tempéré moyennement humide et une terre riche et bien préparée. La Chine et l'URSS en sont les plus gros producteurs, avec respectivement 86 et 83 millions de tonnes en moyenne par an. La France vient en 5e position avec 29 millions de tonnes. Les Pays-Bas sont en dernière position avec 900 000 tonnes.

BLIER (Bernard) (1916-   ), acteur français né en Argentine. À ses débuts encouragé par Louis Jouvet, il a tourné environ 75 films, dont 3 sous la direction de son fils : *Si j'étais un espion*, *Calmos*, *Buffet froid*.

BLIER (Bertrand) (Paris, 1939-), cinéaste et romancier français, fils du précédent. Il se révéla comme réalisateur en 1974, avec *Les valseuses*, adaptation de l'un de ses propres romans. Il est également l'auteur de *Notre histoire* (1984), de *Tenue de soirée* (1986), etc. *Préparez vos mouchoirs*, réalisé en 1978, est son cinquième film.

BLIGH (capitaine), voir **RÉVOLTÉS DU BOUNTY (Les)**

BLONDE ET MOI (La) (1956), film américain de Frank Tashlin (1913-1972). Titre anglais : *The girl can't help it*.

BLUEBERRY (lieutenant), bande dessinée française, de Jean Giraud et Jean-Michel Charlier, parue pour la première fois dans le journal *Pilote* en 1963.

BLUE FLAME, véhicule automobile piloté par Gary Gabelich qui, le 23 octobre 1970 à Bonneville, atteignit la vitesse de 1 014,513 km/h. Mais le record fut établi le 17 décembre 1979 par Stan Barrett sur *Budineiser Rocket* : 1 190,377 km/h.

BLUE-JEAN, pantalon inventé par Oscar Levi-Strauss, Bavarois, en 1853. On le taillait dans la toile de tente alors vendue aux chercheurs d'or de Californie.

BLUNT (Anthony) (1907-1983), historien d'art britannique. Après des études à Cambridge, il devient enseignant. C'est le conseiller artistique de la famille royale d'Angleterre jusqu'en 1979, date à laquelle il est accusé d'espionnage pour le compte de l'URSS.

BLUWAL (Marcel) (1925-), metteur en scène de théâtre et réalisateur de télévision français, né la même année que Michel Piccoli. Leur *Dom Juan* fut réalisé pour la télévision en 1965. Claude Brasseur y tenait le rôle de Sganarelle, et Anouk Ferjac celui d'Elvire. Il fut rediffusé à deux reprises : le 17 janvier 1982, et le 28 octobre 1987.

BOBET (Louis, dit Louison) (1925-1983), champion cycliste français. Trois fois vainqueur du Tour de France, de 1953 à 1955, champion du monde en 1954.

BOBSLEIGH, de l'anglais *to bob*, se balancer, et *sleigh*, traîneau.

BOCHIMANS, nomades du désert du Kalahari (Afrique du sud-ouest). Ils sont 30 000. On les appelle encore *Bushmen*, c'est-à-dire hommes de la brousse, en anglais.

BOEING-BOEING, pièce fameuse du théâtre de boulevard, écrite en 1960 par Marc Camoletti (né en 1923), également auteur de *Duo sur canapé* et, plus récemment, de *Le bluffeur*, avec Jean Lefebvre.

BOERS, colons d'Afrique du Sud d'origine hollandaise. En 1899, les Boers du Transvaal et du Natal s'opposent à l'Angleterre. Deux ans et demi plus tard, le traité de Vereeniging met fin à la guerre des Boers. Le 31 mai 1902, le Transvaal devient colonie britannique.

BOGARDE (Derek Van Den Bogaerde, dit Dirk) (Londres, 1920-), acteur britannique d'origine hollandaise. Il est le personnage principal de *La mort à Venise* (1971) de Luchino Visconti, pour lequel il avait déjà tourné, en 1969, dans

Les damnés. Quelques autres films : *Portier de nuit* (1974), *Providence* (1977), *The servant* (1963), etc.

BOGART (Humphrey Deforest Bogart, dit Humphrey) (1899-1957), acteur américain. Ce n'est qu'à l'âge de 42 ans qu'il obtient, grâce à John Huston, un rôle digne de sa personnalité, avec *Le faucon maltais*, où il incarne pour la première fois le détective Sam Spode, créé en 1929 par l'écrivain Dashiell Hammett. *La comtesse aux pieds nus*, réalisé en 1954 par Mankiewicz, fut un total échec commercial. *Le grand sommeil*, de Howard Hawks, fut réalisé en 1946 d'après le roman de l'américain Raymond Chandler (1888-1959), créateur du détective privé Philip Marlowe.

BOGDANOVITCH (Peter) (1939-), cinéaste américain. Son film *La dernière séance*, à ne pas confondre avec l'émission de télévision consacrée au cinéma, fut réalisé en 1971.

BOISSERIE (la), propriété acquise par le général de Gaulle avant la dernière guerre, située à Colombey-les-Deux-Églises, petite commune de 720 habitants en Haute-Marne. C'est à La Boisserie que de Gaulle se retira en 1969. Il y vécut jusqu'à sa mort.

BOKASSA (Jean-Bédel) (Bobangui, 1921-), ancien sergent de l'armée française devenu président de la République centrafricaine en 1966. Grand admirateur de Napoléon, il se fait couronner empereur en 1976 au cours de fêtes où le grandiose voisine avec le grotesque. Il est renversé en 1979.

BOL D'OR, course motocycliste d'endurance (24 heures) toutes catégories, créée en 1922 (n'ayant pas eu lieu entre 1961 et 1968). Elle se court depuis 1971 au circuit du Castellet.

BOLIVAR. – Vaut 0,42 F.

BOLÍVAR (Simón) (Caracas, 1783-1830), général et homme d'État sud-américain. En 1810, il participe à l'insurrection anti-espagnole au Venezuela. Il est surnommé le Libertador. Général en chef des insurgés, il rentre à Caracas en 1813. Il meurt en 1830 sans avoir pu créer sa confédération sud-américaine.

BOMBARD (Alain) (1925-), médecin et navigateur français. Âgé de 27 ans, il survécut pendant 64 jours et 12 heures sur un canot pneumatique muni d'une petite voile, pour traverser l'Atlantique, sans eau ni vivres, ce qui constitue un record.

BOMBAY, deuxième ville de l'Inde avec 8,5 millions d'habitants, devant Delhi (6,2), et après Calcutta (9,2). Son important développement économique (c'est notamment le premier port du pays) ne suffit pas à pallier le chômage et la famine qui y sévissent et à éviter de graves émeutes dans les années 60 et 70.

BOMBE H, bombe atomique thermonucléaire de *fusion*, à la différence de la bombe A, qui utilise également l'énergie nucléaire, mais par *fission*.

BONAPARTE (Caroline) (1782-1839), sœur de Napoléon Bonaparte. Elle se marie en 1800 avec le général Murat, devient princesse de Berg et de Clèves et enfin reine de Naples.

BONAPARTE (Eugène Louis Napoléon) (1856-1879), prince impérial français, fils unique de Napoléon III. Après la défaite de 1870, il retrouve sa mère en Angleterre où il va à l'école militaire de Woollwich. À la mort de son père, en 1873, il est le candidat bonapartiste officiel. En 1878, il va avec l'armée britannique se battre au Zoulouland, où il meurt au cours d'une embuscade, le 1er juin 1879.

BONAPARTE (Louis Napoléon), voir **NAPOLÉON III**

BONAPARTE (Maria Letizia Ramolino) (1750-1836), mère de Napoléon Ier, épouse de Charles-Marie. Elle faisait partie d'une ancienne famille de Corse, fut mariée à 14 ans et perdit son mari à 35 ans. Huit de ses douze enfants vécurent. Sous l'Empire, on lui attribua le titre de Madame Mère, en 1805, ce qui ne l'empêcha pas de mener une vie simple et retirée. En 1815, elle partit vivre à Rome.

BONAPARTE (Marie) (1882-1962), psychanalyste française, fille du prince Roland Bonaparte. Elle se maria avec le prince Georges de Grèce. Elle dépensa une grande partie de sa fortune pour le développement du mouvement psychanalytique. Elle fut une des premières patientes de Sigmund Freud, à partir de 1920. C'est elle qui le représenta à Paris.

BONAPARTE (Napoléon), voir **NAPOLÉON Ier**

BONAPARTE (Napoléon Joseph Charles Paul, dit prince Jérôme) (1822-1891), fils de Jérôme, dernier frère de Napoléon Ier. Député de la IIe République, il est à l'extrême gauche mais, dès l'Empire, il devient sénateur, puis il occupe le ministère de l'Algérie et des Colonies à sa création, en 1858. À partir de 1860, il combat la politique de son cousin. Après la disparition du prince impérial, il n'est pas reconnu comme le chef du parti bonapartiste à cause de son anticléricalisme.

BONAPARTE (Pauline) (1780-1825), sœur de Napoléon Bonaparte. Elle épousa le général Leclerc en 1797. Devenue veuve, elle épousa, en 1803, Camille Borghese, plus tard prince-duc de Guastalla.

BONAPARTE (Pierre-Napoléon) (1815-1881), sixième enfant du second mariage de Lucien Bonaparte. Député d'extrême gauche en 1848. Il abat d'un coup de pistolet, le 10 janvier 1870, le journaliste Yvon Salmon, dit Victor Noir, après une polémique. Les funérailles donnèrent lieu à une manifestation républicaine regroupant plus de 100 000 personnes. Pierre-Napoléon Bonaparte fut acquitté.

BONAVENTURE, à ne pas confondre avec l'hôtel du même nom à Los Angeles, ville sans métro.

BÔNE, voir **ANNABA**

BONN, capitale de la République fédérale d'Allemagne située sur le Rhin, en Rhénanie-du-Nord-Westphalie, elle compte 280 000 habitants et est un important centre universitaire.

BONNAIRE (Sandrine) (1967-), comédienne française. Elle a tourné, entre autres, dans *À nos amours* (Maurice Pialat, 1983) et *Sans toit ni loi* (Agnès Varda, 1986), film pour lequel elle a obtenu le césar de la meilleure actrice.

BONNEMAINS (Marguerite de), maîtresse du général Boulanger, qui l'aimait plus que tout, y compris le pouvoir. Quand elle mourut, tuberculeuse, en 1891, le général se tua sur sa tombe. Voir **BOULANGER.**

BONNET. – La rumination s'opère en deux temps et quatre lieux. 1. Les aliments non mâchés descendent dans la *panse*, puis remontent dans le *bonnet*, puis jusqu'à la bouche où ils sont mâchés. 2. Ils descendent alors dans le *feuillet*, puis dans la *caillette*, avant de quitter l'estomac pour les intestins.

BONNETEAU, jeu de manipulation, prohibé (en raison de son caractère lucratif) sur la voie publique, qui consiste à faire passer rapidement trois cartes retournées sous les yeux du joueur, en les intervertissant à plusieurs reprises. Le miseur doit deviner où se trouve la carte rouge après avoir vu sa position de départ par rapport aux deux cartes noires. Il perd quand le décide le manipulateur!

BONNIE PARKER ET CLYDE BARROW, couple de hors-la-loi des États-Unis du début du XXe siècle. Bonnie, entre deux attaques à main armée, trouvait le temps d'écrire; elle laissa notamment un long poème intitulé *Ballade de Bonnie et Clyde.* Leur histoire inspira à Arthur Penn, en 1967, un film fameux : *Bonnie and Clyde*, avec Warren Beatty et Faye Dunaway.

BONSAÏ (du japonais, arbre en pot). – La culture des bonsaï est un art d'origine chinoise, repris et perfectionné à partir du XIVe siècle par les Japonais. Le bonsaï est obtenu par la taille des racines et des rameaux et la ligature des branches, la forme désirée étant conduite par du fil de cuivre. Les plus petits peuvent ne mesurer que 15 cm, les plus grands 1,80 m.

BOORMAN (John) (1933-), cinéaste anglais. C'est sa rencontre avec l'acteur américain Lee Marvin qui, en 1967, le propulsa sur la scène mondiale du cinéma, via Hollywood. Il est notamment l'auteur de *Leo the last*, en 1970, et de *Délivrance*, en 1972. Depuis le début des années 80, il s'est lancé dans des superproductions comme *Excalibur* ou *La forêt d'émeraude*, qui ont connu un grand succès populaire.

BOOTH (William) (1829-1912), prédicateur anglais qui fonda, en 1865, la Mission chrétienne qui prend le nom d'Armée du Salut en 1878. Voir **ARMÉE DU SALUT.**

BORCHTCH (à l'origine, soupe de berce fermentée), potage à base de choux, de betterave, et de crème.

BORG (Bjorn) (1956-), champion de tennis suédois, champion du monde en 1979 et 1980. Il remporta la coupe Davis avec la Suède en 1975. Il gagna Wimbledon de 1976 à 1980; Roland-Garros en 1974 et 1975, puis de 1978 à 1981. Il fut quatre fois finaliste du championnat des États-Unis.

BORGIA, famille italienne d'origine catalane dont les trois représentants les plus célèbres furent le pape Alexandre VI, César et sa sœur Lucrèce (XVe-XVIe siècles). Ils se rendirent tristement célèbres par leurs cruautés et leurs fourberies.

BORMANN (Martin) (1900-1945), homme politique allemand, antisémite, qui adhéra au parti nazi. Il fut général

SS et chef d'état-major de Rudolf Hess en 1933. Hitler avait une telle confiance en lui qu'il le désigna comme son exécuteur testamentaire. Bormann nomma Donitz chancelier à la place de Hitler en 1945. Il mourut probablement à Berlin le 2 mai 1945 et fut le seul criminel de guerre condamné à mort par défaut à Nuremberg le 1er octobre 1946.

BORNÉO. – Le sultanat de Brunei est situé sur la partie nord de l'île de Bornéo, divisée en deux États (Sarawak et Sabah), et est membre du Commonwealth. La partie sud de l'île appartient à l'Indonésie.

BORSALINO (1970), film français de Jacques Deray dans lequel Alain Delon et Jean-Paul Belmondo – ou Jean-Paul Belmondo et Alain Delon –, alors au mieux de leur forme, se partagèrent la vedette... avant de se la disputer, procès à l'appui (on a même oublié qui le gagna). *Borsalino and Co* en constitue la suite (logique), tournée par le même Jacques Deray (logique) en 1974, avec Alain Delon en vedette (logique, puisqu'il en fut aussi le producteur), et sans Belmondo (logique, puisqu'il meurt à la fin du premier épisode). À part ça, n'oublions pas que *Borsalino* est une marque de chapeaux.

BORZOV (Valeri) (1949-), athlète soviétique champion d'Europe du 100 m et du 200 m en 1971 et du 100 m en 1974.

BOSSUET (Jacques-Bénigne) (Dijon, 1627-Paris, 1704), prélat, prédicateur, et écrivain français, évêque de Meaux en 1681, notamment célèbre pour ses *Oraisons funèbres* (1667, 1670, 1687).

BOTNIE (golfe de). – Le golfe de Botnie sépare la Finlande et la Suède. Les villes de Stockholm et Helsinki se trouvent sur ses côtes du Sud. La mer Baltique le relie à la mer du Nord.

BOTSWANA. – Le Botswana, anciennement Bechuanaland, situé au nord de l'Afrique du Sud, a gagné son indépendance de la Grande-Bretagne en 1966. Sa devise est « *Que tombent les pluies* ». Deux tiers du pays sont couverts par le désert du Kalahari. Il pleut 250 mm par an dans le sud-ouest, et jusqu'à 650 mm dans le nord-est du pays.

BOTTICELLI (Sandro) (Florence, 1444-1510), peintre italien. Sa carrière fut favorisée par le mécénat des Médicis, pour lesquels fut d'ailleurs exécutée *La naissance de Vénus*.

BOTULISME, empoisonnement alimentaire grave pouvant entraîner des paralysies et la mort.

BOUDDHA (du sanskrit *bodhi*, éveil), personne qui a atteint l'état d'« éveil » spirituel. On appelle « le Bouddha » Sakyamuni, philosophe du VIe siècle av. J.-C., fondateur du bouddhisme. Sakyamuni renonce au monde et, après s'être recueilli longuement, trouve le suprême et complet éveil. Il crée alors la première communauté bouddhiste, à Bénarès, répand son enseignement en parcourant l'Inde.

BOUDDHISME, philosophie ou religion fondée par le bouddha Sakyamuni et tournée vers le renoncement au monde. Le Petit Véhicule est le bouddhisme traditionnel, le Grand Véhicule est le bouddhisme réformé.

BOUILLABAISSE, spécialité culinaire typiquement provençale, préparée avec plusieurs poissons et crustacés cuits dans du vin blanc, le tout relevé d'ail, d'huile d'olive, et de diverses épices.

BOUKOWSKY (Charles), voir **BUKOVSKI (Charles)**

BOULANGER (Georges) (1837-1891), général français. Il fut un ministre de la Guerre très populaire. Puis, élu triomphalement à Paris, il hésita à faire un coup d'État en 1889. Il s'enfuit en Belgique après avoir été menacé d'arrestation et se suicida sur la tombe de sa maîtresse, Marguerite de Bonnemains, ce qui fit dire à Clemenceau : « *Il est mort comme il a vécu, en sous-lieutenant* ».

BOULES. – Le nom *boulingiste* apparaît au XVIIe siècle; il vient de Grande-Bretagne où on jouait aux boules sur du gazon tendre *(bowlinggreen).*

BOULEVARD DU CRÉPUSCULE (1950), film américain de Billy Wilder, avec Gloria Swanson, William Holden, Eric von Stroheim, Nancy Olson, Fred Clark, Buster Keaton.

BOULLE (Pierre) (1912-), écrivain français auteur du *Pont de la rivière Kwaï*, en 1952, adapté au cinéma en 1957 par l'Anglais David Lean. Également auteur de *La planète des singes*, en 1963, adapté au cinéma par l'Américain Franklin Shaffner en 1968, avec Charlton Heston (Charles Carter, né en 1923).

BOUMEDIENE (Houari) (1932-1978), militaire et homme politique algérien. Il fut chef d'état-major de l'Armée de libération nationale. Il renversa Ben Bella et devint président de la République algérienne en 1965 pour le rester jusqu'à sa mort.

BOUNTY, navire de la marine royale britannique commandé par le lieutenant Bligh. Alors qu'en 1789 le *Bounty* naviguait en Polynésie, l'équipage se révolta et débarqua le lieutenant et 18 marins fidèles dans une chaloupe qui réussit à gagner Timor. Les mutins s'établirent à Tahiti, dans l'île de Pitcairn (qui compte aujourd'hui 74 habitants, tous leurs descendants) sous le commandement de Fletcher Christian, qui y organisa la répartition des terres.

BOURGUIBA (Habib) (Monastir, 1903-), homme politique tunisien. Il a beaucoup agi pour l'indépendance de son pays. En 1956 il forme le premier gouvernement de la Tunisie indépendante. Il est devenu président de la République en 1957 et président à vie en 1975. Il a été destitué en 1987.

BOURG-SAINT-MAURICE, ville de Savoie située à 840 m d'altitude.

BOURVIL (André Raimbourg, dit) (1917-1970), acteur français. Il tient son pseudonyme du village normand de Bourville, où il vécut dans son enfance. *La traversée de Paris*, de Claude Autant-Lara, avec Jean Gabin et Louis de Funès, fut réalisé en 1956. C'est de Funès qui y vend le cochon à Gabin et Bourvil. De Funès et Bourvil se retrouvèrent, plus longuement, dans *Le corniaud* (1964) et *La grande vadrouille* (1966). Il écrivit la chanson *La tactique du gendarme*, dont il fut aussi l'interprète, avec Lionel en 1949. Il tourna *Le capitan*, film de cape et d'épée d'André Hunebelle, aux côtés de Jean Marais, en 1960.

BOUVARD ET PÉCUCHET, roman de Gustave Flaubert (1821-1880), publié en 1881. Voir **FLAUBERT.**

BOUVARD (Philippe) (1929-), journaliste français, producteur et animateur d'émissions télévisées (par exemple *Samedi soir* et *Le petit théâtre de Bouvard*) et radiophoniques (*Les grosses têtes*). Il est également auteur de livres-pamphlets (*Un oursin dans le caviar, Le petit bouvard illustré,* etc.).

BOUVIER (Jacqueline), voir **KENNEDY (Jacqueline)**

BOUVINES (1214), célèbre victoire française de Philippe-Auguste contre l'empereur Otton IV et ses alliés le 27 juillet 1214, à Bouvines, petite commune du Nord.

BOUZKACHI ROYAL, grande fête nationale afghane, au cours de laquelle les cavaliers rivalisent d'adresse, et qui a lieu tous les ans au mois d'octobre, à Kaboul.

BOVARY, voir **FLAUBERT**

BOWIE (David Jones, dit David) (1947-), auteur-compositeur-interprète anglais. Également acteur, il créa *Elephant man* à Broadway, d'où fut ensuite tiré, en 1980, le film de David Lynch, avec John Hurt. Bowie est aussi acteur de cinéma, notamment dans *Furyo.*

BOWLING, sport d'origine européenne (et non pas américaine), consistant à faire tomber, avec une boule, dix quilles rangées en triangle au bout d'une piste en bois huilé, d'une longueur de 18,92 m. Chaque quille abattue rapporte 1 point. Le *strike* donne droit à 2 boules supplémentaires. Le *spare,* 10 quilles renversées en 2 boules, donne droit à 1 boule supplémentaire. Une partie se dispute en 10 reprises (2 boules par reprise, sauf en cas de *strike* ou de *spare* : 3). Le score maximal est donc de 300 points (atteint seulement 8 fois). 120 est un bon score de débutant; 170 dénote un joueur déjà confirmé.

BOXE. – La boxe anglaise utilise les poings seuls. La boxe française utilise les poings et les pieds. Née au début du XVIIIe siècle en Angleterre, la boxe fut codifiée en 1867. Voici différents coups : directs (du gauche et du droit), crochets (idem), uppercuts, etc. Un boxeur projeté au sol par son adversaire et qui y reste 10 s (comptées par l'arbitre) est déclaré KO et perd le combat. Les différentes catégories : mi-mouche : jusqu'à 48,988 kg, mouche : jusqu'à 50,820 kg, super-mouche : jusqu'à 52,095 kg, coq : jusqu'à 53,525 kg, super-coq : jusqu'à 55,338 kg, plume : jusqu'à 57,152 kg, super-plume : jusqu'à 58,967 kg, léger : jusqu'à 61,237 kg, super-léger : jusqu'à 63,5 kg, welter : jusqu'à 66,678 kg, super-welter : jusqu'à 69,850 kg, moyen : jusqu'à 72,574 kg, mi-lourd : jusqu'à 79,378 kg, lourd : jusqu'à 86,182 kg. Au-delà, le boxeur est classé dans la catégorie super-lourd. Nombre et durée des reprises ou *rounds* : amateurs : Cadets : 3 de 2 mn, 2e série : 3 de 2 ou 3 mn, 1re série : 3 de 2 ou 3 mn ou 6 de 2 mn, série nationale et série internationale : 3 ou 4 de 3 mn ou 6 de 2 mn; indépendants : 4 de 3 mn ou 6 de 2 ou 3 mn; professionnels : 3e série : 6 ou 8 de 3 mn, 2e série et 2e série internationale : 10 de 3 mn.

BOXERS. – Au début du siècle, des Chinois voulant se venger des humiliations subies par le fait des Occidentaux créèrent la secte des Boxers et attaquèrent les représentations européennes en Chine, provoquant ainsi l'intervention des puissances étrangères.

BOYER (Lucienne) (1901-1983), chanteuse française. « *Parlez-moi d'amour, Redites-moi des choses tendres... Tous vos beaux discours... Mon cœur ne se lasse d'entendre...* » C'est le début d'une des plus belles mélodies de la chanson populaire française.

BOY-SCOUTS. – 1899-1900 : premiers scouts réunis par le colonel Baden-Powell, avec mission d'éclaireur. 1914-1920 : fondation de groupes catholiques, dont le but est de contribuer au développement personnel et social des jeunes, ouverts à tous, à caractère non politique.

BRAGELONNE, voir **DUMAS**

BRAHMS (Johannes) (Hambourg 1833-Vienne, 1897), compositeur allemand, grand pianiste et chef d'orchestre, auteur de quatre symphonies, de concertos, de mélodies, de musique de chambre, de nombreuses œuvres pour piano seul, et d'un *Requiem allemand* qui lui valut la gloire.

BRANDO (Marlon) (1924-), acteur américain. *L'équipée sauvage* (de Benedek) est son cinquième film (1954). *Les révoltés du Bounty* (1962) est un film de Milestone, troisième version du même sujet. Il refuse l'oscar qui lui est décerné en 1972 pour son interprétation du *Parrain* afin de signifier sa totale opposition à l'attitude des États-Unis vis-à-vis des Indiens d'Amérique. Dans *Le dernier tango à Paris*, de Bernardo Bertolucci (1972), Il est le partenaire de Maria Schneider. Il a tourné *Viva Zapata*, d'Elia Kazan, en 1952, narrant la vie et la mort d'Emiliano Zapata, le chef révolutionnaire mexicain assassiné le 10 avril 1919. *Un tramway nommé Désir*, d'Elia Kazan, en 1951, est le deuxième film de Brando.

BRANDS HATCH, épreuve automobile anglaise, sur circuit fermé, comptant pour le championnat du monde de formule 1.

BRANDT (Karl Herbert Frahm dit Willy) (Lübeck, 1930-), journaliste et homme politique allemand. Il est très vite attiré par le socialisme. Il est bourgmestre de Berlin-Ouest de 1957 à 1966, puis président du parti social-démocrate; il devient chancelier en 1969 et se retire le 7 mai 1974. Il est partisan de la détente dans les rapports avec l'URSS, ce qui lui vaut le prix Nobel de la paix en 1971. Il est au Parlement européen depuis 1979.

BRANDT ou **BRANT (Sébastien)** (Strasbourg, 1458-1521), humaniste alsacien. *La nef des fous*, son poème satirique qui inspira à Jérôme Bosch un tableau célèbre, est paru en 1494.

BRASSENS (Georges) (1921-1981), auteur-compositeur-interprète français. Il a reçu, en 1967, le grand prix de poésie de l'Académie française.

BRASSEUR (Pierre-Albert Espinasse, dit Pierre) (1905-1972), acteur français. Grand acteur de théâtre, il participe aussi à plus de 80 films. Son meilleur rôle au cinéma, il le doit certainement à Jacques Prévert et Marcel Carné et à leur film *Les enfants du paradis*, dans lequel il interprète le rôle de Frédérick Lemaître (Antoine Louis Prosper, dit Frédérick; 1800-1876), grand comédien de théâtre dans le Paris du XIXe siècle. Pierre Brasseur a alors quarante ans et est au sommet de son art. Il a eu un fils, Claude, né à Paris en 1936, et acteur comme son père.

BRAUN (Eva) (1912-1945), devenue madame Hitler le 28 avril 1945, au cours d'une cérémonie quelque peu expédiée. Elle était la maîtresse du *Führer* depuis 1932. Le 30 avril, un coup de feu retentit dans le bunker où se trouve l'appartement d'Adolf Hitler. On le trouve sur un sofa, la tête éclatée. Eva Braun, en peignoir, est affaissée à ses côtés, morte empoisonnée. Leurs corps sont aspergés d'essence et brûlés.

BRAUN (Wernher von) (1912-1977), ingénieur américain d'origine allemande. Le V2 (précurseur des missiles modernes) fut mis au point en 1944, puis utilisé par les Allemands. Il participa ensuite à la réalisation de fusées et engins spatiaux aux États-Unis.

BRÉGANÇON (fort de). – Dans le Var, au sud-ouest du Lavandou, sur le cap de Brégançon.

BREJNEV (Léonid Ilitch) (1906-1982), homme d'État soviétique. Il succède à Khrouchtchev comme premier secrétaire du parti communiste de l'URSS en 1964. Bien qu'il soit partisan de la coexistence pacifique, il défend le socialisme soviétique dans les autres pays socialistes. Il est président du præsidium du Soviet suprême en 1977.

BREL (Jacques) (Bruxelles, 1929-1978), auteur-compositeur-interprète, acteur et cinéaste belge. Il commence sa carrière cinématographique en 1967, avec *Les risques du métier*, d'André Cayatte, où il interprète le rôle d'un professeur injustement accusé du viol de l'une de ses élèves. L'année suivante, il joue l'un des deux rôles principaux aux côtés de Bruno Crémer, dans *La bande à Bonnot*. Vient ensuite *Benjamin*, d'Édouard Molinaro, en 1969. Citons également *L'emmerdeur* (1973), du même réalisateur, avec Lino Ventura. Comme cinéaste, il a tourné deux films : *Franz* (1972) et *Far-West* (1973). Il meurt en 1978, d'un cancer dont il se sait atteint dès 1975, date à laquelle il décide de partir sur un bateau aux îles Marquises. *L'homme de la Manche* fut donné à Paris en 1968, au mois de décembre. L'œuvre était adaptée d'une comédie musicale (*The man of the Mancha*) inspirée du *Quichotte*, vue par Brel à Broadway en janvier 1966, qui se promit alors de monter le spectacle à Paris. Les Américains ne lui cédèrent les droits qu'à la condition qu'il en soit l'interprète principal, ce qui, au départ, n'était pas dans ses intentions.

BRÉSIL. – Avec ses 8,5 millions de km^2 (soit 15 fois la superficie de la France), il vient après l'URSS, le Canada, la Chine, et les USA. Avec ses 150 millions d'habitants, il vient après la Chine, l'Inde, l'URSS, et les USA. Il est traversé à la fois par l'équateur et le tropique du Capricorne (23,4 ° sud). La langue en est le portugais.

BRESSON (Robert) (1901-), cinéaste français. Il réalisa *Un condamné à mort s'est échappé*, en 1956, avec des acteurs non professionnels, comme cela devint par la suite son habitude.

BRETAGNE. – La région de Bretagne est formée de quatre départements : les Côtes-du-Nord, le Finistère, l'Ille-et-Vilaine et le Morbihan. Paimpol, d'où est originaire la Paimpolaise, est un chef-lieu de canton des Côtes-du-Nord, près de Saint-Brieuc. C'est le siège de l'École nationale de la marine marchande.

BRÉTECHER (Claire) (1943-), dessinatrice française. Elle participe au lancement du journal de bandes dessinées *Charlie mensuel*, le 1er février 1969, en compagnie de Wolinski, Cabu, Reiser, etc.

BRETON (André) (Tinchebray, 1896-Paris, 1966), poète et écrivain français fondateur du surréalisme (*Manifestes du Surréalisme*, 1924-1930). Son récit *Nadja* (1928) illustre, à travers rencontres et entretiens avec une jeune femme douée de voyance, les thèmes et les méthodes du surréalisme. *Nadja* s'achève par : « *La beauté sera CONVULSIVE ou ne sera pas* ».

BRIALY (Jean-Claude) (1933-), acteur et cinéaste français né en Algérie. Un des acteurs préférés de la Nouvelle Vague, il tourne à ce titre dans le premier film de Claude Chabrol, *Le beau Serge*, en 1959. Il est également l'auteur de six films, parmi lesquels *Les volets clos*, en 1973. *Le genou de Claire* fut réalisé par Éric Rohmer en 1970.

BRIDGE, (de l'anglais *to bridge*, jeter un pont). – On y joue à 4, avec un jeu de 52 cartes. L'atout n'est plus désigné par le hasard, comme à l'origine, au XVe siècle à Constantinople, mais par le donneur, qui peut passer pour déléguer ce choix à son partenaire ou à son adversaire. Cette modification s'opéra lors de l'introduction du jeu aux USA, en 1894. Ce jeu a été introduit en France vers 1860-1870. Ordre des couleurs : pic, cœur, carreau, trèfle.

BRIENNE, école royale militaire créée en 1778 en Champagne. Elle accueillait surtout les boursiers dits *élèves du roi*. Napoléon Bonaparte y fut élève de 10 à 15 ans. L'école fut supprimée en 1790. Brienne, 24 ans plus tard, vit la victoire de Napoléon sur Blücher.

BRIGADES ROUGES, mouvement terroriste né en Italie au début des années 70, auteur de nombreux assassinats, attentats, enlèvements – dont, en 1978, celui d'Aldo Moro, suivi de l'exécution de celui-ci.

BRINVILLIERS (Marie-Madeleine d'Aubray, marquise de) (Paris, 1630-1676). – Elle fut décapitée et brûlée en place de Grève pour avoir empoisonné son père et ses frères.

BRISBANE, ville d'Australie, qui compte 1,1 million d'habitants. Le Queensland, l'un des 6 États qui constituent l'Australie, a une superficie de 1,7 million de km^2, soit 3 fois celle de la France.

BRITANNIQUE. – La nationalité britannique est attribuée aux Écossais depuis 1707. Un secrétaire d'État britannique coiffe les 4 départements écossais. De nos jours, le Scottish national party (SNP) réclame l'indépendance de l'Écosse.

BRONSON (Charles Buchinski, dit Charles) (1920-), acteur américain d'origine lituanienne. *Les sept mercenaires*, de John Sturges (1960), version américaine du film de Kurosawa *Les sept samouraï* (1954), compte aussi dans sa distribution Yul Brynner, Steve McQueen, James Coburn, Eli Wallach, etc. Dans *Les douze salopards*, de Robert Aldrich (1967), il est aux côtés notamment de Lee Marvin. C'est ce film qui fera de lui une vedette internationale. Il tourne ensuite *Adieu, l'ami*, *Il était une fois dans l'Ouest*, *Le passager de la pluie*, etc.

BRONTË. – André Téchiné (né en 1943), réalisateur français, a choisi les trois sœurs Brontë comme héroïnes de l'un de ses films, *Les sœurs Brontë*, en 1979, avec Isabelle Huppert, Isabelle Adjani, et Marie-France Pisier. Voir **HURLEVENT.**

BRONZÉS (Les) (1978), film français de Patrice Leconte, avec l'équipe du *Splendid*, anciens animateurs du Club Méditerranée, dont le film est une satire, Josiane Balasko, Michel Blanc, Gérard Jugnot, Thierry Lhermitte, etc.

BROOKS (Louise) (1906-1985), actrice et écrivain américaine. *Lulu*, de Georg Wilhelm Pabot, lui permet de donner au public, en 1929, l'image la plus exacte possible de sa personnalité : sensualité, ambiguïté proche de la bisexualité, passion, amoralité, liberté. Dans *Louise Brooks par Louise Brooks* (1983), elle se révèle un écrivain plus que talentueux. Elle a quitté volontairement le cinéma, dès 1938.

BROOKS (Melvin Kaminsky, dit Mel) (New York, 1926-), cinéaste américain spécialiste de la satire et du « mauvais goût » alliés à un extrême souci de la perfection formelle. Principaux films : *Les producteurs* (1968); *Le mystère des douze chaises* (1970); *Le shérif est en prison* (1974); *Frankenstein junior* (1974); *Silent movie* (1976); *Le grand frisson* (1977), qui peut être considéré comme un remake de *Jeux dangereux* (*To be or not to be*) (1942) d'Ernst Lubitsch (1892-1947); *La folle histoire du monde* (1981). Le mot prononcé par le mime Marceau dans *Silent Movie* est : « *Chut!* »

BROUETTE. – Sa première représentation connue ne date pas du XIIIe, mais du XIIe siècle, sur un vitrail de la cathédrale de Chartres.

BRUANT (Aristide) (1851-1925), chanteur populaire français, animateur du cabaret *Le Mirliton*, ancien *Chat noir*. Il y chante debout sur les tables, arborant la tenue inventée par Toulouse-Lautrec : cape noire, chapeau à larges bords, longue écharpe rouge, jusqu'en 1895.

BRUCCIO, fromage de chèvre fabriqué en Corse.

BRUEGEL L'ANCIEN (v. 1525-30-1569), peintre flamand né à Breda ou à Brée, fixé à Bruxelles en 1563.

BRUMEL (Valeri), athlète soviétique, champion olympique du saut en hauteur en 1964, quatre ans avant l'apparition du phénomène Fosbury, avec un bond de 2,18 m.

BRUMMELL (Georges) (1778-1840), dandy anglais. Grâce à l'amitié du prince de Galles, le futur George IV, il s'introduit dans la société britannique où il se fait remarquer pour son élégance vestimentaire. Il est le « *roi des dandys* ». Mais ses dépenses inconsidérées le ruinent; il rompt avec son protecteur et, pour éviter que ses créanciers ne le poursuivent, il part en France. Il meurt dans la misère.

BRUXELLES, ville belge, située sur la Senne, chef-lieu du Brabant. Les Bruxellois sont au nombre de 144 000.

La Grand-Place de Bruxelles est une des plus belles d'Europe. Les touristes ne manquent jamais de rendre aussi une petite visite au Mannekein Pis, statue de bronze d'un garçonnet en train de pisser.

BRUXELLES-MALINES, première ligne de chemin de fer belge, ouverte le 5 mai 1835.

BUCAREST, ville de Roumanie. Située sur un sous-affluent du Danube, la Dîmbovita, elle compte 2,1 millions d'habitants. C'est après la Première Guerre mondiale qu'elle est devenue capitale de son pays.

BUCÉPHALE. – Alexandre allait avoir 13 ans un matin de printemps à Pella. Un marchand présenta à la cour un magnifique cheval noir appelé Bucéphale à cause d'une tache blanche en forme de tête de bœuf qu'il avait sur le front. Aucun officier de la cour de Philippe ne put monter ce cheval. Alexandre s'étant moqué d'eux, le roi le mit au défi. Habilement, le jeune garçon réussit et Philippe offrit le cheval à son fils qui le garda pendant presque toutes ses campagnes.

BUCK (Pearl) (1892-1973), romancière américaine née à Hillsboro, prix Nobel de littérature en 1938. Son roman *Vent d'est, vent d'ouest* est paru en 1930.

BUCKINGHAM PALACE, palais construit à Londres pour John Sheffield, duc de Buckingham, en 1703. Acheté en 1761 par Georges III, roi d'Angleterre, il est depuis lors résidence royale. Les familles royales peuvent se permettre d'être nombreuses, puisque le Palais ne compte pas moins de 600 pièces.

BUDAPEST. – Située sur le Danube, elle compte 2,6 millions d'habitants, c'est-à-dire 20 % de la population hongroise. Elle est en réalité la réunion de trois villes : Buda et Óbuda, sur la rive droite du fleuve, et Pest, sur la rive gauche. Elle fut fortement endommagée pendant la Deuxième Guerre mondiale.

BUFFON (Georges Louis Leclerc, comte de) (1707-1788), naturaliste et écrivain français. Il contribua fortement au développement du Jardin des plantes, alors Jardin du roi. Son *Histoire naturelle générale et particulière*, publiée de 1749 à 1804, comporte 44 volumes. C'est lui qui, lors de sa réception à l'Académie française, prononça le célèbre : « *Le style, c'est l'homme même.* »

BUGATTI. – Cette marque automobile remporta les 24 heures du Mans en 1937 et 1939.

BUGSY MALONE (1976), film anglais d'Alan Parker (né en 1944), réalisé exclusivement avec des enfants, parmi lesquels Jodie Foster que l'on retrouve dans *Taxi driver*, de Martin Scorcese, en compagnie de Robert De Niro. Parker est également l'auteur de *Midnight express* (1978), et de *Birdy* (1985).

BULLITT (1968), film américain de Peter Yates, avec Steve McQueen.

BUKOVSKI (Charles), écrivain soviétique contestataire, condamné le 5 janvier 1971 à sept ans de « privation de liberté ». Auteur notamment de *Cette lancinante douleur de la liberté* et de *Et le vent reprend ses tours.*

BUNDESTAG, nom de l'Assemblée législative de la RFA. Les personnes qui en font partie sont élues pour quatre ans. C'est cette assemblée qui élit le chancelier fédéral.

BUÑUEL (Luis) (Calanda, 1900-Mexico, 1983), cinéaste mexicain d'origine espagnole. Son film *L'âge d'or*, écrit en collaboration avec Salvador Dali en 1930, d'inspiration franchement surréaliste, est interdit de projection. C'est son deuxième film. Le premier, également écrit avec Salvador Dali, et de même inspiration, s'intitulait *Un chien andalou* (1928). Durant toute sa carrière, il s'efforça de montrer que le monde de l'imagination est tout aussi réel que celui de ce qu'on appelle communément la réalité.

BURIDAN (Jean) (Béthune, 1300-1358), docteur scolastique, recteur de l'université de Paris en 1327. L'argument dit de l'âne de Buridan est le suivant : Par quoi commencerait un âne également assoiffé et affamé qui se trouverait placé à égale distance d'un seau d'eau et d'un picotin d'avoine ? – Il se laisserait mourir par incapacité de choisir.

BURMA (Nestor), héros de roman policier créé par l'écrivain français Léo Malet (né en 1909).

BURROUGHS (Edgar Rice) (1875-1950), écrivain américain créateur du personnage de Tarzan. Il est également l'auteur du roman de science-fiction *Les conquérants de la planète Mars*, en 1912. Le personnage de Tarzan fut repris en bandes dessinées par l'Américain Harold Foster en 1929, puis, à partir de 1937, par un autre Américain : Burne Hogarth. La première adaptation au cinéma fut *Tarzan, l'homme-singe*, de Van Dyke, en 1932. Voir **WEISSMULLER.**

BURTON (Richard Walte Jenkins Jr, dit Richard) (1925-1984), acteur anglais. Il commence, à l'âge de douze ans, sa carrière qu'il partagera entre le théâtre et le cinéma. Il mourra avant de voir son dernier film, *1984* de Michael Radford, dans lequel il interprète le rôle d'O'Brien.

BURUNDI. – Les langues officielles du Burundi sont le français et le kirundi (du groupe bantou). Le Burundi est un pays africain entouré par le Rwanda, la Tanzanie et le Zaïre. Il fut autrefois une colonie allemande, puis belge, jusqu'à son indépendance, en 1962.

BUTOR (Michel) (1926-), écrivain français. Auteur, notamment, de *Passage de Milan* (1954), *L'emploi du temps* (1956), *La modification* (1962), *Matière de rêves* (1975-1981), etc.

BUTTERFLY (Madame), voir **MADAME BUTTERFLY**

BUZZATI (Dino) (1906-1972), écrivain italien, né à Belluno. Il est également peintre et musicien. *Le désert des Tartares* date de 1940.

BYZANTINE (Église). – Le pape Louis IX, à sa nomination, en 1048, prétend étendre son autorité sur toute l'Église, décision jugée inacceptable par l'Église byzantine, autonome et en conflit avec la papauté depuis plus de trois siècles. Le patriarche de Constantinople est alors excommunié et le schisme est consommé en 1054. Il ne fait que ratifier un état de fait depuis 726.

C

C. – Attention à ne pas vous brûler lors de vos voyages dans les pays anglo-saxons ! Sur le robinet d'*eau froide* figure un *C* (*Cold* en anglais signifie froid); n'allez donc pas croire qu'il s'agit du robinet d'eau chaude et faire couler l'autre pour obtenir de l'eau froide... sur l'autre robinet figure un *H* (*Hot* en anglais signifie chaud).

CÂBLE TÉLÉGRAPHIQUE SOUS-MARIN. – Le premier qui relia la France à l'Angleterre, entre Douvres et le cap Gris-Nez, dans le Pas-de-Calais, fut posé en 1850.

CADILLAC, modèle automobile construit par General Motors, qui a son siège dans la capitale mondiale de l'industrie automobile, cinquième ville des États-Unis. Cadillac est le nom d'une petite ville de Gironde, sur la Garonne.

CADRAN SOLAIRE. – Le premier fut inventé par le Grec Anaximandre. Voir **ANAXIMANDRE.**

CAFÉ DE LA GARE, café-théâtre créé et dirigé aujourd'hui encore par Romain Bouteille, où débutèrent Miou-Miou et Patrick Dewaere, auquel participa aussi Gérard Depardieu, et qui atteignit son apogée avec le premier spectacle de Coluche. Une loterie fixe le prix à payer par chaque spectateur.

CAGE AUX FOLLES (La), voir **SERRAULT**

CAGLIOSTRO (Joseph Balsamo, comte de) (1743-1795), charlatan, ami de Rohan, qu'il persuade, par l'intermédiaire de la comtesse Jeanne de La Motte, d'acheter pour la reine Marie-Antoinette un collier de diamant d'une valeur de 1 600 000 livres. Le cardinal de Rohan achète le collier et le confie à la comtesse, qui le revend. Le bijoutier, qui n'a pas été payé, s'adresse à la reine et le scandale éclate. Cagliostro, compromis, s'exile.

CAHARD (Yavé), coureur cycliste français, deuxième aux jeux Olympiques de 1980, à Moscou, derrière l'Allemand Hesslich et devant le soviétique Kopylov. (Successeur de Morelon, champion olympique en 1968 et 1972, 2e en 1976.)

CAILLAUX. – Pour se venger d'une violente campagne de presse dirigée contre son mari, Joseph Caillaux, né en 1863, ministre des Finances, auteur du projet d'impôt sur le revenu appliqué à partir de 1914, Mme Caillaux n'hésita pas à assassiner le directeur du Figaro, le 16 mars 1914. De nouveau ministre des Finances en 1925, Joseph Caillaux meurt en 1944.

CAÏN, ABEL, SETH (fils d'Adam et Ève), *cf.* la Bible, Genèse, 4.

CAINE (Maurice Mickle White, dit Michael) (1933-), acteur anglais. Il commence sa carrière en 1955 mais ce n'est que dix ans plus tard qu'il connaît le succès, avec *Ipcress, danger immédiat* (Sidney Furie), puis *Mes funérailles à Berlin* (George Hamilton, 1966) et *Un cerveau d'un milliard de dollars* (Ken Russel, 1967), trois films où il incarne Harry Palmer. Il fut très remarqué en 1972, dans le film de Mankiewicz *Le limier*, où il tenait tête à Sir Laurence Olivier.

CAIRE (Le). – Située sur la rive droite du Nil, près de la tête de son delta, elle compte 9 millions d'habitants, les Cairotes. Elle fut créée en 969 par les Fatimides, dynastie musulmane d'Afrique du Nord.

CALCUTTA, capitale du Bengale-Occidental, située sur l'Hoogly, elle compte 3,15 millions d'habitants. Elle fut créée en 1690 par l'English East India Company, et devint capitale de l'Inde en 1772, avant de laisser ce statut à la ville de Delhi, en 1912. Dum Dum, son aéroport, est un ancien cantonnement anglais, dans lequel fut inventé la balle « dum-dum », conçue de telle sorte qu'elle occasionne de terribles blessures.

CALDER (Alexander) (Philadelphie, 1898-New York, 1976), sculpteur américain. Ses premiers *mobiles* datent de 1932.

CALDERÓN DE LA BARCA (Pedro) (Madrid, 1600-Madrid, 1681), auteur dramatique espagnol. Principales œuvres : *La vie est un songe* (1633), *Le magicien prodigieux* (1637), *Le grand théâtre du monde* (1645), etc.

CALENDRIER CHINOIS. – Il était en vigueur jusqu'en 1911 et comprenait des années courtes et des années longues, à chaque année étant symboliquement attribué un animal, pratique d'ailleurs restée en vigueur. Ainsi le tigre correspondit-il également à 1974 et 1986. (1975 : le lapin, 1976 : le dragon, 1977 : le serpent, 1978 : le cheval, 1979 : le mouton, 1980 : le singe, etc.)

CALLAS (Maria Kalogeropoulos, dite la) (1923-1977), cantatrice grecque, soprano. L'une des plus grandes présences du répertoire vocal classique du XXe siècle. Elle sut aussi défrayer la chronique par ses extravagances et sa vie sentimentale agitée, notamment par sa liaison avec le richissime armateur grec Aristote Onassis.

CALMAT (Alain) (1940-), sportif français champion du monde individuel de patinage artistique en 1965. Il fut également secrétaire d'État auprès du premier ministre, chargé de la Jeunesse et des Sports.

CALVADOS, département français situé sur la Manche, en Basse-Normandie, habité par les Calvadosiens. La distillation de sa fameuse eau-de-vie de pomme a lieu dans l'est du département.

CALYPSO, nymphe, reine de l'île d'Ogygie (peut-être près de Gibraltar). Elle accueillit Ulysse naufragé et le retint dix ans. Voir **PÉNÉLOPE,** v. **COUSTEAU.**

CAMBACÉRÈS (Jean Jacques de) (1753-1824), duc de Parme, juriste et homme d'État français. Député à la Convention, il vota la mort de Louis XVI, mais il le fit avec réserve. Il fut deuxième consul après le 18 brumaire. Il travailla à la rédaction du Code civil. Napoléon était attentif à ses conseils. En 1814, il rejoignit les Bourbons.

CAMBODGE, nom français de la république populaire du Kampuchea, située sur le golfe de Siam, en Indochine. D'une superficie de 180 000 km², le pays est habité par 6,9 millions de Cambodgiens, ou Khmers. Sa capitale est Pnom Penh.

CAMBRONNE (Pierre) (1770-1842), général français qui était à la tête d'un des derniers carrés de la vieille garde à la bataille de Waterloo. Comme on lui intimait de se rendre, il se serait écrié : « *La Garde meurt mais ne se rend pas.* » D'autres disent qu'il aurait répondu par le mot auquel son nom reste associé.

CAMPBELL (William Wallace) (1862-1938), astronome américain. Il a établi des mesures précises de la déviation de la lumière consécutive au champ gravitationnel solaire. Héliographe : du grec *hêlios*, Soleil, et *graphein*, écrire. Instrument qui sert à mesurer la puissance de rayonnement du soleil, ainsi que le nombre d'heures de l'ensoleillement.

CAMP DAVID, résidence présidentielle américaine située dans Le Maryland. Du 5 au 17 septembre 1978 eut lieu à Camp David une conférence entre James Carter, président des États-Unis, Anouar el-Sadate, chef de l'État égyptien et Menahem Begin, Premier ministre d'Israël. À la suite de cette conférence, deux accords ont été signés à Washington, dits accords de Camp David.

CAMUS (Albert) (1913-1960), écrivain français né en Algérie. Romans : *L'étranger* (1942), *La peste* (1947), *La chute* (1956), *L'exil et le royaume* (1956), *La mort heureuse* (œuvre posthume parue en 1971). Essais : *L'envers et l'endroit* (1937), *Noces* (1939), *Le mythe de Sisyphe* (1942), *Actuelles* (1950-1957), *L'homme révolté* (1951), *L'été* (1954). Pièces de théâtre : *Le malentendu* (1944), *Caligula* (1945), *L'état de siège* (1948), *Les justes* (1949). Il a obtenu le prix Nobel en 1957.

CANA, dans la tradition judéo-chrétienne, ville de Galilée où Jésus fit son premier miracle (transformation de l'eau en vin) (Jean 2, 1-12).

CANADA. – D'une superficie de 9,9 millions de km², soit 19 fois celle de la France, il compte six fuseaux horaires (et non sept) : newfoundland, atlantique, oriental, central, montagne, pacifique.

CANALETTO (Antonio Canal, dit) (Venise, 1697-Venise, 1768), peintre italien. Il s'est consacré presque exclusivement à la description minutieuse des canaux, monuments et fêtes de Venise.

CANARIES (îles) (du latin *canis*, chien), archipel espagnol de l'océan Atlantique, d'une superficie de 7 273 km² et habité par 1,44 million de Canariens, chez lesquels le mouvement autonomiste connaît de plus en plus de sympathisants. Sept îles composent l'archipel : Grande Canarie, Fuerteventura, Lanzarote, Tenerife, Gomera, Palma, Hierro. Il servait autrefois d'habitat à d'importantes hordes de chiens sauvages.

CANARIS (Wilhelm) (1887-1945), amiral allemand qui a dirigé le service de renseignement de l'armée de 1935 à 1944. Il n'était pas partisan du nazisme et fut exécuté sur l'ordre de Hitler. Voir **ABWEHR.**

CANASTA, jeu de cartes inventé en Uruguay en 1940. Se joue par 2 équipes de 2 joueurs chacune.

CANBERRA, ville australienne située dans l'État de la Nouvelle-Galles du Sud, d'une population de 241 000 habitants. Elle a obtenu son statut en 1927.

CANCALE, petite ville d'Ille-et-Vilaine, dans la baie du Mont-Saint-Michel, sise à une quinzaine de kilomètres de Saint-Malo.

CANIGÓ ou **CANIGOU (mont),** massif des Pyrénées-Orientales qui domine le Roussillon de ses 2 784 m.

CANNES (festival de), festival mondial du cinéma, créé en 1939, mais perturbé dans ses premières années à cause de la Deuxième Guerre mondiale, et qui a lieu tous les ans en mai-juin depuis 1946.

CANONS DE NAVARONE (Les), roman d'Alistair McLean. Fils d'un pasteur écossais, Alistair McLean est élevé dans les Highlands où il est né en 1923. Il s'engage en 1941 dans la Royal Navy, et participe alors à l'escorte de plusieurs convois dans la mer du Nord. Il s'engage ensuite pendant deux ans sur un croiseur anglais, affecté à l'escadre méditerranéenne, puis orientale. C'est de ces diverses expériences militaires que sont nés *Les canons de Navarone,* adaptés au cinéma en 1961 par l'Américain John Lee Thompson, avec David Niven, Anthony Queen et Gregory Peck dans les rôles principaux (le film a eu plus de 10 millions de spectateurs).

CANOSSA. – L'empereur germanique Henri IV, fils d'Agnès de Poitiers, tenta de restaurer son pouvoir absolu. Grégoire VII, s'y étant opposé, l'excommunia en 1076. L'empereur dut se rendre en Italie, à Canossa, en janvier 1077, pour solliciter le pardon du pape et la levée de son excommunication.

CANTAL, département du sud de l'Auvergne, d'une superficie de 5 726 km², habité par 163 000 Cantaliens, ou Cantalons, ce qui ne constitue que le 1/3 de la moyenne nationale. La principale activité économique y est l'élevage des bovins (fromages et viande).

CANTATRICE CHAUVE (La), pièce d'Eugène Ionesco, toujours à l'affiche du théâtre de la Huchette, dans le Quartier latin de Paris, où elle fut créée en 1950, puis reprise à partir de 1957. Voir **IONESCO.**

CANTERBURY (en français Cantorbéry), ville d'Angleterre. C'est son rôle religieux qui en fait l'importance. Saint Augustin y fonda un monastère bénédictin (597) puis ce fut le siège de l'archevêché primat du royaume. Elle fut un important lieu de pèlerinage au Moyen Âge, en souvenir de l'assassinat de Thomas Becket dans sa cathédrale

(XIe-XVe siècle), la plus ancienne d'Angleterre.

CANTOR (Georg) (1845-1918), mathématicien allemand connu non seulement pour sa théorie des ensembles, mais également pour sa découverte des nombres transfinis (1879), qui évaluent la richesse en éléments d'un ensemble pourtant infini.

CAOUA ou **CAOUANNE,** tortue de mer, encore appelée caret.

CAP CAÑAVERAL, cap des États-Unis, sur la côte est de la Floride, sur lequel est bâti le centre Kennedy, servant de base de lancement des engins spatiaux.

CAP DE BONNE-ESPÉRANCE, cap à l'extrémité de l'Afrique du Sud, à la limite des océans Pacifique et Atlantique. L'explorateur portugais Vasco de Gama l'a découvert en 1497. Il était appelé, autrefois, le cap des Tempêtes.

CAPET (Hugues), roi de France qui succéda au dernier Carolingien, en 987. C'est avec lui que commença la dynastie capétienne des rois de France. Il ne possédait au début de son règne qu'un petit domaine dans la région parisienne, entouré de principautés féodales. Il mourut en 996.

CAP-HAÏTIEN, nouveau nom de la ville Cap-Français, en Haïti. Elle compte 68 000 habitants.

CAPILLAIRES (vaisseaux). – Leur diamètre peut parfois ne mesurer que 5 micromètres (1 micromètre est égal à un millionième de mètre).

CAPITAL (Le), voir **MARX**

CAPODICHINO, l'un des 44 aéroports civils d'Italie. Les tarifs aller-retour Paris s'échelonnent de 2 500 F à 5 500 F.

CAPONE (Al) (1895-1947), bandit américain, chef de gang. En 1919, un amendement du gouvernement des États-Unis proscrivit la fabrication, le transport et la vente de l'alcool (mais pas sa consommation !), ce fut la *prohibition.* Al Capone et d'autres bâtirent leur fortune sur le trafic de l'alcool, en particulier. La guerre des gangs atteingnit son point culminant le 14 février 1929 (massacre de la Saint-Valentin); la bande de Capone assassina alors sept membres de celle de Bug Moran. *Scarface,* de Howard Hawks, fut réalisé en 1932 avec Paul Muni dans le rôle d'Al Capone. Robert De Niro endossa à nouveau ce rôle au cinéma, en 1987, dans *Les incorruptibles.*

CAPOTE (Truman Sterkfus Persons, dit Truman) (1924-1984), écrivain américain. Son livre *Petit déjeuner chez Tiffany* date de 1958. Il a également participé à l'élaboration de nombreux scénarios de cinéma pour le compte de John Huston, Vittorio De Sica, etc. Il est resté célèbre pour l'intransigeance dont il fit preuve dans les jugements littéraires qu'il porta sur ses contemporains.

CAPRA (Frank) (Palerme, 1897-), cinéaste américain né en Italie et émigré aux États-Unis avec sa famille à l'âge de six ans. Outre *Arsenic et vieilles dentelles,* tourné en 1944 avec Cary Grant, il est également l'auteur, en 1936, de *L'extravagant Mr Deeds,* avec Gary Cooper. Il a écrit, en 1971, un livre faisant figure de bilan complet sur Hollywood : *Hollywood story.*

CAPRICORNE, l'un des douze signes du zodiaque, placé entre le Sagittaire et le Verseau. Le Soleil y entre au solstice d'hiver.

CAPULET (Juliette), héroïne du drame de Shakespeare *Roméo et Juliette*, écrit en 1594-95. Le nom de famille de Roméo est Montaigu.

CAP-VERT (îles du), État insulaire de l'océan Atlantique, au large de Dakar, au Sénégal, d'une superficie de 4 033 km², et qui compte 320 000 habitants. Elles furent découvertes en 1456 par Ca' da Mosto, et devinrent dépendance portugaise. Elles sont indépendantes depuis 1975.

CARABOSSE, fée malfaisante, dans *Blanche-Neige* des frères Grimm, dont s'inspira Perrault pour *La belle au bois dormant.*

CARACALLA (Marcus Aurelius Bassianus) (188-217), empereur romain, fils de Septime Sévère, né à Lyon. Il fit construire à Rome les thermes qui portent son nom. Il mourut assassiné.

CARAN D'ACHE (Emmanuel Poiré, dit) (1859-1909), dessinateur humoriste français né à Moscou. Il travailla notamment au journal *Le Figaro.*

CARDIN (Pierre) (1922-), couturier français né en Italie. Il ouvrit sa maison en 1949. Outre l'automobile, il a associé son nom à de nombreux produits, tels le linge, le chocolat, les meubles, sans oublier l'*Espace Cardin*, théâtre qu'il a ouvert à Paris en 1969.

CARDINALE (Claudia) (1938-), actrice italienne née en Tunisie. Consacrée star grâce au *Guépard* de Luchino Visconti en 1963, elle retrouva celui-ci dans *Violence et passion*, en 1975.

CARÊME (du latin *quadragesima dies*, le quarantième jour), période, du mercredi des Cendres au samedi saint (quarante jours), consacrée à la pénitence chez les catholiques.

CARIBOU (de l'algonkin, renne) (nom donné au renne par les Canadiens), mammifère ruminant, vivant également en Sibérie, en Scandinavie, et au Groenland. Ses bois, aux extrémités aplaties, lui servent à chercher sa nourriture sous la neige (lichens).

CARMEN. – Voici quinze versions cinématographiques de la nouvelle de Mérimée ou de l'opéra de Bizet : 1909 : d'André Calmettes, avec Réjane; 1915 : un court métrage de Raoul Walsh, un autre de Cecil B. De Mille; 1918 : d'Ernst Lubitsch, avec Pola Negri, et de Reginald Arker (*Carmen du Klondyke*), avec Clara Williams; 1926 : de Jacques Feyder, avec Raquel Meller; 1927 : encore de Raoul Walsh (*Les amours de Carmen*); 1943 : de Christian-Jaque; 1952 : de Charles Vidor (à ne pas confondre avec King Vidor); 1954 : d'Otto Preminger (*Carmen Jones*), avec Dorothy Dandridge et Harry Belafonte; 1963 : de Carmine Gallorie; 1982 : de Carlos Saura et Antonio Gades; 1983 : de Peter Brook et Marius Constant, sans oublier la version de Jean-Luc Godard (*Prénom Carmen*); 1984 : de Francesco Rosi, avec Julia Migenes-Johnson. Voir **ESCAMILLO.**

CARNABY STREET, rue commerçante de Londres, située près de Piccadilly Circus.

CARNÉ (Marcel) (Paris, 1906-), cinéaste français instigateur de ce qu'on a appelé le réalisme poétique, dont *Les visiteurs du soir* sont une des illustrations, en 1942. Il a à son actif une dizaine de chefs-d'œuvre, parmi lesquels *Drôle de drame* (1937), *Quai des brumes* (1938), *Hôtel du Nord* (1938), *Le jour se lève* (1939), *Les enfants du Paradis* (1945), *Les portes de la nuit* (1946), *Les tricheurs* (1958). Son film *Thérèse Raquin*, avec Simone Signoret et d'après le roman d'Émile Zola publié en 1867, date de 1953.

CARNOT (Lazare Hippolyte) (1753-1823), conventionnel et mathématicien français, ingénieur militaire, député à la Législative et à la Convention, membre du Comité de salut public. Il fut surnommé l'Organisateur de la victoire car il organisa la composition des armées de la République et fit les plans de campagne. Il fut contre le pouvoir personnel de Napoléon. Il quitta la France sous la Restauration.

CARNOT (Marie François Sadi) (1837-1894), fils du précédent, député de la Côte-d'Or puis ministre des Finances. Soutenu par Clemenceau, il est élu à la présidence de la République en 1887. Il est connu pour son respect de l'Église. Il est assassiné par l'anarchiste Caserio, à Lyon.

CAROL (Marie-Louise Mourer, dite Martine) (1920-1967), actrice française. C'est grâce à *Caroline chérie* (1951) qu'elle connaît la notoriété. Ce film a une suite, *Un caprice de Caroline* (1953). Le couronnement de sa carrière se produit en 1955, avec *Lola Montes*, de Max Ophüls, mais, le film n'ayant eu aucun succès, c'est aussi la fin de son vedettariat. Elle va dès lors de dépression nerveuse en divorce jusqu'à sa mort dans une chambre d'hôtel.

CARPACCIO (Vittore) (1455-1525), peintre italien, notamment auteur d'un *Saint Georges combattant le dragon*. Voir **GEORGES (saint).**

CARPEAUX (Jean-Baptiste) (1827-1875), sculpteur et peintre français né à Valenciennes, prix de Rome en 1854. *La danse*, pour l'Opéra de Paris, était une commande de la Cour impériale, qui lui fut passée en 1861, en même temps que d'autres, par exemple *Le triomphe de Flore*, pour l'une des façades du Louvre.

CARPENTIER (Georges) (1894-1975), boxeur français champion du monde de la catégorie des mi-lourds en 1920. Il perdit son titre en 1921 (véritable deuil national!) et ne le récupéra jamais.

CARPENTRAS, chef-lieu d'arrondissement du Vaucluse, comptant 25 900 Carpentrassiens. Sa synagogue date du XVIIIe siècle.

CARROLL (Charles Dodgson, dit Lewis) (1832-1898), écrivain anglais né à Daresbury. Auteur d'*Alice au pays des merveilles* et de *La chasse au snark.*

CARTA (Magna), voir **MAGNA CARTA**

CARTEL DES QUATRE (de l'italien *cartello*, affiche). – Le Cartel des quatre réunissait, de 1927 à 1940, Gaston Baty, Charles Dullin, Georges Pitoëff et Louis Jouvet, et avait pour but de sauvegarder les intérêts artistiques et financiers de leurs théâtres respectifs, parmi lesquels l'Atelier, l'Athénée, et les Mathurins.

CARTE POSTALE. – La première est mise en circulation en Autriche le 1er octobre 1869. Le principe en est adopté en 1872, et la mise en circulation générale effective en 1873. 1914 voit la création de cartes postales en franchise pour les militaires et les marins.

CARTER (James, dit Jimmy) (1924-), cultivateur et commerçant en gros, démocrate convaincu défendant la cause des opprimés. Gouverneur de Géorgie en 1970, il est élu en 1976 président des États-Unis. Partisan convaincu de la démilitarisation, il se heurte aux républicains. L'inflation, la chute du dollar, le chômage et le problème des otages font porter Ronald Reagan au pouvoir en novembre 1980.

CARTHAGE, ville de l'Antiquité située près de l'emplacement actuel de Tunis. Fondée au IXe siècle av. J.-C., Carthage étendit son commerce et ses comptoirs en Méditerranée. La nouvelle puissance romaine s'opposa aux visées expansionnistes des Carthaginois aux cours de trois guerres dites *puniques*, qui se terminèrent à l'avantage des romains. « *Delenda Carthago* » (« *Il faut détruire Carthage* ») était le « slogan » par lequel Caton l'Ancien terminait tous ses discours.

CARTILAGE, tissu résistant et élastique formant le squelette de l'embryon avant l'apparition des os et persistant chez l'adulte dans l'oreille et dans le nez, ainsi qu'aux extrémités des os. La raie et le requin ont un squelette qui reste toute leur vie durant à l'état de cartilage.

CARTON (Pauline Biarez, dite Pauline) (1884-1974), comédienne française. Actrice fétiche et adorée de Sacha Guitry, elle tourna dans presque tous ses films. Son énorme filmographie recouvre tout le cinéma français, depuis les années 20 jusqu'aux années 70.

CARUSO (Enrico) (1873-1921), ténor italien né à Naples. Le plus ancien enregistrement qu'on en ait conservé date de 1906 et est un air de *La bohème* de Puccini : « *Che gelida m'anima.* »

CARYATIDE ou **CARIATIDE,** statue féminine utilisée comme support vertical en architectonique.

CASABLANCA ou **DAR EL-BEIDA** (de l'espagnol, maison blanche), ville marocaine de 2,5 millions d'habitants, ce qui la met au premier rang de tout le Maghreb.

CASABLANCA (1943), film américain de Michael Curtiz, avec Ingrid Bergman, Humphrey Bogart et Peter Lorre.

CASANOVA DE SEINGALT (Giovanni Giacomo) (1725-1798), aventurier italien né à Venise, célèbre pour ses exploits romanesques (évasion des Plombs de Venise) et galants, qu'il raconte dans ses *Mémoires*, dont Federico Fellini tira un film en 1976.

CASIMIR-PERIER (Jean) (1847-1907), homme politique français. Il fut président du Conseil en 1893 et fut très ferme contre les attentats anarchistes. Il succéda à Sadi Carnot comme président de la République après son assassinat en 1894. Sa fidélité aux orléanistes, qui lui fut violemment reprochée par Jaurès, et l'opposition de la gauche l'obligèrent à donner sa démission en janvier 1895.

CASPIENNE (mer), mer intérieure, située à la jonction de l'Europe et de l'Asie. Sise à 28 m au-dessous du niveau de la mer, elle s'étend sur 430 000 km^2, ce qui représente les 4/5 de la superficie française. Malgré la Volga et l'Oural qui s'y jettent, et à cause de l'extrême aridité du climat, elle est en train de s'assécher.

CASTAFIORE (Bianca), personnage de la célèbre bande dessinée d'Hergé *Tintin et Milou.* Voir **TINTIN.**

CASTEL GANDOLFO, commune d'Italie située sur le lac d'Albano, et comptant 5 000 habitants.

CASTELOT (André Storms, dit André) (1911-), historien français, également producteur d'émissions télévisées, né en Belgique. Il est l'auteur, notamment, des biographies de *Napoléon Bonaparte* (en 10 volumes, 1969-70), *Talleyrand* (1980), *François Ier* (1983), etc.

CASTOR, rongeur végétarien. Il est menacé de disparition pour avoir été trop chassé pour sa fourrure.

CASTOR et POLLUX, héros de la mythologie grecque ayant donné leurs noms à deux des dix étoiles de la constellation des Gémeaux, l'une des 88 constellations du ciel. Voir **ZEUS.**

CASTRO (Fidel) (1927-), homme politique cubain. Il est le fils d'un planteur fortuné et va à l'université de La Havane faire des études pour devenir avocat. Il est membre du Parti du peuple cubain. Il obtient le départ de Batista en janvier 1959 et installe un régime socialiste. Avec l'aide de l'URSS, il lutte contre l'interventionnisme politique et économique des États-Unis en Amérique latine.

CASTRO (Raúl) (1931-), homme politique cubain, jeune frère de Fidel Castro. Comme lui il fait des études universitaires à La Havane. C'est un communiste militant. Après la révolution de 1959, il est devenu, en réalité, le second de Fidel Castro.

CATAMARAN, embarcation à voile à 2 coques pontées. Le trimaran comporte 3 coques : une principale, et deux flotteurs latéraux.

CATHARES (du grec *katharos*, pur), secte religieuse du Moyen Âge répandue dans le sud de la France, dont la doctrine admet deux principes, celui du bien, créateur du spirituel, et celui du mal, créateur du matériel. En se détachant du côté matériel, le cathare se détache de Satan et s'unit à Dieu. La croisade des Albigeois, prônée par Innocent III en 1209-1229, mit fin au mouvement par une répression sanglante. Au cours du siège de Béziers (1209), auquel participait Simon de Montfort, Arnaud Amalric légat du pape aurait eu cette terrible injonction : « Tuez-les tous, Dieu reconnaîtra les siens. »

CATHERINE II (1729-1796), impératrice de Russie. Au cours de 36 ans de règne, elle mena de front une politique culturelle et une politique étrangère. Aidée des philosophes et des artistes, elle s'efforça d'étendre la Russie jusqu'à la mer Noire et à la Lituanie. Elle renforça le pouvoir intérieur et les privilèges de la noblesse.

CATLEYA, une des 20 000 espèces de la famille des orchidacées (du grec *orkhis*, testicule).

CAUCASE, système montagneux qui s'étend, sur 440 000 km², de la Russie à la Turquie et à l'Iran. « Caucasien » a été synonyme de « blanc » (de peau blanche).

CAURAT (Jacqueline Hein, épouse Mancier, dite Jacqueline) (1929-), ancienne speakerine et productrice à la télévision française.

CAUTION (Lemmy), héros de roman policier créé en 1945 par le romancier anglais Reginald E. Peter Southhouse-Cheyney, dit Peter Cheyney (1896-1951), dont les premières aventures furent consignées dans *La môme Vert-de-Gris*, et transposées à l'écran en 1953 par Bernard Borderie, avec Eddie Constantine. Voir **CONSTANTINE.**

CAVIAR, œufs d'esturgeon. Premiers producteurs : l'URSS et l'Iran.

CAYATTE (André) (1909-), cinéaste français né à Carcassonne. C'est un ancien avocat, le monde de la justice lui est souvent une source d'inspiration, comme l'attestent par exemple *Justice est faite* (1950), *Nous sommes tous des assassins* (1952), *Le dossier noir* (1955), *Les risques du métier* (1967), ou encore *Mourir d'aimer* (1971).

CAYENNE (créée en 1544), chef-lieu de la Guyane française, département d'outre-mer depuis 1946. Ce territoire, devenu français en 1637, passa dans les mains des Anglais en 1647, avant d'être récupéré par la France en 1817. C'est en Guyane, dans l'île du Diable, que furent envoyés plus de 75 000 bagnards, de 1852 à 1947.

C.E.C.A. – Créée le 9 mai 1950, la communauté économique du charbon et de l'acier entra en vigueur le 10 août 1952. Son but était de faciliter les échanges de matières premières entre les pays, notamment en supprimant tous les obstacles à leur libre circulation. Ainsi, le 10 février 1953, furent abolis les droits de douane pour le charbon, le minerai de fer, et la ferraille; le 1er mai de la même année, il en fut de même pour l'acier; enfin, le 1er août 1954, ce fut le tour des aciers spéciaux.

C.E.E. – La Communauté économique européenne a été créée en 1957, lors du traité de Rome, par six États : Allemagne de l'Ouest, Belgique, France, Italie, Luxembourg et Pays-Bas. En 1973, le Danemark, la Grande-Bretagne et l'Irlande en sont devenus membres à leur tour; puis y adhérèrent en 1981, la Grèce, et en 1986, l'Espagne et le Portugal; la communauté compte donc désormais, en 1988, douze membres.

CÉLADON, porcelaine, souvent striée de craquelures, de couleur variable, dans des tons de gris-vert et de bleu-vert. Elle emprunte son nom au héros du roman d'Honoré d'Urfé (1567-1625), *L'astrée*, lequel se paraît de rubans de cette couleur. *L'astrée*, composé de 1607 à 1628 en grande partie par d'Urfé, puis par son secrétaire Baro, raconte les amours pastorales d'Astrée et de Céladon.

CÉLINE (Louis-Ferdinand Destouches, dit Louis-Ferdinand) (1894-1961), écrivain français né à Courbevoie, auteur de *Mort à crédit* (1936), *D'un château l'autre* (1957). Son premier roman, *Voyage au bout de la nuit*, fut publié en 1932. Céline habitait alors, à Paris, une chambre située au-dessus de celle d'une jeune femme qui se flattait d'écrire. Il la rencontra un jour dans l'escalier; elle portait un manuscrit sous le bras, et lui annonça qu'elle allait de ce pas le déposer chez un éditeur. Céline en profita pour lui demander si elle ne verrait pas d'inconvénient à ce qu'il lui confiât un roman que lui-même venait d'achever. Elle accepta. Peu de temps après, la jeune femme reçut un mot de l'éditeur qui, très intéressé par son œuvre, lui fixait rendez-vous. Ne se sentant plus de joie elle y courut, et, une fois sur place, découvrit avec horreur que l'œuvre en question était celle de son voisin du dessus, et pas la sienne! Céline, grâce à ses droits d'auteur, put bientôt déménager.

CELLINI (Benvenuto) (1500-1571), graveur, statuaire et orfèvre italien né à Florence et appelé par François 1er à sa cour. Il est fameux pour son *Persée* (Florence, loggia des Lanzi) et sa *Nymphe de Fontainebleau* (Musée du Louvre). Il a écrit des *Mémoires*.

CELLULES DU CERVEAU, voir **NEURONES**

CELSIUS (Anders) (1701-1744), astronome et physicien suédois. Il créa son échelle thermométrique en 1742.

CÈNE (du latin *cena*, repas du soir), dans la tradition chrétienne, dernier repas pris par Jésus-Christ, entouré de ses douzes apôtres, la veille de sa Passion, au cours duquel il institua l'eucharistie, et désigna Judas comme celui qui le trahissait. Léonard de Vinci peignit une *Cène* en 1496-1498 sur un mur du couvent de Santa Maria delle Grazie. Elle est aujourd'hui très endommagée.

CENT ANS (guerre de), voir **GUERRE DE CENT ANS**

CENT-JOURS (les), voir **NAPOLÉON Ier.**

CENTRAFRICAINE (république). – Anciennement Oubangui-Chari, puis partie de l'Afrique équatoriale française, en 1910, ce pays devient une république indépendante, en 1960, avec à sa tête David Dacko. Celui-ci est chassé par le général Bokassa, qui se fait couronner empereur en 1976. En 1979, Bokassa est obligé de se retirer et la République est rétablie. Sa devise, « *Zo kwe zo* », en sango, signifie « Un homme est un homme » (tautologie qu'il n'est peut-être pas superflu de proférer de temps à autre!).

CENTRE NATIONAL DE LA RECHERCHE SCIENTIFIQUE, établissement public français qui dépend du ministre chargé de la Recherche. Fondé en 1939, il provient de la fusion de divers organismes scientifiques. Ses premières structures datent de 1945, mais c'est depuis 1959 qu'il a connu un développement important. Le CNRS a pour but d'accroître et de coordonner toutes les recherches scientifiques.

CERBÈRE, dans la mythologie grecque, chien monstrueux gardien des Enfers.

CERDAN (Marcel) (1916-1949), boxeur français né à Sidi-bel-Abbès et mort dans un accident d'avion au-dessus des Açores, alors qu'il partait reconquérir son titre de champion du monde des poids moyens, perdu la même année contre l'Américain Jack La Motta. Il était devenu champion d'Europe en 1947, champion du monde en 1948. Il fut le compagnon de la chanteuse Édith Piaf.

CERTAINS L'AIMENT CHAUD (1959), film américain de Billy Wilder, avec Marilyn Monroe, Jack Lemmon, Tony Curtis.

CERVANTES (Miguel de Cervantes Saavedra) (1547-1616), écrivain espagnol né à Alcalá de Henares. Auteur de plusieurs tragédies et comédies héroïques (*Numance, La vie à Alger*), d'un roman pastoral (*Galatée*) et de plusieurs œuvres, il est surtout connu pour son *Don Quichotte,* dont la première partie paraît en 1605 et la seconde en 1616 : il y raconte les aventures d'un gentilhomme qui passait son temps à lire des aventures de chevalerie et finit par se faire lui-même chevalier errant, partant alors en campagne, toujours monté sur son vieux cheval Rossinante et accompagné de son fidèle serviteur Sancho Pança. Don Quichotte finira par découvrir la vanité de ses chimères et par mourir, laissant Sancho face à la réalité peu enviable d'une existence sans héroïsme ni poésie. Dulcinée du Tobozo est une paysanne que Don Quichotte a élue dame de ses pensées et décrétée plus belle femme du monde. Ce roman est d'une importance capitale dans l'évolution du roman moderne, notamment par la quête désespérée des valeurs que son héros poursuit dans une réalité considérée comme inaccessible, ou, plus simplement encore, peut-être impossible.

CERVI (Gino) (1901-1974), acteur italien. Il commence sa carrière au théâtre comme interprète de Luigi Pirandello. C'est en 1952 seulement que débute la partie la plus populaire de sa carrière, au cinéma, avec la série consacrée au curé don Camillo. Ce sera, de Julien Duvivier, *Le petit monde de don Camillo* et *Le retour de don Camillo* (1953), ensuite *La grande bagarre de don Camillo* (Gallone, 1955), *Don Camillo monseigneur* (du même, 1961), *Don Camillo en Russie* (Comencini, 1965). Il y interprète, face à Fernandel en don Camillo, le rôle de Peppone, maire communiste du village. *Don Camillo* est à l'origine un grand succès romanesque italien signé Giovanni Guareschi.

CERVIN, sommet alpin situé au-dessus de la vallée de Zermatt, à la frontière italo-suisse, qui culmine à 4 478 m. Sa première ascension fut réussie le 14 juillet 1865 par Edward Whymper (né à Londres en 1840, mort à Chamonix en 1911). Une réplique du Cervin a été réalisée dans le grand complexe ludique de Disneyland. Elle sert notamment de support à une immense montagne russe!

CÉSAIRE (Aimé) (1913-), poète et homme politique martiniquais né à la Martinique. Il fait ses études à Paris, au lycée Louis-le-Grand puis à l'École normale supérieure. De retour en Martinique, il est élu maire de Fort-de-France et député de la Martinique, d'abord sous l'étiquette communiste (inscrit 14 ans au parti) puis comme non apparenté. Il fonde le Parti progressiste martiniquais, dont il devient le président. *Soleil cou coupé* fut publié pour la première fois en 1948, par les éditions K, puis repris par les éditions du Seuil en 1961, dans un recueil comprenant aussi *Corps perdu* (1949) et intitulé *Cadastre.* Il a également écrit des pièces de théâtre : *La tragédie du roi Christophe* (1963), *Une saison au Congo* (1967), *Tempête* (1969).

CÉSAR (Jules) (101-44 av. J.-C.), homme d'État romain et l'un des plus grands généraux de l'Antiquité. De 59 à

51 il conquiert la Gaule (vainqueur, en 52, de Vercingétorix, à Alésia). Il tire de cette guerre des Gaules un immense prestige, qu'il entretiendra notamment grâce à ses *Commentaires sur la guerre des Gaules* et à *De la guerre civile*, dans lesquels il se révèle un bon écrivain. Il est vainqueur à Pharsale de Pompée (après le fameux franchissement du Rubicon), son ancien associé au premier triumvirat, qui avait profité de la guerre des Gaules pour s'ériger en chef de Rome. César réinstaure à Rome le gouvernement monarchique, auparavant inauguré par Sylla. Une conspiration se forme, qui s'achève sur son assassinat, aux ides de mars, par un groupe mené par Cassius et Brutus, alors que ce dernier avait toujours été comblé de faveurs et considéré par César comme son fils – le dictateur murmure, une fois porté le coup de poignard fatal : « *Tu quoque, fili*! (*Toi aussi, mon fils*!) » César, sa vie durant, prononça plusieurs petites phrases restées célèbres, parmi lesquelles : « *Veni, vidi, vici. (Je suis venu, j'ai vu, j'ai vaincu.* ») C'est en ces termes qu'il annonça la rapidité de sa victoire sur Charnace, roi du Bosphore, à Zala en 47. Voir aussi **ALEA JACTA EST.**

CÉSARIENNE (du latin *caedere*, couper), opération chirurgicale par laquelle on extrait le nouveau-né par incision de l'abdomen et de l'utérus.

CÉSARION (47 av. J.-C.-), Ptolémée XVI Caesar, dit Césarion fils de César et de Cléopâtre, roi nominal d'Égypte de 44 à 30. Il fut assassiné par Octavien.

CEUTA, ville espagnole située sur la côte africaine, en face de Gibraltar. Elle compte 67 000 habitants. Conquise par les Portugais en 1415, elle devient espagnole en 1640.

CEVERT (François) (1944-1973), pilote de course français mort lors du grand prix de formule 1 des États-Unis, à Watkins-Glen (maintenant couru à Detroit), en 1973. Il avait remporté cette course en 1971.

CÉZANNE (Paul) (1839-1906), peintre français né et mort à Aix-en-Provence. C'est, outre à lui-même, à ses amis Zola, Pissarro, Guillaumin et Manet, qu'il doit sa formation picturale. Il est notamment l'auteur de la fameuse série de toiles de la *Montagne Sainte-Victoire.* Cézanne ne connaît de son vivant que le mépris presque unanime du public.

CHABAN-DELMAS (Jacques) (Paris, 1915-), homme politique français, inspecteur des finances en 1943, député de la Gironde à partir de 1946 (radical-socialiste, puis gaulliste), maire de Bordeaux à partir de 1947, président de l'Assemblée nationale de 1958 à 1969, Premier ministre de 1969 à 1972, candidat à l'élection présidentielle de mai 1974, à nouveau président de l'Assemblée nationale de 1978 à 1981 et de 1986 à 1988. Passionné par le rugby, il est également très intéressé par le tennis : il a été finaliste du double messieurs aux championnats de France en 1965 et vainqueur du double-messieurs vétérans aux Internationaux de France en 1970.

CHABLIS, ville de l'Yonne connue pour ses vins blancs secs (bourgogne).

CHAGALL (Marc) (1887-1985), peintre français d'origine russe. Son plafond de l'Opéra de Paris fut réalisé en 1963.

CHAIR DE L'ORCHIDÉE (La), roman de James Hadley Chase (1910-1985), suite de *Pas d'orchidées pour Miss Blandish*. Le metteur en scène français Patrice Chéreau (né en 1944) en tira un film en 1975, avec Charlotte Rampling, Bruno Crémer, Simone Signoret, Edwige Feuillère, François Simon, etc.

CHALAIS (François Bauer, dit François) (1919-), journaliste et critique français de cinéma. Il est également l'auteur d'un best-seller : *Les chocolats de l'entracte*.

CHAMBERLAIN (Arthur Neville) (1869-1940), Premier ministre du Royaume-Uni. Il céda son poste en 1940 à Winston Churchill. Il est célèbre pour son éternel parapluie. Pour essayer d'empêcher la Seconde Guerre mondiale, il signa les accords de Munich en 1938 avec l'Allemagne, reconnaissant l'occupation de l'Autriche et d'une partie de la Tchécoslovaquie.

CHAMBORD (Henri de Bourbon, duc de Bordeaux puis comte de) (1820-1883), prince français, fils posthume du duc de Berry (second fils de Charles X), il devient le prétendant légitime au trône de France à la mort d'Henri V. Deux fois on peut croire qu'il montera sur le trône mais le comte de Chambord, qui refuse de renoncer au drapeau blanc, n'y accède jamais. Avec lui, mort sans héritier, s'éteint la branche aînée des Bourbons.

CHAMBRE D'AMOUR. – Cette plage est plus précisément située à Anglet, entre Biarritz et Bayonne. Quelques marches conduisent à la grotte dite « de la Chambre d'amour » où la tradition locale veut que deux amoureux, surpris par la marée, aient trouvé la mort.

CHAMBRE EN VILLE (Une), film musical réalisé par Jacques Demy en 1982, qui a obtenu un grand succès critique mais a été boudé par le grand public. Sorti en même temps que le film de Belmondo *L'as des as*, la critique accusa la vedette de voler le public de Demy au profit d'un cinéma racoleur et de mauvaise qualité. Jean-Paul Belmondo finit par répondre dans une lettre parue dans la presse. La polémique s'arrêta là.

CHAMEAU. – On appelle couramment chameau le dromadaire (à 1 bosse), originaire d'Afrique; sa colonne vertébrale épouse la forme de sa bosse. Les deux bosses du chameau proprement dit, originaire d'Asie, sont deux poches de graisse, et sa colonne vertébrale n'épouse pas leur forme.

CHAMONIX. – En 1897, le docteur Étienne Payot y introduit des skis venus de Norvège. En 1924, y ont lieu les premiers jeux Olympiques d'hiver.

CHAMPIONNAT DE FRANCE DE FOOTBALL PROFESSIONNEL. – Celui de première division, regroupant 20 clubs, fut créé en 1933. Lille en fut encore lauréat en 1946 et 1954.

CHANCEL (Joseph Crampes, dit Jacques) (1928-), journaliste français. Producteur de l'émission radiophonique *Radioscopie*, dont les textes sont réunis en 6 volumes, et de l'émission télévisée *Le grand échiquier*, sur la deuxième chaîne, pour laquelle il perçoit un salaire mensuel de 55 000 F, et dont le prix de revient est de 20 000 F à la minute.

CHANDERNAGOR, ville indienne située au nord de Calcutta, qui compte

76 000 habitants. Elle fut créée en 1686 par Deslandes-Boureau et cédée à l'Inde en 1951, en même temps que Surât, Pondichéry, Masulipatnam, Balasore, et Kasim Bazar.

CHANDIGARH, capitale du Pendjab et de l'Haryana, en Inde, d'une superficie de 114 km² et d'une population de 450 000 habitants. Réalisée en 1950 par Pierre Jeanneret, cousin de Le Corbusier, Maxwell Fry, Jane Drew et Le Corbusier lui-même.

CHANDLER (Raymond) (1888-1959), écrivain américain, créateur du personnage de Philip Marlowe, notamment avec *Le grand sommeil* (1948), interprété au cinéma par Humphrey Bogart.

CHANEL (Gabrielle Chasnel, dite Coco) (Saumur, 1883-Paris, 1971), couturière française. Elle fut, au lendemain de la Grande Guerre, une révolutionnaire de la mode. En 1935, elle créa son institut, qui, fermé pendant la Seconde Guerre mondiale, rouvrit en 1954. Elle fut également créatrice, comme la plupart des grands couturiers, d'une ligne de parfums.

CHANG ou **TCHANG,** patronyme chinois. Peut être traduit par *ouvert* ou *constamment*, ou encore *montagne*.

CHANG KAÏ-SHEK ou **TCHANG KAÏ-CHEK** (1887-1975), homme d'État chinois. Il rejoint l'armée révolutionnaire en 1911, mène campagne contre les communistes en 1930-1935, et fait une alliance de circonstance avec eux lors de l'invasion japonaise de 1937. En 1945, une guerre civile donne la victoire à Mao Tsé-tung, qui fonde en 1949 la République populaire chinoise pendant que Tchang Kaï-chek, exilé à Taïwan, fonde la République nationaliste chinoise, dont il devient le président.

CHANT DES PARTISANS, voir **DRUON**

CHANTEUR DE JAZZ (Le) (1927) premier film parlant de l'histoire du cinéma, réalisé par l'Américain Alan Crosland.

CHANTONS SOUS LA PLUIE (Singin' in the rain) (1952), film musical et chorégraphique américain réalisé par Stanley Donen, assisté de Gene Kelly lui-même pour les passages dansés, avec Debbie Reynolds et Cyd Charisse. C'est un des plus grands films de l'âge d'or d'Hollywood (produit par la Metro Goldwin Mayer).

CHAPEAU MELON ET BOTTES DE CUIR, série télévisée anglaise produite par Julian Wintle, avec Patrick Magnee dans le rôle du détective John Steed. Elle a été récemment rediffusée sur la 2e chaîne de la télévision française (dernier épisode le jeudi 8 octobre 1987).

CHAPERON ROUGE (Le petit), voir **PERRAULT**

CHAPLIN (Charles Spencer, dit Charlie) (Londres, 1889-Vevey, 1977), acteur, scénariste, metteur en scène, dialoguiste, compositeur, créateur du personnage de Charlot. Voici quelques-uns de ses chefs-d'œuvre : *Le kid* (1921), *Le pèlerin* (1923), *La ruée vers l'or* (1925), *Les lumières de la ville* (1931), *Les temps modernes* (1936), *Le dictateur* (1940), *Monsieur Verdoux* (1947), *Limelight* (1952), etc. Le nom que donne Chaplin à son dictateur est Adénoïde Hinckel; on remarquera que les initiales sont les mêmes que celles d'Adolf Hitler.

CHAPRON (Henri), carrossier automobile français spécialisé dans la restauration des véhicules et la construction de prototypes. Ses ateliers se trouvent en proche banlieue parisienne, 114, rue Aristide-Briand, à Levallois.

CHAR À VOILE. – Déjà pratiqué en 1595 sur les plages de la mer du Nord. C'est en 1896, et non en 1910, que les frères Dumont construisirent leurs engins, en Belgique. En France, le char à voile apparut en 1905, construit par Cazur et Blériot.

CHARADE, circuit automobile non permanent.

CHARCOT (Jean) (1867-1936), explorateur français né à Neuilly-sur-Seine et mort en mer au cours d'une de ses expéditions, sur son navire le *Pourquoi-pas?*.

CHARGE DE LA BRIGADE LÉGÈRE (La) (1936), film américain de Michael Curtiz. Une deuxième version a été réalisée par l'Anglais Tony Richardson, en 1968, avec Trevor Howard.

CHARLEMAGNE ou **CHARLES Ier LE GRAND** (du latin *Carolus magnus*, le grand Charles) (742-814), fils de Pépin le Bref et de Bertrande, fille du comte de Laon. En 768, à la mort de Pépin, le royaume est partagé entre lui et son frère, Carloman. Celui-ci meurt en 771, Charlemagne peut ainsi éviter une querelle fratricide et reconstituer l'unité du royaume. Il devient seul roi des Francs, puis empereur d'Occident, et enfin empereur des Romains, couronné à Rome par le pape, le 25 décembre 800. Cet illettré crée l'école, développe le christianisme, et est, à ces titres, à l'origine d'une vraie renaissance culturelle. Fixé à Aix-la-Chapelle, il y meurt en 814.

CHARLEMONT-DRISCOLL, combat mémorable entre un champion de boxe française (pieds et poings), le français Joseph Charlemont, et un champion de boxe anglaise (poings seuls), l'Anglais Driscoll, qui, en 1899, vit la victoire du Français.

CHARLES MARTEL (685-741), prince franc, maire du palais d'Austrasie et de Neustrie. C'est lui qui arrête à Poitiers, en 732, l'invasion arabo-berbère et s'assure la subordination de l'Aquitaine, de la Bourgogne et de la Provence.

CHARLES (Ray) (1930-), compositeur et chef d'orchestre de jazz noir américain, spécialiste du blues. Son instrument est le piano, et accessoirement le saxophone, et il est également chanteur.

CHARLES V ou **CHARLES QUINT** (1500-1558), empereur du Saint Empire romain germanique (1519-1556), fils de Philippe le Beau, archiduc d'Autriche, et de Jeanne la Folle, reine de Castille (une série d'héritages heureux leur permit d'être à la tête d'un immense empire, auquel s'ajoutèrent les colonies espagnoles d'Amérique. Ce qui fait qu'à 19 ans il possède un « empire sur lequel le soleil ne se couche jamais »). Il était roi d'Espagne sous le nom de Charles Ier et roi de Sicile sous le nom de Charles IV. Il soutint contre François Ier une lutte de plus de trente ans. Il abdiqua en 1556 et finit sa vie au monastère de Yuste en Espagne.

CHARLES X, voir **RESTAURATION**

CHARLES-ROUX (Edmonde) (1920-), femme de lettres française, auteur, notamment, d'*Oublier Palerme,* prix Goncourt 1966, *Elle, Adrienne, L'irrégulière, Une enfance sicilienne*; elle est la troisième femme de Gaston Deferre.

CHARLOTS (les), groupe d'acteurs chanteurs, et chansonniers français, composé de Gérard Rinaldi, Gérard Filippelli, Jean Sarrus, et Jean-Guy Fechner. Sous le nom de « Les problèmes », ils se produisirent à la fin des années 60 avec le chanteur Antoine.

CHARLUS (baron de), un des personnages d'*À la recherche du temps perdu.* Voir **PROUST.**

CHARRIER (Jacques) (1936-), producteur et acteur français né à Metz. Il est révélé au public par Marcel Carné, en 1958, dans son film *Les tricheurs.* Il rencontre Brigitte Bardot dans *Babette s'en va-t-en guerre,* de Christian-Jaque, en 1959. Ils s'épousent puis divorcent peu après.

CHARRIÈRE (Henri), ancien forçat, évadé de l'île du Diable, qui fit un récit de ses aventures dans un livre intitulé *Papillon* (le surnom qu'il portait au bagne, en raison d'un papillon tatoué sur son torse). Son livre, paru en 1966, se vendit à 11 millions d'exemplaires et fut adapté au cinéma par Franklin Schaffner, en 1973, avec Steve McQueen dans le rôle titre, et Dustin Hoffman.

CHARTERIS (Leslie Charles Bowyer Yin, dite Leslie) (1907-), romancière américaine, créatrice du détective Le Saint.

CHARTREUSE DE PARME, voir **STENDHAL**

CHASSE À COURRE ou **VÉNERIE.** – Grande vénerie : cerf, chevreuil, sanglier; petite vénerie : renard, lièvre. La *curée* est un épisode de la grande vénerie : après que l'animal a été « *servi* », à l'arme blanche ou à feu, puis dépecé, les bons morceaux en sont offerts aux riverains et aux suiveurs, et les abats, recouverts de la peau, sont donnés aux chiens.

CHASSEUR FRANÇAIS (Le), journal mensuel français de détente et de plein air fondé en 1885, tirant à plus de 550 000 exemplaires, et réputé pour la part qui y est faite aux petites annonces, notamment aux petites annonces matrimoniales.

CHAT BOTTÉ (Le), voir **PERRAULT**

CHÂTEAU-GAILLARD, forteresse féodale qui domine la Seine aux Andelys. Bâtie en 1196 par Richard Cœur de Lion, prise par Philippe Auguste en 1204, elle fut démantelée par Henri IV en 1603.

CHATEAUBRIAND (François René, vicomte de) (1768-1848), écrivain français né à Saint-Malo. Œuvres principales : *Essai sur les révolutions* (1797), *Atala* (1801), *Génie du christianisme, René* (1802); *Les martyrs* (1809), *De Bonaparte et des Bourbons* (1814); *Les Natchez, Les aventures du dernier Abencérage* (1826); *Études historiques* (1831); *Vie de Rancé* (1844); *Mémoires d'outre-tombe* (1850, œuvre posthume).

CHATTERLEY, voir **LAWRENCE**

CHAUCER (Geoffrey) (1340-1400), poète anglais, né à Londres. Également traducteur du *Roman de la rose.*

CHAUSSETTES NOIRES (Les), groupe twist français du tout début des années 60, dont Eddy Mitchell fit un moment partie.

CHAUVIRÉ (Yvette) (1917-), danseuse française née à Paris, célèbre notamment pour ses interprétations du *Lac des cygnes*, de *Giselle* et de *La mort du cygne.*

CHE GUEVARA (Ernesto Guevara, dit) (1928-1967). – Né en Argentine, il devient à 28 ans compagnon de Fidel Castro. Il forme des foyers de révolution en Amérique du Sud et meurt au cours d'une embuscade tendue à la guérilla bolivienne.

CHEMIN DE FER, jeu de cartes et d'argent, ayant cours dans les casinos, importé d'Italie, comme le baccara, par les soldats de Charles VIII (XVe siècle).

CHÊNE-LIÈGE, chêne méditerranéen à feuillage persistant. Son écorce, détachée du tronc par larges plaques tous les dix ans, fournit le liège.

CHÉREAU (Patrice) (1944-), metteur en scène et cinéaste français. Directeur du TNP (Théâtre national populaire), associé à Roger Planchon, de 1972 à 1981, puis directeur du théâtre des Amandiers à Nanterre. Au cinéma, il réalise *La chair de l'orchidée* (1974), avec Charlotte Rampling et Bruno Crémer, *Judith Therpauve* (1978), avec Simone Signoret, et *L'homme blessé* (1983).

CHÉRI (1920), roman de Sidonie Gabrielle Colette, qui a une suite : *La fin de Chéri.* Léa, personnage féminin d'une cinquantaine d'années, y est amoureuse d'un adolescent. Voir **COLETTE.**

CHEROKEES, groupe ethnique iroquois de l'Amérique du Nord, aujourd'hui concentré en Caroline du Nord et dans l'Oklahoma.

CHÉRUBIN, personnage du *Mariage de Figaro*, de Beaumarchais, et des *Noces de Figaro*, de Mozart : il symbolise l'adolescent s'éveillant à l'amour.

CHESTERFIELD (Philip Stanhope, comte de) (1694-1773), homme d'État et écrivain anglais représentant de l'aristocratie whig, célèbre pour sa causticité. Il eut la lieutenance de l'Irlande et fut fait secrétaire d'État. Éloigné de la vie politique par la surdité, il se consacra à son activité littéraire (*Lettres* à son fils, 1774).

CHEVAL (Ferdinand, dit le facteur) (1836-1924), employé des Postes français qui érigea, de 1879 à 1912, à Hauterives, dans la Drôme, un monument (hauteur : 12 m, longueur : 26 m, largeur : 14 m), à l'aide de pierres ramassées pendant ses tournées, qu'il baptisa *le Palais idéal.*

CHEVALIER (Maurice) (1888-1972), chanteur et acteur français. *Ma pomme* est l'une de ses plus célèbres chansons, avec, peut-être, *Valentine* et *Prosper.* Il incarna le type du *Titi* parisien, coiffé de son célèbre canotier. C'est un des artistes français les plus populaires aux États-Unis.

CHEWING-GUM. – Il fut inventé en 1872 par l'Américain T. Adams. La

France produit en moyenne 33 000 tonnes de chewing-gum par an.

CHIANG CHIN (1914-), actrice de cinéma chinoise. Elle adhère au parti communiste chinois en 1933 et donne à son époux Mao Tsé-Toung, en 1941, une fille. Le 25 janvier 1981 elle est condamnée à mort, puis, en 1982, à la détention à perpétuité.

CHICOTER, crier, pour la souris.

CHIENLIT, nom féminin signifiant désordre dans le langage familier. Rentré de Roumanie le 18 mai 1968, le général de Gaulle déclara le 19, à propos des événements : « *La réforme, oui; la chienlit, non* ». Le lendemain, la grève s'étendait encore, avec ce slogan : « *La chienlit, c'est lui.* »

CHIHUAHUA, chien à poils ras mesurant de 16 à 20 cm au garrot, pesant 1,5 kg, et dont le nom vient de celui d'une ville mexicaine.

CHILI (du kitchwa, *là où finit la terre*), État situé sur l'océan Pacifique, au sud de l'Amérique latine, d'une superficie de 757 000 km², peuplé de 11,7 millions de Chiliens. La capitale en est Santiago, fondée en 1541 par Pedro de Valdivia. La ville de Chili, sur le détroit de Magellan, est la plus au sud de l'hémisphère Sud.

CHIMÈNE, personnage du *Cid*. Voir **CORNEILLE.**

CHIMPANZÉ. – Il n'est pas le plus intelligent des anthropoïdes; il vient après le gorille, l'orang-outang venant en troisième position.

CHINATOWN, voir **POLANSKI**

CHINOIS. – Le chinois est parlé par 90 % du milliard de Chinois, plus par d'importantes communautés à l'extérieur : Indonésie, Singapour, États-Unis, etc. Au XIVᵉ siècle av. J.-C., l'écriture chinoise comportait déjà près de 5 000 caractères. Outre les différents dialectes chinois, un grand nombre d'autres langues et dialectes est parlé en Chine.

CHLOÉ, voir **DAPHNIS**

CHLOROFORME (de *chlore* et *acide formique*), liquide éthéré, autrefois utilisé comme anesthésique général, aujourd'hui abandonné à cause de ses effets secondaires, notamment sur le foie et le cœur.

CHLOROPHYLLE (du grec *khlôros*, vert, et *phullon*, feuille), pigment vert des végétaux.

CHNOUF, mot argotique signifiant drogue, et désignant plus particulièrement la cocaïne (désuet).

CHOLTITZ (Dietrich von) (1894-1946), général allemand. C'est lui qui commandait la garnison allemande de Paris au moment de la Libération. Il se rendit le 25 août 1944 à Leclerc sans avoir détruit Paris, comme le lui avait pourtant ordonné Hitler. Un film célèbre fut tiré par René Clément de cet épisode de la Deuxième Guerre mondiale : *Paris brûle-t-il ?* (1966). Voir **PARIS BRÛLE-T-IL ?**

CHOPIN (Frédéric) (1810-1849), compositeur polonais. Installé à Paris en 1830, il se lie un moment avec George Sand. Il devient l'ami de Liszt, Berlioz, Delacroix. Il meurt de phtisie, sans doute contractée lors d'un séjour à

Majorque avec George Sand. Il a composé 24 études, 4 ballades, des nocturnes, des impromptus, 3 scherzos, 2 sonates, 2 concertos, etc. Il rappelait souvent que « *la simplicité est le dernier sceau de l'art* ».

CHOSES DE LA VIE (Les) (1970). – C'est le film qui révéla Claude Sautet (né en 1924) au grand public, et c'est son quatrième. Il obtint le prix Louis-Delluc. On se souvient du fameux accident de la route dont y est victime le personnage campé par Michel Piccoli.

CHOU EN-LAÏ (1898-1976), homme politique chinois. Après un séjour en France, il participe à la fondation du parti communiste chinois. Il prend part à la Longue Marche et adopte les thèses de Mao-Tsé-tung. Il est Premier ministre du gouvernement populaire de la Chine en 1949 et ministre des Affaires étrangères jusqu'en 1958. Il participe à la Révolution culturelle, dont il est un des éléments modérateurs (1966).

CHOUANS, membres de l'insurrection née dans l'ouest de la France en 1793 sous l'égide de Jean Chouan. Cette insurrection gagna la Bretagne et la Normandie et dura près de 7 années. Honoré de Balzac en fit un roman, en 1829, *Le dernier chouan*, reparu en 1834 sous le titre *Les chouans*. C'est le premier de ses romans qu'il incorpora dans sa *Comédie humaine*, et c'est aussi son premier roman tout court. Il avait alors 30 ans.

CHOW-CHOW, race canine originaire de Chine.

CHRIST (signe astrologique du). – La tradition chrétienne a établi vers l'an 400 que Jésus est né un 25 décembre. Celui-ci se trouve donc être du signe zodiacal du Capricorne, dixième de la série, et dont la période s'étend du 22 décembre au 21 janvier. Voir **JÉSUS-CHRIST.**

CHRISTIANA, (et non pas Christiania), à skis, virage ou arrêt brusque effectué skis serrés. Le stem est un virage ou un arrêt commencé skis écartés vers l'arrière, puis serrés en fin de mouvement. Le chasse-neige est une manière de glisser et virer, les skis toujours écartés vers l'arrière.

CHRISTIE (Agatha) (1891-1976), femme de lettres anglaise, née à Torquay, créatrice des détectives Hercule Poirot et Miss Marple, aux caractères à la fois désuets et savoureux, auteur notamment de *Dix petits nègres*, *Le meurtre de Roger Ackroyd*, *À l'hôtel Bertram*,, *Le meurtre de l'Orient-Express*, *Mort sur le Nil*, etc.

CHRISTIE (Julie) (1940-), actrice anglaise née en Inde. C'est John Schlesinger, lequel, deux ans plus tôt, lui avait donné son premier grand rôle dans *Billy le menteur* (1963), qui lui permet de remporter à Hollywood l'oscar de la meilleure actrice pour son film *Darling*. Elle a également fait une prestation remarquée – et remarquable – en 1971, dans le film *Le messager*, de Joseph Losey.

CHRISTOPHE (Georges Colomb, dit) (1856-1945), écrivain français auteur de *La famille Fenouillard* (1895), *Les facéties du sapeur Camember* (1896), *L'idée fixe du savant Cosinus* (1900), *Les malices de Plick et Plock* (1904).

CHRISTOPHE (saint) (du grec *christophoros*, porteur de Christ). – Selon la légende, Christophe fit traverser au Christ enfant un fleuve sur ses épaules, le Christ se faisant, au fil de la traversée, de plus en plus lourd parce qu'il avait « *endossé tous les péchés du monde* ». Saint Christophe, n'étant que légendaire, a été retiré des calendriers en 1970.

CHROMOSOME (du grec *khrôma*, couleur, et *sôma*, corps). – L'homme n'a pas 24 paires de chromosomes, mais 23 réunissant des chromosomes de même famille, par exemple la paire somatique (déterminant le caractère), la paire sexuelle (déterminant le sexe : XX = féminin, XY = masculin).

CHRYSALIDE, nymphe des lépidoptères (entre le stade de la chenille et celui du papillon).

CHRYSÉLÉPHANTIN (du grec *khrusos*, or, et *éléphas*, ivoire).

CHRYSLER BUILDING. – Construit en 1930, il a 77 étages et mesure 319 m de haut. C'est ainsi le 5e bâtiment de sa ville par la hauteur.

CHRYSOLITE (du grec *khrusos*, or, et *lithos*, pierre), variété de silicate de magnésium et de fer pouvant donner des pierres fines.

CHRYSOPRASE (du grec *khrusos*, or, et *prasos*, poireau), variété verte de la calcédoine, silice translucide utilisée en bijouterie. Il existe trois autres variétés de calcédoine : une rouge orangé, la cornaline; une noire, l'onyx; et une brune, la sardoine.

CHURCHILL (Winston) (1874-1965), homme politique britannique. Dès 1900 il est député conservateur. Il est premier lord de l'amirauté (1911-1915). Il devient Premier ministre le 10 mai 1940 et va se révéler un grand chef de guerre et un grand homme d'État sachant rassembler toutes les forces du pays vers un seul but, la victoire à tout prix. Entre 1951 et 1955, il est le Premier ministre d'Elizabeth II. Il reçoit le prix Nobel de littérature en 1953, grâce notamment à ses *Mémoires de guerre* (1948-1954).

C.I.A. (Central Intelligence Agency), service de renseignements américain, créé en 1947 en remplacement de l'OSS (Office of strategic services, créé en 1942 par Roosevelt). Les bérets verts en constituent l'unité militaire spéciale.

CICÉRON (Marcus Tullius Cicero) (106-43 av. J.-C.), homme politique et orateur latin. Comme avocat, il entre dans la carrière politique en attaquant Sulla et Verrès. Il déjoue la conjuration de Catilina en prononçant contre lui les quatre *Catilinaires.* Ces plaidoyers sont si véhéments que Catilina se sauve en Étrurie et que ses complices sont exécutés. Politicien médiocre, Cicéron est un très grand orateur. Ses plaidoyers sont des modèles du genre.

CIGALE. – Son « chant » est produit par le frottement de ses pattes sur les parties striées de son abdomen, appelées *cymbales,* à raison de 7 400 pulsations à la minute. Il est perceptible par l'oreille humaine jusqu'à 400 m.

CIGUË, plante vénéneuse poussant dans les chemins et les ruines à partir de laquelle était fabriqué, dans l'Antiquité, un poison – celui-là même que fut condamné à boire Socrate.

CINÉMA. – Première projection publique, le 28 décembre 1895, à Paris. En octobre 1927, première projection à

New York d'un film sonore (parlant et chantant), *Le chanteur de jazz*. Le cinéma en couleurs apparaît franchement en 1934.

CINGLÉS DU MUSIC-HALL (Les), voir **AVERTY**

CINQ DERNIÈRES MINUTES (Les), série d'émissions policières de la télévision française qui connut son heure de gloire dans les années 60, avec Raymond Souplex (Raymond Guillermain, 1901-1972) et son fameux nœud papillon, dans le rôle du commissaire Bourrel.

CINQ-MARS (Henri Coeffier de Ruzé, marquis de) (1620-1642), gentilhomme français favori de Louis XIII, grand maître de la garde-robe, puis grand écuyer de France. Il s'allia aux Espagnols pour monter un complot contre Richelieu. Ayant échoué, il fut condamné à mort avec son ami de Thou. On les décapita.

CINQUANTE-CINQ JOURS DE PÉKIN (Les) (1963), film américain réalisé en 1963 par Nicholas Ray (Raymond Nicholas Kienzle, 1911-1979), notamment auteur, entre autres, de *Johnny Guitar* (1954) et *La fureur de vivre* (1955).

CINQUIÈME AVENUE. – La Cinquième Avenue (Fifth Avenue), à New York, est dite *des millionnaires* (Millionaire's Row) parce qu'on y trouve de belles maisons anciennes, hôtels et appartements de luxe, galeries d'art, boutiques d'antiquités, diamantaires, et cafés chics. Des géants américains des affaires y ont habités (Woolworth, Carnegie, Wanderbilt, etc.).

CIRCÉ. – L'épisode de Circé changeant les compagnons d'Ulysse en cochons se trouve dans *L'Odyssée.* James Joyce en fait une nouvelle interprétation dans son roman *Ulysse*, au chapitre XV.

CITÉ (île de la), île parisienne sur la Seine. Elle fut le berceau de Lutèce, ancêtre de la ville de Paris (50 av. J.-C.). Elle est actuellement le siège du palais de Justice, de Notre-Dame, de la préfecture de police, de l'Hôtel-Dieu, et de la Sainte-Chapelle. Quatre ponts la relient à la rive droite : le pont d'Arcole, le pont Notre-Dame, le pont au Change, le Pont-Neuf; cinq ponts la relient à la rive gauche : le pont de l'Archevêché, le pont au Double, le Petit Pont, le pont Saint-Michel, un pont la relie à sa voisine, l'île Saint-Louis : le pont Saint-Louis. (Le Pont-Neuf la traverse de part en part à son extrémité Ouest.).

CITIUS, ALTIUS, FORTIUS (du latin, plus vite, plus haut, plus fort), nouvelle devise, également, du quotidien sportif *L'équipe.*

CITIZEN KANE (1941), film américain, réalisé et interprété par Orson Welles, avec Joseph Cotten. Sa sortie faillit être empêchée par l'homme d'affaires américain William Randolph Hearst (1863-1951), alors propriétaire de plusieurs journaux, et qui estimait que le personnage, au fond peu recommandable, de Charles Foster Kane s'approchait un peu trop de la réalité de celui de W. R. Hearst.

CITROËN (André) (1878-1935), ingénieur et industriel français né et mort à Paris. Il fut le premier constructeur européen de voitures de grande série.

CLAIR (René Chomette, dit René) (1898-1981), cinéaste français, né et mort à Paris. *Un chapeau de paille d'Italie* est son sixième film et a été réalisé en 1928. Il est également l'auteur, entre autres, de *La beauté du diable* (1950), et *Les grandes manœuvres* (1955), deux films avec Gérard Philipe. Il participa largement, en tant que cinéaste et en raison de sa sensibilité, aux activités des surréalistes. Il réalisa *Le silence est d'or* en 1947, avec Maurice Chevalier et François Périer.

CLAQUETER, voir **CRAQUETER**

CLARK (Jim) (1936-1968), pilote de course écossais champion du monde des conducteurs de formule 1 en 1963 et 1965. Il trouva la mort à Indianapolis.

CLARK (Petula) (1932-), chanteuse de variétés anglaise en vogue dans les années 60. Boris Vian écrivit pour elle *La java de Petula.* Signalons *Down Town,* en 1965, qui la hissa en tête du hit-parade américain.

CLAUDEL (Paul) (1868-1955), diplomate, écrivain et académicien français né à Villeneuve-sur-Fère. Son drame *L'annonce faite à Marie* date de 1912. Autres pièces : *Tête d'or* (1890), *Le soulier de satin* (1943), etc.

CLAVELL (James) (1924-), cinéaste et scénariste anglais né en Australie. Il a notamment écrit le scénario de *La grande évasion*, en 1963, le film de John Sturges avec Steve McQueen. *Shogun*, qui en japonais signifie « commandant militaire suprême », fut une série télévisée extrêmement populaire, tant en France qu'aux États-Unis, avec David Carradine qui y interprétait le rôle de John Blackthorne.

CLAVICULE, os faisant la liaison entre le sternum et l'omoplate.

CLEMENCEAU (Georges) (1841-1929), homme politique français, surnommé « le père La Victoire », mais aussi « le Perd-la-victoire ». Il est maire du 18e arrondissement de Paris pendant la Commune, député à 34 ans, chef de la gauche radicale. Son éloquence passionnée et sa pugnacité provoquent la chute de plusieurs cabinets. Il devient ministre de l'Intérieur, puis président du Conseil en 1906. Après avoir été écarté du pouvoir, il revient à la présidence du Conseil en 1917 et se consacre avec Foch à la poursuite de la guerre. Il jouit alors d'une grande popularité. Son anticléricalisme le fait écarter de la présidence de la République en 1920.

CLÉMENT (René) (1913-), cinéaste français né à Bordeaux. Il signe son premier film en 1937, *Soigne ton gauche*, avec et sur une idée du burlesque français Jacques Tati, mais ce n'est encore qu'un court métrage. Son premier long métrage est *La bataille du rail*, en 1946 (il avait déjà réalisé un court métrage intitulé *Ceux du rail*). Parmi ses films les plus remarquables, citons surtout *Jeux interdits* (1952, d'après le roman de François Boyer), et peut-être *Monsieur Ripois*, *Paris brûle-t-il ?*, ou *Le passager de la pluie* (1969).

CLÉMENTI (Pierre) (1942-), acteur français né à Paris. Il concquiert une bonne notoriété grâce à la fois à Buñuel (*Belle de jour*, 1967) et à Deville (*Benjamin ou les mémoires d'un puceau*, 1968). Il a lui-même réalisé plusieurs films, mais plutôt confidentiels.

CLÉOPÂTRE VII (69-30 av. J.-C.), reine d'Égypte, dernière descendante des Lagides. Elle règne de 51 à 30 av. J.-C., d'abord au nom de ses frères-époux Ptolémée XIV et Ptolémée XV. Sa culture et son charme font la conquête de César, puis d'Antoine. La défaite d'Actium marque la fin de sa puissance. Octave ne s'étant pas laissé séduire, elle se donne la mort.

CLERC (Paul-Alain Leclerc, dit Julien) (1947-), chanteur français de variétés. Il débuta dans *Hair*, de l'Américain Mac Dermot, en 1969.

CLIMATS FRANÇAIS. – Atlantique, méditerranéen, alpin (Alpes et Pyrénées), continental.

CLIO, voir **MUSES**

CLIPPERTON ou **ÎLE DE LA PASSION**, atoll polynésien situé entre le Mexique et le Guatemala. Aujourd'hui inhabitée, l'île fut découverte en 1705 par le pirate Clipperton, qui se rendait alors à Macao en chaloupe, depuis le Mexique (19 000 km). La fracture du même nom se trouve à proximité du Mexique.

CLIQUOT (Nicole-Barbe Ponsardin, veuve) (1777-1866). – La société de champagne Veuve-Clicquot produit 9 millions de bouteilles par an, à partir d'un vignoble de 265 hectares.

CLO-CLO, voir **FRANÇOIS (Claude)**

CLOUZOT (Henri-Georges) (1907-1977), cinéaste français. Son film *L'assassin habite au 21* date de 1942 et est son véritable premier film. Il est aussi l'auteur du fameux *Salaire de la peur* (1953), palme d'or au festival de Cannes, avec Yves Montand et Charles Vanel.

CLOVIS (465-511), fils de Childéric Ier. Après plusieurs victoires militaires (Soissons, Vouillé), il fonde la monarchie franque, devient roi de la Gaule, se fait baptiser par saint Rémi à Reims en 496, et réunit un concile à Orléans en 511, année de sa mort.

CLUEDO, jeu de société simulant une enquête policière. Il s'est vendu à 250 000 exemplaires dans le monde en 1981.

CLUNY, musée, fondé à Paris en 1843, consacré au Moyen Âge.

C.N.A.C. (Centre national d'art et de culture Georges-Pompidou). – Achevé en 1977, il regroupe le nouveau Musée national d'art moderne, le Centre de création industrielle, l'IRCAM (Institut de recherche et de coordination acoustique-musique, dirigé par Pierre Boulez), une bibliothèque publique, la Cinémathèque française, une discothèque, etc. Il compte plus d'un millier d'employés. Près de 8 millions de personnes s'y rendent chaque année, ainsi réparties : 70 % en provenance de la région parisienne, 15 % de province, et 15 % de l'étranger.

CNOSSOS, ville de Crête dans laquelle un premier palais fut bâti, au IIe millénaire av. J.-C., qu'habita le roi mythique Minos. Le palais fut détruit pour des raisons inconnues, au XVIIIe siècle av. J.-C. Un second palais fut construit entre 1600 et 1400 av. J.-C. Le site fut abandonné au début de l'âge de fer et revécut à l'époque hellénique. Grâce à l'archéologue Arthur Evans, qui découvrit cette ville au XIXe siècle, nous connaissons ce superbe exemple de l'art minoen – car sur les ruines, il reconstruisit l'ancien palais.

COBOL, FORTRAN, signification des sigles : fortran : FORmula TRANslator; cobol : COmmon Business Oriented Language. Conçus en 1954 par J. Backus (IBM, USA).

COBRA ou **NAJA,** serpent très commun en Inde également surnommé « serpent à lunettes », en raison d'un dessin en forme de lunettes sur la face dorsale de son cou. Le naja, étant sourd, comme tous les serpents, ne peut être charmé par le son de la flûte des fameux charmeurs de serpents. Ce sont en réalité les mouvements oscillatoires du joueur de flûte qui captivent son attention et l'empêchent de prendre appui pour attaquer.

COCA, arbuste dont les feuilles fournissent la cocaïne, utilisée jusqu'en 1903 dans la fabrication du Coca-Cola.

COCA-COLA. – Il a été créé en 1886. Il est aujourd'hui consommé 300 millions de fois par jour dans 155 pays. Les Français en consomment 4,3 l/an; les Allemands, 25 l; les Américains, 35 l; les Mexicains, 45 l. Voici sa composition : eau gazéifiée, sucre, caramel, acide phosphorique (8 %), extraits végétaux. Il contient aussi 35 mg de caféine pour 33 cl; il y en a de 75 à 100 mg dans une tasse de café et de 30 à 60 dans une tasse de thé.

COCTEAU (Jean) (1889-1963), écrivain français né à Maison-Laffitte, également musicien, acteur, cinéaste, dessinateur et peintre. Quelques œuvres : *Le coq et l'arlequin* (1918), *Le Potomak* (1919), *Plain-chant* (1923), *Thomas l'imposteur* (1923), *Orphée* (1927), *Les enfants terribles* (1929), *Les parents terribles* (1938). Et quelques films : *Le sang d'un poète* (1930), *La belle et la bête* (1946), *Orphée* (1949), *Le testament d'Orphée* (1960). Il a également illustré plusieurs de ses ouvrages et décoré des chapelles (Villefranche-sur-Mer et Milly-La-Forêt). Amours célèbres : le boxeur panaméen Al Brown, l'acteur Jean Marais. Sa création de l'ange Heurtebise est incluse dans son poème *Opéra,* publié en 1927.

CODE CIVIL. – Bonaparte présida de nombreuses séances où furent élaborés 2 281 articles groupés dans le Code civil des Français, le 21 mars 1804. La commission qui l'avait préparé, dirigée par Portalis, avait dû tenir compte des coutumes du droit écrit et du droit intermédiaire. En 1807, il devint le code Napoléon.

CODE RADIO INTERNATIONAL. – A : alpha, B : bravo, C : Charlie, D : delta, E : écho, F : fox-trot, G : golf, H : hotel, I : India, J : Juliet, K : kilo, L : Lima, M : Mike, N : November, O : Oscar, ou Ohio, P : papa, Q : Québec, R : Roméo, S : sierra, T : tango, U : uniform, V : Victor, W : whisky, X : X-ray, Y : Yankee, Z : Zulu.

COE (Sebastian) (1956-), athlète anglais spécialiste des 800 m et 1 500 m et du mile, recordman d'Europe et du monde du 800 m et du 1000 m, en 1 mn 41 s 73 et 2 mn 12 s 18. Il ne fut pas champion olympique du 800 m en 1980 à Moscou, mais termina deuxième derrière son compatriote Ovett. En revanche, il fut cette même année champion olympique du 1500 m, Ovett terminant troisième.

COHN-BENDIT (Daniel) (1945-). – Il fut l'un des principaux leaders du mouvement étudiant français de mai 1968. Il resta interdit de séjour en

France de 1968 à 1978, ayant été expulsé le 22 mai, quatre jours après le retour en France du général de Gaulle.

COIMBRA, ville du Portugal, située sur le Mondego, qui compte 75 000 habitants et une importante université. C'est la cinquième ville du pays. Elle tient son nom de l'explorateur Togo Coimbra.

COLAS (Alain) (1943-1978), navigateur français vainqueur de la course transatlantique en solitaire en 1972, sur *Pen-Duick IV*. Il disparaît sur son bateau *Manureva* en 1978, lors de la première édition de la Route du rhum, sans laisser aucune trace.

COLETTE (Sidonie Gabrielle) (1873-1954), écrivain français née à Saint-Sauveur-en-Puisaye et morte à Paris. Sa série des *Claudine* (1900-1903) est publiée sous le nom de son mari (Willy). Autres œuvres : *Le blé en herbe* (1923), *Sido* (1930), etc.

COLIBRI ou **OISEAU-MOUCHE,** oiseau d'Amérique, qui peut ne pas dépasser la taille d'un bourdon, puisant le nectar des fleurs avec son long bec. Son vol est ultra-rapide.

COLISÉE (de l'italien *colosseo*), amphithéâtre romain construit à la fin du Ier siècle de notre ère. Il tire en effet son nom de l'énorme statue de Néron près de laquelle il est bâti. Il pouvait originellement accueillir 50 000 spectateurs.

COLLARO (Stéphane) (1943-), journaliste français de radio et de télévision. Lancé auprès du grand public grâce à l'émission de Jacques Martin *Le petit rapporteur*, il est devenu producteur d'émissions de variétés et de divertissement comme *Cocoricocoboy*. Il est ensuite passé sur la cinquième chaîne avant de la quitter pour la première, rachetée par Marcel Bouygues.

COLOGNE, ville d'Allemagne, située sur le Rhin, de 900 000 habitants. L'eau qui porte son nom y est fabriquée depuis plus de 200 ans. La cathédrale est de style gothique, comme celles d'Amiens et de Beauvais (XIIIe siècle).

COLOMB (Christophe) (1451-1506), célèbre navigateur, né à Gênes. Avec l'aide financière des souverains espagnols il s'embarqua vers l'Ouest, en 1942, avec trois caravelles et découvrit les Bahamas, Cuba et Haïti au cours de quatre expéditions successives. De 1493 à 1504, il découvrit une grande partie du continent américain, dont la Jamaïque. Il mourut deux ans plus tard.

COLOMBIE. – Elle tient son nom de Christophe Colomb, qui découvrit le pays en 1502.

COLOMBO, capitale de Sri Lanka, au sud-est de l'Inde, île anciennement appelée Ceylan, jusqu'à la rupture avec la Grande-Bretagne, en 1972. *Sri Lanka* signifie « île resplendissante ». L'agglomération de Colombo (également appelée Kolamba) compte 1 million d'habitants et est située sur la côte occidentale de l'île.

COLT (Samuel) (1814-1862), ingénieur américain inventeur du premier pistolet à barillet, le *revolver*, en 1835.

COMANECI (Nadia) (1961), gymnaste roumaine trois fois médaille d'or aux jeux Olympiques de 1976 et deux fois à ceux de 1980.

COMBATS DE MOUCHES. – Autres combats saugrenus mettant aux prises des animaux entre eux : chiens contre rats, dans le nord de la France; poissons, en Thaïlande; perdrix, en Afghanistan; grillons, en Chine, à Madagascar et en Indonésie. Quant aux combats de coqs, ils sont encore assez fréquents dans le nord de la France, en Belgique, en Martinique, en Polynésie, et en Amérique latine.

CÔME (lac de), lac du nord de l'Italie, en Lombardie, près de la frontière suisse. D'une superficie de 146 km^2, il peut atteindre une profondeur de 410 m.

COMÉDIE HUMAINE (La), voir **BALZAC**

COMENCINI (Luigi) (1916-), cinéaste italien, architecte de formation, puis journaliste, et notamment critique de cinéma. Il est l'auteur de plus d'une trentaine de films, parmi lesquels : *Tu es mon fils* (1957), *La grande pagaille* (1960), *L'incompris* (67), *L'argent de la vieille* (1972), etc.

COMÈTE, astre à l'orbite très excentrée, la plupart du temps invisible, dont l'observation devient possible grâce à l'éclat qui lui est conféré quand il s'approche du Soleil.

COMINO, îlot de la Méditerranée, à 3 km de Malte, d'une superficie de 2 km^2.

COMITÉ DE SALUT PUBLIC, organisme créé par la Convention, le 6 avril 1793, pour contrôler l'action des ministres et prendre, en cas de besoin, des mesures urgentes concernant la défense intérieure ou extérieure. Il cessa son activité en octobre 1795. Danton en fut membre. Voir **DANTON.**

COMITÉ INTERNATIONAL OLYMPIQUE. – Il a été créé le 23 juin 1894 à Paris; son actuel président (depuis 1980) est Joan Antonio Samaranch. Les premiers jeux placés sous cette instance furent ceux d'Athènes, en 1896.

COMME D'HABITUDE, titre de l'un des tubes de Claude François, sorti en mai 1968.

COMMEDIA DELL'ARTE, forme d'expression théâtrale italienne originaire du XVIIe siècle. Elle s'opposait alors à la *commedia sostenuta*, moins improvisée. Elle est à l'origine de nombreux types restés célèbres : Arlequin, Pierrot, Scaramouche, Pantalone, le Capitan, Polichinelle, Colombine, etc.

COMMENT ÉPOUSER UN MILLIONNAIRE (1953) (et non pas un milliardaire), film américain de Jean Negulesco.

COMMONWEALTH OF NATIONS (de l'anglais *commonwealth*, communauté, richesse commune), union créée en 1931 dans le but d'unir les anciennes colonies et dépendances britanniques dans une fidélité symbolique à la Couronne et de les faire bénéficier d'accords économiques.

COMMUNE DE PARIS. – Des ouvriers, du 18 mars au 27 mai 1871, essayèrent de faire une révolution pour assurer la gestion des affaires publiques de Paris sans l'aide de l'État. Ceci se passait après la fin du siège de Paris par les Prussiens; c'est ce que l'on a appelé la Commune de Paris. Pour en finir, l'armée du gouvernement de Thiers, provisoirement à Versailles, entreprit un nouveau siège de Paris. Les Communards qui avaient adopté le drapeau rouge, durent se rendre et la répression fut sanglante.

COMORES, archipel d'origine volcanique de l'océan Indien, au nord-ouest de Madagascar, constitué de 4 îles dont 3 qui ont gagné leur indépendance en 1975, après un siècle de présence française. Seule Mayotte, peuplée par une majorité de chrétiens, contrairement aux autres îles, musulmanes, a décidé de rester française (son statut est celui d'une collectivité territoriale).

COMPAGNIES RÉPUBLICAINES DE SÉCURITÉ. – Le 12 août 1944, les GMR, groupes mobiles républicains, (créés en 1936) sont supprimés et remplacés par les compagnies républicaines de sécurité, réserve générale de la police d'État.

COMPAS, terme employé dans la marine pour désigner une boussole.

COMPLÉMENTAIRES (COULEURS), chacune des trois couleurs qui, associée à la couleur *primaire* qui lui correspond, donne le blanc. Ainsi l'orange, associé au bleu, engendre le blanc. De même le violet associé au jaune et le vert au rouge.

CONAKRY, capitale de la Guinée depuis 1893. Elle compte 765 000 habitants. Elle eut pour maire, en 1955, Sékou Touré qui, le 2 octobre 1958, déclara son pays, colonie française depuis 1893, indépendant.

CONCHYOPHILE (du grec *konkhê*, coquille).

CONCORDE, avion commercial supersonique, construit par l'Aérospatiale et British Aicraft Corporation – premier du genre. Il n'équipe que les compagnies Air France et British Airways. Après des premiers tests, en 1969, il assure la liaison avec les USA depuis 1976.

CONDÉ (Louis Antoine Henri de, duc d'Enghien) (1772-1804). – Il émigra en 1789 et se battit avec l'armée de Condé, armée contre-révolutionnaire organisée par son grand-père. En mars 1804, il fut enlevé en territoire allemand, sur ordre de Bonaparte, et fusillé dans les fossés du château de Vincennes, après un jugement sommaire et contesté.

CONDÉ (Louis Antoine Henri de Bourbon-Condé, duc d'Enghien), voir **ENGHIEN**

CONDITION HUMAINE (La), roman d'André Malraux (écrivain français, 1901-1976, ministre des Affaires culturelles en 1957) paru en 1933, qui évoque la défaite des communistes chinois en 1927.

CONDOTTIÈRES, chefs mercenaires, au Moyen Âge et pendant la Renaissance. C'est surtout en Italie du Nord qu'on les emploie. Ils sont chargés de fournir les soldats – surtout espagnols, anglais ou allemands – et d'en assurer le commandement pour une durée déterminée, jusqu'à la fin du conflit. Mais, petit à petit, les troupes se transforment en organisations permanentes qui deviennent la cause de grands troubles. Leur existence prend fin pendant les guerres d'Italie, quand les grandes armées monarchiques se forment.

CONFÉDÉRATION. – Pendant la guerre de Sécession, guerre civile des États-Unis, qui dura de 1861 à 1865, la Confédération des États du Sud, commandée par Lee, s'opposa à la Fédération des États du Nord, au sujet de la suppression de l'esclavage des noirs. Ce sont les États du Nord, avec Lincoln à leur tête, qui l'emportèrent.

CONGO BELGE. – Appelé Congo jusqu'en 1885 – empruntant son nom à son fleuve. Adjugé au roi Léopold II de Belgique, lors du congrès de Berlin, il devient Congo belge, avant de redevenir Congo, à l'occasion de son indépendance, en 1960. Il est rebaptisé, en 1971, Zaïre, du kikongo *nzadi*, fleuve.

CONNORS (Jimmy) (1952-), joueur de tennis américain, champion du monde (titre décerné depuis 1978) en 1978 et 1982, 7e joueur mondial au 18 octobre 1988 – c'est-à-dire à 36 ans! – vainqueur de Wimbledon en 1974 et 1982, du championnat des États-Unis en 1976, 1978, 1982, 1983, du championnat d'Australie en 1974. Il n'est jamais parvenu en finale de Roland-Garros. Il totalise 107 victoires en Grand Prix (record absolu).

CONRAD (Józef Konrad Korzeniowski, dit Joseph) (1857-1924), écrivain anglais d'origine polonaise né en Ukraine et mort paralysé en 1924, auteur notamment de *Lord Jim* (1900), *Typhon* (1903), *Sous les yeux d'Occident* (1911), etc.

CONSEIL NATIONAL DE LA RÉSISTANCE, organisme regroupant les divers mouvements de la Résistance fondé en 1943 sous la présidence de Jean Moulin.

CONSTANTINE (Edward, dit Eddie) (1917-), acteur français d'origine américaine né à Los Angeles. Il devient célèbre en interprétant le personnage de Peter Cheyney, Lemmy Caution. Il tourne ensuite deux films avec Jean-Luc Godard. *Cocktails d'été et petites pépées* (1957) est sa chanson la plus connue. Son titre exact est : *Cigarettes et whisky.* En voici les premières paroles : « *Cigarettes, whisky et petites pépées, vous laissent groggy et vous rendent tous cinglés.* »

CONSTANTINOPLE, capitale de l'Empire byzantin. Elle tenait son nom du premier empereur romain d'Orient, Constantin Ier (270-307). Aujourd'hui rebaptisée Istanbul, elle compte 3 millions d'habitants.

CONSTELLATION (du latin *cum*, avec, et *stella*, étoile), groupe d'étoiles qui semblent voisines vues de la Terre. Il serait trop long de citer ici les noms des 88 constellations qui forment notre galaxie.

CONSULAT, régime issu du coup d'État des 18 et 19 brumaire an VIII (9 et 10 novembre 1799) opéré par Napoléon Bonaparte, de retour de l'expédition d'Égypte. Le consulat prit fin le 18 mai 1804, lorsque Napoléon se fit proclamer empereur, à la suite, notamment, de la découverte d'un complot royaliste.

CONVENTION, assemblée révolutionnaire française qui gouverna le pays du 21 septembre 1792 au 30 octobre 1795. Après la dissolution de l'Assemblée législative causée par la chute du roi en 1792, une Convention nationale élue au suffrage universel doit faire une constitution. Un groupe puissant se forme, les girondins, auquel s'oppose très vite les montagnards. Puis, avec Robespierre, c'est la Terreur qui se termine le 9 thermidor an II (juillet 1794). En 1795 la Convention fonde la République.

COOGAN (Jack Leslie Coogan, dit Jackie) (1914-1984), acteur américain. Charlie Chaplin, l'ayant remarqué dans une revue d'Annette Kellerman, l'embauche pour son film *Le kid,* en 1921 ; il a sept ans. Mais c'est à 18 mois qu'il a débuté à l'écran, en 1917, dans *Skinner's baby* de Harry Beaumont.

COOPER (Frank James Cooper, dit Gary) (1901-1961), acteur américain. Engagé par la firme américaine Paramount en 1927, il tourne pour elle dans plus de trente films, jusqu'en 1940, parmi lesquels *Les trois lanciers du Bengale* (1935), ou *L'extravagant M. Deeds* (1936). *Le train sifflera trois fois* date, lui, de 1952, et est un des chefs-d'œuvre du western, dont Gary Cooper fut un spécialiste. Il a tourné dans 92 films.

COOPER (James Fenimore) (1789-1851), romancier américain, né à Burlington. *Le dernier des Mohicans* (1826) et *Tueur de daims* (1841) sont ses romans les plus célèbres.

COPENHAGUE (en danois *Köbenhavn),* ville située sur la côte est de l'île de Sjaelland (la plus grande île du Danemark). Elle compte 500 000 habitants. Elle acquiert son statut en 1443. Les navires qui entrent dans son port passent devant une statue de la Petite Sirène, héroïne d'un conte de Christian Andersen.

COPERNIC (Nicolas) (1473-1543), astronome polonais. Le système copernicien est exposé dans son traité *De revolutionibus orbium coelestium* (1543). Il faudra néanmoins encore attendre Keppler (astronome allemand, 1571-1630), pour que le mouvement circulaire uniforme soit remplacé par le mouvement orbital elliptique.

COPPI (Fausto) (1919-1960), coureur cycliste italien. Également vainqueur du Tour de France en 1949 et 1952, et champion du monde sur route en 1952.

COPPOLA (Francis Ford) (1939-), cinéaste américain. Il obtient la palme d'or au festival de Cannes en 1974 avec *Conversation secrète* (le titre original anglais étant *The conversation*). En 1979, il obtient à nouveau la palme d'or, *ex-aequo* avec *Le tambour*, pour *Apocalypse now.* Il a également obtenu, en 1972 et 1974, l'oscar du meilleur film pour *Le parrain I* et *Le parrain II.* Voilà donc l'un des principaux représentants de la nouvelle vague hollywoodienne comblé d'honneurs.

CORBETT (James J.) (1866-1933), boxeur américain, champion du monde de la catégorie poids lourds de 1892 à 1897. *Gentleman Jim* est un film que réalisa en 1942 Raoul Walsh, à partir de la vie du célèbre boxeur.

CORDAY (Charlotte de Corday d'Armont dite Charlotte) (1768-1793). – Pour venger les girondins, éliminés par Marat, elle poignarda celui-ci dans sa baignoire le 13 juillet 1793. Elle fut guillotinée. Voir **MARAT.**

CORDOBÉS (Manuel BENÍTEZ, dit El) (1936-), matador espagnol.

CORDON BLEU (Le), de réputation internationale, était sise autrefois rue du

Champ-de-Mars, dans le 7e arrondissement; elle se trouve aujourd'hui au 8, rue Léon-Delhomme dans le 15e.

CORDOUE, ville andalouse, de 280 000 habitants, située sur le Guadalquivir, célèbre pour sa cathédrale, commencée en 785 (alors mosquée, les chrétiens n'ayant reconquis la ville qu'en 1236), et agrandie jusqu'au XVIe siècle. Elle fut la capitale de ce qu'était l'Espagne à l'époque romaine. Cordoue a été l'un des plus grands centres culturels d'Espagne.

CORDUROY (en anglais, velours côtelé).

CORÉE. – La Corée du Nord, ou République démocratique populaire de Corée, située en Asie orientale, d'une superficie de 120 500 km², compte 19,2 millions de Nord-Coréens. La Corée du Sud, ou République de Corée, s'étend sur 98 400 km² et compte pourtant près de 43 millions de Sud-Coréens. Sa capitale est Séoul.

CORINTHE, ville grecque qui, après un très grand rayonnement dans l'Antiquité, compte aujourd'hui 22 600 habitants et garde des traces de présence humaine datant du néolithique (VIe millénaire).

CORINTHIEN (style), forme d'architecture grecque apparue vers la fin du Ve siècle av. J.-C., définie par un chapiteau à corbeille décorée de deux rangées de feuilles d'acanthe et par un entablement abondamment orné.

CORNE DE GAZELLE, pâtisserie originaire d'Afrique du Nord fourrée d'une pâte proche de la pâte d'amandes, et napée de sucre-glace.

CORNEILLE (Pierre) (1606-1684), dramaturge français né à Rouen. Œuvres : *L'illusion comique* (1636), *Le Cid* (1636), *Horace* (1640), *Cinna* (1641), *Polyeucte* (1642), *Le Menteur* (1643), *Rodogune* (1645), *Nicomède* (1651), *Pertharite* (1651), *Œdipe* (1659), puis *Attila*, *Tite et Bérénice*, etc. Il était académicien. « *À moi, comte, deux mots !* » est une des répliques de Rodrigue dans *Le Cid*.

CORNELIA GRACQUES, voir **GRACQUES**

CORNOUAILLE, région située au sud-ouest de la Bretagne, dans le sud du Finistère, qui s'étend de la pointe de Saint-Mathieu à Port-Manech. La plus grande ville en est Quimper, qui compte près de 57 000 habitants. La Cornouaille est aussi une région située au sud-ouest de l'Angleterre.

CORSE, île méditerranéenne, décrétée française par l'Assemblée constituante en 1789, d'une superficie de 8 680 km², qui compte 240 200 habitants. Depuis 1975, elle est divisée en deux départements : la Haute-Corse (4 666 km², chef-lieu Bastia) et la Corse-du-Sud (4 014 km², chef-lieu Ajaccio, anciennement chef-lieu de toute la Corse). L'île est située à 82 km de l'Italie, et à 160 km de sa métropole.

CORTO MALTESE, héros de bande dessinée créé par Hugo Pratt.

COSI FAN TUTTE (1790), opéra de Mozart. Voir **MOZART.**

COSMOLOGIE (du grec *cosmos*, monde, univers, et *logos*, science).

COSTA-GAVRAS (Konstantinos Gavras, dit) (1933-   ), cinéaste français d'origine grecque né à Athènes. La notoriété lui vient en 1969, avec *Z*, dont Yves Montand est la vedette, ce qui se reproduira dans *L'aveu*, en 1970. *L'aveu* est une adaptation du témoignage de deux victimes des purges du régime communiste tchécoslovaque, Lise et Artur London. Costa-Gavras a obtenu la palme d'or du festival de Cannes en 1982, avec *Missing*. Il a été nommé, cette même année, président de la Cinémathèque française.

COUBERTIN (Pierre de) (Paris, 1863-Genève, 1937), sportif français à l'origine de la reprise des jeux Olympiques en 1896, dont il dirigea le comité international de 1896 à 1925.

COUÉ (Émile) (1857-1926), pharmacien et psychothérapeute français. Sa méthode est fondée sur l'autosuggestion.

COUGUAR ou **COUGOUAR,** nom brésilien du puma, félidé d'Amérique aux mœurs encore très mal connues.

COULOMMIERS, fromage cylindrique à pâte molle, fabriqué dans l'est du bassin parisien, en Brie, dans la région de Coulommiers. Parmi les autres fromages de Brie, on trouve le meaux et le melun.

COUP FRANC, voir **FOOTBALL**

COUPE D'EUROPE DES CLUBS CHAMPIONS, compétition de football créée en 1955 réunissant tous les clubs européens vainqueurs l'année précédente de leur championnat national. Voici les lauréats : 1974, 1975, 1976 : Bayern de Munich ; 1977, 1978 : Liverpool 1979, 1980 : Nothingham Forest ; 1981 : Liverpool ; 1982 : Aston Villa ; 1983 : Hambourg ; 1984 : Liverpool ; 1985 : Juventus ; 1986 : Bucarest.

COUPE D'EUROPE DES CLUBS VAINQUEURS DE COUPE. – Elle a été créée en 1960, et remportée en 1986 par le Dynamo de Kiev.

COUPE D'EUROPE DES NATIONS, compétition de football créée en 1958, 30 ans après la coupe du monde, et disputée tous les quatre ans. Seules les deux premières éditions s'appelèrent ainsi. L'équipe de France remporta ce championnat d'Europe des nations en 1984.

COUPE DAVIS, compétition tennistique, fondée par l'Anglais Dwi Filley Davis, dont la première édition eut lieu en 1900. L'Australie a remporté pour la 26e fois cette coupe en 1986, aux dépens de la Suède. Elle se dispute en 5 matches : 4 simples, 1 double.

COUPE DE L'AMÉRIQUE (AMERICA CUP), régate créée le 22 août 1851 par le New York yacht club, qui alla battre 15 yachts anglais dans une course autour de l'île de Wight. C'est l'Américain Dennis Conner qui remporta la Coupe en 1988, sur *Stars and Stripes*.

COUPE DE L'U.E.F.A., compétition européenne de football, réservée aux clubs terminant leur championnat national aux 2e et 3e places, créée en 1955. La finale se joue par match aller et retour. En 1978, Bastia l'a perdu, contre Eindhoven (0-0, et 0-3).

COUPE DE LA FÉDÉRATION, coupe créée en 1963 et remportée en 1986 par les USA pour la douzième fois.

COURBET (Gustave) (1819-1877), peintre français. Réaliste, il recherche la vérité des personnages, refuse la légion d'honneur, et participe, pendant la Commune, au renversement de la colonne Vendôme. L'écrasement de la Commune le mène en prison. Ses biens sont confisqués pour payer la remise en place de la célèbre colonne. Courbet préfère l'exil en Suisse, où il meurt.

COURRÈGES (André) (1923-), célèbre couturier français qui contribue au lancement de la mini-jupe en 1967.

COURSE AUTOMOBILE. – La première, Paris-Rouen, eut lieu le 22 juillet 1894, sur 126 km, entre 13 voitures à pétrole et 2 à vapeur, mais ne fut sanctionnée par aucun classement. La première course officiellement contrôlée fut celle de Paris-Bordeaux-Paris, du 11 au 13 juin 1895, sur 1 178 km à la moyenne de 24,4 km/h.

COURSE CYCLISTE. – La première course de vélocipède eut lieu au parc de Saint-Cloud, à Paris, sur une distance de 2 km, le 31 mai 1868, et fut remportée par l'Anglais James Moore (1847-1935). Le premier Paris-Rouen eut lieu l'année suivante.

COURSES DE CHEVAUX. – Jacques Ier édifia les premiers hippodromes en gazon en 1603, en Angleterre. En 1660, Charles II réglementa le calendrier ainsi que les conditions d'âge et de poids de monte. C'est donc, sinon le sport des rois, le sport qui vient des rois.

COURTELINE (Georges Moinaux, dit Georges) (1858-1929), écrivain français, auteur de récits et de comédies dont la tendance générale est de traiter avec ironie la vie administrative et familiale.

COUSTEAU (Jacques-Yves) (1910-), officier de marine et océanographe français. Il est l'inventeur d'un scaphandre autonome et créateur, en 1959, de la Confédération mondiale des activités sous-marines. Il est l'auteur de deux films : *Le monde du silence* (1955, palme d'or au festival de Cannes) et *Le monde sans soleil* (1964). Son navire, la *Calypso*, tire son nom de la nymphe qui, dans la mythologie grecque, recueillit Ulysse naufragé et le retint 10 ans sur son île.

COUTARD (Raoul) (1924-), chef opérateur français, né à Paris en 1924. Il fut révélé par *À bout de souffle*, de Jean-Luc Godard, en 1960, et participa ensuite à la plupart des films de ce dernier. Mais il a également travaillé avec Truffaut, Costa-Gavras, Schoendoerffer, et réalisé lui-même deux films, dont *La légion saute sur Kolwezi*, en 1979. Comme opérateur, son apport au cinéma français aura été essentiel.

COWARD (Noel) (1899-1973), écrivain, dramaturge et cinéaste anglais – également acteur, danseur, chanteur, musicien et producteur. Il fut surnommé par ses collaborateurs Le Maître, comme on appelait Sacha Guitry.

CRAPAUD, nom donné à un défaut dans une pierre précieuse. C'est également un fauteuil bas, plein, de forme arrondie.

CRAQUETER ou **CLAQUETER.** – La cigogne craquette ou claquette. La cigale aussi, mais on emploie plutôt dans son cas le verbe striduler, comme pour le grillon : dans leur cas, il ne s'agit en tout cas pas d'un « cri » mais d'un frottement des pattes les unes sur les autres, ou des pattes sur le ventre (cymbale).

CRAZY HORSE, cabaret parisien créé le 19 mai 1951, spécialisé dans les revues nues dansées.

CREAM, groupe de pop-music anglais composé d'Eric Clapton (1945-), Jack Bruce (1940-) et Ginger Baker (1942-).

CRÉCY. – À Crécy-en-Ponthieu, dans la Somme, au nord d'Abbeville, les Français connurent une défaite cuisante contre les archers anglais, pendant la guerre de Cent Ans, le 26 août 1346, à la suite de laquelle Édouard III eut la route libre pour Calais.

CRÉPINEAU (Jacques) voir **AVERTY**

CRÊTE, île grecque de la Méditerranée, berceau de la civilisation minoenne. Voir **CNOSSOS.**

CRICKET, sport originaire de la Grande-Bretagne (vers 1550). Il est sport national, non seulement dans les pays du Commonwealth (Australie, Antilles britanniques, Inde, Nouvelle-Zélande, Pakistan), mais encore en Afrique du Sud et en Amérique du Nord. Il se pratique aux Pays-Bas et au Danemark, ainsi qu'en Nouvelle-Calédonie. Il se joue entre deux équipes de 11 joueurs sur une pelouse ovale d'une longueur maximale de 20 m.

CRIME ÉTAIT PRESQUE PARFAIT (Le) (1953), film d'Alfred Hitchcock (1899-1980), cinéaste anglais naturalisé américain. Voici quelques autres films de Hitchcock : *Les 39 marches* (1935), *Une femme disparaît* (1938), *Rebecca* (1940), *L'ombre d'un doute* (1943), *Les enchaînés* (1946), *La corde* (1948), *L'inconnu du Nord-Express* (1951), *Sueurs froides* (1958), *Les oiseaux* (1963), *Le rideau déchiré* (1966), *L'étau* (1969); *Frenzy* (1971), *Complot de famille* (1976). Voir **HITCHCOCK,** voir **LIFEBOAT.**

CRIMÉE (guerre de). – Les visées de la Russie sur l'empire ottoman alarment les gouvernements anglais et français qui, en 1854, somment Nicolas I d'évacuer les provinces danubiennes. Le problème de la clé des lieux saints n'était en fait qu'un prétexte. Le siège de Sébastopol dure onze mois. Au cours du siège, les alliés repoussent plusieurs attaques russes. Le combat de Balaklava est resté célèbre à cause de la charge de la brigade légère de la cavalerie anglaise, en 1854. Le traité de Paris, en 1856, reconnaît la défaite de la Russie et garantit l'intégrité de l'empire otoman.

CRIN BLANC (1953), film de court métrage français, à destination des enfants, d'Albert Lamorisse (1922-1970), qui obtint en 1953 le grand prix du court métrage au festival de Cannes. Lamorisse obtint, trois ans plus tard, le prix Louis-Delluc pour *Le ballon rouge*, toujours à l'usage des enfants.

CRISTALLIN, lentille oculaire située en arrière de la pupille qui sert à faire converger les rayons lumineux sur la rétine.

CRITÉRIUM DU DAUPHINÉ LIBÉRÉ, course cycliste créée en 1947.

CRO-MAGNON (homme de), *homo sapiens fossilis*, apparu il y a 30 000 ans, découvert en Dordogne en 1868.

CROCODILE. – Les œufs de la femelle crocodile pèsent de 66 à 140 g et l'incubation est de 2 mois et demi. Le crocodile vit 50 ans.

CROISADES, expéditions militaires menées de 1095 à 1291 par l'Europe chrétienne sous l'initiative du Saint-Siège pour secourir les chrétiens d'Orient qu'on prétendait opprimés par l'islam, et ensuite pour défendre le royaume latin de Jérusalem. On distingue huit croisades, mais elles furent en réalité ininterrompues. Le pape Urbain II promit des privilèges spirituels aux croisés et des indulgences à ceux qui aideraient les croisades par leurs aumônes. Les croisades donnèrent le jour à plusieurs ordres de chevalerie : les Templiers, les Chevaliers de Saint-Jean et les Chevaliers teutoniques. La première croisade dura de 1095 à 1099. Il y eut deux expéditions distinctes. L'une, populaire, dirigée par Pierre l'Ermite, fut décimée par les Turcs en Syrie. L'autre, celle des seigneurs, bien organisée, qui comprenait des armées, finit par s'emparer de Jérusalem en 1099, dont Godefroy de Bouillon fut proclamé roi.

CROISIÈRE BLANCHE, raid automobile de 2 000 km, effectué en 1934.

CROISIÈRE NOIRE, raid automobile saharien et africain, deuxième mission Citroën, réalisé en 1924-25 par Alger-Le Cap-Madagascar, sur des autochenilles conduites par Haardt et Audoin-Aubreuil.

CROIX DE MALTE, emblème de l'ordre souverain de Malte. C'est une croix blanche à 8 pointes, symbolisant les 8 régions, dites *langues*, qui composaient l'ordre au XIIe siècle : Provence, Auvergne, France, Italie, Aragon-Navarre, Castille-León-Portugal, Angleterre, Allemagne. L'ordre compte actuellement dans le monde 10 000 membres, dont un peu plus de 400 en France. Il a une vocation essentiellement hospitalière (ses activités dans ce domaine ont été reconnues d'utilité publique, en France, en 1928).

CROIX GAMMÉE, croix aux branches toutes coudées dans le même sens rotatoire. Emblème solaire repris par les nazis. Voir **SVASTIKA.**

CROIX-ROUGE, organisation fondée par Henri Dunant à la suite de la convention de Genève de 1863 pour venir en aide aux victimes des guerres et les soigner. Elle est apolitique et neutre, et, devenue avec le temps universelle, elle assiste nombre d'associations de bienfaisance. La Croix-Rouge a reçu le seul prix Nobel attribué pendant la Première Guerre mondiale, le prix Nobel de la paix, en 1917.

CROMWELL (Oliver) (1599-1658), calviniste puritain qui entra très tôt en lutte contre la monarchie, l'Église et l'aristocratie. Après avoir fait condamner à mort le roi Charles Ier, il instaura une république qu'il gouverna en dictateur. Son régime ne lui survécut pas. Son fils Richard ne put résoudre les conflits entre l'armée et le Parlement et dut démissionner.

CROQUET, jeu d'origine anglaise, pourtant dérivé du jeu de mail français. Il se joue au maximum à 8. Il faut faire passer des boules de bois sous des arceaux à l'aide de maillets dont l'un des bouts, rond, sert à *croquer* une boule adverse, et l'autre, plat, à jouer sa propre boule. Un des buts principaux de ce jeu – souvent non avoué – est la dispute.

ÇRUTI, texte de la Révélation hindouiste, qui fait pendant à la *smriti*, texte de la Tradition hindouiste.

CUBA, État insulaire d'Amérique centrale, d'une superficie de 114 524 km², comptant 9,9 millions d'habitants. L'île fut découverte par Christophe Colomb en 1492 et occupée par les Espagnols dès 1511. Puis, après la guerre qui opposa l'Espagne aux Américains à la fin du siècle dernier et qui se solda par la défaite des Espagnols, Cuba fut considérée par les vainqueurs comme un protectorat américain. C'est en 1953, avec Fidel Castro, que Cuba se libéra de la tutelle américaine, tout en se rapprochant de l'URSS.

CUBA (crise des missiles). – Le 14 octobre 1962, les États-Unis, constatant que des missiles soviétiques sont basés à Cuba, décident d'instaurer le blocus de l'île, qui sera effectif du 22 octobre au 22 novembre. À partir du 28 octobre, l'URSS commence à démonter ses bases.

CUIRASSÉ POTEMKINE (Le), voir **EISENSTEIN**

CUKOR (George Dewey) (1899-1983), cinéaste américain. Auteur notamment de *David Copperfield* (1935), *Roméo et Juliette* (1935), *Femmes* (1939), *Une étoile est née* (1954), *Le milliardaire* (1960), *My fair lady* (1964), etc.

CŒUR (Jacques) (1395-1456), homme d'affaires français, argentier du roi. Sa fortune et sa puissance suscitent des jalousies. Accusé d'avoir empoisonné la favorite Agnès Sorel, il est condamné à verser une amende de 300 000 écus.

CURIE (Marie, née Slodowska) (1867-1934), physicienne française d'origine polonaise. Elle réalisa l'isolation du radium à l'état métallique. Elle obtint également le prix Nobel de chimie en 1911. Voir **CURIE (Pierre).**

CURIE (Pierre) (1859-1906), physicien français. Il découvrit avec sa femme, Marie, le polonium et le radium, en 1898. Il obtint le prix Nobel de physique en 1903, en même temps que Marie et Henri Becquerel.

CURLING, sport d'hiver sur glace, inventé en Écosse en 1510, consistant à faire glisser une lourde pierre polie en forme de disque vers une cible, en chauffant de temps à autre la glace, si nécessaire, à l'aide de balais.

CURTIS (Bernard Schwartz, dit Tony) (1925-), acteur américain né à New York. Il tourna dans *Spartacus* (Kubrick, 1960), *Vikings* (Fleisher, 1958), *L'étrangleur de Boston* (du même, 1968). Il apparaît également dans *Le dernier nabab* (Kazan, 1976).

CYCLADES (du grec *kyklos*, cercle), archipel de douze îles situé dans la mer Égée, au large d'Athènes. Ces îles sont disposées en cercle, d'où leur nom. La plus grande est Naxos (442 km²). Kythnos, Siphos et Sériphas sont parmi les plus petites avec respectivement 86 km², 74 km², et 70 km². Les huit autres ont pour noms : Amorgos, Andros, Milo, Mykonos, Paros, Syros, Théra et Tinos. Notons que Kythnos est le centre de ce cercle.

CYCLONE (du grec *kyklos*, cercle). – Il existe deux familles de cyclones : les *tempérés* et les *tropicaux*. Ces derniers se forment sur les mers des tropiques, à la saison chaude, et portent des noms différents selon les régions où ils sévissent : *baguios* aux Philippines, *hurricanes* aux Antilles, et *typhons* dans la mer de Chine.

CYCLOPE, géant forgeant dans l'Etna les foudres de Zeus, sous les ordres d'Héphaïstos. *Le cyclope*, est une satire d'Euripide.

CYGNE. – Le chant du cygne est une métaphore pour évoquer la dernière œuvre d'un artiste près de mourir. *La mort du cygne* est un solo dansé dont Michel Fokine (danseur russe, 1880-1942) réalisa la chorégraphie en 1905, sur un solo de violoncelle de Camille Saint-Saëns extrait du *Carnaval des animaux*.

D

DAC (Pierre, André, Isaac) (1893-1978), journaliste, comédien, et fantaisiste français, également auteur, qui forma un duo célèbre avec Francis Blanche.

DAGUERRE (Louis Jacques Mandé) (1787-1851), peintre, décorateur et inventeur français. C'est en 1835 qu'il parvient à développer l'image photographique, et en 1837 à la fixer. Voir **NIEPCE.**

DAGUERRÉOTYPE, premier de tous les appareils photographiques, inventé par Daguerre en 1837 ; et image obtenue en fixant chimiquement sur une feuille d'argent pur plaquée sur cuivre l'image obtenue dans la chambre noire.

DAHU, voir **OAHU.**

DAÏKIRI, cocktail à base de rhum blanc (fabriqué à partir de la canne à sucre) dont Cuba est le 3e producteur au monde.

DAKAR, ville située à l'extrême ouest du continent africain, dans la péninsule du Cap-Vert. Elle compte 980 000 habitants. C'est la plus grande ville francophone de l'Afrique occidentale. Elle a été fondée en 1857.

DALADIER (Édouard) (1884-1970), homme politique français, président du parti radical-socialiste en 1927. En 1933, il devient président du Conseil, mais, après le 6 février 1934, il est obligé de se retirer. Très actif au moment où se forme le Front populaire, il sera à nouveau président du Conseil de 1938 à 1940, et c'est lui qui signera les accords de Munich. Il déclarera cependant la guerre à l'Allemagne, en septembre 1939. Il démissionne à nouveau le 20 mars 1940, est arrêté par le gouvernement de Vichy, puis déporté. À son retour, il est député pendant douze ans et président du parti radical en 1957 et 1958.

DALAÏ LAMA. – Ce mot tibétain d'origine mongole signifie *lama semblable à l'océan. Lama* signifiant érudit, ou sage, on peut ainsi traduire approximativement *dalaï-lama* par « océan de sagesse ». Le dalaï lama est le chef spirituel des membres de la *gelup-pâ*, « secte vertueuse ». À partir de 1924, il devient aussi chef politique. Le dalaï lama actuel, Tenzin Gyatso, né en 1935, a été choisi cinq jours après sa naissance et reconnu officiellement 14e du nom en 1937. Après l'échec du soulèvement des

Tibétains contre les Chinois dans les années 50, il est contraint de se réfugier en Inde, en 1959, à Dharamsala, et le gouvernement tibétain, à la tête duquel il se trouvait, est dissout par la Chine communiste. Depuis, il effectue de nombreux voyages à l'étranger, notamment en France, où il a été reçu à l'Hôtel de Ville de Paris, le 6 octobre 1982. La Chine, à cette occasion, a manifesté son mécontentement.

DALÍ (Salvador) (1904-), peintre, graveur, écrivain catalan né à Figueres. L'un des principaux animateurs du surréalisme, il fut ensuite évincé du mouvement par André Breton à la fin des années 30. En effet, jugé trop cupide par celui-ci et quelques autres, il fut alors surnommé « Avida Dollars », exacte anagrame de son nom. Il est également célèbre pour son excentricité et ses moustaches.

DALIDA (Yolande Gigliotti, dite) (1933-1987), chanteuse et comédienne française d'origine égyptienne, morte peu après un retour triomphal en Égypte à l'occasion de son come-back au cinéma.

DALILA, personnage biblique féminin qui livra Samson (juge des Hébreux, XIIe siècle av. J.-C.) aux Philistins (Indo-européens installés en Palestine au XIIe siècle av. J.-C. dont la puissance militaire constitua un grand danger pour l'autonomie des Hébreux – ils furent soumis par David, deuxième roi hébreu, successeur de Saül, dont le combat avec le géant philistin Goliath est passé dans la légende) après lui avoir coupé les cheveux, dans lesquels résidait toute sa force.

DALIO (Israël Blanschild, dit Marcel) (1899-1983), acteur français né et mort à Paris. Son premier rôle important est celui du mouchard de *Pépé le moko*, de Julien Duvivier, en 1937, aux côtés de Jean Gabin. On le reverra aux côtés de Gabin dans *La grande illusion*, de Jean Renoir, et aux côtés de Renoir lui-même, dans son très beau film *La règle du jeu.*

DALLAS, feuilleton télévisé créé aux États-Unis en 1977, puis importé par la France, qui, maintenant remplacé dans le cœur des Américains par *Dynastie*, remporte encore auprès des Français un très grand succès.

DALTON, héros de la bande dessinée *Lucky Luke*. Les Dalton ne sont pas frères, mais « cousins ». Voir **LUCKY LUKE.**

DALTONIEN (de Dalton, John (1766-1844), chimiste et physicien anglais qui étudia sur lui-même les anomalies de perception des couleurs).

DAMAS, ville de 1,25 millions d'habitants. C'est dès 661 qu'elle acquiert son statut actuel. Elle fut, au début de ce siècle, au centre de la rébellion arabe contre l'Empire ottoman. Elle tient aujourd'hui une place déterminante dans les luttes religieuses qui secouent le Moyen-Orient.

DAME AUX CAMÉLIAS (La) (1848), roman (1848) et drame en 5 actes (1852) d'Alexandre Dumas fils (1802-1870). *La Traviata*, opéra, fut composé par Verdi (1813-1901) en 1853, sur un livret de Piave. Voir **DUMAS.**

DAMES, jeu de société se jouant à 2, qui serait une transformation du jeu d'échecs, apparu vers la fin de la première moitié du XVIe siècle. Les pions blancs commencent à jouer, comme aux échecs, et non pas les noirs.

DAMIA (Marie-Louise Damiens, dite) (1889-1978), chanteuse française.

DAMOCLÈS (IVe siècle av. J.-C.), familier de Denys l'Ancien, tyran de Syracuse. Pour qu'il réalise la fragilité du bonheur causé par le pouvoir, Denys fit suspendre, pendant un banquet, une lourde épée, qui n'était attachée que par un crin de cheval, au-dessus de la tête de Damoclès.

DANEL (Pascal) (1944-), chanteur français. Sa chanson *Les neiges du Kilimandjaro* fut un succès de l'année 1967. Et l'on n'entendit plus parler de lui...

DANEMARK, État qui s'étend sur la péninsule du Jylland (Jutland) et les îles de l'entrée de la mer Baltique. Il a une superficie de 43 000 km² et compte 5,12 millions d'habitants, ce qui lui donne une énorme densité humaine : 120 habitants par kilomètre carré.

DANTE ALIGHIERI (1265-1321), écrivain italien né à Florence. De la *Vita nuova* à *La divine comédie*, il célébra son amour pour Béatrice, fille de Falco Portinari et épouse de Simone dei Bardi, qui mourut en 1290. Son œuvre poétique a fréquemment inspiré les artistes (Botticelli, Gustave Doré, Delacroix, Auguste Rodin, etc.).

DANTÈS (Edmond), héros du *Comte de Monte-Cristo*, d'Alexandre Dumas père.

DANTON (Georges Jacques) (1759-1794), homme politique français. Avocat, il fonda en 1790 le Club des cordeliers et devint le chef du gouvernement insurrectionnel. C'était un grand orateur. Il siégea à la Montagne, fut membre du Comité de salut public, mais il dut se retirer. Ayant voulu obtenir la fin du régime de la Terreur, il fut considéré comme étant trop tiède par Robespierre et fut guillotiné le 5 avril 1794.

DANUBE, fleuve d'Europe centrale qui prend sa source au bord de la Forêt-Noire et se jette dans la mer Noire. Avec ses 2 857 km de long, c'est le deuxième fleuve d'Europe derrière la Volga (3 701 km). Passant par des villes telles que Vienne, Bratislava, Budapest ou Belgrade, il est l'une parmi les plus importantes voies de communication d'Europe centrale.

DAPHNIS, berger sicilien auquel la mythologie grecque attribue l'invention de la poésie bucolique. *Daphnis et Chloé* est un roman pastoral du IIe ou du IVe siècle de Longus (romancier grec). C'est aussi une musique de ballet, composée par Ravel en 1912 à l'intention des Ballets russes.

DA PONTE, (Lorenzo) (1749-1838), de son vrai nom Emanuele Conegliano. Il a écrit, pour Mozart, les livrets des *Noces de Figaro* et de *Don Juan*. De plus, Mozart s'est inspiré de sa vie dans *Cosi fan tutte*. Ironie du sort, Da Ponte fut également le librettiste de Salieri, l'ennemi intime de Mozart.

DARBOY (Georges) (1813-1871), prélat français. D'abord évêque de Nancy, il devient en 1863 archevêque de Paris. Pris comme otage par la Commune de Paris, il est fusillé en mai 1871.

DARC (Mireille Aigroz, dite Mireille) (1938-), actrice française née à Toulon. Révélée par le cinéaste Georges Lautner en 1965, elle deviendra vite l'une de ses actrices préférée. *Le grand blond avec une chaussure noire*, d'Yves Robert, date de 1972. Elle interprète la femme de Jean Yanne dans *Week-End*, de Godard, en 1967.

DARD (Frédéric) (1921-), écrivain français. Pratiquement tous ses livres sont maintenant best-sellers. Son premier titre était *Réglez-lui son compte*. Que les heureux qui en possèdent un exemplaire original sachent qu'ils peuvent en tirer environ 1 500 F!

DARDANELLES, détroit entre l'Europe et l'Asie, unissant la mer de Marmara et la mer Égée, au Nord-Ouest de la Turquie. Il fut en 1915 le siège d'un épisode fameux de la Première Guerre mondiale.

DAR ES-SALAAM, port de l'océan indien qui compte 758 000 habitants. La ville perdra son statut en 1990, au profit de Dodona, située à l'intérieur du pays, et comptant 46 000 habitants.

DARNAUD (Joseph), chef de la milice, il fut arrêté à la Libération, condamné à mort par la Haute Cour de justice, et fusillé. Voir **MILICE.**

DARWIN (Charles) (1809-1882), naturaliste britannique. Sa théorie de l'évolution des espèces par sélection naturelle et survivance du plus apte scandalisa surtout les théologiens, qui y virent une réfutation ou même une négation de la Bible.

DASSAULT (Marcel) (1892-1986), homme d'affaires français, né à Paris et mort à Neuilly-sur-Seine, fondateur d'un holding industriel comptant diverses activités : aéronautique bien sûr (il est le constructeur des célèbres Mirages), sociétés immobilières, compagnie de transports aériens, banque, cinéma, presse. Il est aussi l'auteur d'un livre dans lequel il révèle au public ses recettes du bonheur.

DAUDET (Alphonse) (1840-1897), écrivain français né à Nîmes. Il fait partie, dès sa fondation, de l'académie Goncourt. Malgré le succès populaire remporté par ses *Lettres de mon moulin* (1866), il préférera le roman à la nouvelle. Voici quelques titres : *Le petit chose* (1868), *Tartarin de Tarascon* (1872), *Sapho* (1884), etc. *L'Arlésienne* est un drame en 3 actes et 5 tableaux, avec une musique de scène de Georges Bizet (1872).

DAVID (Louis) (1848-1825), peintre français né à Paris. Membre de la Convention pendant la Révolution, il devient sous l'Empire le peintre attitré de Napoléon Ier. C'est le chef de l'école néo-classique.

DAVID-NEEL (Alexandra) (1868-1869), exploratrice française auteur de nombreux ouvrages sur le bouddhisme et le Tibet, entre autres *Voyage d'une Parisienne à Lhassa* et *La puissance du néant*.

DAVIS (Angela) (1944-), militante noire américaine née en Alabama. Elle appartient au parti communiste américain. À partir de 1969, elle milite pour l'accession des Noirs aux droits civiques.

DAVIS (Miles Dewey) (1926-), musicien noir américain. Il est l'un des plus célèbres représentants de la musique de jazz et un des instigateurs du style cool.

DAVIS (Ruth Elizabeth Davis, dite Bette) (1908-), actrice américaine. Dotée d'un physique au départ assez ingrat, elle parvient, à force d'obstination et de talent, à s'imposer petit à petit dans le monde d'Hollywood et à tourner avec les plus grands, tels Whale, Curtiz, Brooks, Aldrich, Comencini ou Capra (*Milliardaire pour un jour*, 1961), dans plus de 85 films.

DAYAN (Moshé) (1915-1981), général israélien qui, à partir de 1958, se consacra à la politique. Il a été ministre de la Guerre en 1967 et ministre des Affaires étrangères de 1977 à 1979.

D.D.T. – Le D.D.T. a été découvert en 1874 par l'Allemand Seidler et produit industriellement à partir de 1942 par le Suisse Frey. Son emploi est désormais interdit en agriculture, tant en France que dans le reste de l'Europe.

DEAN (James Byron Dean, dit James) (1931-1955), acteur américain. C'est Elia Kazan qui le fait débuter au cinéma, en 1955, dans *À l'est d'Éden*, après l'avoir vu au théâtre. Son deuxième film est *La fureur de vivre*, de Nicholas Ray (1955), et son troisième et dernier, *Géant* (1956) de Stevens. Il se tue en voiture, le tournage tout juste achevé, sur la route de Salinas.

DÉBARQUEMENT DE NORMANDIE. – Le 6 juin 1944 les Alliés débarquent en Normandie. Dès le 9 juin ils peuvent établir une tête de pont durable, puis ils enfoncent les lignes allemandes, ce qui leur permet de libérer Paris le 25 août, ayant laissé la 2e D.B. de Leclerc les précéder.

DEBRÉ (Michel) (1912-), homme politique français. En 1958, il est un de ceux qui persuadent le général de Gaulle de reprendre en main le gouvernement de la France, et celui-ci le charge de rédiger la Constitution de la Ve République et le prend comme premier ministre dès janvier 1959. Il sera ensuite ministre des Affaires étrangères, et ministre des Armées.

DÉCAMERON, recueil de contes publié en 1352 par Boccace (Giovanni Boccaccio), écrivain italien né à Paris (1313-1375), premier grand prosateur italien.

DÉCATHLON, épreuve d'athlétisme comprenant dix disciplines : 100 m, 400 m, 1 500 m, 110 m haies, poids, disque, javelot, saut en hauteur, saut en longueur, saut à la perche.

DECAUX (Alain) (1925-), historien français et producteur d'émissions télévisées. Bon conteur, il est l'auteur, entre autres ouvrages, des *Grands mystères du passé* (1964), des *Dossiers secrets de l'histoire* (1966) et des *Nouveaux dossiers secrets* (1967). Il est académicien français. En 1988, il fait partie du gouvernement de Michel Rocard, avec pour mission d'assurer la sauvegarde de la langue française.

DÉCEMBRE 41, voir **ROOSEVELT**

DÉDALE, dans la mythologie grecque, ingénieur qui, enfermé dans un labyrinthe, s'en échappa avec Icare, son fils, au moyen d'ailes de plumes et de cire. À la demande de Minos, il avait construi ce labyrinthe pour qu'on y enferme le Minotaure, monstre à corps d'homme et tête de taureau né des amours de Pasiphaé, femme de Minos, et d'un taureau blanc. Chaque année, on donnait en pâture au Minotaure sept garçons et sept filles d'Athènes, jusqu'à ce que Thésée réussisse à tuer le monstre.

DÉFENESTRATION DE PRAGUE (23 mai 1618). – Des nobles protestants de Bohême, ayant à leur tête le comte de Thurn, pénètrent dans le Hradcariy, c'est-à-dire le Palais royal, où des lieutenants-gouverneurs tiennent une réunion. Deux d'entre eux, Slavata et Martinič, plus un secrétaire, sont jetés par la fenêtre. Heureusement pour eux, un tas de fumier amortit leur chute. Cet événement déclenche la guerre de Trente Ans. Voir **TRENTE ANS.**

DEFFERRE (Gaston) (1910-1986), homme politique français né et mort à Marsillargues, dans l'Hérault. Licencié en droit, diplômé d'économie politique, il s'installe comme avocat à Marseille de 1931 à 1951. Il adhère à la S.F.I.O. (Section française de l'Internationale ouvrière) dès 1933. Il est maire de Marseille en 1944 et 1945, puis jusqu'à sa mort depuis 1953, et député, sénateur et ministre d'État depuis 1981. Il a écrit deux livres : *Un nouvel horizon* et *Si demain la gauche...*

DEFORGES (Régine) (1935-), femme de lettres française et éditrice. Son roman *La bicyclette bleue* fut publié en 1982.

DE FUNÈS (Louis) (1914-1983), acteur comique français. C'est *Pouic-Pouic* (1963) qui fait de lui une des vedettes les plus populaires du cinéma français. Suit, en 1964, le premier de la série des *Gendarmes* (6 films, jusqu'en 1982), *Le gendarme de Saint-Tropez*, puis *Le corniaud* et *La grande vadrouille*, avec Bourvil. Avant *Pouic-Pouic*, il a déjà tourné dans plus de cent films. *L'aile ou la cuisse*, de Claude Zidi, date de 1976. Louis de Funès y joue en compagnie de Coluche.

DEGAS (Edgar) (1834-1917), peintre, graveur et sculpteur français né à Paris. Il appartient au groupe des Impressionnistes.

DE GAULLE (Charles), voir **GAULLE (Charles DE)**

DEGRELLE (Léon) (1906-), homme politique belge fondateur du rexisme et de la revue *Rex*, organe du rexisme. C'était une doctrine qui prônait un système politique fasciste. Léon Degrelle collabora avec l'Allemagne après la défaite de 1940 et s'exila en 1945.

DE HAVILLAND (Olivia) (1916-), actrice anglaise naturalisée américaine née à Tokyo. Elle forma avec Errol Flynn l'un des plus grands couples romantiques du cinéma hollywoodien des années 30. Elle obtint l'oscar de la meilleure actrice en 1946, cinq ans après sa sœur Joan Fontaine, pour *À chacun son destin*, de Leisen.

DELACROIX (Eugène) (1798-1863), peintre français. Représentant majeur du romantisme, il s'opposa à Ingres. *La mort de Sardanapale* est exposée en 1828. Il est également l'auteur de *La liberté guidant le peuple* (1831). Il pratique aussi le dessin, la lithographie et l'aquarelle. Il laisse une importante *Correspondance* et un *Journal.*

DELANNOY (Jean) (1908-), cinéaste français. Outre *La symphonie pastorale*, avec Michèle Morgan, il réalise *L'éternel retour* (1943) et *Le bossu* (1944), avec Jean Marais.

DELFT, ville de Vermeer, à laquelle et auquel il est fait plusieurs fois allusion au cours d'*À la recherche du temps perdu*, de Marcel Proust, notamment dans *La fugitive*, avant-dernière partie de l'œuvre (p. 650, tome III de l'édition de La Pléiade).

DELON (Alain) (1935-), acteur, puis producteur et cinéaste français, né à Sceaux. C'est par hasard, en 1957, et grâce à son physique, qu'il entre dans le milieu du cinéma. Luchino Visconti sera pour sa carrière une rencontre déterminante. Il compte environ 85 films à son actif. Il a reçu en 1985 le césar du meilleur acteur pour son interprétation dans le film *Notre histoire*, de Bertrand Blier. *Pour la peau d'un flic* est sorti sur les écrans en 1981, *Zorro* en 1975, *Monsieur Klein* en 1976.

DE MILLE (Cecil Blount De Mille, dit Cecil B.) (1881-1959), cinéaste américain. L'un des principaux réalisateurs de la firme Paramount, il fut surtout l'auteur de films à grand spectacle, tel son dernier, en 1956, *Les dix commandements*. (Il avait déjà tourné une version muette sur le même sujet, en 1923.) N'oublions pas non plus qu'il fut l'un des principaux instigateurs du maccarthysme à Hollywood.

DEMI-VOLTE (de l'italien *volta*, tour), la moitié d'une *volte* : le cavalier fait quitter la piste à son cheval en décrivant un demi-cercle et reprend la piste en sens inverse, au lieu de la reprendre dans le même sens qu'initialement.

DENEUVE (Catherine Dorléac, dite Catherine) (1943-), actrice française née à Paris, révélée au grand public en 1964 par Jacques Deray dans *Les parapluies de Cherbourg*. Elle tourna notamment avec Deville, Polanski, Buñuel et Truffaut, dont *Le dernier métro* date de 1980. *Belle de jour*, de Luis Buñuel, date de 1967.

DE NIRO (Robert) (1943-), acteur américain né à New York. Le film qui le révéla totalement en tant que star fut *Taxi driver*, de Martin Scorsese (1976), avec qui il avait déjà tourné *Mean streets*, en 1973, et allait tourner, en 1980, *Raging bull*, dans lequel il interprétait le rôle du boxeur Jack La Motta. Il avait dû grossir de plus de vingt kilos pour en composer la vie post-sportive. C'est sans doute l'un des grands comédiens de notre époque.

DENNER (Charles) (1926-), comédien français né en Pologne. Il tourna *L'homme qui aimait les femmes* en 1977, sous la direction de François Truffaut, et *Landru*, réalisé par Claude Chabrol, en 1962.

DENTIFRICE (du latin *fricare*, frotter).

DEPARDIEU (Gérard) (1948-), acteur français né à Châteauroux. Il commence sa carrière à l'âge de 17 ans et s'impose au grand public en 1971, avec *Les valseuses*, de Bertrand Blier, film qui révèle également Miou-Miou et Patrick Dewaere, ses compagnons du *Café de la gare*. *La dernière femme*, de Marco Ferreri (cinéaste italien né en 1928) fut réalisé en 1976.

DÉPÊCHE DU MIDI (La), journal quotidien de Haute-Garonne fondé en 1870. Diffusé à 250 000 exemplaires en 1985, il emploie 1 400 personnes et a un chiffre d'affaires annuel de 700 millions de francs.

DER' DES DER' (la), surnom donné à la Première Guerre mondiale. Les 8,7 millions de morts dans les pays belligérants ont fait penser qu'une pareille catastrophe ne pourrait plus se reproduire...

DERNIÈRE PLANÈTE CONNUE DU SYSTÈME SOLAIRE, voir **PLUTON**

DERNIER MÉTRO (Le), voir **TRUFFAUT**

DÉROULÈDE (Paul) (1846-1914), écrivain et homme politique français. Fondateur (1882) et président de la Ligue des patriotes, auteur des *Chants du soldat*, il fut l'un des plus ardent partisan de Boulanger. Député, il tenta en 1899 d'entraîner l'armée contre l'Élysée. Il fut banni de 1900 à 1905.

DERVICHE TOURNEUR, mystique appartenant à une confrérie musulmane, et qui tourne sur lui-même en méditant.

DÉSAXÉS (Les) (1961), film américain de John Huston avec Marilyn Monroe, Clark Gable, Montgomery Clift et Eli Wallach.

DESCARTES (René) (1596-1650), philosophe et savant français. *Je pense, donc je suis (Cogito, ergo sum)* est extrait de son ouvrage *Méditations métaphysiques* (1641). Il est également l'auteur du *Discours de la méthode* (1637), des *Principes de la philosophie* (1644), des *Passions de l'âme* (1649), etc.

DESGRAUPES (Pierre) (1918), journaliste français producteur et présentateur d'émissions télévisées. Il fut un temps P.D.G. de FR3.

DE SICA (Vittorio) (1901-1974), acteur et cinéaste italien. Il a à son actif plus de 100 films en tant qu'acteur et environ 30 comme metteur en scène. Son film *Le voleur de bicyclette*, qui met en scène, dans l'Italie d'après la guerre, un chômeur et son fils, date de 1948. *Le jardin des Finzi-Contini* date de 1970.

DEUX HEURES MOINS LE QUART AVANT JÉSUS-CHRIST (1982), film satirique français de Jean Yanne.

2001 : L'ODYSSÉE DE L'ESPACE, voir **KUBRICK**

DEUX-ROSES (guerre des), guerre interne entre deux branches des Plantagenêts, les Yorks, dont l'emblème était une rose blanche, et les Lancastres, dont l'emblème était une rose rouge. Cette guerre dura de 1450 à 1485 et se termina à l'avantage des Lancastres par la montée sur le trône d'Henri Tudor en 1485.

DEVAWRIN (André) (1911-). – De retour de Narvik, il sera, à partir du 29 juin 1940, l'un des compagnons du général de Gaulle à Londres. Il deviendra ensuite chef des Services secrets.

DEVLIN (Bernadette) (1947-), militante irlandaise. En 1969, elle est élue membre du Parlement britannique (son plus jeune membre), mais elle est arrêtée après les violences de Londonderry. Ayant été libérée, elle part aux États-Unis pour chercher de l'argent, qu'elle versera à l'Armée républicaine irlandaise clandestine. Elle écrit son autobiographie. Sa nouvelle arrestation déclenche de nouveaux troubles en 1970. Elle crée plus tard le Parti socialiste républicain irlandais.

DEWAERE (Patrick) (1947-1982), acteur français né à Saint-Brieuc. Il meurt (accident ou suicide ?) à Paris, au début du tournage d'*Édith et Marcel*, de Claude Lelouch. Issu du café théâtre, comme Depardieu et Miou-Miou, il a été révélé, comme eux, par *Les valseuses*, en 1974. Quelques autres films : *Adieu, poulet* (1975) *F comme Fairbanks* (1976), *Le juge Fayard* (1977), *Série noire* (1979), etc.

DIABLE (île du), voir **CAYENNE**

DIANE DE POITIERS (1499-1566). – Veuve en 1531 du grand sénéchal de Normandie, elle devint, à 37 ans, la maîtresse et la favorite d'Henri II. Son emprise politique sur le roi, face à celle de Catherine de Médicis, sa femme, fut considérable et dura près de 20 ans. Après la mort d'Henri II, elle joua encore un rôle important dans les guerres de religion. Elle mourut dans le château d'Anet, construit pour elle par le roi.

DIASPORA (en grec, dispersion), ensemble des communautés juives établies hors de Palestine, principalement depuis l'exil, au VIe siècle av. J.-C. Avant la destruction du Temple de Jérusalem, en 70, les juifs de la Diaspora lui adressaient des dons. Maintenant, c'est l'ensemble des communautés juives qui vivent hors d'Israël.

DICKENS (Charles) (1812-1870), écrivain anglais. Quelques œuvres : *Les aventures de M. Pickwick* (1837), *Oliver Twist* (1837-38), *David Copperfield* (1849-50), etc.

DIDOT (François Amboise), (1730-1804), imprimeur parisien. Il fit fabriquer le papier vélin, inventa le point typographique, et créa de nouveaux caractères éliminant tout ce qui tenait au tracé calligraphique.

DIÊN BIÊN PHU, petite plaine du Viêt-nam dans le haut Tonkin. Les forces françaises, encerclée par le Viêt-minh, y furent battues (mai 1954). Cette défaite marqua la fin des hostilités et la signature des accords de paix.

DIESEL (Rudolf) (1858-1913), ingénieur allemand né à Paris et mort entre Anvers et l'Angleterre pendant la traversée. Il est l'inventeur et le réalisateur (1893-1897) du moteur à combustion interne qui porte son nom.

DIETRICH (Maria Magdalena Dietrich, dite Marlene) (1901-), actrice américaine d'origine allemande, née à Berlin. *L'ange bleu*, de Joseph von Sternberg, dans lequel elle interprète la chanteuse de cabaret Lola-Lola, qui rend fou d'amour le vieux professeur Unrat, interprété par Jannings (1884-1950), la révèle en 1930 au grand public. C'est d'ailleurs von Sternberg qui l'aide à donner le jour au personnage qu'elle désire créer à partir d'elle-même. Ils tournent en effet six autres films ensemble : *Morocco* (1930), *Agent X 27* (1931), *Shangai express* (1932), *Blonde Vénus* (1932), *L'impératrice rouge* (1934), *La femme et le pantin* (1935).

DIEU ET MON DROIT, devise du Royaume-Uni, prononcée en 1190 à la bataille de Gisors, par Richard Ier Cœur de Lion (1157-1199), de la maison des Plantagenêt, roi de 1189 jusqu'à sa mort.

DIMANCHE (du latin ecclésiastique *dies dominica*, jour du Seigneur, c'est-à-dire dernier jour après les six jours de la création, consacré au repos de Dieu). – Mais, en langue anglaise, il est bien le *premier* jour de la semaine, car *sunday* signifie jour du Soleil et correspond donc au calendrier romain original, qui le nommait *Solis dies* et le plaçait en première position dans la liste des jours. La version française du jeu TRIVIAL PURSUIT ™ ayant été en partie élaborée à partir de la version américaine, voilà sans doute ce qui explique cette réponse, surprenante pour un Français.

DINAR, unité monétaire utilisée en Iraq, Jordanie, Tunisie, Yougoslavie, Koweit, Yémen du Sud, et Algérie. Il est utilisé depuis le VIIIe siècle au Moyen Orient.

DINDE (de *poule d'Inde*), femelle du dindon. En anglais, la dinde s'appelle *turkey*, c'est à dire poule de Turquie.

DINGO, chien sauvage d'Australie, vivant et chassant en hordes.

DIOR (Christian) (1905-1957), couturier français depuis 1947, avec l'aide financière de Marcel Boussac. Dès le début il mit à la mode le style *new-look*, qui lançait une ligne nouvelle : taille de guêpe et jupe longue en corolle. Ce fut un succès immédiat, après les restrictions de la guerre. Après la disparition de Dior, Yves Saint-Laurent, puis Mac Rohan ont pris sa suite.

DIRECTOIRE, gouvernement qui dirigera la France entre la fin de la Convention (26 octobre 1795) et le coup d'état du 18 brumaire an VIII (9 novembre 1799). Le régime, basé sur la constitution de l'an III, maintenait le régime républicain. Cinq directeurs élus pour cinq ans détenaient le pouvoir exécutif. C'est à cette époque que vivaient les « incroyables », jeunes gens à la tenue excentrique et qui parlaient un langage recherché, et les « merveilleuses », femmes élégantes qui imitaient les costumes de l'Antiquité.

DISNEY (Walter Elias Disney, dit Walt) (1901-1966), cinéaste et producteur américain, symbole du dessin animé, créateur, en 1928, de Mickey Mouse. Il a recueilli au cours de sa carrière 29 oscars à Hollywood, en réalisant ou produisant environ 130 films – et de nombreux autres ont continué à voir le jour après sa mort, paraissant sous son nom, qui est maintenant devenu une espèce de modèle déposé du cinéma d'animation ou de divertissement, ainsi qu'une véritable marque de jouets. Walt Disney est sans doute l'exemple le plus parfait de ce que peut être une phénoménale réussite commerciale au sein du système capitaliste. *La belle et le clochard* fut réalisé en 1955, *Bambi*, en 1942, et *Blanche Neige et les 7 nains* en 1938. Il est également le concepteur de deux grands parcs de loisirs, Disneyland (créé en 1955), à Anaheim, au sud-est de Los Angeles, en Californie, et Disney World, à Orlando, en Floride.

DISQUE. – Le disque *de platine* est remis à la vedette ayant vendu un million de 45-tours ou 300 000 33-tours. Le disque *d'or* est remis à celle ayant vendu 500 000 45-tours ou 100 000 33-tours. Le disque *d'argent* est remis à celle ayant vendu 250 000 45-tours. Les plus grosses ventes de disques de tous les temps sont celles des œuvres de l'ancien Beatle Paul MacCartney.

DISTEL (Sacha) (1933-), auteur-compositeur-interprète français. Il fait un malheur avec *Scoubidou*, en 1959 : plus de 100 000 disques, et en prime le fameux petit « truc » à tresser soi-même.

DJAKARTA ou **JAKARTA**, ville d'Indonésie, située à l'Ouest de Java, qui au début du siècle comptait à peine 200 000 habitants. Elle qui en compte maintenant 7,7 millions! Voir **BATAVIA.**

DOCTEUR JERRY ET MISTER LOVE (1963), film américain, réalisé et interprété par Jerry Lewis. Il s'agit du pastiche d'un célèbre roman de Robert Louis Stevenson : *L'étrange cas du docteur Jekyll et de Mister Hyde*, qui donna lieu à de nombreuses adaptations cinématographiques, dont celle de Jean Renoir, réalisée en 1961 avec Jean-Louis Barrault : *Le testament du docteur Cordelier.*

DOGONS, l'une des 23 ethnies qui vivent au Mali, elle-même divisée en quatre tribus. Elle est remarquable pour son art des masques et sa statuaire rigide et anguleuse, chers à André Breton.

DOIGTS DE LA MAIN. – Leurs noms signifient : *auriculaire,* qui entre dans l'oreille; *annulaire,* qui porte l'alliance; *majeur,* le plus grand; *index,* qui désigne.

DOLOMITES, massif en Italie, dans les Alpes orientales, à proximité de la frontière avec l'Autriche. Elles tiennent leur nom de la roche (dolomie) qui les constitue et leur donne ce relief si caractéristique, proche de ruines. La dolomie tient elle-même le sien de celui qui l'a étudiée : Dieudonné Dolomieu. Le point culminant des Dolomites est la Marmolada, avec ses 3 332 m.

DOMINIQUE, chanson composée par une religieuse belge qui, en 1964, atteignit le top des hit-parade avec ces simples paroles : « *Dominique, nique-nique, s'en allait tout simplement, ôh gai, pauvre et chantant en tous chemins, en tous lieux. Il ne parle que du Bon Dieu.* » En 1966, un film raconta l'histoire de cette sœur, jouée par Debbie Reynolds, mais sans succès.

DOMINIQUE (Antoine), voir **PONCHARDIER**

DOMINIQUE, île des Petites Antilles, entre la Martinique et la Guadeloupe, d'une superficie de 751 km² pour 90 000 habitants. Ancienne possession britannique, elle a acquis son indépendance en 1978 et est restée membre du Commonwealth. Sa principale ressource est la culture de la banane.

DONALD DUCK, canard héros de bandes dessinées et de dessins animés, créé par l'équipe de Walt Disney en 1934.

DON JOSÉ. – Don José, soldat, arrête Carmen après une rixe dans la manufacture de tabac où elle est employée. Il en tombe amoureux et finit par la poignarder de désespoir. Voir **ESCAMILLO.**

DORDOGNE (du celtique *dorunia,* eau). – Le cours de cette rivière, depuis l'Auvergne jusqu'à la Gironde, en passant par la Corrèze, le Cantal, le Lot, la Dordogne, s'étend sur 472 km.

DORÉ (Gustave) (Strasbourg, 1832-1883), dessinateur, graveur et peintre français. Il a illustré des ouvrages de Charles Perrault, Balzac, Cervantès.

DORIAN GRAY (LE PORTRAIT DE), voir **WILDE**

DORIQUE (style). – C'est la plus ancienne forme de l'architecture grecque, définie par une colonne cannelée à arêtes vives, sans base, un chapiteau à échine nue, un entablement à triglyphes (1 + 2 demi-traits gravés en creux) et des métopes (panneaux sculptés) alternés.

DORLÉAC (Françoise) (Paris, 1942-1967), actrice française, morte dans un accident d'automobile, à l'âge de 25 ans. Elle est la sœur de Catherine Deneuve et sa carrière promettait d'être tout aussi bien remplie : elle avait déjà tourné avec Michel Deville, René Clair, Roman Polanski et Philippe de Broca dans *L'homme de Rio,* avec Jean-Paul Belmondo.

DOSTOÏEVSKI (Fiodor Mikhaïlovitch) (Moscou, 1821-1881), écrivain russe. Il est l'auteur de *Crime et châtiment, L'idiot,* etc. Voir **FRÈRES KARAMAZOV**

DOUGLAS (Issur Danielovitch Demsky, dit Kirk) (1916-), acteur américain, fils d'immigrants d'origine russe. Il a à son actif plus de 80 films. Son interprétation du rôle de Van Gogh est sans doute l'aboutissement, en 1956, de l'individualisme obstiné qu'il tâchait depuis ses débuts d'incarner dans ses diverses compositions (*La vie passionnée de Vincent Van Gogh,* de Vincente Minelli). Anthony Quinn, qui tenait dans ce film le rôle du peintre Gauguin, remporta l'oscar du meilleur second rôle.

DOUMERGUE (Gaston) (1863-1937), homme d'État français. Député et sénateur radical socialiste, il fut président du Conseil, du Sénat, et enfin président de la République de 1924 à 1931. Après le 6 février 1934, il essaya de constituer un gouvernement d'union nationale, qui fut obligé de démissionner le 8 novembre.

DRACULA, roman de l'écrivain britannique Bram Stoker (Dublin, 1847-Londres, 1912). Le nom de Dracula est inspiré d'un personnage historique, vivant en Valachie au XVe siècle, prince guerrier particulièrement cruel : Vlad Drakul. Le roman de Bram Stoker, qui est à l'origine du mythe et de toutes les interprétations cinématographiques qui ont pu en être faites, fut publié en 1897. L'idée en était venue à son auteur dès 1871. Un malentendu subsiste encore à propos de ce livre. On a trop tendance à ne le considérer que comme une espèce de roman de série B ou de gare. En réalité, il s'agit là de l'un des chefs-d'œuvre de la littérature romantique du XIXe siècle, comme l'est le *Frankenstein* de Mary Shelley.

DRAGSTER, automobile très puissante atteignant de grandes vitesses (jusqu'à 1 000 km/h) sur pistes spéciales en ligne droite.

DREYFUS (Alfred) (1859-1935), officier français qui, en 1894, fut condamné à tort pour espionnage, et envoyé à l'île du Diable. Ce sont l'inculpation et les aveux tardifs de l'officier français Marie Charles Ferdinand Esterhazy qui ont permis de disculper Dreyfus. Il fut gracié en 1899 et réhabilité en 1906. L'affaire Dreyfus divisa les français et passionna l'opinion pendant plusieurs années. Voir **CAYENNE**.

DRIEU LA ROCHELLE (Pierre) (1893-1945), écrivain français. Son roman *Gilles* date de 1939. Il est également l'auteur de *Le feu follet* (1931) et de *L'homme à cheval* (1943). Il a été directeur de la N.R.F. (Nouvelle revue française) de 1941 à 1943. Ayant collaboré avec l'ennemi sous l'Occupation, il a été activement recherché à la fin de la guerre; il s'est suicidé le 16 mars 1945.

DROITS DE L'HOMME (déclaration universelle des). – Votée le 10 décembre 1948 par l'Assemblée générale des Nations unies, elle énonce les droits civils, politiques, économiques, sociaux et culturels de tous les membres de la famille humaine. Elle est influencée par la Déclaration française des droits de l'homme de 1789 et reflète un idéal. Elle n'est appuyée par aucune contrainte juridique et a seulement un poids politique. Voir **ONU.**

DRÔLE DE DRAME, voir **CARNÉ**

DRÔLE DE GUERRE, voir **GUERRE MONDIALE**

DROUANT, restaurant parisien dans lequel se réunissent chaque année les dix membres de l'académie Goncourt, société littéraire instituée en 1896 par l'écrivain Edmond de Goncourt (1822-1896), afin de couronner le meilleur volume d'imagination en prose. Son frère Jules (1830-1870) est né à Paris. Ils ont tous deux fait partie, en tant que romanciers, de l'école naturaliste.

DROUET (Julienne Gauvain, dite Juliette) (1806-1883), actrice française. Elle a été la compagne de Victor Hugo à partir de 1833.

DROUOT (Jean-Claude) (1938-), comédien belge. Il interprète le rôle de Thierry de Joinville dans la série télévisée *Thierry la fronde*, diffusée dans les années 60. Il se consacre depuis lors essentiellement au théâtre.

DRUCKER (Michel) (1942-), journaliste français, présentateur et producteur d'émissions télévisées, notamment de *Champs-Élysées* dont le prix de revient est de 29 400 F par minute.

DRUON (Maurice) (1918-), écrivain français, académicien. Sa grande fresque *Les rois maudits*, publiée entre 1955 et 1960, comporte sept volumes. Avec Joseph Kessel, son oncle, il est l'auteur, en 1941, du *Chant des partisans*. Il a été ministre des Affaires culturelles en 1973-1974, député de Paris de 1978 à 1981, et représentant à l'Assemblée européenne, en 1979, dont il démissionne l'année suivante.

DRUT (Guy) (1950-), athlète français. En 1975, il est recordman de France et d'Europe du 110 mètres-haies, en 13 s 28 (le record du monde est établi à 12 s 93, en 1981). Il a été champion d'Europe de cette discipline en 1974, champion olympique en 1976, en 13 s 30. (En 1920, Joseph Guillemot (1899-1975) avait été champion olympique du 5 000 m.) Guy Drut a été investi de responsabilités ministérielles, sous le septennat de Valéry Giscard d'Estaing (1974-1981).

DUBAI ou **DUBAY,** l'un des six Émirats arabes unis (avec Abu Dhabi, où siège le gouvernement fédéral, Adjman, Sarjah, Fudjairah, Umm al-Qaiwain, et Ras al-Kaimah), sur la côte méridionale du golfe Persique, anciennement appelée côte des Pirates en raison de la piraterie qui y sévissait au début du XIXe siècle, avant d'être matée par la Grande-

Bretagne. L'indépendance des Émirats arabes date de 1971, deux ans après le début de l'exploitation pétrolière (en 1969, à Dubai).

DUBLIN. – Fondée au IXe siècle par les Vikings sur la mer d'Irlande, la ville compte aujourd'hui 570 000 habitants, et est le premier port irlandais.

DUBROVNIK, ville de Yougoslavie fondée au VIe siècle. Anciennement appelée Raguse, elle fut rebaptisée en 1919. Sise sur l'Adriatique, c'est une petite ville de 35 000 habitants. Célèbre pour le festival qui y a lieu tous les ans au mois de juillet, c'est un important centre touristique.

DUBUFFET (Jean) (Le Havre, 1901-1985), peintre et sculpteur français. Il ne se consacre à son art qu'à partir de 1942. *L'hourloupe* (1962-1974) est un cycle de peintures et de sculptures, voire de petites architectures, dans lequel s'exprime sa veine ironique. Il est le théoricien de l' « art brut », lequel, par rapport à l'art « savant » ou « culturel », se situe dans une zone de complète liberté instinctive et est le fait soit d'autodidactes, soit d'individus affligés d'une déviance mentale. Jean Dubuffet expose en détails ce phénomène dans, notamment, *L'homme du commun à l'ouvrage.*

DUCHAMP (Marcel) (Blainville, 1887-Neuilly-sur-Seine, 1968), artiste français. En tant que peintre, il est l'auteur notamment du *Nu descendant un escalier* (1912). Il s'écarte assez vite de la peinture, et se fait l'inventeur des *ready-made,* objets usuels pris tels quels et promus au rang d'œuvres d'art : un urinoir intitulé *Fontaine* (1917), par exemple. Son œuvre majeure, aussi appelée *Grand Verre* est *La mariée mise à nu par ses célibataires, même.*

DUCLOS (Jacques) (1896-1975), homme politique français. Entré en 1921 au parti communiste, il fait partie de son comité central dès 1926, puis devient secrétaire du bureau politique en 1931. Député, puis sénateur, il est candidat à la présidence de la République en 1969. C'est à l'occasion de cette campagne présidentielle que, voulant montrer la similitude des thèses des candidats Pompidou et Poher, il eut ce mot : « *C'est bonnet blanc-blanc bonnet.* » Il dépassa à cette occasion la barre des 20 % des suffrages exprimés.

DUGONG, mammifère marin de l'océan Indien, de l'ordre des siréniens, pouvant mesurer jusqu'à 3 m de long.

DULLIN (Charles) (Savoie, 1885-Paris, 1949), comédien et directeur de théâtre français. Il a été un interprète privilégié de Molière et Pirandello. Voir **CARTEL DES QUATRE.**

DU MAURIER (Daphné) (1907-), romancière anglaise. *L'auberge de la Jamaïque* (1936) et *Rebecca* (1938) furent tous deux des best-sellers.

DUMAS (Alexandre Davy de la Pailleterie, dit Alexandre) (Villers-Cotterêts, 1802-1870), écrivain français. *Les trois mousquetaires* date de 1844. *Vingt ans après* et *Le vicomte de Bragelone* en constituent la suite. Il est également l'auteur de *Le comte de Monte-Cristo.*

DUMAYET (Pierre) (1923-), journaliste français de la presse écrite et de la télévision. Il est le créateur de la première émission télévisée consacrée à la littérature : *Lecture pour tous,* qui détient à ce jour le record de longévité : 17 ans, contre 16 ans à *Apostrophes.*

DUNANT (Henri) (1828-1910), philanthrope suisse. Il est profondément affecté par le spectacle des blessés sur le champ de bataille de Solferino, le 24 juillet 1859. Aussi, ses conceptions humanitaires et ses démarches aboutissent à la signature de la convention de Genève relative aux blessés de guerre. Il est le fondateur de la Croix-Rouge. Il a reçu le prix Nobel de la paix en 1901.

DUNAWAY (Faye) (1941-), actrice américaine. C'est *Bonnie and Clyde* qui fait d'elle une star, en 1967; elle est à cette occasion « nominée » une première fois pour l'oscar de la meilleure interprétation féminine, et à nouveau, en 1974 pour *Chinatown*. En 1976, enfin, elle est sacrée meilleure actrice pour *Network*.

DUNCAN (Isadora) (San Francisco, 1877-Nice, 1927), danseuse américaine d'origine irlandaise. Elle bouleversa la danse traditionnelle par ses improvisations libres en réaction contre l'académisme et influença notamment le danseur et chorégraphe russe Michel Fokine.

DUNES. – La dune la plus haute d'Europe est celle du Pyla, en Gironde (105 m). En Asie centrale ou au Sahara, elles peuvent atteindre 500 m.

DUNLOP (John Boyd) (1840-1921), vétérinaire et inventeur écossais. Il inventa le premier pneumatique en 1887, en insufflant de l'air dans un tube de caoutchouc qu'il enferma ensuite dans une gaine de toile.

DUODÉCIMAL (du latin *duodecimus*, douzième), qui a pour base le nombre douze.

DU PONT DE NEMOURS (Pierre Samuel) (Wilmington, 1870-Wilmington, 1954), petit-fils d'Éleuthère Irénée (1771-1834), chimiste français émigré aux États-Unis. Il fut l'organisateur du complexe industriel qui porte le nom de sa famille et fit, en 1984, 3 030 millions de francs de chiffre d'affaires.

DURAS (Marguerite) (Indochine, 1914-), femme de lettres française. Auteur de romans, de nouvelles, de pièces de théâtre, elle a également adapté au cinéma plusieurs de ses livres. Son film *Le camion* date de 1977. Son roman *L'Amant*, autobiographique, lui vaut le prix Goncourt en 1984.

DÜRER (Albrecht) (1471-1528), peintre et graveur allemand. *Les quatre apôtres* est son testament artistique, achevé en 1526.

DURION, fruit originaire d'Asie. Sa taille est supérieure à celle d'un ananas, et il est protégé par une épaisse écorce épineuse. Son odeur se rapproche assez de celle de notre camembert.

DURRELL (Lawrence George) (Inde, 1912-), écrivain britannique. Il a peint, sous le pseudonyme d'Oscar Epfs, des aquarelles et des gouaches. Le quatuor d'Alexandrie comprend : *Justine* (1957); *Balthazar* (1958); *Mountolive* (1958); *Cléa* (1960).

DUTRONC (Jacques) (Paris, 1943-), chanteur français, créateur et interprète de plusieurs succès de la fin des années 60 : *Les play-boys*, *Les cactus*, *J'aime les filles*, *Il est cinq heures Paris s'éveille*, *L'hôtesse de l'air*. Devenu acteur en 1973, dans le film de Jean-Marie Périer *Antoine et Sébastien*, il fait à la fin de 1987, après quelques années d'éclipse, un retour remarqué vers ses premières amours, avec un album intitulé *C.Q.F.D.*

DUVALIER (François), voir **PAPA DOC**

DUVALL (Robert) (1931-), acteur américain. Outre *Apocalypse Now*, il a tourné 3 autres films avec Francis Ford Coppola (*Le parrain* I et II, et *Les gens de la pluie*). Il est aussi acteur de théâtre et de télévision, et réalisateur. Duvall est un des représentants de la nouvelle vague hollywoodienne.

DUVIVIER (Julien) (1896-1967), cinéaste français. Son film *Pépé le Moko*, avec Jean Gabin, date de 1936.

DYLAN (Robert Zimmerman, dit Bob) (1941-), chanteur et compositeur américain. Il est à l'origine du style appelé *country rock*, auteur de chansons proches du genre de la ballade, et dont les textes sont parfois poétiques, parfois à vocation politique, du moins engagés.

E

ÉAQUE, MINOS et RHADAMANTE, voir **MINOS**

EARHART (Amelia) (1898-1937), aviatrice américaine.

EAST AFRICAN SAFARI, rallye automobile créé en 1963.

EASTWOOD (Clint) (1930-), acteur et cinéaste américain. C'est Sergio Leone qui, en 3 films (*Pour une poignée de dollars; Et pour quelques dollars de plus; Le bon, la brute et le truand*) fera de lui une vedette internationale. Le thriller *Un frisson dans la nuit* (1971) est le premier film dont il fut à la fois l'interprète et le réalisateur.

EAU (du grec *hudôr*).

ÉCHECS (du persan *shâh*, roi, dans l'expression *shâh mat*, le roi est mort), jeu originaire des Indes aux VIe et VIIe siècles, introduit en Europe par les Arabes. Les pièces sont : le pion (au nombre de 8), la tour (2), le cavalier (2), le fou (2) la reine (1), le roi (1).

ÉCHECS (championnat du monde). – Il a été créé en 1886 et est disputé tous les 3 ans. En 1972, Fischer était challenger, Spasski tenant du titre. Fisher est battu en 1975 par le Soviétique Anatoli Karpov qui conserve son titre en 1978 et 1981. Le duel de Karpov avec Kasparov, en 1985, est interrompu après 48 parties, dont 40 nulles. Le match, rejoué sept mois plus tard, se solde par la victoire de Kasparov, aujourd'hui premier joueur mondial, devant Karpov. Karpov a 36 ans, Kasparov 24 ans. Ils s'affrontent à nouveau pour l'attribution du titre mondial à la fin de l'année 1987. Kasparov l'emporte.

ÉCLIPSE DE SOLEIL. – Elle se produit chaque fois que la Lune passe entre le Soleil et la Terre. Elle ne peut durer au maximum que 7 mn 58 s, ce qui n'est jamais arrivé. En 1955, elle a duré 7 mn 8 s aux Philippines. L'éclipse de 1999 aura lieu le 11 août à 10 heures 28 minutes et sera visible de Luzarches, en France (23 km au nord de Paris). Avis aux amateurs!

ÉCLIPTIQUE, trajectoire réelle décrite par la Terre dans sa révolution autour du Soleil.

ÉCOSSE, partie septentrionale de la Grande-Bretagne conquise par les Romains au Ier siècle ap. J.-C., puis par les Scots venant d'Irlande du IVe au VIe siècles, d'où son nom anglais : *Scotland.*

ÉCUME DES JOURS (L'), voir **VIAN**

ÉDAM, fromage de vache, d'origine hollandaise en forme de boule, aisément reconnaissable par la couche de paraffine rouge qui le recouvre. Il est fabriqué à Edam, au nord d'Amsterdam, mais également en France.

EDELWEISS, fleur poussant dans les Alpes et les Pyrénées au-dessus de 1 000 m. Elle est encore appelée pied-de-lion, ou étoile-d'argent. En raison de sa rareté, il est interdit de la cueillir.

ÉDERLÉ (Gertrude) (1906-), nageuse américaine. Elle effectue cette traversée le 6 août 1926, en 14 heures et 39 minutes. Elle est la première femme à la réussir.

ÉDIMBOURG, ville d'Écosse située sur la rive sud de l'estuaire du Forth, sur la mer du Nord ; elle compte 455 000 habitants.

EDISON (Thomas Alva) (1847-1931), inventeur américain. Autodidacte, il invente le phonographe (1877), la lampe électrique à incandescence (1878), etc.

ÉDITH ET MARCEL (1983), film français de Claude Lelouch consacré à la liaison d'Édith Piaf et de Marcel Cerdan. Le rôle de Cerdan, qui devait être tenu par Patrick Dewaere, mort peu après le début du tournage, a été attribué au fils même du boxeur.

EDO, nom de Tokyo entre 1603 et 1868.

EDOUARD VIII (1894-1972), roi de Grande-Bretagne, fils aîné de Georges V. Il ne régna qu'une partie de l'année 1936 : une crise constitutionnelle éclata quand il annonça sa décision d'épouser une Américaine divorcée, Mrs Simpson, et il dut abdiquer. Voir **SIMPSON**.

$E = mc^2$. – Principe d'équivalence masse-énergie établi par Einstein en 1905, base de sa théorie de la relativité restreinte. Voir **EINSTEIN**.

EGGNOG (de l'anglais *egg*, œuf, et *nog*, bière) ou encore **EGG-FLIP** (de l'anglais *to flip*, secouer), cocktail fabriqué avec un jaune d'œuf (ou l'œuf entier), du sucre, de la bière ou de l'alcool (ou les deux) et du lait saupoudré d'un peu de noix de muscade. Il peut se boire chaud ou froid. C'est la boisson traditionnelle des fêtes de Noël aux États-Unis.

ÉGLISE SCIENTISTE, mouvement spirituel chrétien fondé en 1879 par Mary Baker Eddy (1821-1910), à Boston. Selon cette doctrine, l'homme, considéré comme un être entièrement spirituel, peut guérir par son seul esprit toutes les maladies du corps moyennant une gymnastique mentale quotidienne.

ÉGOUTS. – Les égouts parisiens ont été installés en 1850, en même temps que les conduites d'eau potable. Ainsi, le sous-sol de la capitale française est parcouru par 2 100 km de galeries, dont 1 600 km pour les égouts. On peut avoir un aperçu de ces derniers par une visite de 200 m environ, dont l'entrée publique se trouve au pont de l'Alma.

ÉGRISÉE, poudre de diamant mêlée d'huile végétale dont on se sert pour polir les pierres précieuses.

ÉGYPTE, voir **SIX-JOURS**

EICHMANN (Adolf), criminel de guerre nazi. Enlevé par des agents israéliens le 23 mai 1960, il a été jugé, puis exécuté le 1er juin 1962.

EIFFEL (Gustave) (Dijon, 1832-1923), ingénieur français. Outre l'armature d'acier de la statue de la Liberté, on lui doit notamment la réalisation du viaduc de Garabit, ainsi que de nombreux autres ouvrages métalliques, dont bien sûr la tour du Champ-de-Mars, à Paris, qui porte son nom. Érigée en 1889, à l'occasion de l'Exposition universelle, elle mesure 320 mètres de haut et est maintenant utilisée pour la diffusion des émissions de radio et de télévision.

EINSTEIN (Albert) (1879-1955), physicien allemand naturalisé américain en 1940. Il est célèbre, entre autres, pour sa théorie de la relativité généralisée. Il a reçu le prix Nobel de physique en 1921. Voir **E = mc²**.

EISENHOWER (Dwight David) (1890-1969), général et homme d'État américain. Il est à la tête des troupes qui débarquent en Afrique du Nord (1942), en Italie (1943), puis en Normandie (1944). Candidat élu du parti républicain, il est président des États-Unis de 1953 à 1960.

EISENSTEIN (Serguei Mikhaïlovitch) (1898-1948), cinéaste soviétique. D'abord homme de théâtre, il se consacre au cinéma à partir de 1924, et sort son premier film : *La grève*. Dès l'année suivante, son deuxième film ébahit le monde cinématographique ; c'est *Le cuirassé Potemkine*. Parmi ses autres films : *Octobre* (1928), *Alexandre Nevski* (1938), *Ivan le terrible*, 1re et 2e parties (1941-1946).

EKOFISK. – En mer du Nord, dans la zone norvégienne, là, eut lieu, en 1969, le premier forage européen de pétrole en mer. C'est également un important gisement de gaz naturel.

ELBE, île italienne de la Méditerranée, à l'est de la Corse. Elle était française, de 1804 à 1860. C'est là que Napoléon fut exilé du 4 mars 1814 au 26 février 1815, après sa première abdication et avant qu'il ne revienne en France (les Cent Jours). Voir **NAPOLÉON Ier.**

ELDORADO (de l'espagnol, « l'(homme) doré) ». – C'est ainsi que les conquistadors espagnols désignaient un pays fabuleux, situé en Amérique du Sud, entre l'Amazone et l'Orénoque, et où, d'après eux, l'or était abondant.

ÉLECTROCARDIOGRAMME, examen médical permettant de diagnostiquer les troubles cardiaques, parmi lesquels l'infarctus du myocarde.

ÉLÉPHANT. – L'éléphant d'Asie est plus petit que celui d'Afrique, ses défenses sont moins importantes et moins lourdes, ses oreilles aussi. L'éléphant est le plus gros animal ; sa longévité est de cent ans.

ELEPHANT MAN (1980), film américain de David Lynch, avec John Hurt (acteur anglais, né en 1940), qui y interprète le rôle d'un monstre et s'est imposé, grâce à ce film, auprès d'un large public.

ELGIN (Thomas Bruce, 7e comte d') (1766-1841), diplomate britannique. Sa récupération des frises du Parthénon au profit du British Museum eut lieu entre 1799 et 1802, alors qu'il était ambassadeur en Turquie.

ELIOT (Thomas Stearns) (1888-1965), écrivain britannique d'origine américaine. Il se fait le chantre des mythes antiques, voulant s'opposer par là à la vanité de la vie moderne. Sa pièce *Meurtre dans la cathédrale*, donnée en 1935, le révèle au grand public. Il reçoit le prix Nobel de littérature en 1948.

ÉLISABETH II (Londres, 1926-), fille aînée de Georges VI, et reine du Royaume-Uni de Grande-Bretagne et d'Irlande du Nord. En 1947, elle épouse Philippe d'Édimbourg. À la mort de George VI, elle prend la succession; cette cérémonie (1952) a été retransmise à la télévision en Eurovision, accompagnée de commentaires de Léon Zitrone pour la France.

ÉLISABETH Ire (1533-1603), dernière descendante des Tudor, issue du mariage non reconnu par le pape d'Henri VIII et d'Anne Boleyn. Reine en 1558, elle resta célibataire par volonté d'indépendance et gouverna avec énergie, persécutant les catholiques qui contestaient sa légitimité et défendaient celle de Marie Stuart, reine d'Écosse. Elle obtint la déposition de celle-ci, en fit sa prisonnière quand elle vint se réfugier en Angleterre et ordonna qu'on la décapite en 1587.

ELLE ET LUI (1957) C'est là, en réalité, le titre du film réalisé par Leo Mac Carey en 1939, avec Charles Boyer et Irène Dunne. Sa version de 1957 s'appelle *An affair to remember*.

ELLINGTON (Edward Kennedy, dit Duke) (Washington, 1899-New York, 1974), compositeur, chef d'orchestre et pianiste de jazz américain.

ÉLOI (saint) (v. 588-660), évêque de Noyon, né à Chaptelat, Limousin. Il fut orfèvre et trésorier de Clotaire II, puis de Dagobert Ier. Il succéda à saint Médard sur le siège de Noyon-Tournai (641). C'est le patron des orfèvres et des forgerons.

ÉLUARD (Eugène Grindel, dit Paul) (Saint-Denis, 1895-1952), poète français. Il prend part à l'aventure dada, puis à celle du surréalisme, dont il se sépare en 1938. Pour lui, le poète est celui qui inspire, beaucoup plus que celui qui est inspiré. Parmi ses œuvres : *Capitale de la douleur, L'immaculée conception* (en collaboration avec André Breton), une *Anthologie des écrits sur l'art*, une *Anthologie de la poésie du passé.*

ÉLYSÉE (palais de l'), résidence parisienne située à l'angle de la rue du Faubourg-Saint-Honoré et de l'avenue de Marigny. Il a été construit en 1718 par Claude Mollet, racheté par la marquise de Pompadour, récupéré par le financier Nicolas Beaujon, puis par une princesse de Bourbon, enfin par Caroline Murat. Napoléon Ier y habita quelque temps. En 1848, Louis-Napoléon Bonaparte fut le premier président de la République française à y résider. C'est en 1873 qu'il est définitivement affecté de la présidence de la République.

ÉMIRATS ARABES UNIS, voir **DUBAI**

EMMANUELLE, série de films érotiques tirés des romans d'Emmanuelle Arsan, dont le premier fut réalisé en 1974 par Just Jaeckin et connut un large succès public. Sylvia Kristel y tient le rôle principal.

EMPIRE DES SENS (L') (1976) film de Nagisa Oshima (1975). Le titre japonais est *Ai no corrida.*

EMPIRE STATE BUILDING, gratte-ciel new-yorkais construit en 1931. Avec 102 étages sur 381 mètres, c'était alors le plus haut gratte-ciel du monde. En 1945, ses 78e et 79e étages furent détruits par un avion qui le heurta de plein fouet dans le brouillard, causant la mort de 13 personnes et endommageant quelques-unes des 10 millions de briques qui composent sa façade!

EMS, ville d'Allemagne fédérale près de Coblence. Dépêche d'Ems : réponse négative de Guillaume Ier, roi de Prusse (qui séjournait à Ems en juillet 1870) à Bismarck, au sujet de la candidature d'un Hohenzollern au trône d'Espagne. Bismarck déforma volontairement cette réponse dans un sens humiliant pour la France. C'est cette dépêche, diffusée par les journaux, qui incita la France à déclarer la guerre à la Prusse.

ENCYCLOPÉDIE ou **Dictionnaire raisonné des sciences, des arts et des métiers.** – La publication des 35 volumes réunit 150 collaborateurs – parmi lesquels Diderot, Voltaire, Montesquieu, Rousseau, Condillac –, nécessita 4 libraires, et employa 1 000 ouvriers pendant 21 ans. Le directeur en était Diderot; d'Alembert en rédigea le *Discours préliminaire*, puis s'en désolidarisa en 1759.

ENFANTS DU PARADIS (Les) (1945), film français de Marcel Carné sur un scénario et des dialogues de Jacques Prévert, avec Arletty, Jean-Louis Barrault, Pierre Brasseur, Maria Casarès, Pierre Renoir, etc. L'action se passe sur le fameux boulevard du Crime, à Paris, sous Louis-Philippe. Jean-Louis Barrault y interprète le rôle du mime Baptiste Debureau (1796-1846), créateur du personnage de Pierrot qui fit sa gloire.

ENGHIEN (Louis Antoine Henri de Bourbon Condé duc d'Enghien dit le Grand Condé) (1621-1686). – Il se fit remarquer pendant la guerre contre l'Espagne par les victoires de Rocroi (1643), Fribourg (1644), Nördlingen (1645) et Lens (1648). Il participa au soulèvement de la Fronde contre Mazarin puis passa dans l'armée espagnole. Le traité des Pyrénées, qui mit fin à la guerre entre la France et l'Espagne, en 1659, lui assura le pardon et il retrouva son commandement.

ENTEBBE. – Le 27 juin 1976, un commando palestinien détourne un Airbus d'Air France sur l'aéroport d'Entebbe. Le 3 juillet, un commando israélien libère les passagers lors d'un raid sanglant : 3 otages, 20 soldats, 7 terroristes y trouvèrent la mort.

ENTERPRISE, premier porte-avions nucléaire américain, construit en 1961. Le deuxième, encore américain, fut *Chester Nimitz*, construit en 1976.

ÉOCÈNE (du grec *eôs*, aurore, et *kainos*, récent). – Se dit de la période géologique initiale de l'ère tertiaire, qui vit la diversification des mammifères, et au cours de laquelle les Alpes commencèrent à se former.

ÉON (Charles de Beaumont, chevalier d') (1728-1810), officier et agent secret de Louis XV. Il réalisa une première mission en Russie, habillé en femme, puis, sur ce succès il retourna en Russie et en Angleterre. À son retour, on lui ordonna de ne plus quitter l'habillement féminin d'où l'ambiguité attachée à son personnage.

ÉPICURE (341-270 av. J.-C.), philosophe grec fondateur de l'épicurisme. Cette doctrine comporte une théorie de la connaissance sensualiste – tout ce que les sens confirment, ou simplement n'infirment pas, est vrai – et une morale proche de l'hédonisme.

ÉPICURIEN voir **ÉPICURE**

ÉQUATEUR, république d'Amérique du Sud, d'une superficie de 270 670 km², et qui compte 9 millions d'habitants. Elle a été fondée en 1830 par Quito, qui se sépara de la Colombie de Bolivar.

ÉQUINOXE (du latin *aequs*, égal, et *nox*, nuit), époque de l'année où les jours sont aussi longs que les nuits. Les équinoxes sont le 20 ou le 21 mars et le 22 ou le 23 septembre.

ÉRASME (Desiderius Erasmus) (Rotterdam, 1469-Bâle, 1536), humaniste hollandais d'expression latine. C'est un enfant naturel. Son *Éloge de la folie* est paru en 1511.

ERCKMANN-CHATRIAN, nom de plume de deux écrivains français, Émile Erckmann (1822-1899) et Alexandre Chatrian (1826-1890). Ce sont des auteurs de contes, de romans et de pièces de théâtre.

ERMITAGE, ensemble de palais construits sur ordre de l'impératrice de Russie Catherine II (1762-1796) à Leningrad. Amplifié au XIXᵉ siècle, c'est aujourd'hui un vaste musée (archéologie, arts décoratifs, peinture occidentale).

ÉROS, dieu grec de l'amour. Platon distingue l'Éros supérieur (amour divin) et l'Éros inférieur (amour humain), idée qu'a reprise la philosophie chrétienne, en substituant, à Éros supérieur, Agapé, et à Éros inférieur, Éros.

ÉSAÜ, personnage biblique, fils d'Isaac et de Rébecca et frère aîné de Jacob, auquel il vendit son droit d'aînesse pour un plat de lentilles.

ESCAMILLO, personnage de la nouvelle *Carmen*, (1845), de Prosper Mérimée (1803-1870) dont Meilhac et Halévy, librettistes, et Bizet, compositeur, tirèrent un opéra en 1875. Escamillo, le toréador, trouve la mort lors d'une corrida.

ESCARGOT. – Les escargots, comme les vers de terre, sont bisexués (hermaphodites), et possèdent donc à la fois des organes mâles et femelles. Ils sont tout de même obligés de s'accoupler pour se reproduire!

ESCAUT, fleuve d'Europe du Nord prenant sa source sur la colline du Catelet, en France, dans l'Aisne. Après 430 km, il se jette dans la mer du Nord. En hollandais, il est appelé *Schelde*, qui signifie *Communication*; l'Escaut est en effet un axe de navigation fluviale important.

ESCRIME. – Originaire de l'Antiquité, ce sport se développe en Allemagne au XIVᵉ siècle, en Italie et en Espagne au XVIᵉ siècle. C'est au XVIIᵉ siècle, notamment à l'instigation du Français La Touche, que sont répertoriés ses différents coups et parades. L'épée n'a été admise aux jeux Olympiques qu'en 1900, tandis que le fleuret et le sabre l'avaient été dès 1896.

ÉSOPE (v. VIe siècle av. J.-C.), fabuliste grec. Personnage à demi légendaire, il est représenté par Plutarque comme un esclave, bègue et bossu. Le recueil de ses fables, intitulé *Fables*, est dû à Démétrios de Phalère (IVe av. J.-C.), et inspira dans une assez large mesure Jean de La Fontaine.

ESPÉRANTO, langue internationale conventionnelle créée en 1887 par le linguiste polonais Zamenhof (1859-1917), à partir de racines courantes des langues les plus répandues.

ESTURGEON, poisson qui vit en mer et va pondre dans les grands fleuves. La femelle, qui peut atteindre 2 m de long et peser 200 kg, pond 3 à 4 millions d'œufs. Ceux des œufs qui ne seront pas dégustés sous le nom de caviar, donneront naissance à des jeunes qui, avant de rejoindre la pleine mer, feront un séjour de 2 à 3 ans dans les estuaires. Les esturgeones doivent être pêchées avec beaucoup de précaution, sous peine de voir se gâter les œufs. Voir **CAVIAR.**

E.T. (1982), film fantastique américain de Steven Spielberg.

ET DIEU CRÉA LA FEMME, voir **B.B.**

ÉTAT LIBRE D'ORANGE, l'une des quatre provinces de l'Afrique du Sud; les trois autres sont la province du Cap, le Natal, et le Transvaal. Sa superficie est de 129 152 km², et elle compte 1,9 millions d'habitants, parmi lesquels 1,5 millions de Noirs. La première étape de sa création a lieu en 1836 lors du départ des Boers de la colonie du Cap vers le Natal, l'Orange et le Transvaal. En 1852, les Britanniques sont contraints de reconnaître son indépendance.

ÉTATS-UNIS D'AMÉRIQUE (drapeau des). – Il a été conçu à la demande de George Washington (1732-1799), premier président des États-Unis en 1789, par Betsy Ross. Les cinquante étoiles situées dans sa partie supérieure gauche figurent les 50 États qui forment l'Union. Les treize bandes horizontales rouge et blanc représentent les 13 États d'origine, anciennes colonies britanniques.

ÉTATS-UNIS D'AMÉRIQUE (guerre de sécession des), conflit intérieur entre les États du Nord et du Sud (1861-1865). La guerre a fait 365 000 morts chez les Nordistes, 134 000 morts chez les Sudistes.

ÉTERNEL RETOUR (L') voir **MARAIS**

ÉTHIOPIE, (du grec *aéthiopè*, face brûlée,) pays limitrophe de la mer Rouge, en Afrique orientale. D'une superficie de 1,237 millions de km², cet État compte 33,7 millions d'habitants répartis en plusieurs ethnies, parfois antogonistes. Son ancien nom, Abyssinie, signifie *peuples mélangés* en arabe. Conquise par l'Italie en 1935 et 1936, l'Éthiopie a retrouvé son indépendance en 1941, après avoir été libérée par les forces franco-anglaises.

ETNA, volcan situé en Sicile, de 3 345 m d'altitude. Il est, avec le Vésuve (près de Naples, en Italie), l'un des deux volcans européens encore en activité. Sa dernière éruption, en 1979, a fait 30 blessés et 9 morts.

ÉTOILE DU BERGER, voir **VÉNUS,** voir **ROIS MAGES**

ÉTOILE POLAIRE, troisième étoile du timon du Petit Chariot, ou Petite Ourse; elle est actuellement la plus proche du pôle Nord céleste. Elle est évidemment visible à l'œil nu.

ÉTRANGER (L'), voir **CAMUS**

ÊTRE SUPRÊME (culte de l'), culte déiste mis en place par Robespierre en mai et juin 1794, destiné à contrecarrer la politique de déchristianisation et le culte de la Raison. Certains révolutionnaires s'opposèrent à cette iniative de Robespierre.

EUCLIDE (v. IIIe siècle av. J.-C.), mathématicien. Il est l'auteur des *Éléments*, livre de géométrie par excellence, et du postulat célèbre : *par un point d'un plan, on ne peut mener qu'une parallèle à une droite dans ce même plan.*

EUGÉNIE (Eugénie de Montijo de Guzmán) (Grenade, 1826-Madrid, 1920), impératrice des Français en 1853, épouse de Napoléon III. Biarritz, sur la côte basque, est tout proche de l'Espagne. Voir **MONTIJO.**

EUPHRATE, fleuve asiatique qui prend sa source dans l'Arménie turque, traverse la Syrie avant de rejoindre le Tigre en Iraq pour former avec lui, près du golfe Persique, le Châtt al-'Arab. Là, sur les rives de 200 km de long du delta, se déploie la plus grande palmeraie du monde. L'Euphrate parcourt 2 780 km, et c'est le 11e fleuve d'Asie.

EURATOM, communauté européenne de l'énergie atomique, fondée par le traité de Rome, le 25 mars 1957 (devenu effectif le 1er janvier 1958). Cette organisation est destinée à promouvoir et permettre le développement des industries nucléaires chez les membres de la Communauté européenne.

EURYDICE, voir **ORPHÉE**

EUZKADI. – En 1893, Sabin Goiri (1855-1903) proclama : « *Euzkadi est la patrie des Basques* », et fonda le Parti national basque (P.N.V.) pour lutter en faveur de l'indépendance des 7 provinces basques, françaises et espagnoles. En 1960, un scission dans le P.N.V. donna naissance à l'E.T.A. (*Euzkadi Ta Azkatasuna*, « le pays basque et sa liberté »).

EVANS (Arthur) (1851-1941), archéologue anglais qui fit des fouilles dans le nord de l'Europe, les Balkans, la Sicile et la Grande Grèce; il est surtout connu pour ses travaux à Cnossos, en Crète, où il reconstitua le palais de Minos.

ÈVE, personnage biblique, première femme, épouse d'Adam, mère du genre humain. Pour le mythe du fruit défendu, cf. la Bible (Genèse, 3).

ÈVE (1950), film américain de Joseph Mankiewiecz, avec Bette Davis, Ann Baxter, Marilyn Monroe.

ÉVÈNEMENT LE PLUS IMPORTANT DEPUIS QUE L'HOMME A MARCHÉ SUR LA LUNE (L') (1973), film français de Jacques Demy, dans lequel Marcello Mastroianni attend un bébé!

EVEREST, montagne de l'Himalaya. Situé à la frontière du Népal et du

Tibet, où il est appelé Chomolungma, c'est le point culminant du globe terrestre (8 848 m, mesure établie en 1852 par l'Anglais George Everest). Il est actuellement réévalué à 8 882 m. Voir **NORKAY**.

ÉVIAN-LES-BAINS, station thermale réputée, située sur la rive Sud du lac Léman en Haute-Savoie; c'est là que furent signés les accords qui mirent fin à la guerre d'Algérie, en mars 1962.

EVITA (1977), comédie musicale anglaise, réalisée par les auteurs de *Jésus-Christ superstar*. C'est une évocation de la vie de l'épouse du dictateur argentin Juan Domingo Perón (1895-1974), Eva Duarte (1919-1952). Eva était incarnée par la chanteuse Julie Cavington.

EWING (J. R.), l'un des protagonistes du célèbre feuilleton américain *Dallas*. Dominique Paturel, comédien qui le double pour la version française, est né le 3 avril 1931.

EXPOSITION UNIVERSELLE. – Celle de 1939 commémorait le 150ᵉ anniversaire de la nomination à New York de George Washington à la présidence de la République.

EXPRESS (L'), magazine d'information hebdomadaire, paru pour la première fois le 15 mai 1953.

F

FA, quatrième note de musique de la gamme de *do* (*do, ré, mi, fa, sol, la, si*). La notation allemande utilise l'alphabet, en partant du *la*. *La* : A, *si* : H (B dans les pays anglo-saxons), *Do* : C, *Ré* : D, *Mi* : E, *Fa* : F, *Sol* : G.

FABRICE DEL DONGO, héros ambitieux de *La chartreuse de Parme*, roman de Stendhal (1783-1842), écrit en 1839, dépeignant les mœurs de la cour de Parme après 1815.

FACTEUR SONNE TOUJOURS DEUX FOIS (Le). – Il y eut deux versions cinématographiques américaines de ce roman de James Caïn (1892-1977) paru en 1936. Celle de Bob Rafelson a été réalisée en 1980, avec Jack Nicholson et Jessica Lange. Une version avait été déjà tournée en 1946, par Tay Garnett, avec Lana Turner et John Garfield.

FAHD D'ARABIE SAOUDITE (prince), frère de Khalid ibn Abd al'Aziz, qui lui succède à la tête du royaume en 1982, après sa mort. Les 60 millions de francs perdus à Monte-Carlo ne sont pas une immense fortune pour qui est à la tête d'un pays producteur de pétrole.

FAHRENHEIT (Daniel Gabriel) (1686-1736), physicien allemand. Il imagina le thermomètre à mercure et définit une échelle thermométrique qui porte son nom. Un degré Fahrenheit équivaut à 0,471 degré Celsius; ainsi, 212 degrés Fahrenheit correspondent à peu près à 100 °C.

FAIDHERBE (Louis) (1818-1889), général et colonisateur français. Il a été gouverneur du Sénégal de 1854 à 1865 (avec une interruption de 1861 à 1863). Il a créé le port de Dakar.

FAIRBANKS (Douglas Elton Thomas Ulman, dit Douglas) (1883-1939), acteur américain. Il est l'archétype de l'aventurier, du chevalier sans peur et sans reproche. Il épouse l'actrice Mary Pickford (1893-1979) en 1920, et fonde avec elle les Artistes associés, en compagnie des réalisateurs Charlie Chaplin et David Griffith.

FALKLAND, archipel situé dans l'Atlantique austral, à quelque 400 km des côtes argentines; les îles comptent un peu plus de 2 000 habitants. D'abord colonisées par les habitants de Saint-Malo (les Malouins, d'où leur ancien nom de Malouines), puis par les Espagnols, elles deviennent colonie anglaise en 1832. Le 2 avril 1982, les Argentins les envahissent. Ils en sont chassés le 15 juin par les navires britanniques après de durs combats. Leur devise est : *Demeurer une colonie britannique.*

FALSTAFF (déformation de Fastolf), personnage de Shakespeare dans *Henri IV, Henri V*, et *Les joyeuses commères de Windsor.* Il est inspiré de sir John Fastolf (v. 1378-1459), capitaine anglais, gouverneur du Maine et de l'Anjou (1423-1426), victorieux à Verneuil (1424) et à Orléans (1429). Il inspira Verdi, lequel a également composé un opéra du même nom (1893), sur un livret d'Arrigo Boito.

FANFAN LA TULIPE, type du soldat français, héros d'une chanson populaire, dont Christian-Jaque tira un film en 1952, avec Gérard Philipe dans le rôle titre.

FANGIO (Juan Manuel) (1911-), pilote automobile argentin. Il a été cinq fois champion du monde des conducteurs de formule 1, en 1951 puis de 1954 à 1957.

FANTÔMAS, série d'aventures policières en plus de 40 volumes, créées par les Français Pierre Souvestre (1874-1914) et Marcel Allain (1885-1968), dont plusieurs épisodes furent adaptés au cinéma, d'abord par Louis Feuillade, puis par André Hunebelle, avec Jean Marais et Louis de Funès.

FARADAY (Michael) (1791-1867), physicien britannique. En 1843, il montra qu'un conducteur creux (cage de Faraday) forme écran contre les champs électromagnétiques. Il réalisa également la liquéfaction de certains gaz.

FARINA (Jean-Marie) (Navare, 1685-Cologne, 1766), négociant et chimiste italien.

FARNESE (palais). – La construction de celui qui nous intéresse fut commencée en 1517 et achevée en 1589. Antonio da Sangallo, Michel-Ange et Giacomo Della Porta y contribuèrent. Mais il en existe un autre, construit à Caprarola, de 1559 à 1573, et qui sert de nos jours de résidence d'été au président de la République italienne.

FARROW (Mia) (Los Angeles, 1945-), actrice américaine. Elle trouve la célébrité en 1968, avec *Cérémonie secrète,* de Joseph Losey, et *Rosemary's baby,* de Roman Polanski, où elle joue le rôle d'une femme enceinte du diable. À partir de 1982, elle tourne cinq films sous la direction de Woody Allen, dont elle devient l'épouse : *Comédie érotique d'une nuit d'été, Zelig, Broadway Danny Rose, La rose pourpre du Caire, Hannah et ses sœurs.*

FATIMA, ville portugaise, dans l'Estrémadure, non loin de Lisbonne. Le 13 mai 1917, des enfants – Jacinthe, Maito (âgée de 7 ans et décédée trois ans plus tard), son frère aîné François (âgé de neuf ans et mort deux ans plus tard), et Lucie dos Santos (alors âgée de 10 ans et devenue carmélite) – ont une apparition de la Vierge. Dans les mois qui suivent, Elle leur apparaîtra cinq fois, toujours à midi. Sa sixième et dernière apparition a lieu le 13 octobre, devant près de 70 000 personnes. Au Carmel, Lucie dos Santos la voit à nouveau, le 13 juin 1929.

FAUCON. – Ce mot, employé métaphoriquement, peut également désigner, au sein d'un gouvernement, un noyau dur, prêt à s'engager dans la voie d'une politique de guerre.

FAURE (Edgar) (1908-1988), homme politique, historien et juriste français. Il a été président du Conseil sous la IVe République et président de l'Assemblée nationale de 1973 à 1978. Il est élu à l'Académie française en 1978.

FAURE (Félix) (1841-1899), homme politique français, président de la République de 1895 à 1899. Il meurt le 16 février au palais de l'Élysée, tandis qu'il « faisait sa cour » à Marguerite Steinheil, née Japy, (1869-1954). Celle-ci fut plus tard accusée d'avoir assassiné son mari, le peintre Steinheil, et sa mère. Elle fut acquittée le 13 novembre 1909, et se remaria à un lord.

FAUST, personnage légendaire, mais à l'origine peut-être réelle, qui apparaît pour la première fois dans le *Livre populaire*, en 1587. Marlowe (1564-1593) le prit comme héros de l'une de ses pièces en 1588 (*La tragique histoire du docteur Faust*). Goethe en fit l'une de ses œuvres les plus importantes, en deux parties (1808 et 1831), dont la première a été traduite par Nerval (1808-1855). De ce *Faust* de Goethe, sont issues plusieurs compositions musicales : *La damnation de Faust* (1828-46), de Berlioz ; *Faust*, opéra en cinq actes de Gounod (1859) ; *Faust symphonie* et les deux *Mephisto Walz*, de Liszt.

FAUVISME, courant pictural français du début du XXe siècle, inspiré notamment de Van Gogh et de Gauguin. En font partie, entre autres, Matisse, Marquet, Valtat, Camoin, Manguin, Vlaminck, Derain, Dufy, Friesz, Van Dongen, Braque, Rouault, tous à des titres divers et pour des durées différentes.

FAVART-GUYON (Sandra), dactylographe virtuose qui réussit à dactylographier 3 000 mots en une demi-heure (100 mots par minute).

FAYSAL (Ibn Abd al-Aziz) (1905-1975), c'était lui qui détenait le pouvoir de fait sous le règne de son frère puis il fut roi d'Arabie Saoudite en 1964. Il était partisan du panislamisme, c'est-à-dire qu'il souhaitait l'union de tous les peuples de religion musulmane. Il modernisa son pays et mourut assassiné.

FELLINI (Federico) (1920-), cinéaste italien. *Et vogue le navire* (1983) est son antépénultième film, les deux derniers étant *Fred et Ginger* (1986) et *Intervista* (1987). Citons également *La strada* (1954), *Les nuits de Cabiria* (1956), *La dolce vita* (1959), *Huit et demi* (1962), *Juliette des esprits* (1965), *Le satyricon* (1969), *Les clowns* (1970), *Roma* (1972), *Amarcord* (1973), etc.

FEMME ET LE PANTIN (La) (1898), roman de Pierre Louÿs (Pierre Louis), écrivain français (1870-1925). Louÿs est également l'auteur des *Chansons de Bilitis* (1894), poèmes qu'il présente comme les traductions d'œuvres de la poètesse grecque Sapho. *La femme et le pantin* fut adapté au cinéma à plusieurs reprises, notamment par l'écrivain américain John Dos Passos (1896-1970) pour Joseph von Sternberg, en 1935, avec Marlène Dietrich, et sur une musique de Rimski-Korsakov. Voir **SAPHO**

FÉMUR (du latin *femur*, cuisse), os de la cuisse.

FÉNELON (François de Salignac de la Mothe) (1651-1715), prélat et écrivain français. Il est nommé à l'archevêché de Cambrai en 1695; il entre à l'Académie en 1693. *Les aventures de Telémaque* datent de 1699; les *Dialogues des morts* ont été publiés en 1712.

FENICE (la), opéra de Venise. Construit à la fin du XVIIIe siècle par Giannantonio Selva (1753-1819), ce théâtre est de facture néo-classique.

FERMI (Enrico) (Rome, 1901-Chicago, 1954), physicien italien. Il émet en 1927, en même temps que Pauli, l'hypothèse du neutrino. Il réalise la première pile nucléaire à uranium et graphite, en 1942. Il reçoit le prix Nobel de physique en 1938.

FERNANDEL (Fernand Joseph Désiré Contandin, dit) (1903-1971), acteur français. Sa devise était empruntée à Marcel Pagnol, le seul au fond qui lui permit de montrer à quel point il était un vrai comédien (*Angèle, Regain, Le schpountz*), et qui disait : « *Faire rire des êtres qui ont tant de raisons de pleurer...* » La série des *Don Camillo* lui conféra, par ailleurs, la stature pour ainsi dire mythologique qu'il a acquise dans la conscience du grand public. *Ignace* est la chanson du film homonyme, de Pierre Colombier, réalisé en 1937. Voir **CERVI.**

FÉROÉ ou **FAEROE (îles),** archipel du Nord de l'Écosse, comportant 18 îles principales (44 000 habitants), attaché au Danemark en 1397; elles ont une gestion interne autonome depuis 1948.

FERRARI. – Outre Enzo, le célèbre constructeur d'automobiles italien, il y a aussi Luc Ferrari, compositeur contemporain français (Paris, 1929-), et Nino (Ferrari, dit Ferrer), auteur-compositeur d'origine italienne (1937-).

FERRÉ (Léo) (Monte-Carlo, 1916-), auteur-compositeur et interprète français. Outre ses propres textes, il a mis en musique des poèmes de Baudelaire, Verlaine, Aragon, Rimbaud, Apollinaire. Il est aussi l'auteur de deux concertos et d'une symphonie.

FÊTE DU TRAVAIL. – Elle a lieu le 1er mai. Ce jour, chômé, reste payé, sauf s'il tombe un dimanche. (Loi du 29 avril 1948.)

FEUILLADE (Louis) (1873-1925), cinéaste français de l'époque du muet. Il est l'héritier direct de Lumière et Méliès, les deux pionniers du 7e art. Il réalisa, sur le héros maléfique Fantômas, cinq films de 1913 à 1914 : *Fantômas, Juve contre Fantômas, Le mort qui tue, Fantômas contre Fantômas, Le faux magistrat*, d'après l'œuvre de Pierre Souvestre et Marcel Allain. Il est également l'auteur d'une grande fresque cinématographique, *Les vampires* (10 films tournés en 1915 et 1916), avec la star du muet de l'époque, Musidora.

FEYDEAU (Georges) (Paris, 1862-1921), auteur dramatique français. Il triompha dans ses vaudevilles, où il savait user de tous les procédés qui font naître le rire, *Le tailleur pour dames* (1887), *Le dindon* (1896), *La dame de chez Maxim's* (1899), *On purge bébé* (1910), etc.

F.F.I., sigle des Forces françaises de l'intérieur. C'est le nom donné en 1944 à toutes les formations militaires groupées dans la Résistance, luttant pour la libération de la France.

F.I.A. – Erreur : il s'agit de la F.I.S.A., Fédération internationale du sport automobile.

FIBULANOMISTE (du latin *fibula*, sorte d'attache antique en forme d'épingle de sûreté).

FICHET, ingénieur français, inventeur de la serrure de précision en 1829 et de la serrure à combinaison en 1846. Une entreprise porte, encore aujourd'hui, son nom : Fichet-Bauche.

FIDELIO, voir **BEETHOVEN**

FIDJI ou **FIJI (îles)**, État d'Océanie comprenant 332 îles dont 106 habitées, parmi lesquelles les deux plus grandes : Vitu Levu et Vanua Levu. Les Fidji deviennent possession britannique en 1874, un siècle après les grandes expéditions anglaises et françaises dans le Pacifique, puis indépendantes en 1970. L'archipel est membre du Commonwealth.

FIELDS (médaille), médaille créée en 1936 grâce aux fonds résultant du bilan positif du congrès de Toronto de 1924, alors présidé par le Canadien John Charles Fields (1863-1932), mathématicien ayant contribué à l'étude des fonctions d'une variable complexe. Deux médailles sont décernées tous les quatre ans à de jeunes mathématiciens, avec un prix de 10 000 F.

FIÈVRE DU SAMEDI SOIR (La), voir **BEE GEES**

FIÈVRE JAUNE. – Elle est transmise par le moustique *Aedes aegypti*, qui fut découvert à Cuba en 1901. Elle occasionne environ 50 % de décès parmi les sujets atteints.

FIGARO (Le). – Il devient hebdomadaire en 1854 sous l'impulsion d'Hippolyte de Villemessant. C'est en 1866 que le journal passe quotidien ; après 1871, il s'engage dans la voie d'un républicanisme modéré.

FIGNON (Laurent) (1960-   ), coureur cycliste français. Il a donc 22 ans lorsqu'il remporte son premier Tour de France en 1983, exploit qu'il réédite l'année suivante. À titre d'indication, Bernard Hinault avait, quant à lui, 24 ans lors de son premier succès dans cette course.

FILITOSA. – Là, au nord du golfe de Valinco, se trouve un ensemble monumental mégalithique qui témoigne d'une culture remontant au IIIe millénaire.

FINCH (William Mitchell, dit Peter) (1916-1977), acteur anglais. *Network*, de Sidney Lumet, tourné en 1976, lui vaut l'Oscar de la meilleure interprétation masculine. Il meurt en effet avant de le recevoir, d'une crise cardiaque.

FINISTÈRE (du latin *finis terrae*, extrémité de la terre), département de l'Ouest de la Bretagne, d'une superficie de 6 733 km² pour 830 000 habitants, ce qui lui donne une densité un peu supérieure à la moyenne nationale (qui est de 100 habitants au km²) : 123 habitants au km².

FINLANDE (en finnois *Suomi*, pour *Suomen Tasavalta*, république de Finlande). – Le pays s'étend sur 337 000 km² en Europe du Nord. Il a pour capitale Helsinki (fondée en 1550), où se sont tenues en 1973 et 1975 deux conférences sur la coopération et la sécurité en Europe. Devenue grand-duché de l'Empire russe au début du XIXe siècle, la Finlande proclame son indépendance à l'occasion de la Révolution de 1917, indépendance qui n'est reconnue par les Soviétiques qu'en 1920.

FINNBOGADÓTTIR (Vigdís), présidente de la république d'Islande, élue au suffrage universel le 1er août 1980, entrée en fonction en septembre. Elle fait une visite en France du 12 au 15 avril 1983. (Le 24 octobre 1985, les femmes de son pays font grève, car leur salaire est de 40 % inférieur à celui des hommes.)

FINNEY (Albert) (1936-), acteur anglais. Il sera promu vedette internationale avec *Tom Jones*, en 1963; son dernier film en date, *Au-dessous du volcan* (1984) de John Huston, le replace sur le devant de la scène. C'est aussi un très grand comédien de théâtre.

FIRENZE, voir **FLORENCE**

FISCHER (Robert), voir **ÉCHECS**

FISCHER-DIESKAU (Dietrich). – Il est né à Berlin en 1925.

FITTIPALDI (Emerson) (1946-), pilote de course brésilien. Il est champion du monde des conducteurs de formule 1 en 1972 et 1974.

FITZGERALD (Francis Scott), voir **FITZGERALD (Zelda)**

FITZGERALD (Zelda), épouse de Francis Scott Fitzgerald, écrivain américain (Saint-Paul, 1896-1940), auteur de *Gatsby le magnifique* (1925), *Tendre est la nuit* (1934), *Le dernier nabab* (1941). On ne doit pas confondre sa femme, Zelda, avec Ella Fitzgerald, chanteuse de jazz noire américaine (1918-).

FJORD (du norvégien; prononcer *fiord*), vallée jadis creusée par un glacier, puis envahie par la mer. Le plus profond du monde est le fjord du glacier Lambert, dans l'Antarctique (2 200 mètres).

FLAMICHE, tarte chaude aux poireaux.

FLAMMARION (Camille) (1842-1925), astronome français, surtout connu pour avoir été un bon vulgarisateur, créateur en 1887 de la Société astronomique de France. Son livre *Astronomie populaire* (1880) obtint le prix Montyon.

FLANDRES ou **FLANDRE**, région qui s'étend en France et en Belgique. En France, la Flandre correspond à une partie des départements du Pas-de-Calais et du Nord, auxquels elle est intégrée en 1790. C'est en 1830 qu'elle devient également une province du royaume de Belgique, après avoir appartenu depuis 1815 au Pays-Bas.

FLAUBERT (Gustave) (Rouen, 1821-1880), écrivain français. Il est l'auteur de *Madame Bovary* (1857) (roman qui lui vaut un procès qu'il gagne), *Salammbô* (1862), *L'éducation sentimentale* (1869), *La tentation de saint Antoine* (1874), *Trois contes* (1877), et d'un roman resté inachevé, paru après la mort de Flaubert, en 1881 : *Bouvard et Pécuchet*. C'est dans cette dernière œuvre que l'auteur projetait d'inclure un *Dictionnaire des idées reçues*, sorte de répertoire de « *tout ce qu'il faut dire en société pour être un homme convenable et aimable* », selon les termes mêmes de Flaubert; on peut y lire, par exemple :

« ACHILLE. – Ajouter " aux pieds légers "; cela donne à croire qu'on a lu Homère. » « MUSIQUE. – Fait penser à un tas de choses. Adoucit les mœurs. Exemple : La Marseillaise. » etc.

FLÈCHE WALLONNE, course cycliste créée en 1936, gagnée en 1986 par Laurent Fignon.

FLEMING (Alexandre) (1881-1955), médecin britannique né en Écosse. Il découvrit la pénicilline en 1927-1929; celle-ci ne put être isolée qu'en 1940 par Florey et Chain, avec lesquels Fleming partagea donc, en 1945, le prix Nobel de physiologie et de médecine.

FLETCHER (Christian), voir **BOUNTY**

FLEURS DU MAL, voir **BAUDELAIRE**

FLEUVE (Le) (1951), film français de Jean Renoir. Voir **RENOIR.**

FLIPPER. – Originaire d'Angleterre au XIXe siècle, il s'appelait alors *bagatelle.* Le mot *flipper,* de l'anglais *to flip,* secouer, n'apparaît que beaucoup plus tard, en 1947.

FLORENCE (de l'italien *Firenze*). – Capitale de la Toscane, Florence fut un des principaux centres de la Renaissance italienne. Elle abrite près de la moitié des sculptures de Michel-Ange, et des œuvres de Léonard de Vinci, Fra Angelico, Giotto, Uccello, Della Robbia, et autres Botticelli, qui tous travaillèrent dans son enceinte et contribuèrent à faire de Florence un des plus beaux creusets de l'art occidental.

FLÛTE ENCHANTÉE (LA), voir **MOZART**

FLYNN (Errol), acteur américain (1909-1959). Il a été la vedette de plus d'une cinquantaine de films. *Les aventures de Robin des Bois,* de Michael Curtiz, fut réalisé en 1938, et contribua à faire de lui, jusqu'en 1950, l'un des plus grands personnages d'aventuriers de l'histoire du cinéma américain.

FOCH (Ferdinand) (1851-1929), maréchal de France. Il commanda les troupes alliées en France pendant la Première Guerre mondiale. En 1916, il dirigea avec Hanig la bataille de la Somme et devint chef d'état-major général en 1917; c'est lui qui conduisit les armées alliées à la victoire en 1918. Il devint maréchal de France en août 1918.

FOGG (Phileas), héros du *Tour du monde en quatre-vingts jours.* Voir **VERNE.**

FOLAMOUR (DOCTEUR), voir **KUBRICK**

FONDA. – Jane (1937-) et Peter (1939-) sont tous deux acteurs américains, fille et fils de Henry Fonda (1902-1982), également comédien.

FONTAINE (Joan de Beauvoir de Havilland, dite Joan) (Tokyo, 1917-), actrice anglaise naturalisée américaine. Elle prend pour pseudonyme Joan Burfield, mais en change à vingt ans. Elle obtient l'oscar de la meilleure actrice en 1941 pour *Soupçons* d'Alfred Hitchcock, cinq ans avant sa sœur Olivia De Havilland, avec laquelle la presse entretient une forme de rivalité. Joan Fontaine a tourné aussi avec Cukor, Ophüls, Wilder, Ray, Wise, Lang.

FONTAINE (Just) (Reims, 1933-), footballeur international français. Il fut sacré meilleur buteur de la coupe du monde de football en 1958, avec 13 buts inscrits, ce qui constitue un record.

FONTANET (Joseph) (Savoie, 1921 – Paris, 1980), homme politique français. Il fut assassiné à Paris le 31 janvier 1980. L'assassinat n'a pas été revendiqué. Il fut notamment ministre de la Santé publique (1961-1962), du Travail (1969-1972), et de l'Éducation nationale (1972-1973 et 1975-1976).

FOOTBALL. – Ce sport fut codifié par les étudiants de Cambridge (Grande-Bretagne) en 1848. On y joue sur un terrain de 90 à 120 m de longueur, de 45 à 90 m de largeur. Les buts font 2,44 m de haut et 7,32 m de large. Le ballon a une circonférence variant entre 68 cm et 71 cm et pèse de 396 g à 453 g. Les participants sont répartis en 2 équipes de 11 joueurs, 2 juges de touche et 1 arbitre. Il y a 2 mi-temps de 45 mn, séparées par une pause de 15 mn. Les sanctions sont : le coup franc (le coup franc est tiré directement s'il sanctionne une faute volontaire; indirectement, c'est-à-dire avec une passe intermédiaire avant le tir au but, si la faute est involontaire), le *corner*, le *penalty*, la touche, l'avertissement (carton jaune), l'expulsion (carton rouge).

FOOTBALL (coupe du monde de). – Créée en 1928, elle a été disputée pour la première fois en 1930. 1966 : la Grande-Bretagne bat l'Allemagne (4-2); 1974 : l'Allemagne fédérale bat les Pays-Bas; (2-1) 1978 : l'Argentine bat les Pays-Bas (3-1); 1982 : l'Italie bat l'Allemagne fédérale (3-1) et la France termine 4e; 1986 : l'Argentine bat l'Allemagne fédérale (3-2) et la France termine 3e.

FOOTBALL FÉMININ. – Il a été reconnu par la Fédération française de football le 29 mars 1970. Il compte aujourd'hui 27 000 licenciées et 1 200 clubs.

FORCE DE FRAPPE. – La défense de l'Europe de l'Ouest est assurée par l'Organisation du traité de l'Atlantique Nord (O.T.A.N.), à partir d'avril 1949. S'estimant trop dépendant des Américains, le général de Gaulle crée la force nucléaire française et fait sortir la France de l'O.T.A.N. en 1966.

FORD (Gerald Jr) (1913-), président des États-Unis en 1974, après la démission de Richard Nixon. Il était devenu vice-président de Nixon le 10 octobre 1973, à la faveur de la démission de Spiro Agnew, accusé de fraude fiscale.

FORD (Henry) (1863-1947), industriel américain. Pionnier de l'industrie automobile américaine, il créa sa compagnie, la Ford Motor Company en 1903 et inventa la standardisation – ce qui lui permit de se lancer dans la construction en série des véhicules.

FORD (Sean Aloysius O'Fearna, dit John) (1895-1973), cinéaste américain, l'un des plus grands noms de l'histoire du cinéma. Il tourne notamment de nombreux westerns. Mobilisé en 1941, il entre dans la marine de son pays avec le grade de lieutenant-commandant et en sort vice-amiral.

FORÊT-NOIRE (en allemand, *Schwarzwald*,) massif montagneux d'Allemagne de l'Ouest, séparé des Vosges par le fossé rhénan. C'est une région réputée pour la fabrication de jouets, d'instruments de musique et d'horloges.

FORMOSE, ancien nom de l'île de Taiwan, en Asie orientale, d'une superficie de 36 000 km² pour 19,2 millions d'habitants. Elle est découverte par les Portugais en 1590, qui la nomment *Ilha formosa*, Belle Île. Siège du gouvernement de la Chine nationaliste, présidé par Tchang Kaï-chek à partir de 1949, face à la République populaire de Mao Tsé-toung, Taiwan conserve son indépendance malgré son exclusion des Nations-Unies en 1971. À la mort de Tchang Kaï-chek en 1975, c'est son fils qui lui succède.

FORMULE 1 (championnat du monde des conducteurs de). – Créé en 1950, il est disputé sur une saison comprenant 8 à 16 épreuves courues sur une distance variant de 250 km à 315 km. Les six premiers pilotes de chaque course marquent des points (ont le droit de courir ceux qui se sont classés parmi les vingt-six meilleurs temps aux essais) : le premier marque 9 points; le 2ᵉ, 6 points; le 3ᵉ, 4; le 4ᵉ, 3; le 5ᵉ, 2; le 6ᵉ, 1. Le vainqueur de la première édition fut l'Italien Giuseppe Farina, sur Alfa Romeo. Le Français Alain Prost fut sacré champion en 1985 et 1986, sur McLaren-TAG-Porsche. La formule 2 est réservée aux pilotes ne faisant pas partie de la liste de notoriété Grand Prix. La formule 3 s'appelle maintenant Formule 3 000. (Alain Prost fut champion de France de cette catégorie en 1978 et 1979.)

FORT-LAMY, ancien nom de N'Djamena (« la ville ou l'on se repose »). Sa population est de 300 000 habitants.

FORTUNE CARRÉE, voile que l'on peut gréer sur le mât situé le plus à l'avant d'une goélette.

FOSBURY (Dick) (1947-), athlète américain. Il révolutionna le saut en hauteur aux jeux Olympiques de Mexico, en 1968, en inventant le rouleau dorsal qui désormais porte son nom. Avant lui les athlètes sautaient en rouleau ventral. Avec cette nouvelle technique, il fut champion olympique, en franchissant 2,24 m.

FOSSE (Bob) (Chicago, 1925-1988), cinéaste et homme de spectacle américain, danseur et chorégraphe de formation. Il fait ses débuts comme réalisateur en 1969, avec *Sweet Charity*. C'est trois ans plus tard, en signant *Cabaret* (adapté du livre *Adieu, Berlin* de Christopher Isherwood), qu'il obtient un succès retentissant. Suivent, en 1974, *Lenny*, puis *Que le spectacle commence (All that jazz)*, qui remporte en 1979 la palme d'or au festival de Cannes.

FOSSE DES MARIANNES. – Située le long de l'archipel des Mariannes, dans le Pacifique (près des Philippines), c'est, avec ses 11 034 m de profondeur, la fosse océanique la plus profonde du monde. Vingt-deux autres dépassent les 7 000 m, dont 18 dans le Pacifique, 3 dans l'Atlantique, et 1 dans l'océan Indien.

FOSTER (Jodie), voir **BUGSY MALONE**

FOUCAULT (Michel), (Poitiers, 1926-1984), philosophe français. Son *Histoire de la folie à l'âge classique* est son premier livre et date de 1961. Autres ouvrages : *Les mots et les choses* (1966), *L'ordre du discours* (1972), *Surveiller et punir, la naissance de la prison* (1975), et une *Histoire de la sexualité* en trois tomes (1976-1984).

FOUCHET (Christian), (1911-1974), aviateur et homme politique français. Un des fidèles du général de Gaulle, il fut parmi les premiers à le rejoindre à Londres, le 19 juin 1940. Ministre de l'Éducation nationale du 7 décembre 1962 au 8 avril 1967, puis de l'Intérieur jusqu'au 31 mai 1968. Il dut, à ce titre, faire face seul aux évènements du mois de mai 1968, jusqu'à ce que le premier ministre, Georges Pompidou, et le général de Gaulle rentrent de leurs voyages respectifs en Iran et en Roumanie.

FRACASSE (Le capitaine), voir **GAUTIER**

FRAGONARD (Jean-Hervé) (Grasse, 1732-Paris, 1806), peintre et graveur français. Véritable virtuose de la peinture et du dessin, il obtint le prix de Rome en 1752. Il contribua pour une grande part, de 1793 à 1800, à l'organisation du futur musée du Louvre.

FRANCE. – Avec ses 550 000 km², c'est le plus grand pays d'Europe occidentale. Elle a 95 départements, et 6 départements d'outre-mer, regroupés en 23 régions : Alsace, Aquitaine, Auvergne, Bourgogne, Basse-Normandie, Bretagne, Centre, Champagne-Ardennes, Corse, Franche-Comté, Haute-Normandie, Île-de-France, Languedoc-Roussillon, Limousin, Lorraine, Midi-Pyrénées, Nord-Pas-de-Calais, Picardie, Provence-Côte d'Azur, Poitou-Charentes, Pays de la Loire, Rhône-Alpes. Elle connaît quatre climats : atlantique, méditerranéen, alpin, continental. Des séismes mortels ont eu lieu en : 1227, à Aix-en-Provence (5 000 morts); 1564, dans les Alpes-Maritimes; 1657, dans le Massif armoricain; 1750, dans les Pyrénées; 1887, à Nice : 1909, à Saint-Camat; 1967, à nouveau dans les Pyrénées. C'est le deuxième producteur de fromages au monde, derrière les U.S.A. et devant l'U.R.S.S. Contrairement à une idée très répandue, les Français ne sont pas les premiers consommateurs de fromage, mais les deuxièmes. Les premiers ne sont pourtant pas les Américains, mais les Grecs, qui consomment 20,7 kg annuels par habitant; en France, cette consommation est de 19,3 kg.

FRANCK (César) (Liège, 1822-Paris, 1890), organiste et compositeur français, d'origine belge. Il ne compose ses œuvres majeures qu'à partir de l'âge de cinquante-sept ans et elles se succèdent sans discontinuer jusqu'à sa mort. Parmi elles : *Quintette pour piano et cordes*, *Symphonie en ré mineur*, *Sonate pour violon et piano*, *Les béatitudes*, etc.

FRANC LOURD, « nouveau franc ». Après la dévaluation de 1958 d'Antoine Pinay, le nouveau franc vaut 180 mg d'or fin.

FRANCO BAHAMONDE (Francisco) (1892-1975), général et homme d'État espagnol. Il dirigea l'insurrection fasciste qui déclencha la guerre civile (1936-1939). Après la victoire des insurgés, il prit le pouvoir et devint chef (ou *caudillo*) de l'État espagnol.

FRANÇOIS (Claude) (Égypte, 1939-1978), chanteur français de variétés surnommé par ses fans Clo-Clo. Il est mort accidentellement, électrocuté dans sa baignoire. Il connaît son premier succès en 1963, avec *Belles, belles, belles*. Son dernier, en 1978, était *Alexandrie, Alexandra,* vendu à 1 million d'exemplaires de son vivant.

FRANÇOIS D'ASSISE (saint) (1182-1226), religieux italien. Il était le fils d'un riche drapier d'Assise et eut une jeunesse très aventureuse. Mais, touché par la grâce, il renonça à tout et se consacra au service de Dieu. Il créa l'ordre des franciscains, prônant la pauvreté, et, avec sainte Claire, l'ordre, aussi pauvre, des clarisses. De ses prédications ressortaient sa simplicité, sa joie de vivre et son amour de Dieu et de la nature. Il fut canonisé en 1228.

FRANCOIS Ier (Cognac, 1494-Rambouillet, 1547), roi de France à partir de 1515. Sa lutte contre les Habsbourg s'achève par la défaite contre Charles Quint, à Pavie; l'empereur le contraint à signer le traité de Madrid (1526), qu'il évite d'appliquer. La guerre reprend, et ne s'achève qu'en 1544, par le compromis de Crépy. « *Souvent femme varie, bien fol est qui s'y fie.* » (en italien « *La donna e mobile...* ») est le début d'un refrain de l'opéra *Rigoletto* (de Verdi), d'après *Le roi s'amuse.* Voir **HUGO**.

FRANCOIS-FERDINAND DE HABSBOURG (archiduc d'Autriche) (1863-1914). À 33 ans, il succède à son père Charles-Louis, sur le trône impérial. Le 28 juin 1914, il est assassiné à Sarajevo, en Yougoslavie. Cet assassinat fut une des causes de la Première Guerre mondiale.

FRANCOIS-JOSEPH (1830-1916), empereur d'Autriche à 18 ans, il épousa à 24 ans Élisabeth de Wittelsbach, âgée de 16 ans. L'histoire raconte qu'arrivé en bateau par le Danube l'empereur sauta sur le pont pour embrasser son épouse, contrairement à toutes les règles du protocole. Les Viennois, conquis par la beauté et la jeunesse d'Élisabeth, la surnommèrent Sissi.

FRANKENSTEIN (1818), roman de Mary Shelley (1797-1851), épouse du poète Percy Shelley, publié à Londres. Le docteur Frankenstein, créateur du monstre, ne doit pas être confondu avec sa créature. Voir **PROMÉTHÉE.**

FRANKLIN (Benjamin) (1706-1790), homme d'État américain, philosophe et physicien. Il inventa le paratonnerre en 1752. Député du Congrès américain, il contribua à la création de l'Alliance française en 1778.

FRAZIER (Joe) (1944-), boxeur noir américain, devenu champion du monde de la catégorie des poids lourds le 8 mars 1970 (et non 1971), aux dépens de Cassius Clay (1942-), qui reprit son titre en 1974, puis en 1979.

FREAKS (1932) (*Les monstres*, ou *La monstrueuse parade*), film américain de Tod Browning, avec comme protagonistes des « monstres » authentiques (cul-de-jatte, homme-tronc, siamoises, androgyne, etc.) et une jeune femme « normale », qui se révèlera plus monstrueuse que les monstres et finira défigurée par eux.

FRÉDÉRIC II (1712-1786), roi de Prusse qui succéda à son père Frédéric-Guillaume 1er, soldat et religieux. Frédéric II se montra intellectuel, poète et musicien. Il écrivit un livre, *L'Antimachiavel*, dans lequel il se posait comme le premier serviteur de son état. Il attira à sa cour Voltaire et de nombreux autres philosophes.

FRÉDÉRIC Ier BARBEROUSSE (1122-1190), empereur romain germanique de 1152 à 1190. C'était un grand chef de guerre qui imposa son autorité à l'Allemagne déchirée. Il fit plusieurs expéditions en Italie, les premières victorieuses, mais le pape Alexandre III s'inquiéta et constitua la Ligue lombarde, alliée aux Normands de Sicile. Frédéric Ier fut vaincu à Legnano (1176) et reconnut l'autonomie des cités lombardes. Il mourut noyé au cours de la 3e croisade.

FRÉGATE, marine à voile : bateau moins lourd et plus rapide que le vaisseau de 74 canons. Marine de guerre : bateau de combat, intermédiaire entre la corvette et le croiseur. Zoologie : oiseau palmipède des tropiques de 2,10 m d'envergure pouvant voler à 200 km/h. Aéronautique : avion à turbopropulseurs français d'une envergure de 22,60 m pouvant voler à 415 km/h, d'une capacité de 26 à 29 passagers.

FRENCH CONNECTION (1971), film américain de William Friedkin, qui valut à Gene Hackman (né en 1931) l'oscar du meilleur acteur pour son interprétation du rôle de Popeye Doyle, rôle qu'il reprit en 1975 dans *French Connection II*, de John Frankenheimer.

FRÈRES KARAMAZOV (LES) roman de Fiodor Mikhaïlovitch Dostoïevski, écrivain russe (1821-1881) né à Moscou, écrit en 1879-1880.

FREUD (Anna) (Vienne, 1895-Londres, 1982), psychanalyste britannique d'origine autrichienne, fille de Sigmund, spécialisée dans la psychanalyse des enfants. Elle est l'auteur, notamment, de *Le normal et le pathologique chez l'enfant* (1965).

FREUD (Sigmund) (1856-1939), médecin autrichien né à Freiberg, fondateur de la psychanalyse.

FRISBEE, jeu d'adresse consistant à faire planer une soucoupe. L'Américain W. R. Frisbee créa en 1871 une usine de gâteaux, la Frisbee Pie Company. Dans les années 40, des étudiants jouant avec les moules à tarte de cette usine furent à l'origine de ce sport, dont les premiers championnats du monde eurent lieu en 1967.

FRISON-ROCHE (Roger) (1906-), alpiniste et écrivain français. *Premier de cordée* est le titre de l'un de ses livres, paru en 1941. Voici quelques autres titres : *La grande crevasse* (1848), *La piste oubliée* (1949), *L'appel du Hoggar* (1968), *Djebel Amour* (1978), *Le versant du Soleil* (1981).

FRITZ LE CHAT (1972), premier dessin animé long métrage de Ralph Bakshi (né à New York en 1939), réalisé en 1972, dans lequel étaient évoqués des sujets alors tabous de la culture occidentale : drogue, sexe, violence. En 1978, Bakshi réalisa *Le seigneur des anneaux*, d'après le début de l'œuvre de Tolkien.

FRONTIÈRE AMÉRICANO-MEXICAINE. – Plus de 120 millions de personnes la franchissent chaque année. Elle s'étend sur 3 110 km le long du Texas, du Nouveau-Mexique, de l'Arizona et de la Californie.

FÜHRER, mot allemand signifiant conducteur, guide.

FUJI (mont). – Avec ses 3 776 m, il est le point culminant du Japon. Il est situé à proximité de Tokyo, dans l'île de Honshu. C'est un ancien volcan.

FULLER (Marie-Louise, dite Loïe) (1862-1928), actrice et danseuse américaine.

FULLER (Richard Buckminster) (1895-1983), ingénieur américain. Son plus grand dôme géodésique (dont le but est d'étudier dans le temps d'éventuelles variations de la pesanteur) date de 1958, se trouve à Baton Rouge, et mesure 117 m de diamètre. On lui doit également des recherches appliquées à l'habitat préfabriqué.

FURYO (1983), film anglo-néozélando-japonais de Nagisa Oshima, avec David Bowie, Tom Conti, Rynichi Sakamato, Jack Thompson, Johnny Okura, Alistair Browning, sur une musique du troisième nommé.

FUTUNA, île française de Mélanésie, à 2 000 km au nord-est de la Nouvelle-Calédonie, attachée à Wallis-et-Futuna, territoire français d'outre-mer depuis 1961.

G

GABIN (Jean Alexis Moncorgé, dit Jean), (1904-1976), acteur français. André Bazin le célébra comme le *« héros tragique par excellence du cinéma français d'avant-guerre »*. Il compte plus de cent films à son actif. *La traversée de Paris*, de Claude Autant-Lara, avec Bourvil et Louis de Funès, fut réalisé en 1956. C'est de Funès qui y vend le cochon à Gabin et Bourvil. Avant de faire l'acteur, Jean Gabin avait été chanteur de music-hall et interprète d'opérettes. Deux ans avant de disparaître, il est revenu à la chanson, sur un texte de Jean-Loup Dabadie, *Maintenant je sais*, énorme succès de l'été 1974.

GABLE (William Clark) (1901-1960), acteur américain. L'un de ses plus gros succès populaires fut son interprétation de Rhett Butler dans *Autant en emporte le vent*. Dans *Les désaxés*, son dernier film, il avait improvisé avec Marilyn Monroe les dernières répliques du film. Il mourut avant de pouvoir connaître les éloges que lui valurent ce chef-d'œuvre de John Huston. Ce n'est pas Clark Gable qui fut surnommé le « Duke » dans les studios hollywoodiens, mais John Wayne.

GÁBOR (Sári Gábor, dite Zsa Zsa) (1920-), actrice américaine d'origine hongroise née à Budapest, apparue dans *Moulin-Rouge* de John Huston et *Lili* de Charles Walters, en 1953. En continuant à figurer de temps à autre dans tel ou tel film, souvent médiocre, elle a réussi le tour de force de faire croire à quelques-uns qu'elle était une star.

GAGARINE (Iouri) (1934-1968), cosmonaute soviétique. C'est le premier homme à être allé dans l'espace, le 12 avril 1961, de 9 h 7 à 10 h 36, à 327 km d'altitude.

GAINSBOURG (Lucien Ginsburg dit Serge) (1928-), musicien, chanteur, acteur et cinéaste français né à Paris. Son film *Je t'aime, moi non plus*, qui est son premier long métrage, date de 1975. Il était interprété par Jane Birkin, sa compagne de 1969 à 1982, avec qui il a eu une fille, Charlotte. Charlotte est à son tour devenue comédienne et a reçu, en 1987, le césar du meilleur espoir féminin pour son rôle dans *L'effrontée*.

GALABRU (Michel) (1924-), acteur français né au Maroc. Il devient dans les années 60 et 70 un acteur comique célèbre grâce à la série des *Gendarmes*, aux côtés de Louis de Funès. Ces interprétations ne laissent transparaître qu'une bien faible part du registre dont dispose en réalité ce comédien de grand talent et dont, heureusement, quelques films ont su donner un aperçu (*Monsieur Balboss*, de Jean Marbeuf, en 1975; *Le juge et l'assassin*, de Bertrand Tavernier, l'année suivante).

GALÁPAGOS (de l'espagnol *galápago*, tortue), archipel composé de 13 îles et 47 îlots, dans le Pacifique, d'une superficie totale de 8 000 km² et comptant 6 000 habitants. Découvertes en 1535, les îles Galapagos, célèbres pour leurs immenses tortues et leurs iguanes, furent colonisées par l'Équateur en 1832 et restent à ce jour sa propriété.

GALAXIE, ensemble d'étoiles et de matière interstellaire qui doit sa cohésion à la force d'attraction gravitationnelle. Il y a environ 500 millions de galaxies, dont 200 000 seulement ont été répertoriées, et dont la nôtre (la Voie lactée) n'est qu'un specimen parmi d'autres.

GALILÉE (Galileo Galilei, dit) (1564-1642), astronome et physicien italien né à Pise. « *Et pourtant, elle tourne* » est la phrase qu'il prononça en se relevant du tribunal de l'Inquisition (1633) devant lequel il avait été amené à abjurer le système copernicien (1632) qu'il tentait de consolider par de nouvelles preuves.

GALL (France) (1947-), chanteuse de variétés française épouse de l'auteur-compositeur-interprète Michel Berger. Elle remporta le grand prix Eurovision de la chanson, avec *Poupée de cire, poupée de son*, en 1965.

GALLIPOLI (en turc *Gelibolu*), ville turque située dans la péninsule de Gallipoli et comptant 15 000 habitants.

GALLUP (Serge) (1901-1984), statisticien et homme d'affaires américain. Son premier sondage, en 1936, prévoyait la victoire de Roosevelt aux élections présidentielles des États-Unis. Son institut s'appela The American Institute of Public Opinion.

GALUCHAT, peau de certains squales ou de la raie utilisée en reliure et en gainerie.

GALVESTON, ville de 65 000 habitants aux États-Unis d'Amérique dans l'État du Texas, à 80 km de Houston. Située sur le golfe du Mexique, elle est un des ports les plus importants du monde. Le chanteur américain Glen Campbell la rendit célèbre en 1969, dans l'une de ses chansons, intitulée *Galveston*.

GALWAY, port de 38 000 habitants sur la côte ouest de l'Irlande, dans la baie de Galway, à l'entrée du Connemara.

GAMA (Vasco de) (1469-1524), navigateur portugais. Après avoir doublé le cap de Bonne-Espérance, en 1497, il aborde Calicut l'année suivante, première étape de la mainmise portugaise sur les comptoirs de l'Inde, dont Vasco de Gama sera vice-roi jusqu'à sa mort.

GAMBETTA (Léon) (1838-1882), homme politique français. Il proclame la république le 4 septembre 1870. Adversaire principal de Mac-Mahon en 1877, chef du grand ministère en 1881, il en démissionne en 1882. Il fut un des plus farouches ennemis de l'Empire et de l'ordre moral monarcho-clérical.

GAMME. – La gamme diatonique majeure est constituée de 5 tons et 2 demi-tons (7 notes plus la répétition de la tonique à l'octave). La gamme diatonique mineure est constituée de 3 tons, 1 ton 1/2, et 2 demi-tons (7 notes plus 1). La gamme chromatique est constituée de 12 demi-tons (11 notes plus 1). Il existe bien d'autres gammes, qu'il serait trop long de présenter ici. (Cf. *Théorie de la Musique*, de Danhauser, éditions Henry-Lemoine, Paris.)

GANDHI (Indira), (1917-1984), femme politique indienne assassinée par deux membres de sa propre garde. Premier ministre de l'Inde dès 1966, elle ne sera privée de cette charge que trois ans, de 1977 à 1980, année qui voit les élections donner à nouveau à son parti la majorité absolue.

GANDHI (Mohandas Karamchand) (1869-1948), philosophe et patriote de l'Inde, champion de la non-violence, il fut assassiné par un fanatique. Il était surnommé le Mahâtmâ (la Grande Âme).

GANDHI (1983), film anglais de Richard Attenborough avec, outre Ben Kingsley, John Gielgud, Trevor Howard, Candice Bergen, etc.

GANGE, fleuve indien de plus de 3 000 km de long. Il prend sa source au centre de l'Himalaya et se jette dans le golfe du Bengale. C'est un fleuve sacré. Plusieurs villes baignées par son cours sont des lieux de pèlerinage, parmi lesquelles Bénarès.

GARBO (Greta Lovisa Gustafson, dite Greta) (1905-), actrice d'origine suédoise née à Stockholm, naturalisée américaine en 1951. D'une beauté légendaire, elle personnalisa, plus que toute autre, le type même de la star et se retira du monde cinématographique, en pleine gloire, en plein rayonnement, à 36 ans. Voici quelques uns de ses films : *Mata-Hari* (1932), *Anna Karénine* (1935), *Le roman de Marguerite Gautier* (1937), *La femme aux deux visages* (1941), etc.

GARCÍA, équivalent espagnol (en fréquence) de notre Martin. *García* signifie à la fois « jeunesse » et « prince », tandis que *Martin* signifie « guerrier » (du latin *martinus*).

GARDNER (Ava) (1922-), actrice américaine. Voici quelques uns de ses films : *Mogambo* (Fad, 1953), *La nuit de l'iguane* (Huston, 1964), *Les 55 jours de Pékin* (Ray, 1963), *La comtesse aux pieds nus* (Mankiewicz, 1954), etc.

GARGANTUA, voir **RABELAIS**

GARIBALDI (Giuseppe) (1807-1882), révolutionnaire italien né à Nice. Il soutient les luttes contre le pouvoir en place en Amérique et en Europe. Puis il lutte pour l'unification de l'Italie, contre l'Autriche, contre le royaume des Deux-Siciles (à la tête des Mille ou Chemises rouges il chasse les Bourbons de Sicile et de Naples, en 1860), contre la papauté. Pendant la guerre de 1870 il se bat pour la France. Son fils, Ricciotti (1847-1924), perpétuera cette solidarité en mettant sur pied, en 1914, une légion au service de la France dans les rangs de laquelle se battirent, à leur tour, ses six propres fils.

GARIN (Maurice), (1871-1957), coureur cycliste français, vainqueur du Tour de France en 1903, c'est-à-dire l'année de sa création, en 94 heures et 33 minutes, devançant le deuxième de près de trois heures!

GARNERIN (André) (1769-1823), aéronaute français né et mort à Paris. Son saut en parachute au-dessus de Paris fut effectué à partir d'un ballon à 1 000 m d'altitude.

GARROS (Roland) (1888-1918), aviateur français né à la Réunion et mort en combat aérien près de Vouzices. Il effectue, le 23 septembre 1913, la première traversée de la Méditerranée. Il perfectionne, en 1915, le tir à travers l'hélice.

GARY (Romain Kacew, dit Romain) (1914-1980), écrivain français né à Vilnious, auteur des *Racines du ciel* (1956). Le pseudonyme Émile Ajar fut employé pour son roman *La vie devant soi* (1975). Il s'est suicidé.

GASSMAN (Vittorio) (1922-), acteur italien né à Gênes. Il doit sa formation de comédien essentiellement au théâtre. Il est aujourd'hui devenu l'un des plus grands noms du cinéma international. Il a obtenu en 1975 le prix d'interprétation masculine pour son rôle dans le film *Parfum de femme*, de Dino Risi.

GASTÉROPODE ou **GASTROPODE**, (du grec *gastèr*, ventre, et *pous*, *podos*, pied). Classe de mollusques rampants (buccin, limnée, limace, escargot).

GASTON LAGAFFE, héros de bande dessinée créé par les Belges Franquin et Jidéhem et paru pour la première fois dans le journal *Spirou* en 1957.

GÂTEAU ANTARCTIQUE. – La part de la France est la Terre Adélie, soit 350 000 km². L'Antarctique en fait au total 13 millions.

GAUCHO, gardien de troupeaux de la pampa, équivalent du cow-boy (Amérique du Nord) et du squatter (Australie).

GAUGUIN (Paul) (1848-1903), peintre français né à Paris et mort aux îles Marquises. Il part pour Tahiti en 1891, après une tentative malheureuse de travail avec Van Gogh à Arles (1888). En proie à de violentes souffrances morales et physiques, il fait une tentative de suicide. La maladie l'emporte peu après. Son influence s'exerça notamment sur Matisse, le fauvisme, puis l'expressionnisme.

GAULLE (Charles DE) (1890-1970), homme d'État français né à Lille et mort à Colombey-les-Deux-Églises. *Vers l'armée de métier* (1934) fait partie d'une série d'ouvrages de réflexion politique et de stratégie militaire (*Le fil de l'épée*, 1932; *La France et son armée*, 1938). Il est également l'auteur de *Mémoires de guerre* (1954-59), puis de ses *Mémoires*, dont il achèvera la rédaction définitivement retiré de la vie politique. Le 18 juin 1940, seul à Londres, d'un petit studio de la B.B.C., le général de Gaulle, dans un appel mémorable et célèbre, exhorte les Français à ne pas accepter la défaite et à continuer le combat, partout, pour que la France vive. Depuis, il conduit directement ou indirectement les affaires de la France. Il devient président du Conseil en 1958, président de la République le 8 janvier 1959, et démissionne dix ans plus tard, à la suite du vote négatif au référendum de 1969 sur la régionalisation et la réforme du Sénat. Voir **FORCE DE FRAPPE.**

GAULT ET MILLAU (Henri Gaudichon (1929-) et **Christian Dubois-Millau** (1929-)), journalistes français, créateurs, en 1972, d'un guide des restaurants de France, le *Gault et Millau*, dans lequel ils évaluent les cuisines par un système de toques (de 4 à 1) et de notes sur 20. Plus de 5 000 établissements sont ainsi répertoriés.

GAUTIER (Théophile) (1811-1872), écrivain français. Venu à Paris pour y étudier la peinture, il bifurque vite vers la littérature. Outre *Le capitaine Fracasse* (1863), il est l'auteur du *Roman de la momie* (1858) et de plusieurs contes fantastiques. C'est un théoricien de la doctrine de l'art pour l'art (refus de l'engagement social et politique de l'écrivain, perfection formelle comme but ultime).

GAVROCHE, personnage du roman de Victor Hugo *Les misérables.* Voir **HUGO.**

GAY-LUSSAC (Louis Joseph) (1778-1850), chimiste et physicien français. Il découvrit en 1802 la loi de dilatation des gaz. En 1804, lors de deux ascensions en ballon au-dessus de 7 000 m, il étudia les variations de la composition de l'air. Il effectua la synthèse endiométrique de l'eau en 1805, et non pas en 1804.

GAZOLE ou **GAS-OIL** ou **GASOIL** (de l'anglais *gas oil*), carburant et combustible.

GAZOUILLER. – Tous les oiseaux gazouillent, pas seulement les hirondelles; les ruisseaux aussi gazouillent; les bébés également.

GAZPACHO, soupe froide, parfois même servie avec des glaçons.

GDAŃSK, sixième ville de Pologne (450 000 habitants). Important port de la mer Baltique, Gdańsk est le symbole de la résistance du peuple polonais face à son gouvernement, depuis le mois de février 1980 qui vit naître, avec la première grève aux chantiers navals Lénine, la figure de Lech Walesa (né en 1943, électricien) et du syndicat Solidarité (dissous le 10 août 1982). En 1970 déjà, Gdańsk avait été le siège d'importantes émeutes qui s'étaient soldées par 45 morts et plus de 1 100 blessés. En 1988, Gdańsk connaît à nouveau une importante mobilisation populaire, à l'image de la Pologne tout entière.

GEISHA. – Le *nec plus ultra* de la civilisation japonaise.

GENERAL MOTORS, firme américaine de construction automobile, au troisième rang des premiers groupes mondiaux, derrière les compagnies pétrolières Exxon et Royal Dutch Shell. Premier producteur de véhicules, avec environ 6,7 millions d'unités par an, elle a des filiales dans le monde entier.

GENET (Jean) (1910-1986), poète, romancier, dramaturge et aventurier homosexuel français, né et mort à Paris. Jean Cocteau et Jean-Paul Sartre le feront accéder au statut d'écrivain à part entière. C'est sans doute l'un des deux ou trois plus grands écrivains de langue française du XXe siècle.

GEORGE TOWN. – Avec ses 8 000 habitants, elle regroupe plus de 45 % des habitants des îles Caïmans, groupe de trois Antilles dépendant depuis 1962 de la Grande Bretagne. Importante place bancaire et refuge de nombreux sièges de sociétés, les îles Caïmans sont un « paradis fiscal ». (Ne pas confondre avec Georgetown – en un mot –, capitale de la Guyane, ou encore avec Georgetown, capitale de l'État de Penang en Malaisie).

GEORGES (saint), saint martyr du IVe siècle. Il est aussi protecteur des ordres de chevalerie. L'ordre de saint Georges a également été un ordre militaire russe de 1769 à 1917.

GÉRARD (Danyel) (1939-), chanteur français de variétés. Sa chanson *D'où viens-tu Billy boy ?*, premier rock français, sur des paroles de Boris Vian, date de 1958 et ne connut aucun succès. Il lui faudra attendre 1970 pour connaître un succès international avec *Butterfly*, qui ne lui valut pas moins de 7 disques d'or. Notons au passage que Danyel Gérard avait été Petit Chanteur à la croix de bois.

GÉRICAULT (Théodore) (1791-1824), peintre et lithographe français né à Rouen. Premier des romantiques et précurseur du réalisme, il a peint notamment le fameux *Radeau de la « Méduse »* (1819), que l'on peut voir au musée du Louvre.

GERONIMO (1829-1908). – Après vingt ans de guerres successives, lui et ses guerriers se rendirent, en 1866. En 1901, il prit part au défilé dans les rues de Washington à l'occasion de l'accession à la présidence des États-Unis de Theodore Roosevelt.

GERSHWIN (Jacob, dit George) (1898-1937), compositeur américain, auteur d'opéras légers dans la tradition de Kurt Weill. Ses œuvres *Un Américain à Paris*, *Porgy and Bess* (1935), etc. allient le jazz symphonique à une inspiration assez proche de celle de Rachmaninov. Il est également l'auteur de la célèbre *Rhapsodie in blue* et de nombreuses œuvres orchestrales et concertantes.

GERULAITIS (Vitas) (1954-), champion de tennis américain, vainqueur des championnats d'Australie en 1977, finaliste des championnats des États-Unis en 1979 (face à McEnroe) et de Roland-Garros en 1980 (face à Borg).

GESTAPO, tristement célèbre section policière du IIIe Reich.

GETTY (Paul). – Il fut enlevé au mois de juillet 1973. Ses ravisseurs envoyèrent à sa famille l'une de ses oreilles, pour leur préciser leur détermination, ainsi que la photo de Paul à l'oreille coupée. Il fut libéré contre une rançon de 10 millions de francs.

GIBBON, grand singe originaire d'Indo-Malaisie muni de bras d'une longueur impressionnante qui le rendent très habile à grimper dans les arbres et lui confèrent, au repos, des allures de sage impassible. On peut le voir et entendre son cri strident au Parc zoologique de la ville de Paris, au bois de Vincennes.

GIBRALTAR, rocher de 6 km² sis au Sud de l'Espagne. Les Britanniques, profitant de son caractère naturel de forteresse, y ont installé une base aéronavale destinée à surveiller l'accès de la Méditerranée. Dans l'Antiquité, le rocher de Gibraltar était déjà célèbre sous le nom de *Colonnes d'Hercule*.

GIDE (André) (1869-1951), écrivain français né et mort à Paris. Doté d'une fortune importante qui lui vient de son père, il peut se consacrer exclusivement à la littérature. Quelques œuvres : *Paludes* (1895), *L'immoraliste* (1902), *La porte étroite* (1909), *La symphonie pastorale* (1919), *Les faux-monnayeurs* (1926), etc. *Les nourritures terrestres*, d'abord passé inaperçu en 1897, fait de lui, au lendemain de la Première Guerre mondiale, le maître à penser de la nouvelle génération. Il obtient le prix Nobel en 1947.

GILLETTE (King Camp). – Cet Américain fit la découverte du rasoir de sûreté, en 1895.

GIMME SHELTER (1970), film américain réalisé par David et Albert Mayles et dont un des opérateurs était George Lucas, le futur réalisateur d'*American Graffiti* et de *La guerre des étoiles*, et producteur de la Trilogie du Jedi.

GIN, eau-de-vie de grain d'origine anglaise aromatisée avec des baies de genièvre (fruits du genièvre ou genévrier, arbuste à feuilles épineuses).

GINSENG (du chinois *gen-chen*, plante-homme), plante dont la racine est utilisée comme tonique.

GIONO (Jean) (1895-1970), écrivain français né et mort à Manosque. Quelques œuvres : *Regain* (1930), *Le chant du monde* (1934), *Que ma joie demeure* (1935), *Le hussard sur le toit* (1951), etc. Le livre dans lequel il fit un éloge de Melville est *L'eau vive* (1943).

GIRARDOT (Annie) (1931-), actrice française née à Paris. Jean Cocteau a salué en elle « *le plus beau tempérament dramatique de l'après-guerre* ». *La vieille fille*, de Jean-Pierre Blanc, date de 1972.

GIRAUDOUX (Jean) (1882-1944), écrivain français né à Bellac. *La guerre de Troie n'aura pas lieu* date de 1935. Autres pièces : *Amphitryon 38* (ainsi intitulée parce que c'est la 38e version théâtrale d'*Amphitryon*) (1929), *Intermezzo* (1933), *Électre* (1937), *Ondine* (1939). Il est également l'auteur de romans.

GIRO, tour cycliste d'Italie, créé en 1909, remporté par Bernard Hinault en 1980, 1982, et 1985.

GIROUD (Françoise) (1916-), journaliste puis femme politique française née à Genève. Elle est directrice de la rédaction du journal *Elle* de 1945 à 1953. Elle occupe, de 1974 à 1976, le poste de secrétaire d'État à la Condition féminine, puis à la Culture en 1976 et 1977. Elle est également l'auteur de livres, parmi lesquels *La comédie du pouvoir* (1977), *Le bon plaisir* (1982). Aux élections présidentielles de 1988, elle entre dans les rangs des supporters de la candidature de François Mitterrand.

GISCARD D'ESTAING (Valéry) (1926-), homme politique français né à Coblence. Il fonde le groupe des Républicains indépendants en 1966 pour se différencier des mouvements gaullistes. Ministre des Finances à deux reprises, il est élu président de la République en 1974 mais échoue dans sa deuxième tentative, en 1981. Il semble désormais briguer les plus hautes responsabilités au niveau européen.

GISELLE (1841), ballet en deux actes, sur une chorégraphie de Jean Coralli et Jules Perrot, un argument de Théophile Gauthier, Vernay de Saint-Georges, et Jean Coralli, une musique d'Adolphe Adam, créé à l'Opéra de Paris.

GIZEH ou **GUIZÈH**, chef-lieu de province, banlieue résidentielle du Caire de 570 000 habitants, sur la rive gauche du Nil. C'est un des ensembles archéologiques les plus impressionnants du monde. Le Sphinx, célèbre dès l'Antiquité et plusieurs fois ensablé, était le gardien de l'ensemble monumental de Khephren (roi d'Égypte vers 2620, fils ou frère de Kheops). Voir **GRANDE PYRAMIDE DE KHEOPS.**

GLADIATEURS, sous l'empire romain, esclaves choisis pour leurs qualités physiques et contraints de descendre dans l'arène pour y offrir à la plèbe un spectacle de combat à mort, soit contre d'autres esclaves, soit contre des bêtes féroces. Le plus célèbre des gladiateurs fut Spartacus. Voir **SPARTACUS.**

GLAÏEUL. – Il ne tient pas tout à fait son nom du glaive, épée des gladiateurs. Glaive, en latin, se dit *gladius*, et glaïeul, *gladiolus*. Les deux mots proviennent bien toutefois de la même racine, *glad*.

GLAUCOME, (du grec *glaukos*, glauque). Durcissement de l'œil (hypertension intraoculaire) entraînant une baisse de la vue et des maux de tête.

GLÉNANS, archipel de la côte sud du Finistère comprenant neuf îlots.

GLENFIDDICH, marque de whisky écossais. La première marque de whisky pur malt est Glen Turner, qui représente plus de 46 % du marché, contre 20 % à Glenfiddish.

GLENN (John), américain qui effectua le premier vol orbital autour de la Terre, à bord de la capsule Mercury, le 21 février 1962.

GLYCOPHILE (de glucose, du grec *glukus*, doux).

G.M.T. (de l'anglais *Greenwich mean time*, temps moyen de Greenwich), repère temporel dont l'origine est midi, surtout utilisé en astronomie, à ne pas confondre avec le temps universel (temps civil), dont l'origine est minuit. Voir **GREENWICH.**

GOBI (désert de). – Avec son 1,036 million de km², c'est le plus grand désert d'Asie centrale. Il occupe 1/3 de la Mongolie.

GODARD (Jean-Luc) (1930-), cinéaste français né à Paris. Comme Éric Rohmer, comme François Truffaut, comme Claude Chabrol, il commence par être critique de cinéma, notamment aux *Cahiers du cinéma* puis à *Arts*. Son premier long-métrage date de 1959; c'est *À bout de souffle*, qui révèle, en même temps que Godard, Jean-Paul Belmondo. Suivent ensuite *Le petit soldat* (1960), *Une femme est une femme* (1961), *Vivre sa vie* (1962), *Les carabiniers* (1963) et, la même année, *Le Mépris*, avec, outre Fritz Lang, Brigitte Bardot, Michel Piccoli et Jack Palance, *Bande à part* (1964), *Une femme mariée* (1964), *Alphaville* et *Pierrot le fou* (1965), *Masculin féminin* (1966), *La Chinoise* (1967), etc. C'est sans doute un des cinéastes contemporains parmi les plus intelligents. Hans Lucas est le pseudonyme qu'il utilisait, à la fin des années 40, pour ses activités de critique de cinéma, notamment dans *La gazette du cinéma*.

GODDARD (Marion Levy, dite Paulette) (1911-), actrice américaine. Elle tourne avec Charlie Chaplin *Les temps modernes*, en 1936. Elle épousera d'ailleurs Chaplin, dont elle divorcera en 1942. En 1946, elle tourne *Le journal d'une femme de chambre* de Jean Renoir. En 1958, elle épouse Erich Maria Remarque, l'écrivain allemand naturalisé américain (né en 1898, auteur notamment d'*À l'ouest rien de nouveau*, en 1928). Elle restera sa femme jusqu'à la mort de celui-ci en 1970.

GODEFROI DE BOUILLON (1061-1100), duc de Basse Lorraine, chef de la première Croisade, il eut un rôle décisif dans la prise de Jérusalem (11 juillet 1099). Il fut élu roi de Jérusalem mais se contenta du titre d'avoué du Saint-Sépulcre.

GOEBBELS (Joseph Paul) (1897-1945), homme politique allemand. Il fut ministre de l'Information et de la Propagande de Hitler en 1933, puis, en 1944, il dirigea la guerre. Hitler en fit son successeur mais, comme lui, il se suicida en 1945, pendant les derniers combats de Berlin.

GOERING (Hermann) (1893-1946), maréchal et homme politique allemand. Aviateur durant la première guerre mondiale, il fonda la *Luftwaffe* (armée de l'air allemande). Membre du parti nazi dès 1922, successeur désigné de Hitler, celui-ci le désavouera en 1945 au profit de Goebbels. Il fut condamné à mort lors des procès de Nuremberg. Il est également connu pour son goût du luxe.

GOETHE (Johann Wolfgang Von) (1749-1832), écrivain, homme politique et savant allemand né à Francfort-sur-le Main. Son roman, *Les souffrances du jeune Werther* (1774), est inspiré de l'une de ses expériences amoureuses d'alors, expérience malheureuse. En tant que scientifique il prouvera l'existence chez l'homme de l'os intermaxillaire. En tant que politique, il sera conseiller du grand-duc de Weimar (1775) et assistera à la bataille de Valmy. Quelques autres œuvres : *Les années d'apprentissage de Wilhelm Meister* (1796), *Les affinités électives* (1809), *Faust* (première partie, 1808), *Second Faust* (1826-33), etc.

GOGOL (Nikolaï Vassilievitch) (1809-1852), écrivain russe également auteur de *Taras Boulba* et du *Journal d'un fou*. La première partie des *Âmes mortes* est publiée en 1842. Se trouvant, après un pèlerinage à Jérusalem, sous l'emprise d'un prêtre fanatique, il en brûle la deuxième partie. Il l'écrit une nouvelle fois, de bout en bout, et la détruit à nouveau par le feu, peu avant de mourir.

GOITSCHEL (Christine) (1944-), skieuse française championne olympique du slalom spécial en 1964, avant que sa sœur Marielle soit sacrée championne olympique du slalom géant, puisque ce dernier est disputé avant le spécial. Marielle sera à son tour, 4 ans plus tard, sacrée championne olympique du slalom spécial (appelé, depuis 1984, slalom).

GOLCONDE, ville indienne en ruines, dévastée en 1687 par l'empereur moghol Aurangzeb. Elle abrita, à la fin du XVIe et au début du XVIIe siècle, une école de miniaturistes célèbre et est restée légendaire pour ses fastes, dont témoignent aujourd'hui encore les vestiges de plusieurs palais.

GOLDING (William) (1911-), écrivain britannique. Il a écrit *Sa majesté des mouches* (1954), *Le dieu scorpion* (1971), *Rites de passage* (1980), etc. Il a obtenu le prix Nobel en 1983.

GOLF, sport né en Écosse au XIIIe siècle. Il se joue avec une balle (41-43 mm de diamètre) et des *clubs* (cannes servant à frapper la balle) sur un parcours de 18 trous. Il y a 14 clubs par joueurs, dont 4 bois et 10 fers. Le *drive* est le coup long que l'on joue au départ du trou. La balle est alors placée sur un petit support en bois ou en plastique planté dans l'aire de départ appelé *tee.* Le *divot* est la motte de gazon parfois arrachée lors d'un drive, que l'on doit replacer avant de poursuivre le jeu. Chaque joueur est classé de 0 (sur un *par* de 72 points, le joueur réalise 72) à 36 (sur le même *par*, le joueur réalise 108).

GOLFE DU MEXIQUE. – Superficie : 1,6 millions de km^2.

GONCOURT, voir **DROUANT**

GOODYEAR (Charles) (1800-1860), américain qui découvrit la vulcanisation du caoutchouc (traitement du caoutchouc par le soufre) en 1839.

GOOLAGONG (Evonne Cawley) (1951-), championne de tennis australienne. Elle a gagné les championnats d'Australie en 1975 et 1977 et a été finaliste du championnat des États-Unis en 1975 et 1976. Elle a remporté Roland-Garros en 1971 et été finaliste en 1972. Elle a été vainqueur à Wimbledon en 1971 et 1980, et finaliste en 1972, 1975 et 1976.

GOTHIQUE, style qui se développe en Europe du XIIe siècle à la Renaissance. Il donne lieu à la construction de nombreuses cathédrales, se servant de la voûte sur croisée d'ogives qui permet l'allègement des murs et l'agrandissement des fenêtres. Ce style se retrouve aussi en sculpture et dans les arts décoratifs.

GOTLIB (Marcel) (1934-), dessinateur français créateur de *La rubrique-à-brac*, parue pour la première fois dans le journal *Pilote* en 1968.

GOZO, île de la Méditerranée, à 6 km de Malte, d'une superficie de 67 km^2.

GRACE KELLY ou **GRACE DE MONACO** (1928-1982), actrice américaine. Alfred Hitchcock en fera l'une de ses interprètes favorites (*Le crime était presque parfait*, 1954; *Fenêtre sur cour*, 1954; *La main au collet*, 1955). Elle abandonne le cinéma en 1957, année où elle épouse le prince Rainier III de Monaco, rencontré lors de son tournage de *La main au collet.* Elle meurt dans un accident d'automobile.

GRACQUES, nom de deux frères tribuns et orateurs romains au IIe siècle av. J.-C. Inquiets des pouvoirs des grands propriétaires, ils voulurent favoriser les petits lotissements agricoles, mais leur effort fut mal compris et entraîna des émeutes au cours desquelles l'un d'eux trouva la mort. Son frère, dix ans plus tard, remit les mêmes questions sur la place publique et trouva à son tour la mort dans les mêmes conditions.

GRAMME (Zénobe) (1826-1901), électricien belge, constructeur de la première dynamo industrielle, en 1871.

GRAND CANYON, nom donné aux gorges du fleuve américain Colorado, dans l'État d'Arizona. Larges de 25 km dans leur partie supérieure, elles mesurent 800 km de long et leur profondeur maximale atteint 2 133 m, ce qui ne fait pourtant pas d'elles les plus profondes du monde. Le Hell Canyon (Gorges de l'enfer), dans l'Oregon, atteint en effet 2 400 m de profondeur.

GRANDE ARMÉE. – La Grande Armée de Napoléon comptait, en 1815, 630 000 hommes (tous contingents confondus). L'appertisation, premier procédé de conservation, fut inventée par le Français Nicolas Appert (1749-1841), en 1800, et exclusivement appliquée aux légumes.

GRANDE BARRIÈRE DE CORAIL. – Située à une centaine de kilomètres au large de la côte nord-est de l'Australie, elle s'étend sur 2 027 km. Depuis plusieurs dizaines d'années les étoiles de mer ont entamé sa destruction.

GRANDE-BRETAGNE. – Densité automobile : 244 108 véhicules au km^2.

GRANDE-BRETAGNE. – Sa superficie est de 230 000 km^2.

GRANDE GUERRE, voir **GUERRE MONDIALE (Première)**

GRANDE ILLUSION (LA) (1937), film français de Jean Renoir avec, outre Pierre Fresnay, Jean Gabin, Erich Von Stroheim, Marcel Dalio, Julien Carette.

GRANDE MADEMOISELLE, voir **MONTPENSIER**

GRANDE MURAILLE DE CHINE. – Elle fut construite au IIIe siècle av. J.-C. sur l'instigation du premier empereur chinois, Che Houang-ti. Elle mesure 3 460 km de long, s'élève parfois jusqu'à 16,50 m, et son épaisseur moyenne est de 10 m. Toutes ces caractéristiques font d'elle la seule œuvre humaine visible depuis l'espace.

GRANDE OURSE. – Il y a 19 étoiles dans la Grande Ourse, et non pas 7. Il y en a sept dans la Petite Ourse. La Grande et la Petite Ourse sont deux des 88 constellations de notre galaxie, qui n'en est elle-même qu'une parmi environ 500 millions d'autres, dont 200 000 déjà cataloguées.

GRANDE PYRAMIDE DE KHEOPS. – Construite aux alentours de 2580 av. J.-C., elle mesure aujourd'hui 137 m de haut (à l'origine, 148,50 m), couvre à sa base plus de 5 ha, et représente un volume de 2,5 millions de m^3. C'est la dernière survivante des sept merveilles du monde. Elle se trouve dans le site de Gizeh. Voir **GIZEH**, voir **SEPT MERVEILLES DU MONDE.**

GRANDE SAUTERELLE (LA) (1967), film français de Georges Lautner.

GRAND HÔTEL (1932), film américain d'Edmund Goulding (1891-1959) avec Greta Garbo (née en 1905), John Barrymore (1882-1942), Joan Crawford (1904-1977), Wallace Beery (1885-1949), et Lionel Barrymore, frère de John (1878-1954).

GRAND JEU (LE) (1934), film français de Jacques Feyder (Jacques Frédérix, 1885-1948), également auteur de *Pension Mimosas*, et de *La kermesse héroïque*, pionnier de ce qu'on appellera le réalisme poétique du cinéma français.

GRANDIER (Hubert Urbain) (1590-1634), chanoine de Sainte-Croix de Loudun. Des cas de possession ayant été constatés dans sa paroisse, il fut accusé de magie et de sorcellerie et brûlé vif. Le cinéaste Ken Russel raconta cet épisode historique dans son film *Les diables*, avec Oliver Reed dans le rôle du curé.

GRAND MAGIC CIRCUS, voir **PÈRE NOËL EST UNE ORDURE (LE)**

GRAND MOGHOL, souverain de l'empire moghol, période historique de l'Inde qui s'étend de 1526 à 1764. La dynastie moghole fut fondée par Bâbur (1483-1530), descendant du chef mongol Gengis Khan (1162-1227).

GRANDS LACS. – La région dite des cinq Grands-Lacs est sise sur la frontière orientale du Canada et des États-Unis. Ces cinq lacs sont le Supérieur, le Michigan, le Huron (dits lacs supérieurs, d'une superficie de 200 000 km²), et l'Érié et l'Ontario (dits lacs inférieurs, d'une superficie de 45 000 km²). Les trois plus grandes villes de cette région sont, dans l'ordre, Chicago, Detroit, et Cleveland.

GRANT (Archibald Alexander Leach, dit Cary) (1904-1987), acteur américain d'origine anglaise né à Bristol. Il tourna dans *La mort aux trousses* en 1959, sous la direction d'Alfred Hitchcock, pour lequel il tourna également dans *Soupçons* (1941), *Les enchaînés*, et *La main au collet*. C'est un des rares acteurs de comédie qui soit parvenu à s'élever, dans l'esprit du public, au rang d'un mythe. Sa carrière prit fin en 1966, avec *Rien ne sert de courir*. Il avait alors 75 films à son actif, parmi lesquels *L'impossible monsieur Bébé* (1938) et *Arsenic et vieilles dentelles* (1944).

GRANT (Ulysses) (1822-1885), général américain. À la tête de l'armée fédérale lors de la guerre de Sécession, il fut ensuite président des États-Unis, de 1869 à 1877.

GREASE (1978), deuxième film musical de la vague du disco, réalisé par Randal Kleiser en 1978, après *La fièvre du samedi soir* (1977), avec Olivia Newton-John et John Travolta.

GRECO (Doménikos Théotokopoulos, dit le) (v. 1540-1614), peintre crétois. Il s'installa à Tolède, en Espagne, après quelques années passées en Italie.

GRÉCO (Juliette) (1926-), chanteuse française, et parfois actrice. Personnage type des années dorées de Saint-Germain-des-Prés, épouse du comédien Michel Piccoli.

GREENWICH, faubourg de Londres, à l'est de la capitale. Son méridien a été choisi comme origine des longitudes en 1884. Voir **G.M.T.**

GRENADE. – Au Sud des Petites Antilles, l'État insulaire de Grenade comprend, outre l'île même qui lui donne son nom (311 km²), les Grenadines méridionales. Sur une superficie totale de 344 km² vivent 121 000 habitants. L'État est indépendant depuis 1974 mais est resté membre du Commonwealth. Un premier coup d'État installe en 1979 un régime apparenté à celui de Cuba et dirigé par Maurice Bishop, lequel trouvera la mort en 1983 lors d'une tentative de putsch des extrémistes du régime, tentative qui amènera les États-Unis à intervenir militairement. Grenade est maintenant aux mains de Herbert Blaize, premier ministre soutenu par un rassemblement centriste.

GRENELLE (accords de). – Le 27 mai 1968 à Paris, Georges Pompidou, alors premier ministre, réunit rue de Grenelle les syndicats C.G.C., C.G.T., C.F.D.T. et F.O., lesquels, après trois jours de discussions, signent un accord instituant de nouveaux rapports entre les « partenaires sociaux », et notamment une hausse des salaires et la réduction du temps de travail.

GRÈVE (place de). – Les ouvriers sans travail s'y réunissaient souvent (c'est l'origine du mot grève). Les exécutions capitales y eurent lieu, en public, à partir du XIVe siècle. Le premier a y être guillotiné fut le voleur Nicolas Pelletier (le 23 avril 1792).

GRÉVY (Jules) (1807-1891), homme politique français. Le 30 janvier 1879, il remplace Mac-Mahon à la présidence de la République, lequel avait dû démissionner à la suite du succès des républicains. Réélu en 1885, Grévy démissionnera à son tour, à cause du scandale des décorations dans lequel avait trempé son gendre. Celui-ci avait ni plus ni moins ouvert à l'Élysée, où il était logé, un petit bureau dans lequel, moyennant finances, on obtenait la Légion d'honneur.

GREY (Lord), grand chasseur britannique, qui tua jusqu'à 880 faisans et 420 grouses en une seule journée. Autres grands fusils : le marquis de Ripon, 556 000 oiseaux et 245 000 pièces. Signalons aussi le comte Clauj (1876-1923).

GRIMM (Jacob, 1785-1863, et **Wilhelm,** 1786-1859), écrivains allemands. Jacob, fondateur de la philologie allemande, réunira avec son frère de nombreux contes populaires germaniques, *Contes d'enfants et du foyer* (1812-1814), parmi lesquels *Blanche-Neige.*

GRIPPE. – À titre de comparaison : en France, 627 cas de grippe ont été mortels en 1984.

GROENLAND. – C'est la plus grande île du monde (2,175 millions de km²), située au Nord-Est du continent américain, et elle ne compte que 50 600 habitants. Elle fut découverte par Erik le Rouge en 982. Colonisée par le Danemark à partir de 1721, elle devient province danoise en 1953.

GROS-GAUDENIER (Marie-Cécile), skieuse française championne de France de descente en 1981, 1982 et 1984, et vainqueur de la coupe du monde de cette discipline en 1982. La dernière française à avoir été lauréate avant elle était Isabelle Mir, en 1970, également vainqueur en 1968, *ex-aequo* avec l'Autrichienne Pall.

GROUSE ou **LAGOPÈDE** (du grec *lagôs*, lièvre, et du latin *pes, pedis*, pied). – Le lagopède est un oiseau qui existe également dans les Alpes, où il devient blanc pendant l'hiver pour ainsi échapper aux éventuels prédateurs en se confondant à la neige.

GRUSS (cirque), cirque fondé par Alexis Gruss, qui a épousé une fille Bouglione, autre grande famille du cirque. Le Cirque Gruss à l'ancienne est devenu, en avril 1982, cirque national.

GUADELOUPE, île des Antilles découverte en 1493 par Christophe Colomb et occupée par les Français à partir de 1635. C'est en 1946 qu'elle devient département français d'outre-mer. D'une superficie de 1 709 km², la Guadeloupe abrite 329 000 habitants, parmi lesquels se dessine de plus en plus un mouvement en faveur de l'indépendance.

GUANO, engrais, formé par l'accumulation non seulement d'excréments mais aussi de cadavres d'animaux marins, riche en acide phosphorique et en azote.

GUÉPARD (de l'italien *gatto*, chat, et *pardo*, léopard), mammifère carnivore originaire d'Afrique et d'Asie, assez facilement domesticable. Il peut atteindre à la course 100 km/h.

GUÉPARD (LE), voir **VISCONTI**

GUERMANTES (duc de), personnage d'*À la recherche du temps perdu.* Voir **PROUST.**

GUERRE DE CENT ANS, nom donné aux conflits presque permanents qui opposèrent la France à l'Angleterre de 1337 à 1453. À la suite de la victoire française à Castillon, la guerre est terminée. Le traité de Picquigny, en 1475, mit fin à la guerre de Cent Ans; la France en sorit donc victorieuse.

GUERRE DE 1870-1871, guerre franco-allemande qui opposa la Prusse, assistée de l'ensemble des états allemands, à la France. C'est le traité de Francfort (10 mai 1871) qui mit fin à la guerre. La victoire de l'empire allemand fut proclamée à Versailles le 18 janvier 1871. La France perdait l'Alsace et une partie de la Lorraine.

GUERRE DES MONDES (LA), roman fantastique de l'écrivain anglais Herbert George Wells (1866-1946), paru en 1898. Le 30 octobre 1938 (au lendemain des accords de Munich), Orson Welles en fait une adaptation, annonçant l'arrivée des Martiens sur notre planète, à la radio de New York, adaptation qui déclenche la panique chez les auditeurs crédules (engagé en 1934, Welles travaillera pour la radio jusqu'en 1947).

GUERRE D'ESPAGNE, conflit qui opposa, de 1936 à 1939, le gouvernement républicain espagnol à une insurrection militaire fasciste dont le général Franco prit rapidement la tête. Ce fut une « répétition générale » de la Seconde Guerre mondiale, qui mit en présence plus d'1,5 million de combattants et occasionna la mort de plus de 600 000 personnes. Le 28 mars 1939, la chute de Madrid mit fin aux combats et donna le pouvoir au général Franco.

GUERRE D'INDÉPENDANCE AMÉRICAINE. – En 1775, les colons anglais d'Amérique du Nord se révoltent, forts de l'appui idéologique d'un Rousseau ou d'un Montesquieu. Les Bourbons de France et d'Espagne veulent alors en profiter pour récupérer, qui la Louisiane et le Canada, qui Gibraltar. Ni les uns ni les autres ne parviendront à leurs fins : le traité de Versailles (3 septembre 1783) rend à la France ses comptoirs de l'Inde et du Sénégal, et à l'Espagne la Floride et Minorque.

GUERRE DU FEU (LA) (1981), film français de Jean-Jacques Annaud (né en 1943) d'après le roman de Joseph Henry Rosny (Rosny aîné), qui obtint le césar du meilleur film en 1981, et non pas en 1982. Annaud réalisa en 1986 *Le nom de la rose* d'après le roman d'Umberto Eco, autre grand succès populaire puis *L'Ours,* en 1988.

GUERRE ET PAIX, roman de Léon Tolstoï (1828-1910), écrit entre 1864 et 1869, dépeignant la société russe à l'époque de l'expédition napoléonienne.

GUERRE ISRAÉLO-ARABE DE 1973. – Elle commença le 6 octobre à 14 h, par une attaque égyptienne. Elle dura 18 jours, et fit 3 000 morts dans les rangs israéliens, s'étant soldée le 24 octobre par l'encerclement de la IIIe armée égyptienne.

GUERRE MONDIALE (Première). – De 1914 à 1918 la France a perdu 1,4 million de vies, soit 27 % des hommes de 18 à 27 ans; il y a eu 2,8 millions de blessés; 10 % de la population active masculine a disparu.

GUERRE MONDIALE (Seconde). – De 1939 à 1945, par le jeu des alliances et des accords entre pays et compte tenu de l'étendue du conflit – Europe, Pacifique, Amérique –, 57 pays ont participé plus ou moins directement à la Seconde Guerre mondiale, déclarée en septembre 1939 à la suite de l'invasion de la Pologne par Hitler. Les armées françaises et allemandes restèrent sur leur position pendant plus de huit mois avant l'invasion allemande. Cette particularité fit baptiser cette période la « drôle de guerre » par Roland Dorgelès, et la « guerre bidon » par les Anglais.

GUERRE SINO-JAPONAISE. – Le 7 juillet 1937, des soldats chinois ouvrent le feu sur des soldats japonais en manœuvre sur le pont Marco-Polo. Dès le lendemain, les Japonais déclenchent la guerre, marchent vers le sud et investissent Shanghaï tandis que Tchang Kai-chek envoie des troupes vers le nord.

GUI, plante à fruits blancs qui vit en parasite sur les branches du peuplier, du pommier, et quelquefois du chêne, et dont le suc est parfois utilisé comme antispasmodique.

GUIDE DU ROUTARD. – Il fut créé dans les années 70 par Philippe Gloaguen et Michel Duval et publié aux éditions Hachette. Son apparition constitua une véritable révolution dans l'édition du guide en général.

GUIGNE, mot d'origine allemande désignant à la fois la malchance et une variété de cerise.

GUILLAUME TELL, héros légendaire helvétique du XIVe siècle célèbre pour ses qualités d'arbalétrier. Schiller s'inspira de sa vie pour un drame en 1804 et Rossini pour un opéra en 1829. Opposé aux Habsbourg, il fut condamné à prouver son adresse en perçant d'une flèche une pomme placée sur la tête de son fils.

GUINNESS (Alec) (1914-), acteur anglais né à Londres. Il est l'interprète de huit personnages différents dans *Noblesse oblige*, de Robert Hammer, en 1949. Changeant radicalement de genre, il endosse le rôle du colonel Nicholson, en 1957, dans *Le pont de la rivière Kwaï*. Il fera également partie, en 1962 et 1965, de la distribution de *Lawrence d'Arabie* et du *Docteur Jivago.*

GUITRY (Sacha) (1885-1957), acteur et auteur de comédies et de films né à Saint-Pétersbourg, représentant typique du théâtre de boulevard. Son film *Si Versailles m'était conté* fut réalisé en 1954. *Le roman d'un tricheur* (1936) – et non pas *Les mémoires...* – est également un film, sorti la même année que le livre dont il est l'adaptation. Le théâtre des Mathurins, à Paris, fut édifié pour lui en 1906. Il épousa successivement Charlotte Lysès, Yvonne Printemps (future femme de Pierre Fresnay), Jacqueline Delubac, Geneviève de Séréville, et Lana Marconi. Son père Lucien, acteur français né à Paris (1860-1925), est célèbre pour ses créations dans *L'Aiglon* et *Chantecler,* d'Edmond Rostand.

GUIZOT (François) (1787-1874), historien et homme d'État français. Pendant tout le règne de Louis-Philippe, il défend le conservatisme et est successivement ministre de l'Intérieur, de l'Instruction publique (à l'origine, en cette occasion, d'une importante loi sur l'instruction primaire), des Affaires étrangères (il s'oppose alors à l'opinion publique en étant partisan d'une entente cordiale entre la France et l'Angleterre).

GULF STREAM, courant de l'Atlantique Nord, commençant au golfe du Mexique et finissant à Terre-Neuve, où il est confronté aux eaux froides du Labrador.

GULLIVER, héros du roman de Jonathan Swift (1726), qui voyage dans des pays imaginaires, notamment à Lilliput, dont les habitants ont six pouces de haut, et à Brobdingnag, habité par des géants de soixante pieds.

GURKHAS, caste militaire du Népal. De 1814 à 1816, une guerre éclata entre les gurkhas et les Anglais, qui en sortirent victorieux et installèrent un résident britannique à Katmandou. On appelle aussi gurkhas des soldats d'élite népalais qui font partie de l'armée britannique.

GUSTAVE V (1858-1950), roi de Suède de 1907 à 1950, fils d'Oscar II. Étant neutre il resta en dehors des deux Guerres mondiales.

GUTENBERG (Johannes Gensfleisch, dit) (v. 1400-1468), imprimeur allemand né à Mayence. En 1440 il met au point la typographie (l'imprimerie en caractères mobiles) imaginée par les Chinois au XIe siècle. En 1450, avec Johann Fust (1400-1466) autre imprimeur de Mayence, il imprime la Bible dite *à quarante-deux lignes*.

GYMNASTIQUE (du grec *gumnos*, nu). – Les athlètes de l'Antiquité s'exerçaient nus.

H

HABEAS CORPUS (du latin, « que tu aies le corps »), loi anglaise qui, depuis 1679, garantit la liberté individuelle et protège contre les arrestations arbitraires.

HADDOCK ET NESTOR, personnages de la célèbre bande dessinée *Tintin et Milou*. Voir **TINTIN.**

HADJI. – Le Coran impose aux musulmans d'aller au moins une fois dans leur vie faire un pèlerinage (*hadj*) à La Mecque, ville sainte de l'Islam, en Arabie-Saoudite. *Hadji* est le titre que reçoit à son retour de La Mecque le pèlerin.

HADRIEN (76-138), empereur romain successeur de Trajan qui l'avait adopté avant de mourir. Il avait deux préoccupations principales : assurer la paix intérieure et renforcer l'Empire. Il développa les lettres et les arts et éleva à Tivoli la villa Hadriana, témoignage du classicisme littéraire et artistique qu'il prônait. Marguerite Yourcenar s'inspira de sa vie, en 1952, dans ses *Mémoires d'Hadrien*.

HAÏFA ou **HAIFFA,** port israélien, situé au nord du pays, qui compte 580 000 habitants et dont la principale activité est le raffinage du pétrole.

HAILÉ SÉLASSIÉ (Tafari Makonnen) (1892-1975). – Il prétendait descendre directement de la reine de Saba. Empereur d'Éthiopie en 1930, il se réfugie en Angleterre lors de l'invasion de son pays par les Italiens en 1935. Revenu au pouvoir en 1941, il ne peut moderniser le pays. La famine amène l'armée à le déposer, en 1974. Il sert de modèle au mouvement du rastafarisme. Voir **RASTAFARISME**

HAIR, voir **CLERC**

HAÏTI, l'un des deux États de l'île d'Haïti, l'une des Grandes Antilles, à l'est de Cuba. Ancienne colonie française, son indépendance est proclamée le 1er janvier 1804, mais la France ne reconnaîtra cette indépendance que 21 ans plus tard, en échange d'une indemnité de 150 millions de francs, dette qui ne sera comblée qu'en 1938. Après un protectorat américain de 25 ans, de nouveaux troubles éclatent et François Duvalier devient dictateur en 1957 et reste au pouvoir jusqu'en 1971. Son fils Jean-Claude lui succède, nommé président à vie. Mais une révolte populaire l'oblige à s'enfuir en février 1986, date à laquelle il effectuera un séjour en Haute-Savoie, sur les bords du lac d'Annecy à Talloires. Voir **PAPA DOC.**

HALEY (Bill) (1927-1981), chanteur américain. Il fut un des pionniers du rock and roll, en 1954, avec *Shake, rattle and roll*, et en 1955 avec le très célèbre *Rock around the clock* (« *1, 2, 3 o'clock, 4 o'clock, rock...* »). Environ 20 millions d'exemplaires furent vendus pour ce seul titre!

HALLEY (comète de). – Son dernier passage a eu lieu en 1986. Son nom vient de l'astronome anglais Edmund Halley (1656-1742) qui, en 1705, avait calculé son retour pour 1759 (ce retour eut lieu en 1758). Elle s'approche de la Terre tous les 76 ans environ, depuis 2 millénaires. Sa taille est de 12 km sur 4, et son espérance de vie est estimée à encore 200 000 ans.

HALLIER (Jean-Edern) (1936-), intellectuel français, figure originale et systématiquement complexe du paysage littéraire français, opportuniste tantôt contestataire, tantôt conformiste. L'affaire de son enlèvement n'a jamais été tout à fait éclaircie. On a également pu le voir sur le petit écran faire de la publicité pour une marque de caleçons, avant d'en faire pour son dernier livre paru, *Carnets impudiques.*

HALLYDAY (Johnny), voir **JOHNNY ET SYLVIE**

HALTÉROPHILIE, sport originaire de l'Antiquité grecque, où les combattants étaient parfois armés de massues de plomb (*halteria*). La Fédération française des poids et haltères a été créée en 1918. Elle ne compte toujours aucune femme en son sein.

HAMEAU (le), jardin réalisé par l'architecte français Richard Mique (1728-1794), devenu premier architecte du roi en 1775, pour Marie-Antoinette. Mique sera guillotiné.

HAMILCAR. – Il s'agit d'une allusion à la première phrase du roman de Flaubert, *Salammbô* : « *C'était à Mégara, faubourg de Carthage, dans les jardins d'Hamilcar.* » Voir **FLAUBERT.**

HAMILTON. – Outre la capitale des Bermudes (5 000 habitants), on trouve une Hamilton au Nord de la Nouvelle-Zélande (165 000 habitants), et une autre au Canada, sur le lac Ontario (315 000 habitants). On peut en déduire qu'environ 485 000 personnes vivent à Hamilton!

HAMMET (Dashiell) (1894-1961), écrivain américain créateur du roman policier noir. Il inventa un nouveau type de détective privé, dur et obstiné, comme par exemple dans *Le faucon maltais* (1930).

HANIN (Roger) (1925-), acteur français né en Algérie. Également réalisateur, il tourne en 1974 *Le producteur*, avec Bruno Crémer. Voir **DOMINIQUE.**

HANNETON À AILES VELUES. – Il mesure 2 mm mais n'est pas le seul : la guêpe *myrmaridae* aussi.

HANNIBAL (247-183), général carthaginois qui s'empoisonna pour ne pas risquer de tomber aux mains des Romains. Il fut à l'origine de la deuxième guerre punique, qui le vit traverser les Pyrénées, la France (Gaule) jusqu'aux Alpes puis les Alpes elles-mêmes, à la tête d'une armée de 100 000 hommes, 6 000 chevaux et 350 éléphants, pour aller battre les Romains au Tessin, à la Trébie, à Trasimène, à Cannes en 216. Ce n'est qu'en 202 qu'il sera vaincu, à Zama en Numidie.

HANSKA (madame), épouse du comte Hanski, que Balzac, après la mort du comte, en 1842, voudra épouser à son tour. Il le fera le 14 mars 1850 et mourra peu après, le 18 août. En 1846, ils avaient eu un fils, Victor-Honoré, mort l'année de sa naissance.

HARDY (Françoise) (1944-), chanteuse française de variétés, épouse du chanteur et comédien Jacques Dutronc. C'est l'été 1962 qu'elle est révélée au public, avec *Tous les garçons et les filles*, titre qui se vendra à 2 millions d'exemplaires, à la grande surprise de l'intéressée. En mai 1988, avec la sortie de son dernier album, elle prend la décision de ne plus chanter, et de se consacrer exclusivement à l'écriture des textes des autres. Elle est également férue d'astrologie. *Un château en Suède*, de Roger Vadim, date de 1963. Elle avait déjà, l'année précédente, tourné dans une espèce de clip avant la lettre, réalisé par Claude Lelouch.

HAROLD II (1022-1066). – Il s'empara du trône laissé vacant par Édouard le Confesseur en 1066 et devint roi des Anglo-Saxons. Peu après, au mois d'octobre, ses troupes furent défaites à Hastings par celles de Guillaume le Conquérant, et lui-même trouva la mort à cette occasion. Voir **HASTINGS.**

HARRISON (Reginald Carey Harrison, dit Rex) (1908-), acteur anglais. Son interprétation au cinéma du rôle du professeur Higgins dans *My fair lady*, de George Cukor, en 1964, qu'il avait auparavant longtemps tenu au théâtre, lui valut l'oscar du meilleur acteur.

HARRY'S BAR, restaurant américain au 5 de la rue Daunou, à Paris, dans le 9e arrondissement. Sa publicité recommande à ses clients de demander à leur chauffeur de taxi de les conduire au « *sank roo doo noo* ».

HASTINGS. – Guillaume le Conquérant, qui se considère comme l'héritier du royaume anglo-saxon, débarque avec l'armée normande à Pevensey, le 14 octobre 1066. Harold II marche à sa rencontre et la bataille a lieu à Hastings. Au cours du combat il pert un œil, et bientôt la vie, et son armée est écrasée. Guillaume sera sacré roi, à Westminster, le 25 décembre 1066.

HAUSSMANN, voir **ARRONDISSEMENT**

HAUTECLOQUE (Philippe de), voir **LECLERC**

HAUTE-CONTRE, voir **VOIX**

HAÜY (Valentin) (1742-1822), frère de l'abbé René Just Haüy (1743-1822), cristallographe français. Il fonda également, en 1784 à Paris, l'Institut nationale des jeunes aveugles.

HAVAS (agence). – Elle fut fondée par Charles Havas en 1835. Elle est de nos jours relayée par l'Agence France-Presse (A.F.P.). Havas commença par traduire les articles des journaux étrangers les plus importants, les publiant dans un mensuel destiné à la presse et aux ambassades et disponible uniquement par abonnement. Il eut également l'idée, en 1840, d'établir une liaison régulière entre Londres, Bruxelles et Paris au moyen de pigeons voyageurs qui reliaient Londres à Paris en 6 h. Les pigeons furent progressivement remplacés par le chemin de fer et surtout la télégraphie électrique. Dès 1850, la plupart des capitales européennes comptaient un agent d'Havas.

HAWAII, archipel de Polynésie, État américain depuis 1959, qui a pour capitale Honolulu, découvert en 1778 par le navigateur James Cook qui d'ailleurs y trouva la mort un an plus tard. Il avait eu le temps de le baptiser îles Sandwich. 970 000 habitants peuplent ses 16 600 km^2; ils produisent les 3/4 de la production mondiale d'ananas.

HAWTHORNE (Nathaniel) (1804-1864), écrivain américain. Outre *La lettre écarlate* (1850), il écrivit *Contes racontés deux fois* (1837), *La maison aux sept pignons* (1851), etc. Il affirme dans son œuvre la culpabilité de la nature humaine.

HAYE (LA). – C'est là que siègent, outre la Cour internationale de justice, le gouvernement des Pays-Bas. Elle laisse pourtant à Amsterdam le titre officiel de capitale du pays. Depuis 1974, à la suite de plaintes de l'Australie et de la Nouvelle-Zélande relatives aux essais nucléaires français, la France ne reconnaît plus l'autorité de la Cour internationale de justice. C'est à La Haye qu'on peut admirer certaines des plus belles œuvres du peintre hollandais Rembrandt, au Mauritshuis, musée royal de peinture. La ville compte 455 000 habitants.

HAYWORTH (Margarita Carmen Cansino, dite Rita) (1918-1987), actrice américaine née à New York. Danseuse de formation, elle tourna avec Fred Astaire et Gene Kelly. Mais c'est *Gilda*, réalisé par Charles Vidor en 1946, qui la propulsa au rang de star. Elle épousa Orson Welles en 1943, et elle en divorça en 1948, avant de connaître quatre autres maris dont aucun ne lui procura ce bonheur auquel elle disait tenir. Sa rupture avec Orson Welles coïncide avec le sommet de sa carrière, *La dame de Shangaï*, que le grand metteur en scène réalisa pour elle en même temps qu'ils se séparaient.

HEARST (Patricia), fille de William Randolph Hearst, homme d'affaires américain propriétaire de plusieurs journaux à sensation (1863-1951). Victime d'un enlèvement crapuleux, elle épousa non seulement les thèses de ses ravisseurs mais aussi l'un d'eux... en prison.

HÉBERT (Jacques) (1757-1794), journaliste et homme politique français exécuté, avec plusieurs de ses amis, par Robespierre. Il est le fondateur, en 1790, du journal *Le père Duchesne*, principal organe extrémiste de la Révolution.

HECTOR, héros troyen vaincu par Achille.

HÉDONISME (du grec *hêdonê*, plaisir).

HEINEKEN, quatrième fabricant de bière au monde. Il distribue Heineken, Mutzig Old Lager, Mutzig, et Ancre. Freddy Heineken, victime d'un enlèvement, fut libéré par ses ravisseurs le 1er novembre 1983 contre une rançon de

95 millions de francs, récupérée seulement en partie.

HÉLÈNE, dans la mythologie grecque, fille de Léda et de Zeus, enlevée à Ménélas, son époux, par Pâris. Cet enlèvement fut à l'origine de la guerre de Troie.

HÉLIUM, gaz utilisé en aérostatique en raison de sa légèreté et de son ininflammabilité.

HELLER (Joseph) (1925-), écrivain américain. Il est l'auteur de *Panique* (1975), et de *Dieu sait,* qui lui valut en 1985 le prix Médicis étranger.

HELSINKI, capitale de la Finlande, peuplée de 500 000 habitants. En 1973 et 1975, elle fut également le siège de la Conférence sur la sécurité et la coopération en Europe.

HEMINGWAY (Ernest Miller) (1899-1961), écrivain américain né à Oak Park prix Nobel en 1954. Quelques œuvres : *L'adieu aux armes* (1929), *Pour qui sonne le glas* (1940), *Le vieil homme et la mer* (1952), *Mort dans l'après-midi* (1932), *En avoir ou pas* (1937).

HÉMISPHÈRE NORD, ou *septentrional* ou *boréal.* – Il contient l'Europe, l'Amérique du Nord, l'Arctide, et la presque totalité de l'Asie.

HÉMOPHILIE, retard ou absence de coagulation du sang qui, lors de la moindre blessure, entraîne une hémorragie très importante. Cette maladie, héréditaire, est transmise par les femmes, mais n'atteint que les hommes. La reine Victoria d'Angleterre, porteuse de ce gène, le transmit à plusieurs de ses descendants.

HENDRIX (Jimmy) (1945-1970), guitariste et chanteur de rock noir américain, né à Seattle et mort à Londres. Il fut un virtuose de la guitare électrique, fauché en pleine gloire à l'âge de 25 ans.

HENRI IV (1553-1610), roi de France de 1589 à 1610 né au château de Pau et mort à Paris. En 1572 il échappe au massacre de la Saint-Barthélemy. En 1589, Henri III, sur son lit de mort, le reconnaît comme son successeur. Avant de mourir sous le poignard de Ravaillac, ancien de la Ligue favorable au cardinal de Bourbon dans les années 80, il rétablit les finances, développe l'agriculture et l'industrie, travaille à l'expansion des routes et canaux, expansion qui permet l'essor du commerce.

HENRI VIII (1509-1547), second fils d'Henri VII et d'Élisabeth d'York. Roi d'Angleterre, d'abord profondément catholique, il n'hésite pas à rompre avec Rome quand le pape lui refuse l'annulation de son mariage avec Catherine d'Aragon, qui ne lui a donné qu'une fille. Il se proclame chef suprême de l'Église d'Angleterre. C'est l'origine de l'anglicanisme. Il se marie six fois. Sa deuxième femme est Anne Boleyn.

HENRIOT (Philippe), plutôt secrétaire d'État à la Propagande, il fut exécuté le 28 juin 1944 par des résistants.

HÉPATITE, (du grec *hêpar,* foie), inflammation, toxique ou infectieuse, du foie.

HEPBURN (Audrey Hepburn-Ruston, dite Audrey) (1929-), actrice américaine née à Bruxelles. Elle tourne dans *Sabrina* (et non pas *Sabina*), de Billy Wilder, en 1954, un an après avoir reçu l'oscar de la meilleure actrice pour

Vacances romaines, de William Wyler. Mais l'un des meilleurs souvenirs qu'elle laisse, pour l'instant, de sa carrière est sans doute l'Eliza de *My fair lady* (64), de George Cukor.

HEPBURN (Katharine) (1907-), actrice américaine. *La maison du lac*, de Rydell, en 1981, est son avant-dernier film et fut le dernier pour son partenaire, Henry Fonda, qui mourut l'année suivante.

HEPTATHLON, épreuve féminine combinant 7 disciplines d'athlétisme disputées sur 2 jours (100 m haies, hauteur, poids, 200 m, longueur, javelot, 800 m) et créée en 1981.

HERCULANUM, ville ensevelie en 79 ap. J.-C. sous l'éruption du Vésuve. Des fouilles archéologiques y ont été entreprises dès le XVIIIe siècle, et de manière scientifique à partir de 1927. Voir **POMPÉI.**

HERGÉ, voir **TINTIN**

HERMÈS, dans la mythologie grecque, guide des voyageurs, patron des marchands et des voleurs, conducteur des âmes vers les Enfers, protecteur des revenants.

HERMINE (du latin *Armenius mus*, souris d'Arménie), mammifère proche de la belette, dont le pelage, qui tourne au blanc en hiver, devient alors une fourrure très prisée.

HERRAND (Marcel) (1897-1953), comédien français. Surtout homme de théâtre, il ne mit, à une ou deux exceptions près, que bien peu de conviction à interpréter les rôles qu'on lui proposa au cinéma. Il tourna pourtant avec des grands, tels Carné, Tourneur, l'Herbier, etc.

HERZOG (Maurice). – Il était associé, dans son ascension de l'Annapurna, le 3 juin 1950, à Lachenal, autre Français. Ils mirent 18 jours en tout pour conquérir le sommet (8 091 m), ce qui lui valut d'avoir les doigts entièrement gelés. Il fut nommé secrétaire d'État aux Sports en 1964.

HESS (Rudolf) (1894-1987), ami intime d'Adolf Hitler, membre du parti nazi depuis 1922. C'est par le tribunal international de Nuremberg (procès du 20 novembre 1945 au 25 octobre 1946) qu'il fut condamné à la prison à vie. On ne put jamais établir avec certitude s'il était ou non malade mental. Il est mort en prison.

HESTON (Charles Carter, dit Charlton) (1923-), acteur américain spécialiste des rôles énormes et spectaculaires. Il interprète, entre autres, celui de Moïse dans *Les dix commandements*, de Cecil B. de Mille en 1956, puis ceux de Ben Hur (pour lequel il décroche l'oscar du meilleur acteur) et du Cid, et celui de Michel-Ange dans *L'extase et l'agonie.*

HEYERDAHL (Thor) (1915-), navigateur norvégien. Il voulut, avec cette traversée de l'Atlantique sur un radeau construit selon le procédé en vigueur chez les anciens Égyptiens (c'est-à-dire en tiges de papyrus et sans clou ni armature, avec pour seul liens des cordes), prouver que ceux-ci avaient pu découvrir l'Amérique 2 500 ans avant Christophe Colomb, et 2 000 ans avant les Vikings. Sa première tentative ayant échoué, il atteignit, en 1970, l'île de la Barbade, aux Antilles, à bord du *Râ II.*

HIÉRARCHIE NOBILIAIRE, par ordre d'importance croissant, on trouve : baron, vicomte, comte, marquis, duc, prince.

HIÉROGLYPHE (du grec *hiéros,* sacré, et *gluphein,* graver). – Les hiéroglyphes ont été déchiffrés en 1822 par l'égyptologue français Jean-François Champollion (1790-1832).

HILLARY (Edmund) (1919-), alpiniste néo-zélandais né à Auckland, qui atteignit le premier le sommet de l'Everest (8 848 m, Himalaya), plus haut point du globe terrestre, en compagnie du sherpa (groupe ethnique du Népal) Tenzing Norkay.

HIMMLER (Heinrich) (1900-1945), homme politique allemand. Nommé chef de la Gestapo en 1934, de la police du Reich en 1936, puis ministre de l'Intérieur en 1943, il fut l'un des responsables majeurs de la *solution finale.* Il se suicida en 1945, peu après son arrestation par les Anglais.

HINAULT (Bernard) (1954-), coureur cycliste français passé professionnel en 1975. Il gagne à nouveau le Tour de France en 1979, puis en 1981, 1982, 1985, égalant ainsi, avec 5 victoires, les records de Jacques Anquetil et Eddy Merckx.

HINCKLEY (John), auteur de la tentative d'assassinat du président des États-Unis Ronald Reagan, le 30 mars 1981.

HINDENBURG (Paul von Beneckendorff und von) (1847-1934), maréchal allemand. Président du Reich en 1925, il eut le triste privilège de nommer Hitler chancelier et fut réélu en 1936.

HINDOUISME, religion principalement répandue en Inde et basée sur la thèse de l'identification du soi individuel au soi universel. Il offre des similitudes avec le brahmanisme et le bouddhisme mais en diffère par un culte rendu à une personne divine elle-même subordonnée et superposée à l'absolu. Ses principaux dieux sont : Indra, Brahmâ, Visnu, Siva. Il se répartit en de nombreuses sectes.

HINES (Jim) (1946-), sprinter américain spécialiste du 100 m, champion olympique et recordman du monde de la spécialité, en 1968, en 9 s 95.

HIPPOCRATE (460-377 av. J.-C.), l'un des plus grands médecins de l'Antiquité. Il est à l'origine de l'observation clinique, basée sur l'altération des humeurs. Il a écrit un *Traité des airs, des eaux et des lieux*, un *Traité du pronostic*, des *Aphorismes*, etc.

HIPPOLYTE, dans la mythologie grecque, fils de Thésée, qui le fit périr après que Phèdre, épouse de Thésée, l'avait accusé d'avoir voulu attenter à son honneur – alors qu'il en avait au contraire repoussé les avances. Voir **HERCULE.**

HIPPOPOTAME (du grec *hippos*, cheval, et *potamos*, fleuve). – Il peut plonger et rester immergé pendant 5 à 6 minutes.

HIROSHIMA. – Soudain excédé par les pertes causées dans le corps des marines par les kamikazes, le président Truman donna l'ordre de lâcher une bombe atomique du type *Little Boy* sur la ville d'Hiroshima, le 6 août 1945, faisant près de 100 000 morts ou disparus. Trois jours après, c'était au tour de Nagasaki (20 000 morts). Le Japon fut contraint de capituler sans conditions le 2 septembre. Alain Resnais fit une évocation de ce sinistre épisode de l'histoire dans son film *Hiroshima mon amour*, en 1959, sur un scénario de Marguerite Duras.

HISPANIOLA, voir **HAÏTI**

HITCHCOCK (Alfred) (1899-1980), cinéaste anglais, naturalisé américain, né à Londres et mort à Los Angeles. Il fut le maître du suspense et un des plus grands spécialistes de l'humour. Il apparaît dans ses films, furtivement, au début pour pallier ses besoins de figuration, ensuite pour répondre à l'attente du public, qui en a pris l'habitude et guette l'apparition de sa silhouette si caractéristique. Voir **CRIME ÉTAIT PRESQUE PARFAIT (LE).** Voir **LIFE BOAT.**

HITLER (Adolf) (1889-1945). – Il rédige *Mein Kampf* (*Mon combat*), où sont exposés les thèmes du national-socialisme, lors d'un séjour assez court en prison, en 1923, consécutif à sa tentative manquée de prise du pouvoir à Munich.

HÔ CHI MINH (Nguyên That Thanh, dit Nguyên Ai Quôc, ou) (1890-1969), homme politique vietnamien. Lors de son séjour en France, il adhère, en 1919, au parti communiste, ce qui l'amène, en 1930, à fonder le parti communiste indochinois. En 1945 il déclare le Viêt-nam indépendant et en devient le président de la République. Son pseudonyme signifie *Celui qui éclaire.*

HÔ CHI MINH-VILLE. – Saïgon prit ce nom en 1975, le 30 avril, lors de l'entrée des troupes du Viêt-nam du Nord. C'est aujourd'hui la plus grande ville du Viêt-nam, et elle compte 3,5 millions d'habitants. Le village de Saigon est né en 1675.

HOCKEY SUR GLACE. – Il se joue, sur une patinoire de 61 m sur 31 m, en 3 périodes de 20 mn à 6 joueurs par équipe (remplacés très souvent), avec une crosse et un palet, la finalité du jeu étant de mettre le palet dans le but adverse. La *prison* (2 mn d'expulsion) est la plus petite pénalité infligée par l'arbitre à un joueur.

HOFFMAN (Dustin) (1937-), acteur américain né à Los Angeles révélé au grand public par Mike Nichols en 1967, dans son film *Le lauréat.* Viendront ensuite : *Macadam cow-boy* (John Schlesinger, 1969), *Little big man ou les extravagantes aventures d'un visage pâle* (Arthur Penn, 1970), *Les chiens de paille* (Sam Peckinpah, 1971) *Papillon* (1973), *Marathon man* (1976), *Kramer contre Kramer* (1979), *Tootsie* (1982), film dans lequel il se travestit et tombe amoureux, sous son déguisement de femme, du personnage féminin, interprété par Jessica Lange, etc.

HOGGAR ou **AHAGGAR,** massif volcanique du Sud du Sahara algérien, dont le point culminant est le mont Atakor (2 918 m). On y trouve Tamanrasset, aujourd'hui Tamenghest, oasis à 1 400 m d'altitude.

HOKKAIDÔ, île japonaise, anciennement Yeso, au nord de l'île de Honshu (île où sont implantées Tôkyô, Kyôto, et Ôsaka).

HOLMES (Sherlock), personnage de détective créé par Arthur Conan Doyle (1859-1930), écrivain britannique né à Édimbourg. Le docteur Watson accompagne Sherlock Holmes dans la plupart de ses enquêtes. En 1893, après avoir considérablement augmenté ses exigences financières pour tenter de décourager son éditeur (sans succès), Conan Doyle se résout à faire jeter son héros par un « génie du crime » dans le gouffre de Reichenbach. Après sept ans de virulente insistance du public anglais, l'auteur se voit contraint de faire ressusciter Sherlock Holmes. Il fera une seconde tentative en 1917, présentant cette fois son héros comme définitivement retraité. Mais, là encore, il sera contraint par le public à reprendre la plume. Le même genre de mésaventure arriva à Agatha Christie avec Hercule Poirot, son héros.

HOLOGRAMME, image obtenue par une méthode de photographie qui permet, en utilisant les interférences de deux faisceaux lasers, de restituer le relief d'un objet, autrement dit ses trois dimensions (holographie).

HOMÈRE, poète épique grec considéré comme l'auteur de *L'Iliade* et de *L'Odyssée* mais dont l'existence est impossible à établir avec précision et certitude.

HOMMES DE BONNE VOLONTÉ (LES), vaste roman-cycle de Jules Romains, écrivain français né à Saint-Julien-Chapteuil (1885-1972) et devenu académicien, écrit entre 1932 et 1947, panorama de la vie française de 1908 à 1933.

HOMME TRANQUILLE (L') (1952), film américain de John Ford, avec John Wayne.

HOMO ERECTUS. – Originaire du Tanganyika, en Afrique, il y a environ 950 000 ans (l'*Homo sapiens* apparaît il y a environ 33 000 ans), L'*Homo erectus* mesurait en moyenne 1,20 m. Il taillait des galets, des os, construisait de petits murs, et pratiquait la chasse. Il vivait par petits groupes de 10 à 15 individus.

HONGKONG, colonie britannique depuis 1842. En 1984, un accord entre la Grande-Bretagne et la Chine, laquelle affirme sa souveraineté sur ce territoire, a prévu la restitution de Hongkong à cette dernière en 1997. Hongkong, en attendant, peut se prévaloir d'être la plus forte buveuse de cognac du monde et d'abriter le plus grand nombre d'amateurs de Rolls-Royces.

HONGRIE. – La République populaire hongroise fut imposée, le 20 août 1949, par Mátyás Rákosi. Il fut remplacé par Imre Nagy en 1953, lequel fut débordé en octobre 1956 par une insurrection qui entraîna l'intervention des troupes soviétiques jusque dans Budapest. Nagy fut exécuté en 1958. En hongrois, République populaire hongroise se dit *Magyar Népköztársaság.*

HONSHU, voir **HOKKAIDO**

HOPE. – Découvert en Inde au XVIIe siècle, il faisait alors 128,51 carats. Maintenant, taillé, il fait 44,5 carats. Il a appartenu successivement au roi Louis XIV, au sultan de Turquie, au bijoutier parisien Cartier, puis à Harry Winston qui l'offrit à la Smithsonian Institution, de Washington, voulant sans doute s'en débarrasser à cause de sa mauvaise réputation.

HOPPER (Dennis) (1936-), acteur et metteur en scène américain. Ami de James Dean, il sera à ses côtés dans *La fureur de vivre* et *Géant*. *Easy rider* est son premier film comme réalisateur, qu'il interprète en compagnie de Peter Fonda, et qui connaît en 1969 un énorme succès auprès de la critique et du public.

HORACE (65-8 av. J.-C.), poète latin qui fut un des protégés de Virgile. Œuvres : *Satires*, *Odes*, *Épîtres*, *Épodes*, etc.

HORACES. – C'est sous le règne du troisième roi de Rome que l'on situe traditionnellement la guerre entre Albe et Rome, illustrée par le combat des trois Horaces, qui luttaient pour Rome, et des trois Curiaces, qui défendaient Albe. Le dernier Horace, sorti vainqueur, tua sa sœur qui aimait l'un des Curiaces, et ce fut la ruine d'Albe. Cette légende a inspiré Pierre Corneille pour sa tragédie *Horace.*

HORLOGE PARLANTE. – Elle fut inventée par Ernest Esclangon et mise en service le 14 février 1933. Elle reçoit plus de 140 millions d'appels par an.

HORRIPILATEUR (muscle) (du latin *horripilare*, avoir le poil hérissé).

HORS-BORDS. – Les Six heures de Paris est une course en circuit (sur la Seine) réservée aux hors-bords, qui se court une fois par an : le premier dimanche d'octobre.

HORTENSE DE BEAUHARNAIS (1783-1837), reine de Hollande, fille du vicomte de Beauharnais et de Joséphine Tascher de la Pagerie. Elle se maria avec Louis Bonaparte, roi de Hollande dont elle eut trois fils. Un seul survécut, Charles Louis Napoléon, qui devint Napoléon III.

HORY (Elmir de) (1905-1976), peintre faussaire qui réalisa plusieurs faux Dufy, Matisse, Modigliani, Derain, Van Dongen, Marquet, etc.

HOUBLON, plante grimpante de la famille des cannabinacées (pouvant monter jusqu'à 5 m) utilisée pour aromatiser la bière.

HUBERT (Hubert Wayaffe dit) (1938-), animateur français d'émissions radiophoniques.

HUDSON. – La baie d'Hudson, dans la région Nord-Est du Canada, est la plus grande baie du monde (1,2 millions de km² soit deux fois la superficie de la France). Les détroits d'Hudson et de Foxe la relient aux océans Atlantique et Arctique, respectivement.

HUGHES (Howard) (1905-1976), industriel, producteur et cinéaste américain. C'est un des personnages les plus extravagants du Hollywood de la grande époque. Il finit sa vie, enfermé dans une des quelques forteresses qu'il s'était fait construire, en se laissant pousser la barbe et les ongles. Il fut un fabricant de stars, et à l'origine, malgré ou peut-être à cause de sa « folie », de quelques-uns des films les plus importants de son époque, tels *Scarface*, ou *La captive aux yeux clairs.*

HUGO (Victor) (1802-1885), écrivain français né à Besançon. C'est un des représentants les plus marquants du romantisme. Il fut académicien, et député en 1848. Après le coup d'État du 2 décembre 1851, il quitta Paris. Son exil dura jusqu'en 1870. Après sa mort, ses restes furent placés au Panthéon. Œuvres : *Odes* (1822), préface de *Cromwell* (1827), *Orientales* (1828), *Hernani*

(1830), *Notre-Dame de Paris* (1831), *Les feuilles d'automne* (1831), *Les chants du crépuscule* (1835), *Les voix intérieures* (1837), *Les rayons et les ombres* (1840), *Marion Delorme* (1831), *Lucrèce Borgia* (1833), *Ruy Blas* (1838), *Les burgraves* (1843), *Les châtiments* (1853), *Les contemplations* (1856), *La légende des siècles* (1859-83), *Les misérables* (1862), *Les travailleurs de la mer* (1866), etc. Son dernier roman est *Quatre-vingt-treize.* « *Waterloo, Waterloo, morne plaine* » est extrait des *Châtiments.* Victor Hugo a écrit environ 100 000 vers, ce qui représente à peu près 4 vers quotidiens.

HUIT MAI 1945, capitulation de l'Allemagne.

HULA-HOOP, jeu sportif consistant à faire tourner un cerceau autour de la taille ou des jambes sans l'aide des mains, par la seule force d'un mouvement oscillatoire du corps.

HUNS, peuple d'Asie centrale installé aux IVe et Ve siècles sur la Hongrie et l'Ukraine, la Silésie et la Serbie. Sous la conduite d'Attila, les Huns envahirent l'Orient, puis l'Occident, jusqu'à Metz, qui fut brûlée, mais ils ne purent pas s'emparer d'Orléans. Le 20 juin 451, Attila fut vaincu en Champagne. Il mourut 2 ans plus tard.

HUNT (Nelson et Bunker), Texans qui, en 1979, firent monter le cours de l'argent de 6 $ l'once à 50,35 $, lequel cours s'effondra subitement, le 27 mars 1980, à 11 $. Les deux frères frôlèrent la banqueroute.

HUPPERT (Isabelle) (1953-), actrice française née à Paris. *La dentelière*, de Claude Goretta, est le film qui la révéla au grand public, en 1977. L'année suivante, elle obtient le prix d'interprétation au festival de Cannes, pour le rôle de Violette Nozière, dans le film du même nom de Claude Chabrol. Elle a tourné, depuis, dans une dizaine de films.

HURLEVENT (LES HAUTS DE), roman anglais d'Emily Brontë (1818-1848), publié en 1847 sous le pseudonyme d'Ellis Bell. Emily Brontë était la sœur de Charlotte (1816-1855), auteur de *Jane Eyre*, et d'Anne (1820-1849), également romancière.

HUSÁK (Gustáv) (1913-), homme politique tchèque. Il devient secrétaire général du parti communiste le 18 avril 1969, remplaçant Alexandre Dubček (né en 1921, l'année même de la création du parti). Husák devient président de la République le 29 mai 1975.

HUSSEIN DE JORDANIE (1935-), roi de Jordanie depuis 1952. Il est à l'origine de l'engagement de la Jordanie dans la troisième guerre israélo-arabe. Il reconnaît l'O.L.P. en 1974 et est maintenant favorable à un règlement pacifique des conflits du Proche-Orient.

HUSTON (John) (1906-1987), cinéaste américain. Grand cavalier, il a chevauché aux côtés de Pancho Villa lors de la révolution mexicaine. Son premier film, *Le faucon Maltais* (1941), témoigne déjà totalement de son génie. Suivront 40 films, dont le dernier, *The dead* (*Les morts*), a pu être achevé juste avant sa mort, à l'âge de 81 ans. Son film *Reflets dans un œil d'or*, avec Liz Taylor et Marlon Brando, date de 1967.

HUYGENS (Christiaan) (1629-1695), mathématicien, physicien et astronome hollandais. Il découvre l'anneau de Saturne en 1655, ainsi que la rotation de Mars et la nébuleuse d'Orion en 1656. Il est l'auteur de la théorie du pendule, pendule qu'il utilise pour régulariser le mouvement des horloges.

HUYSMANS (Georges Charles, dit Joris-Karl) (1848-1907), écrivain français né et mort à Paris, auteur de poèmes en prose et de romans. ***À rebours*** fut publié en 1884 et est une des œuvres typiques de ce qu'on a appelé en littérature la « décadence ».

HYDROGÈNE, (du grec *hudôr*, eau, et *gennân*, engendrer), corps simple entrant dans la composition de l'eau identifié en 1766 par Henry Cavendish, physicien et chimiste anglais (1731-1810).

HYMÉNÉE ou **HYMEN,** dans la mythologie grecque, dieu du mariage, fils d'Apollon, représenté comme un bel adolescent. Voir **APOLLON.**

HYMNE À LA JOIE. – Cet hymne, qui servit de support à Beethoven dans le dernier mouvement de sa dernière symphonie, n'est pas une œuvre de Goethe, mais de Schiller.

HYPOCENTRE, région située à une profondeur comprise entre 10 et 100 km (pouvant parfois aller jusqu'à 700 km), à la verticale de l'épicentre d'un séïsme, et d'où partent les ondes sismiques.

HYSON (et non **hysson**), variété de thé non fermenté fait de jeunes feuilles cueillies en début de printemps, surtout répandue dans les pays musulmans.

HYSTÉRECTOMIE, du grec *hustera,* utérus, et *ektomê,* ablation.

HYSTÉRIE (du grec *hustera,* utérus), névrose aux effets parfois paroxystiques.

I

IAÏDO. – Il était anciennement appelé *iaï jutsu.* Il regroupe environ 15 000 pratiquants en France.

ICARE. – Lors de son envol mythologique du labyrinthe avec son père Dédale, il s'éleva si près du Soleil que la cire de ses ailes fondit. Ayant ainsi perdu ces ailes, il fut précipité dans la mer et se noya. Voir **DÉDALE.**

ICEBERG. – La partie émergée d'un iceberg peut atteindre 200 m de haut.

ICKX (Jacky) (1945-), pilote de course automobile belge encore vainqueur des 24 h du Mans en 1975, 1976, 1977, 1981 et 1982.

IDÉAL DU GAZEAU, cheval de course trotteur, vainqueur du prix d'Amérique en 1981 et 1983, drivé par Lefèvre. Il appartenait alors à Morice.

IDÉFIX, voir **ASTÉRIX**

IDI AMIN DADA, voir **AMIN DADA**

IF, petite île de la Méditerranée, à deux kilomètres au large de Marseille, sur laquelle François 1er fit bâtir un château fort qui servit de prison d'État.

IKEBANA, art floral japonais dont les règles, très précises, ont été codifiées au VIIe siècle.

ÎLE DU DIABLE, petite île du Salut, en Guyane française, d'une superficie de 14 ha. Dreyfus y fut emprisonné de 1894 à 1899. Voir **DREYFUS.**

ILIADE (L'), poème épique et guerrier en vingt-quatre chants attribué à Homère. Voir **HOMÈRE.**

IMPERMÉABLE. – Mac Intosh était écossais.

INCROYABLE MAIS VRAI, séquence de l'émission de variétés dominicale de Jacques Martin *Dimanche Martin* enregistrée dans les conditions du direct et en public au théâtre de l'Empire, avenue de Wagram, à Paris.

INDE. – D'une superficie de 3,268 millions de km², l'Inde compte 765 millions d'habitants, ce qui fait d'elle le pays le plus peuplé au monde après la Chine (1 milliard et 45 millions d'habitants pour 9,55 millions de km², densité : 110 habitants au km²). Sa densité est de 234 habitants au km², et le taux d'accroissement de sa population est de plus de 2 % par an. Celle-ci est extrêmement composite, d'un point de vue tant linguistique que religieux, et sa diversité est encore accentuée par le système des castes propre à la religion hindouiste, et encore en vigueur malgré son abolition en 1949.

INDIANAPOLIS, course automobile américaine d'une longueur de 804 km (200 tours). 58 pilotes y trouvèrent la mort en 52 éditions jusqu'en 1968.

INDIEN (océan). – Avec 75 millions de km², il vient en 3ᵉ position, après le Pacifique (180 millions) et l'Atlantique (plus de 106 millions). Sa principale activité économique demeure la recherche et l'exploitation du pétrole dans le golfe Persique.

INDOCHINE, péninsule asiatique située entre l'Inde et la Chine qui regroupe la Thaïlande, le Laos, la Malaisie, la Birmanie, le Viêt-nam, le Cambodge, soit 180 millions d'habitants sur près de 2,28 millions de km² (densité : 79 habitants au km²). L'Indochine française regroupait, jusqu'en 1954 (indépendance du Viêt-nam), la Cochinchine, le Tonkin, l'Annam, le Laos et le Cambodge. Voir **INDOCHINE (guerre d').**

INDOCHINE (guerre d'). – Le Vietminh combattit les Français de 1946 à 1954. La défaite de Diên Biên Phu eut pour résultat le départ des Français et la séparation du Viêt-nam en deux États, le Nord soutenu par l'URSS, et le Sud soutenu par les États-Unis. Pendant la deuxième guerre d'Indochine, ces deux États luttèrent l'un contre l'autre de 1962 à 1973. Un cessez-le-feu eut lieu en 1973 et immédiatement toutes les troupes américaines quittèrent l'Indochine.

INDONÉSIE, État de l'Asie du Sud-Est composé de près de 13 000 îles, d'une superficie de 1,9 million de km² pour 170 millions d'habitants (densité : 90 h./km²). Elle obtint son indépendance avec l'aide du Japon puis aux dépens de ce dernier et des Hollandais, le 17 août 1945. Sur les 590 millions de musulmans du monde, l'Indonésie en compte 125 millions.

INDUS. – Long de plus de 3 000 km il prend sa source au Tibet, à 4 500 m d'altitude. Sa faible pente sur ses 1 500 derniers kilomètres lui permet de drainer un bassin de plus de 900 000 km² et d'être une source d'irrigation indispensable pour pallier l'aridité d'une région par ailleurs privée de mousson, le sud du Pakistan. L'Indus se jette dans la mer d'Oman (océan Indien).

INGRES (Jean Auguste Dominique) (1780-1867), peintre et dessinateur français né à Montauban et mort à Paris, grand prix de Rome en 1801. Sa *Grande odalisque* date de 1814 et est au Musée du Louvre. Il est également l'auteur du *Bain turc* (1863, Louvre). (Une odalisque était une esclave attachée au service des femmes du Sultan, en Turquie ottomane.)

INNSBRUCK, ville d'Autriche, capitale du Tyrol, située entre 579 et 2 343 m.

INQUISITION. – Créé en 1199 par le pape Innocent III pour lutter contre l'hérésie cathare, ce tribunal ecclésiastique procédait à des interrogatoires utilisant la torture et prononçait des condamnations à la peine de mort et à la confiscation des biens. Ce mouvement s'étendit en Espagne au XVIe siècle et fut supprimé au début du XVIIIe siècle.

I.N.R.I. (du latin *Iesus Nazarenus rex Iudoerum*, Jésus de Nazareth, roi des Juifs). – Cette inscription n'apparaît en fait sur les représentations de la Croix qu'à partir du XIVe siècle.

INTÉRIEURE (mer). – Elle sépare Honshu, principale île du Japon, de Shikoku sa proche voisine du sud. Sa profondeur n'excède pas 38 m.

INTERNATIONAUX DE FRANCE, championnat de tennis ouvert aux joueurs de toutes nationalités depuis 1925, disputé, pour les hommes, depuis 1891; pour les femmes, depuis 1897. Il se joue au stade Roland-Garros, à Paris, depuis 1928. La finale féminine ne se joue pas nécessairement en trois sets, mais *à la meilleure* des trois sets, c'est-à-dire en 2 sets gagnant.

INTERVILLES, émission de télévision mettant aux prises plusieurs villes européennes, dans des joutes ludico-sportives, animée, encore aujourd'hui, par Léon Zitrone, Pierre Sabbagh ayant quant à lui depuis longtemps été remplacé par Guy Lux, autre figure nationale de notre télévision.

INTOURIST, seule agence touristique officielle d'URSS. Tout touriste occidental doit passer par elle lors de ses déplacements dans le pays. Elle a été créée en 1929 et son siège est à Moscou.

INVINCIBLE ARMADA. – L'exécution, en 1587, de la reine catholique Marie Stuart par Élisabeth Ire d'Angleterre provoqua la colère du roi d'Espagne Philippe II. Ce dernier leva une flotte considérable pour envahir l'Angleterre et détrôner Élisabeth. La tempête et la vaillance des marins anglais firent, en 1588, échouer cette tentative et donnèrent à l'Angleterre la suprématie maritime.

IODLER ou **JODLER** ou **IOULER** (de l'allemand *jodeln*), voir **TYROLIENNE**

IONESCO (Eugène) (1912-), auteur dramatique français d'origine roumaine né à Slatina. Il a écrit *La cantatrice chauve*, *La leçon*, *Les chaises*, *Tueur sans gages*, *Rhinocéros*, *Le roi se meurt*, *Jeu de massacre*, etc. C'est l'un des principaux représentants de langue française, avec Samuel Beckett, du théâtre de l'absurde.

IONIQUE (style), forme d'architecture grecque apparue vers 560 av. J.-C., définie par une colonne cannelée, élancée, avec une base moulurée, et par un chapiteau dont l'échine, décorée d'oves, est flanquée de deux volutes, et dont l'abaque est parfois orné, au centre, d'une fleur.

I.R.A. (Irish Republican Army), armée républicaine irlandaise, qui remplace les

Volontaires irlandais avec le même but : poursuivre la lutte contre le gouvernement britannique pour obtenir la réunification et l'indépendance de l'île. Devenue illégale en 1939 elle réapparaît en 1969 en Ulster aux côtés des catholiques. L'I.R.A. officielle est pour un règlement pacifique alors que l'I.R.A. provisoire mène une action violente.

IRAQ ou **IRAK,** État qui s'étend sur 434 000 km² au Proche Orient et compte 15,5 millions d'habitants. Il est baigné par le Tigre et l'Euphrate dont le bassin forme la Mésopotamie, berceau de plusieurs civilisations plusieurs siècles, avant notre ère. Sa principale activité économique est l'exploitation pétrolière, laquelle souffre du conflit qui l'oppose à l'Iran depuis 1980.

IRONE, principe odorant de l'iris, souvent employé en parfumerie.

ISABELLE, COMTESSE DE PARIS (1911-), Isabelle d'Orléans et Bragance, fille du duc de Nemours. Elle épouse monseigneur Henri d'Orléans, comte de Paris (né le 9 juillet 1908), le 8 avril 1931. En 1986 est prononcée leur séparation de biens. Ils ont, avant cette date, eu onze enfants. Ses livres : *Tout m'est bonheur* (1978), *Les chemins creux* (*Tout m'est bonheur,* tome 2) (1981).

ISKANDAR, nom donné par les persans à Alexandre le Grand. Ses exploits de conquérant ont inspiré un grand nombre de romans, de récits fabuleux, notamment dans le Coran où il est présenté comme un fidèle d'Allah. Voir **ALEXANDRE LE GRAND.**

ISLANDE, île de l'Atlantique Nord, située au sud-est du Groenland, d'une superficie de 103 000 km², qui compte 232 000 habitants. D'abord sous tutelle de la Norvège, elle devient danoise, en même temps que cette dernière, en 1380. Elle le restera jusqu'en 1918, date de son indépendance.

ISMAÉLIENS, membres d'une secte chiite dont l'origine remonte à la fin du VIIIe siècle et à l'imam Ismaïl (mort en 762). La dynastie ismaélienne, après avoir régné sur le Maghreb et le Moyen Orient, s'est affaiblie à la suite de nombreuses dissidences. L'imam de la communauté porte le titre d'*agha khan* et vit réfugié en Inde (à partir de 1842). Il règne sur près de 3 millions de fidèles.

ISOCÈLE (triangle), voir **SCALÈNE**

ISRAËL, État proche-oriental d'une superficie de 21 000 km² pour 4,2 millions d'habitants, fondé le 14 mai 1948 et envahi le 15 mai par les pays arabes voisins (Liban, Syrie, Iraq, Transjordanie, Égypte). Israël sera reconnu par l'O.N.U. en 1949. Mais le conflit israélo-arabe est loin d'être pour autant réglé, aujourd'hui encore.

ISSENHEIM, couvent où Matthias Grünewald (Mathis Nithart, peintre allemand né à Wurzbourg (v. 1465-1528)), peignit son célèbre polyptyque.

ISTANBUL. – Capitale de l'empire byzantin sous le nom de Constantinople, puis de l'empire ottoman sous son nom actuel, elle fut à l'origine une colonie grecque, fondée au VIIe siècle avant J.-C. sous le nom de Byzance. Elle est aujourd'hui la plus grande ville de Turquie et compte plus de 2,85 millions d'habitants.

ITALIE (2e guerre mondiale en). – 27 septembre 1940 : signature d'un pacte d'alliance entre l'Allemagne et l'Italie. 11 décembre 1941 : l'Italie déclare la guerre aux États-Unis. 6 août 1943 : les troupes allemandes envahissent l'Italie. 13 octobre 1943 : l'Italie déclare la guerre à l'Allemagne.

IWO JIMA, île de l'océan Pacifique qui fut le siège, en février 1945, d'une bataille entre les Japonais et les Américains, lesquels s'en emparèrent. L'île compte un volcan encore en activité : le mont Suribachi.

J

JACHÈRE. – Autrefois, on laissait régulièrement une terre en jachère (c'est-à-dire sans la labourer ni la cultiver, afin qu'elle puisse en reposant se rééquilibrer), ce qui, depuis l'apparition des pesticides, des herbicides, et des engrais, est de moins en moins pratiqué de nos jours.

JACKSON (Michael) (1958-), chanteur de variétés américain. Il débute à la fin des années 60. Mais c'est en 1983, avec le groupe Jackson Five qu'il forme avec ses frères et le titre *Billie Jean* de son album *Thriller*, qu'il pulvérise les records de vente et de gains. Il a alors 25 ans et encore de beaux jours devant lui puisqu'il se ressource toutes les nuits dans un caisson à oxygène, aux propriétés miraculeusement régénératrices!

JACOBS (Edgar P.), auteur belge de bandes dessinées créateur de Blake et Mortimer. (*La marque jaune*, *Le rayon U*, *La grande menace*, *L'énigme de l'Atlantide*, *Le mystère de la grande pyramide*, etc.)

JACQUET, jeu créé vers la fin du XVIIIe siècle, se jouant à 2 (variantes : trictrac, backgammon).

JADE, silicate d'aluminium, de calcium, de magnésium, d'un vert foncé, comprenant deux espèces, la jadéite et la néphrite.

JAGGER (Mick), voir **ROLLING STONES**

JAGUAR, félidé à robe tachetée comme la panthère, mais plus grand. Il s'en distingue par la disposition des taches de son pelage, faisant des cercles discontinus centrés sur une tache plus petite et alignées en 7 ou 8 rangées longitudinales de chaque côté du corps. Il mesure jusqu'à 1,30 m de long.

JAI ALAI, voir **PELOTE BASQUE**

JAMAÏQUE, île de l'archipel des Grandes Antilles, d'une superficie de 11 425 km² pour 2,3 millions d'habitants. Découverte par Christophe Colomb en 1494, elle sera d'abord occupée par les Espagnols, avant que les Anglais achèvent de la conquérir en 1658. C'est en 1962 que la Jamaïque obtient son indépendance, tout en demeurant au sein du Commonwealth.

JAMAIS LE DIMANCHE (1960), film grec de Jules Dassin avec, pour principale interprète, Mélina Mercouri, sa femme, également chanteuse, et aujourd'hui ministre grecque de la Culture.

JAMES BOND, personnage de roman d'espionnage créé par Ian Fleming à la fin des années 40, adapté au cinéma à partir de 1962, avec Sean Connery dans le rôle de l'agent 007, puis avec Roger Moore à partir de 1973. Voici les *James Bond* tournés à ce jour : *James Bond 007 contre Dr No* (1962), *Bons baisers de Russie* (1963), *Goldfinger* (1964), *Opération Tonnerre* (1965), *On ne vit que deux fois* (1967), *Les diamants sont éternels* (1971), *Vivre et laisser mourir* (1973), *L'homme au pistolet d'or* (1974), *L'espion qui m'aimait* (1977), *Moonraker* (1979), *Rien que pour vos yeux* (1981), *Jamais plus jamais* (1983, à nouveau avec Sean Connery, pour la dernière fois), *Octopussy* (1983), *Dangereusement vôtre* (1985). À noter qu'en 1969 fut réalisé *Au service de sa majesté*, pour la seule fois sans Connery ni Moore, mais avec Cazemby, acteur australien. *Casino Royale*, film à sketches, démystifiait, en 1967, de manière humoristique, le héros de Ian Fleming, avec David Niven pour interprète. Mais ce film ne rentre évidemment pas dans la série classique des *James Bond*.

JANUS, dans la mythologie romaine, gardien des portes de Rome, surveillant les entrées et les sorties.

JAPON (du japonais *Nippon* ou *Nihon*, soleil levant), archipel de 370 000 km² pour 121 millions d'habitants (densité : 320 h./km², l'une des plus forte du monde). Le peuplement de cette partie du monde a commencé avant le VIIIe millénaire, et le premier empire fut créé en 660 avant notre ère. Hymne national : *Kimi ga yo* (*Le règne de notre empereur*), composé par Hyashi Hirotrami en 1880. Pêche : les Japonais produisent plus de 11 millions de tonnes de poisson par an, ce qui les place devant l'URSS (à titre de comparaison la France, arrive au 20e rang, avec 780 000 tonnes). Banques : parmi les 10 premières banques du monde, le Japon en compte 5 (Dai-ichi Kangyo Bank, 2e; Fuji Bank, 3e; Sumitomo Bank, 4e; Mitsubishi Bank, 5e; Sanwa Bank 7e), la France 3 (BNP, 8e; Crédit agricole, 9e. Crédit lyonnais, 10e) et les USA 2 (Citicorp, 1re; Bankamerica Corp, 6e). Hara-kiri : suicide opéré par le samouraï par ouverture de son ventre de gauche à droite puis de bas en haut, à l'aide de son sabre. Il devait préalablement écrire un poème de 5 vers décomposés exactement comme suit : 1er vers : 5 syllabes; 2e vers : 7 syllabes; 3e vers : 5 syllabes; 4e vers : 7 syllabes; 5e vers : 7 syllabes. Le hara-kiri est désormais interdit, cela depuis le milieu du XIXe siècle... ce qui, en même temps, nous prive donc de poésie.

JARDINS DU BELVÉDÈRE, un des hauts lieux artistiques et architecturaux de l'Autriche, dont le palais recèle notamment un musée de l'art baroque.

JARDINS SUSPENDUS DE BABYLONE, jardins construits par Nabuchodonosor pour Annhia, aux alentours de 600 av. J.-C. Comme ils étaient suspendus jusqu'à 100 m de hauteur, Nabuchodonosor dut faire dévier les eaux de l'Euphrate pour pouvoir les irriguer. Voir **SEPT MERVEILLES DU MONDE.**

JARRE (Jean-Michel) (1948-), musicien français époux de l'actrice anglaise

Charlotte Rampling, fils de Maurice Jarre (né en 1924, compositeur, et auteur de musiques de films, notamment pour *Lawrence d'Arabie*, *Docteur Jivago*, *Le jour le plus long*, *Paris brûle-t-il?*, etc.). Le « tube » qui lança Jean-Michel Jarre dans le monde entier fut *Oxygène*, en 1977. Et il est désormais le grand ordonnateur musical des déplacements de Sa Sainteté le pape.

JARRETIÈRE (ordre de la). – Créé en 1346 par Edmond III d'Angleterre, c'est le plus ancien et le plus émérite ordre de chevalerie britannique. Il compte 26 membres, soit 24 chevaliers plus le prince de Galles et le roi lui-même, grand maître de l'ordre. Les dames y sont acceptées. *Honni soit qui mal y pense* est sa devise.

JARRY (Alfred) (1873-1907), écrivain français né à Laval, notamment auteur d'*Ubu roi*, comédie caricaturale. Autres œuvres : *Les minutes de sable mémorial* (1894), *César antéchrist* (1895), *Perhinderion* (1896) *Les jours et les nuits, roman d'un déserteur* (1897), *Gestes et opinions du docteur Faustroll, pataphysicien* (1898), *Almanach du père Ubu illustré* (1899), *Ubu enchaîné* (1900), *Almanach illustré du père Ubu* (1901), *Ubu sur la butte* (1906), *Ubu cocu*, œuvre posthume publiée en 1944, etc. (*Ubu roi* date de 1896).

JASON, dans la mythologie grecque, héros thessalien (Thessalie : région au sud de l'Olympe, sur la mer Égée) qui organisa l'expédition des Argonautes (qui tiraient leur nom du navire sur lequel ils avaient embarqué, l'*Argo*); parti conquérir la Toison d'or (toison merveilleuse d'un bélier ailé, gardée par un dragon) en Colchide (pays de l'Asie Mineure, sur la côte est du Pont-Euxin) il réussit grâce aux sortilèges de la magicienne Médée, qui, plus tard abandonnée de Jason, se vengea en égorgeant ses enfants. Le mythe de Médée inspira Euripide, Sénèque, Corneille, Grillparzer, Anouilh, sans oublier le compositeur italien Luigi Cherubini (1760-1842) qui, en 1793 en fit un opéra, sur un livret du Français Hoffmann, et le cinéaste italien Pier Paolo Pasolini.

JAURÈS (Jean) (1859-1914), homme politique français né à Castres, fondateur, non seulement du journal *L'humanité*, mais aussi du Parti socialiste unifié. Il défendit l'innocence de Dreyfus et fut assassiné par un déséquilibré nommé Villain. Il est aujourd'hui l'une des principales références politiques de l'actuel président de la République française, François Mitterrand.

JAVA, île indonésienne d'une superficie de 130 000 km² pour 91 millions de Javanais (densité 650 h./km²!). Au centre de l'île se trouve Bârâbudur, creuset de la culture indojavanaise avec notamment son grand temple construit aux VIIIe et IXe siècles, évocation pyramidale et symbolique de la vie du Bouddha et des concepts propres au bouddhisme réformé, appelé *mahâyâna* (grand véhicule). Le temple de Bârâbudur a été restauré par l'Unesco et le gouvernement indonésien entre 1968 et 1983.

JAZZ, forme d'expression musicale née aux États-Unis à la fin du XIXe siècle, principalement à la Nouvelle-Orléans et dans sa région, c'est-à-dire au sud-est de la Louisiane, sur le fleuve Mississippi.

JEAN. – Il y a eu 23 papes nommés Jean. Le premier était Jean Ier (saint), né en Toscane en 470, mort en 526, et le dernier, Jean XXIII (1881-1963). Voir **JEAN XXIII.**

JEAN XXIII (Angelo Giuseppe Roncalli dit) (1881-1963). – Né à Bergame d'une famille modeste, nonce à Paris, patriarche de Venise, il est élu pape en 1958. Sa bonhomie, sa simplicité et son rayonnement marquèrent sa papauté. Durant le concile Vatican II, Rome se rapprocha des protestants. Il y avait déjà eu un Jean XXIII, de 1410 à 1415 à Bologne; mais il ne fut pas reconnu par Rome et Avignon (la papauté était alors tricéphale) et fut déposé. Angelo Giuseppe Roncalli s'en expliqua lors de son élection, montrant ainsi le bien-fondé du choix de son nom en dépit de son utilisation préalable, mais illégitime.

JEAN BAPTISTE (saint). – La mythologie chrétienne le présente comme ayant été envoyé pour préparer la venue du Messie. Il préchait la pénitence sur les bords du Jourdain et baptisait dans les eaux du fleuve. C'est ainsi qu'il baptisa le Christ. Hérode donna l'ordre de le décapiter.

JEAN-BEDEL (prince), voir **BOKASSA**

JEANMAIRE (Renée Jeanmaire, dite Zizi) (1924-), danseuse française née à Paris. Ballerine à neuf ans, elle fut capable d'aborder tous les styles, triomphant même dans les années 50 aux *Folies Bergère.* Elle a fait un retour triomphal en 1988 au théâtre des Bouffes du Nord à Paris. À 64 ans, ses jambes n'ont pas vieilli. De son propre aveu son élixir est le public.

JEAN-MARIE VIANNEY (saint), prêtre français. Il fut curé d'Ars, pauvre village des Dombes, pendant 40 ans. Par sa sainteté il attira des foules, si bien qu'Ars devint un lieu de pèlerinage alors qu'il était encore vivant. Il fut canonisé en 1925.

JEANNE D'ARC (Domrémy, 1412-Rouen, 1431), fille de paysan qui reçut l'« ordre divin » de se rendre en terre de France pour lever le siège d'Orléans et faire sacrer le dauphin Charles à Reims. Elle y réussit mais ensuite fut faite prisonnière et livrée aux Anglais (novembre 1430). Condamnée par un tribunal de l'Inquisition présidé par l'évêque de Beauvais, elle fut brûlée vive le 30 mai 1431 sur la place du marché à Rouen. Elle a été canonisée par l'Église en 1920.

JEAN-PAUL Ier (Albino Luciani dit) (1912-1978). – Il était patriarche de Venise depuis 1969 quand il fut élu pape, le 26 août 1978, succédant à Paul VI. Il mourut un mois plus tard, le 28 septembre 1978. C'est Jean-Paul II qui lui succéda.

JEAN-PAUL II (Karol Wojtyla dit) (1920-). – Il était archevêque de Cracovie depuis 1964 et cardinal depuis 1967 quand il fut élu pape en 1978. Il a échappé à un attentat perpétré à Rome le 13 mai 1981 par Mehmet Ali Agça.

JEDI, héros du film américain de Richard Marquant, produit en 1983 par George Lucas, *Le retour du Jedi*, suite de *L'Empire contre-attaque*, réalisé par Irvin Kerschner en 1980 (toujours produit par Lucas), lui-même suite de *La guerre des étoiles*, cette fois réalisé par George Lucas lui-même en 1977.

JEEP, voiture tout terrain. Son nom vient de la prononciation, en anglais, des lettres *G. P.*, initiales de *general purpose*, tous usages.

JEFFERSON (Thomas) (1743-1826), homme d'État américain né en Virginie. Il est le père de la Déclaration d'indépendance des États-Unis (1776). Il crée le parti antifédéraliste, ou républicain. Il est d'abord vice-président des États-Unis, en 1797, puis président, de 1801 à 1809. Il achète la Louisiane à la France. Sous sa présidence naît un nouveau style d'architecture, influencé par le néoclassicisme européen, qui remplacera le style colonial anglais.

JEKYLL ET HYDE. – *L'étrange cas du docteur Jekyll et de Mister Hyde* est un roman de Robert Louis Stevenson, écrivain anglais (1850-1894), également auteur de *L'île au trésor.*

JÉRUSALEM. – Elle est déclarée capitale d'Israël en 1980 par la Knesset (parlement de l'État d'Israël), contre le gré des États arabes et de l'ONU même. Son église du Saint-Sépulcre, construite par Constantin en 330 et restaurée par les croisés en 1130, recèle le tombeau du Christ, tandis que son église Sainte-Anne recèle celui de Marie.

JE SUIS CURIEUSE (1968), film suédois de Vilgot Sjöman (né en 1924) réalisé en 1968. Très franc, tant socialement que sexuellement, le film suscitera de vives polémiques, notamment aux États-Unis.

JÉSUITES. – La Compagnie de Jésus fut fondée en 1540 par Ignace de Loyola, gentilhomme basque, avec l'approbation du pape Paul III. En 1880, un décret contre les congrégations non autorisées les fit expulser de France. Ignace de Loyola meurt en 1556 et est canonisé en 1621.

JÉSUS-CHRIST. – Sa naissance à Bethléem marque le début de notre ère. Après sa fuite en Égypte avec ses parents, il vit à Nazareth. C'est âgé de 30 ans qu'il commence sa vie de prédication. S'appuyant sur la loi de Moïse et sur les Prophètes, il annonce l'avènement d'un royaume spirituel, le royaume de Dieu, et se proclame fils de Dieu. À 33 ans, il meurt sur la croix entre deux larrons. Selon la tradition chrétienne, il ressuscite 3 jours après.

JÉSUS-CHRIST SUPER STAR (1973), film musical de Norman Jewison (cinéaste américain né en 1926) d'après la comédie musicale du même nom.

JEU. – 102 millions de francs sont dépensés chaque année par les ménages français pour leurs achats de jeux et de jouets.

JEUDI NOIR. – Le 24 octobre 1929, à New York, « jeudi noir » à la Bourse : pendant l'année 1929, grâce au climat de confiance qu'il y avait alors aux États-Unis, la Bourse avait monté de 31 % en deux mois. Mais, le 24 octobre, les économistes ayant donné des avertissements, la tendance change brusquement et c'est la panique, le marché s'effondre, 13 millions d'actions étant vendues. C'est le début de la crise économique mondiale. En 1987, on put croire à la même catastrophe financière.

JEUNESSE (Lucien Jennes, dit Lucien) (1923-), animateur sur France Inter de l'émission-jeu *Le jeu des 1 000 francs*, qu'il achève toujours par son maintenant fameux « *À demain, si vous le voulez bien!* » (ou « *À lundi, si le cœur vous en dit!* »).

JEUX DE CARTES. – Ils sont déjà connus en Chine vers le Xe siècle et arrivent en Europe vers 1370. Les « couleurs » françaises (cœur, pique, carreau, trèfle) apparaissent au XVe siècle. Cœur : roi : Charles (de Charlemagne), dame : Judith (de la Bible), valet : Lahire (officier de Charles VIII); pique : roi : David (roi d'Israël), dame : Pallas (protectrice des arts), valet : Ogier (des chansons de geste); carreau : roi : César (empereur romain), dame : Rachel (de la Bible), valet : Hector (de la guerre de Troie); trèfle : roi : Alexandre (de Perse), dame : Argine (fille d'Argos), valet : Lancelot (de la Table ronde).

JEUX INTERDITS (1952), film français de René Clément, d'après un roman de François Boyer, avec une musique de Narciso Yepes.

JEUX OLYMPIQUES. – Ceux de 1916, ceux de 1940 (à Helsinki et non pas au Japon) et de 1944 (à Londres) ont été annulés en raison des conflits mondiaux. Ils reprirent en 1948 (à Londres) et furent suivis de ceux d'Helsinki (1952). Ce n'est pas Hercule l'instigateur des jeux Olympiques, mais Achille qui, au XXIIIe chant de *L'Iliade*, organise des jeux devant le bûcher où repose le corps de son compagnon Patrocle, tué par Hector pendant le siège de Troie. Les premiers jeux historiques eurent lieu en 776 av. J.-C. Les jeux de Munich, de triste mémoire, ont eu lieu en 1972. Voir aussi **COMITÉ INTERNATIONAL OLYMPIQUE.**

JIU-JITSU, ensemble des techniques de combat des samouraï, du XIIIe au XIXe siècle, dont est originaire le judo. Voir **JUDO.**

JOBERT (Marlène) (1943-), actrice française née à Alger. Elle débute au cinéma avec Godard, en 1965, dans *Masculin féminin.* Elle atteint la grande notoriété publique avec *Le passager de la pluie*, de René Clément, en 1969. Elle est la femme de Jean Yanne dans *Nous ne vieillirons pas ensemble*, de Maurice Pialat, en 1972.

JOCKEY, cavalier professionnel spécialisé dans la monte des chevaux de course. La *bombe* est sa casquette protectrice, la *casaque*, sa veste colorée qui permet de le distinguer parmi les autres concurrents (elle est le plus souvent en soie).

JOCONDE, surnom du portrait de la Florentine Mona Lisa (épouse de Francesco del Giocondo), réalisé par Léonard de Vinci (peintre, sculpteur, architecte, ingénieur et savant italien, né à Vinci, près de Florence, en 1452, et mort au château de Cloux, près d'Amboise, en 1519) vers 1503-1507 et acheté à l'artiste par François Ier.

JODHPURS, pantalon destiné à la pratique de l'équitation.

JOFFRE (Joseph) (1852-1931), maréchal de France. Victorieux, en 1914, de la bataille de la Marne, il devient commandant en chef de tous les fronts. Il est, en 1917, à l'origine de l'engagement des forces américaines en France. Il est l'auteur de *Mémoires*, publiés en 1932, et depuis largement diffusés.

JOHAN ET PIRLOUIT, voir **SCHTROUMPFS**

JOHN (Elton), chanteur anglais de variétés, qui, depuis le début des années 70, connaît un large succès public. Parmi ses albums, citons *Goodbye, yel-*

low brick road, dans lequel il fait preuve d'un talent certain de compositeur.

JOHNNY ET SYLVIE. – JOHNNY HALLYDAY (Jean-Philippe Smet) (1943-), chanteur de rock-and-roll, premier de la vague des « yé-yé ». Son avènement a lieu en 1960, avec *T'aimer follement* et *Laisse tomber les filles*. La même année, il est en vedette américaine à l'Alhambra, au spectacle de Raymond Devos. En 1964 il reprend en français *The house of the rising sun* du groupe The Animals. Ayant tourné dans quelques mauvais films, dont un western, dans les années 60, il se remet au cinéma en 1985, sous la direction de Jean-Luc Godard dans *Détective*, puis de Costa-Gavras dans *Conseil de famille*. **SYLVIE VARTAN** (1944-), chanteuse et danseuse de variétés. Elle fait son apparition en 1964, avec *La plus belle pour aller danser*, à l'*Olympia*. En 1965, elle épouse Johnny et, avant que leur idylle ne prenne fin, en 1974, ils auront juste le temps d'enregistrer ensemble, en 1973, *J'ai un problème*.

JONES (Grace) (1952-), chanteuse américaine.

JONQUÈRES D'ORIOLA (Pierre), cavalier français champion olympique, en 1952 et 1964, à l'épreuve de saut d'obstacles individuel.

JORDAN (Frankie) (1941-), chanteur anglais.

JOSÉPHINE (1763-1814), impératrice des Français. Née Tascher de La Pagerie, elle se marie avec Alexandre de Beauharnais, qui meurt en 1794. Elle a avec lui deux enfants, Eugène et Hortense. En 1796, elle se remarie avec Napoléon Bonaparte, et elle devient impératrice en 1804. Il la répudie en 1809 parce qu'il n'a pas d'héritier.

JOUBERT (Jacqueline Pierre, dite Jacqueline) (1921-), actrice française, et annonceuse à la télévision. Ce ne fut pas elle, la première présentatrice à la télévision française, mais Susy Wincker, en juin 1935. Jacqueline Joubert ne fut recrutée, sur concours, qu'en 1949, en compagnie d'Arlette Accart. Elle est mariée à Philippe Lagier.

JOURDAIN (monsieur), voir **MOLIÈRE**

JOUR D'APRÈS (Le), film, diffusé à la télévision américaine, basé sur les suites plausibles d'une explosion nucléaire aux États-Unis.

JOURS DE FRANCE, hebdomadaire français créé en 1961.

JOUTE, combat courtois pratiqué au Moyen Âge entre deux chevaliers montés à cheval et munis d'une lance, lors de tournois.

JOUVET (Louis) (1887-1951), comédien et metteur en scène français. L'une des figures les plus hautes du théâtre et du cinéma français. Il ne nourrissait aucun amour pour le cinéma, auquel il préférait mille fois le théâtre. Néanmoins, parmi ses films, citons *Les bas-fonds* (1937), *Un carnet de bal* (1937), *Hôtel du Nord* (1938), *Quai des orfèvres* (1947), *Entrée des artistes* (1938), *Topaze* (1932), *Knock* (1933), etc.

JOYCE (James) (1882-1941), écrivain irlandais de langue anglaise, né à Rathgar. Il est notamment l'auteur d'*Ulysse* (1922) et de *Finnegans Wake* (1939).

J.R., voir **ROSS**

JUAN CARLOS DE BORBÓN (1938-), roi d'Espagne, né à Rome, petit-fils d'Alphonse XIII. En 1969, il est désigné par Franco pour lui succéder, avec le titre de roi. Après la mort de ce dernier (1975), il procède à la démocratisation du régime.

JUDAS ISCARIOTE, dans la tradition chrétienne, celui des douze apôtres qui, désigné par Jésus-Christ pendant l'Eucharistie, lors de la Cène, le livra pour trente écus. En proie aux remords, il se pendit ensuite.

JUDITH, héroïne juive qui, pour sauver la ville de Béthulie, fit la conquête du général ennemi, Holopherne, et lui trancha la tête pendant qu'il dormait. On trouve le récit de cette histoire dans la Bible.

JUDO (du japonais *ju*, souple, et *dô*, voie, sport de lutte japonais). – À partir de techniques de combat ancestrales, principalement dérivées de celles des samouraï, le judo est inventé en 1882 par Jigoro Kano, un universitaire japonais (1860-1938). Les différentes ceintures correspondent aux niveaux de progression du judoka : ceinture blanche (le débutant la porte à peu près 2 mois); ceinture jaune, orange (après 3 mois); ceinture verte (après 4 mois); ceinture bleue (après 6 mois); ceinture marron; ceinture noire (cette dernière comprend elle-même 10 degrés, appelés *dan*).

JUILLET (du latin *Julius mensis*, mois de Jules César). – Nom donné au septième mois de l'année. (César : général et homme d'État romain né à Rome (104-44 av. J-C.). Voir aussi **AOÛT.**

JUPITER, planète du système solaire située entre Mars et Saturne. Son diamètre est de 142 796 km; elle possède seize satellites, dont quatre de dimension planétaire : Ganymède, Hadès, Europe et Io.

JUSTERINI ET BROOKS (dit J & B), marque de whisky. Avec 8 % du marché global, J & B vient en deuxième position, devant Ballantine's, et derrière Johnnie Walker.

JUTLAND (nom allemand; en danois *Jylland*). – Le 31 mai et le 1er juin 1916, une bataille navale s'y déroula, opposant 150 navires et 1 700 canons anglais aux 100 navires et 900 canons allemands. Malgré la supériorité anglaise, les Allemands réussirent à s'enfuir et à limiter leurs pertes.

K

K2, sommet de l'Himalaya. Avec 8 611 m d'altitude, c'est, après l'Everest, le deuxième plus haut sommet du monde. Encore appelé « Dapsang, Godwin Austen » ou « Chogori ». Sa première ascension eut lieu le 31 juillet 1954 par les Italiens Compagnoni et Lacedelli, à leur quatrième tentative, et dura 70 jours.

KADARÉ (Ismail) (1936-), écrivain albanais. Membre de l'institut Gorki, de Moscou, depuis 1960. Journaliste, critique littéraire, essayiste, Kadaré est l'auteur de plusieurs recueils de poèmes, de romans et de nouvelles, dernier genre dans lequel il excelle (*L'emblème de naguère*, 1977).

KADHAFI (Muammar al-), homme politique libyen. Il renverse le roi Idris Ier en 1969. Le 5 avril 1973, il se décharge de ses fonctions officielles au profit du commandant Jalloud pour se consacrer à divers travaux idéologiques, notamment à la rédaction du *Livre vert*, mais il demeure en réalité le chef de l'État libyen.

KALATOZOV (Mikhaïl) (1903-1973), cinéaste soviétique, réalisateur en 1957 de *Quand passent les cigognes*, palme d'or au festival de Cannes en 1958.

KALSOUM (Oum) (1898-1975), chanteuse égyptienne. Elle a obtenu, pour une soirée à l'*Olympia*, le plus gros cachet jamais versé par ce music-hall.

KAMIKAZE (du japonais, « vent surnaturel »), pilote d'avion japonais qui, lors de la Deuxième Guerre mondiale, était volontaire pour s'écraser avec son appareil chargé d'explosifs sur un objectif déterminé.

KAMPALA, capitale de l'Ouganda, située au nord du lac Victoria. La ville compte 550 000 habitants. L'Ouganda a d'abord été sous protectorat britannique depuis 1890, avant d'acquérir son indépendance en 1962.

KAMTCHATKA, territoire forestier situé entre la mer d'Okhotsk et celle de Béring. D'une superficie de 31 000 km^2, il compte 400 000 habitants seulement. Découvert en 1697, il est annexé trente ans plus tard.

KANDINSKY (Vassili) (Moscou, 1866-1944), peintre français d'origine russe.

Kandinsky est l'un des fondateurs de l'art moderne, et le premier peintre à avoir réalisé une œuvre abstraite, en 1910, *Aquarelle abstraite.*

KANE (Charles Foster), héros du film d'Orson Welles, *Citizen Kane.* « *Rosebud* » est le dernier mot prononcé par Kane avant sa mort. Le traîneau de l'enfant qu'il était est, à la fin du film, brûlé avec les autres objets sans valeur de sa demeure; les lettres du mot « *Rosebud* » gravé dans le bois du traîneau partent alors en fumée.

KANT (Emmanuel) (1724-1804), philosophe allemand. La question première, selon lui, est : « *Que puis-je savoir? Que dois-je faire? Que m'est-il permis d'espérer?* » Il est l'auteur de la *Critique de la raison pure* (1781), de la *Critique de la raison pratique* (1788), de la *Critique de la faculté de juger* (1790), notamment.

KARAGEORGÉVITCH (Paul) (1893-1976), oncle du roi Pierre II de Yougoslavie. Il se proclame prince régent le 27 mars 1934.

KARAMAZOV, voir **FRÈRES KARAMAZOV**

KARATÉ (du japonais *té*, main, et *kara*, vide), art martial japonais introduit au Japon en 1920, par Gichin Funakoshi, maître de l'okinawa-té; cette discipline apparut vers 1600 dans l'île d'Okinawa sous l'occupation japonaise. La première école française de karaté a été créée à Paris en 1957.

KARINA (Hanne Karin Blarke Bayer, dite Anna) (Copenhague, 1940-), actrice et cinéaste française, d'origine danoise. Elle épouse Jean-Luc Godard en 1961 puis s'en sépare, après avoir tourné avec lui sept films : *Le petit soldat* et *Une femme est une femme* (1961), *Vivre sa vie* (1962), *Bande à part* (1964), *Alphaville* et *Pierrot le fou* (1965), *Made in U.S.A.* (1967). En 1973, elle réalise elle-même un film, *Vivre ensemble,* dont elle est également l'interprète.

KARL-MARX-STADT (anciennement Chemnitz), ville de la République démocratique allemande. Avec ses 320 000 habitants, elle vient au quatrième rang des villes d'Allemagne de l'Est.

KARLOFF (William Henry Pratt, dit Boris) (1887-1969), acteur américain d'origine britannique né près de Londres. Il est surtout célèbre pour ses interprétations de la créature monstrueuse de Frankenstein, dans 3 films devenus fameux : *Frankenstein* (1931) et *La fiancée de Frankenstein* (1935), tous deux de James Whale, puis *Le fils de Frankenstein* (1939), de Lee.

KARNAK, site de la Thèbes antique, en Haute Égypte.

KASHMÎR ou **CACHEMIRE,** région d'Asie située entre l'Inde et le Pakistan. L'artisanat textile pour lequel elle est réputée y est aujourd'hui en déclin.

KATMANDOU ou **KÂTMÂNDÛ,** capitale du Népal, située à plus de 1 300 m d'altitude. Elle compte 393 000 habitants. Elle est une référence importante pour toute une partie de la jeunesse des années 60. Son nom lui vient de celui d'un monarque du XVe siècle.

KATZENJAMMER KIDS, bande dessinée américaine créée en 1897 par R. Dirks, puis adaptée en France, la même année, par Harold Knerr, sous le titre *Pim, Pam, Poum.*

KAWABATA (Yasunari) (1899-1972), écrivain japonais né à Osaka. Son œuvre est une expression de la fatalité tragique de l'amour, de la solitude, de l'obsession de la mort. Il est l'auteur d'une *Autobiographie littéraire* (1934), de *La danseuse d'Izu* (1926), du *Grondement de la montagne* (1949-54), etc.

KAZAN (Elia Kazanjoglous, dit Elia) (Istanbul, 1909-), cinéaste américain. Son film *Baby Doll,* réalisé en 1956, est sans doute l'un des plus représentatifs de la méthode de l'Actor's Studio où il fut le collaborateur de Lee Strasberg.

KEATON (Diane Hall, dite Diane) (Los Angeles, 1946-), actrice américaine. Un moment compagne du cinéaste Woody Allen, elle a à ce jour tourné 4 films avec lui : *Guerre et Amour* (1975), *Annie Hall* (1977), *Intérieurs* (1978), *Manhattan* (1979).

KEATON (Joseph Francis Keaton, dit Buster) (1895-1966), acteur et cinéaste américain. Il réalise ou participe à plus de 150 films, courts et longs-métrages confondus, parmi lesquels : *Le mécano de la Générale* (1926) et *Ma vache et moi* (*Go West*) (1925). Il incarna une figure comique inoubliable sans jamais prodiguer l'ombre d'un sourire.

KEHL (pont de), pont reliant Strasbourg à la ville de Kehl, en Allemagne fédérale.

KEINO (Kipchoge) (1940-) athlète kényan, champion olympique du 3 000 m steeple en 1972, en 8 mn 23 s 6. (Le record du monde est détenu, depuis 1978, par un autre Kényan, Henry Rono, avec 8 mn 5 s 4.)

KEMAL (Mustafa) voir **MUSTAFA KEMAL**

KENDO, art martial japonais pratiqué avec un sabre de lamelle de bambou, encore appelé « voie du sabre ». Il a été créé au XIVᵉ siècle par le maître japonais Ito. Le sabre mesure 1,15 m et pèse 500 g. Le hakama est la jupe-culotte portée par le kendoka; sa longueur permet de dissimuler à l'adversaire la position des pieds.

KENNEDY (Jacqueline Lee Bouvier dite Jacky) (1929-), épouse de John Kennedy, président des États-Unis assassiné à Dallas le 23 novembre 1963. Elle a eu de lui 3 enfants (dont un n'a pas survécu). Cinq ans après l'assassinat de son mari, elle a épousé l'armateur grec archi-milliardaire Aristote Onassis, décédé en 1975.

KENNEDY (John Fitzgerald) (1917-1963), homme politique américain, 35ᵉ président des États-Unis en novembre 1960. Il est élu contre Robert Nixon, républicain. Il succède à Eisenhower. En politique intérieure, il essaie de stimuler l'économie, il s'oppose à la ségrégation raciale. Dans les relations extérieures après 1961, il est favorable à une politique de détente envers l'URSS. Sa popularité est grande mais il est assassiné au Texas pendant un voyage officiel.

KENNEDY (Joseph P.) (1915-1944), frère de John Fitzgerald, il est tué au combat pendant la Deuxième Guerre mondiale.

KENNEDY (Robert Francis) (1925-1968), ministre de la Justice pendant le mandat de son frère John Kennedy, de 1961 à 1964, puis sénateur de New York. Il est candidat à la présidence en 1968 mais il est assassiné pendant la campagne présidentielle, le 4 juin.

KENYA, État d'Afrique orientale, de 583 000 km², et 20,2 millions d'habitants. Colonie britannique depuis 1895, ce territoire a été dès le début du XIXe siècle l'enjeu de rivalités entre l'Allemagne et l'Angleterre. À partir de 1920, apparaît un mouvement indépendantiste qui donne naissance, en 1952, à un mouvement terroriste anti-européen (Mau-Mau). En 1963 le Kenya acquiert son indépendance et reste au sein du Commonwealth.

KENYATTA (Kaman Johnstone, dit Jomo) (1891 ou 1893-1978), homme politique du Kenya, artisan de l'indépendance de son pays dès 1925. À la proclamation de l'indépendance en 1963, il devient premier ministre, puis président de la République l'année suivante; il le reste jusqu'à sa mort.

KERGUELEN, archipel français dans le sud de l'océan Indien, découvert en 1772 par l'explorateur Yves Joseph de Kerguelen de Trémarec (1745-1797). Il comprend plus de 300 îles ou îlots répartis sur 7 000 km². Anciennement appelé « îles de la Désolation », l'archipel est territoire d'outre-mer depuis 1955, et la France y possède une base permanente de 75 chercheurs et techniciens, à Port-aux-Français.

KERMESSE HÉROÏQUE (La) (1935), film français réalisé par Jacques Feyder, avec Françoise Rosay et Louis Jouvet dans les principaux rôles. Ce film, pionnier du réalisme poétique français, remporte un triomphe lors de sa sortie.

KEROUAC (Jack) (1922-1969), écrivain américain. Il est l'un des chefs de file de la *beat generation* qu'il célèbre dans ses romans *Sur la route* (1957), *Les clochards célestes* (1958), *Les anges vagabonds* (1965) et *Mexicocity Blues* (1959). Lancée en 1952 dans le *New York Times* l'expression *beat* désigne le mouvement social et artistique né aux environs de 1950 aux USA.

KESSEL (Joseph) (1898-1979), journaliste français, romancier et académicien. Parmi ses œuvres : *L'équipage* (1923), *Le lion* (1958), *Les cavaliers* (1967), etc.

K.G.B. – Nom des services spéciaux soviétiques, qui utilisent environ 700 000 agents et existent depuis 1917 dans la Loubianka, place Dzerjinski à Moscou. Ils ont connu plusieurs appellations, K.G.B. (*Komitet Gosudarstvennoy Bezopasnosti*, comité pour la sécurité de l'État) étant la dernière en date (depuis le 13 mars 1953). Auparavant, les principales appellations, mais non les seules, étaient : M.V.D. (*Ministerio vnutrennykh del*, ministère de l'Intérieur), et, encore auparavant, N.K.V.D. (*Narodnij Kommissariat vnutrennykh del*, commissariat du peuple aux Affaires intérieures); et cette liste n'est pas exhaustive. Le directeur du K.G.B. est, depuis 1988, M. Kroutchkov.

KHAJURÂHO, site de l'Inde centrale qui possède l'un des ensembles de temples (au nombre de 30) les mieux conservés de l'Inde, édifiés pour la plupart entre 950 et 1050.

KHARTOUM, capitale du Soudan. Fondée au confluent du Nil blanc et du

Nil bleu en 1821 par Méhémet-Ali, la ville compte aujourd'hui (Khartoum-Nord et Omdourman comprises, avec lesquelles elle ne forme qu'une seule agglomération) plus d'1 million d'habitants.

KHAYYÂM (Umar) (1047-1122), philosophe, poète, et mathématicien persan né à Nishapur. Il est à la tête de l'observatoire et prépare la réforme de l'ancien calendrier persan en 1070. Ses quatrains sont révélés à l'Occident par la traduction qu'en a faite Edward Fitzgerald en 1859.

KHEOPS pharaon d'Égypte. Vers 2650 av. J.-C., il fait construire la plus grande pyramide, sur le plateau de Gizeh, de 146,60 m de haut et 53 360 m² de surface au sol. Voir **SEPT MERVEILLES DU MONDE**, voir **GRANDE PYRAMIDE DE KHEOPS.**

KHMERS ROUGES. – Nom donné par le prince Sihanouk, pendant les années 60, aux résistants communistes khmers au Cambodge. C'est aussi le nom donné aux partisans de Pol Pot et Khieu Samphan quand ils prennent le pouvoir en 1976.

KHROUCHTCHEV (Nikita Sergeievitch) (1894-1971), homme d'État soviétique. Fils de mineur ukrainien, lui-même mineur, il apprend à lire à l'âge de 20 ans et se lance dans la politique. Après la mort de Staline, en 1953, il devient premier secrétaire du comité central du parti communiste et dénonce dès 1956 le culte de la personnalité cher à Staline. Il doit quitter ses fonctions en octobre 1964.

KIKOUYOUS ou **KIKUYUS**, principale ethnie du Kenya, établie sur les hautes terres du pays. Les Kikouyous se révoltent violemment contre les Britanniques entre 1952 et 1956 par le truchement d'une société secrète, les Mau-Mau, et causent ainsi 13 000 morts.

KILLY (Jean-Claude) (1943-), skieur français. En 1968, il est champion olympique de descente, de slalom spécial, et de slalom géant.

KIMBERLEY, ville d'Afrique du Sud, dans la province du Cap. Elle compte 144 000 habitants. En 1866, on y découvre un grand trou de 1 098 m de profondeur et de 23 hectares de superficie, d'où est désormais extraite 80 % de la production mondiale de diamants.

KING (Billie Jean) (1943-), joueuse de tennis américaine. Elle gagne les championnats de Wimbledon en 1966, 1967, 1968, 1972, 1973, 1975 et Roland-Garros en 1972. Voir **WIMBLEDON.**

KING KONG (1933), film américain de Merian C. Cooper. Le film relate l'aventure d'Américains partis capturer un singe géant (beaucoup plus grand qu'un gorille!) que les indigènes d'une île lointaine considèrent comme un dieu, pour le ramener à New York afin de l'exhiber au public. Un remake, bien moins poétique, est réalisé en 1976 par l'Anglais John Guillermin.

KINGSTON, capitale de la Jamaïque, située sur la côte sud. La ville compte 475 000 habitants. Détruite en 1907 par un tremblement de terre, elle a été entièrement reconstruite. Il ne faut pas la confondre avec Kingston, au Canada, sur le Saint-Laurent.

KINKAJOU, mammifère carnivore vivant dans les forêts, au pelage gris ou beige clair. Sa queue préhensile est d'une longueur de 46 à 54 cm. Il mesure, sans sa queue, entre 88 et 105 cm.

KINSHASA. – Avec 2,5 millions d'habitants, c'est la plus grande ville de l'Afrique noire. Elle s'appelait Léopoldville jusqu'en 1966, du nom du roi Léopold II de Belgique, ancien souverain du Zaïre, alors Congo belge.

KINSKI (Nastassja) (Berlin, 1961-), actrice allemande. Déjà remarquée dans *Faux mouvement,* de Wim Wenders en 1975, sa carrière de vedette débute vraiment avec *Tess,* de Roman Polanski, en 1979. Son père, l'acteur Klaus Kinski (né Nikolaus Günther Nakszynski, en 1926), est révélé au grand public assez tardivement, en 1972, dans le film de Werner Herzog, *Aguirre ou la colère de Dieu.*

KIPLING (Rudyard) (1865-1936), romancier et poète anglais né à Bombay. Il écrit les deux *Livres de la jungle* en 1894-1895. Le héros du premier livre est Mowgli.

KIR (chanoine). – Le chanoine Kir était maire de Dijon et député. Il est à l'origine du premier jumelage Est-Ouest, en organisant celui de sa ville avec Stalingrad.

KIRSCH (de l'allemand *kirsch,* cerise), eau-de-vie de cerise. On peut l'utiliser pour parfumer la fondue savoyarde (fromages fondus dans du vin blanc).

KISSINGER (Henry Alfred) (1923-), homme politique américain né en Allemagne, conseiller spécial de Richard Nixon pour la sécurité nationale, il obtient le prix Nobel de la paix en 1973. Populaire, il est appelé *Dear Henry* par ses admirateurs et... admiratrices. Il est l'initiateur de ce qu'il appelait lui-même la « politique des petits pas ».

KIWI. – Nom usuel de l'aptéryx, oiseau de Nouvelle-Zélande d'une trentaine de centimètres, inapte au vol.

KLAMMER (Franz) (1953-), skieur autrichien. Il est vainqueur de la coupe du monde de descente de 1975 à 1978 et 3e du classement général en 1976 et 1977.

KLEIN (Lawrence Robert) (1920-), économiste américain.

KLEIN (Yves) (Nice, 1928-Paris, 1962), peintre français. Sa *Victoire de Samothrace bleue* s'inscrit dans sa série des monochromes bleus. Il est l'un des pionniers de l'avant-garde européenne.

KOALA, mammifère marsupial grimpeur, originaire d'Australie, mesurant 80 cm de long.

KÔBE, port japonais situé dans la baie d'Ôsaka. Sa population est de 1,370 million d'habitants. Les principales activités en sont la sidérurgie et les chantiers navals. Le port exporte environ 5 000 bovins par an.

KOCH (Robert) (1843-1910), médecin allemand. Il découvre le bacille de la tuberculose en 1882, et aussi le bacille « virgule », responsable du choléra. Il reçoit le prix Nobel en 1905.

KODAK. – Kodak utilise en effet, la réduction des sels d'argent pour le développement (au stade de la révélation) des pellicules photographiques et cinématographiques que lui confie sa clientèle.

KOH-I-NUR, nom donné à un diamant blanc, découvert en Inde vers 1304, et qui faisait alors 186 cts. Maintenant taillé en forme ovale, il fait 108,93 cts, et orne la couronne de la reine d'Angleterre, conservée à la Tour de Londres.

KOLKHOZE, coopérative agricole. Les Kolkhozes ont été créés en Union soviétique en 1922. Le principe en est que la terre appartient à l'État mais la coopérative en a la jouissance gratuitement et à perpétuité; de plus, elle est propriétaire du bétail comme de ses outils de production. L'ensemble est géré par des membres élus de la coopérative.

KON-TIKI (expédition du), expédition maritime effectuée en 1948 par Thor Heyerdahl et six équipiers, entre le Pérou et la Polynésie, qui a duré 101 jours; son but était de prouver que les Indiens du Pérou avaient fort bien pu émigrer et peupler les îles du Pacifique. L'hypothèse était née de la constatation que certains ancêtres des Polynésiens avaient en effet adoré le Soleil sous le nom même du dieu péruvien : Kon-Tiki.

KOTA KINABALU (anciennement Jesselton), ville de Malaysia, qui compte 46 000 habitants.

KOUROU, site guyanais du Centre national d'études spatiales (C.N.E.S.), mis en service en 1968. Ce centre sert notamment de base de lancement pour la fusée Ariane depuis le 24 décembre 1979. Le centre spatial guyanais employait, en 1981, 978 indigènes et 840 métropolitains. Kourou proprement dite compte 7 200 habitants.

KOWEIT, État arabe du golfe Persique, d'une superficie de 18 000 km², pour 1,7 million d'habitants. Sous tutelle britannique depuis 1914, il obtient son indépendance en 1961. Le Koweit assure plus de 20 % de la production mondiale de pétrole. La même famille al-Sabbah règne sur le pays depuis 1756.

KRAKATAU ou **KRAKATOA,** île d'Indonésie, située entre Sumatra et Java. L'île a été partiellement détruite en 1883 par une formidable explosion volcanique, celle du Perbuatan, qui fit 36 000 morts.

KREMLIN, forteresse protégée d'une enceinte de plus de 2 km de murs rouges, au centre de Moscou, sur la rive gauche de la Moskova. Le gouvernement soviétique y siège depuis 1918; on y trouve les tombeaux des 47 tsars qui ont dirigé la Russie de 1530 à 1917. Nicolas II, tué avec toute sa famille lors de la révolution, y repose.

KRUPP (Alfred) (1812-1887), industriel allemand né à Essen. Après avoir réalisé un nouveau type d'acier fondu, il invente, en 1847, le canon coulé en une seule pièce.

KUALA LUMPUR, capitale fédérale de la Malaysia située dans l'État de Selangor; elle compte 940 000 habitants. On y parle non seulement le malais et l'anglais, mais aussi le chinois et le tamil.

KUBILAI KHAN (1215-1294), empereur de Chine à partir de 1260 jusqu'à sa mort. Il est le fondateur de la dynastie des Yuan et de l'actuelle Pékin (alors Khanbalik) en 1264. Il achève la conquête de la Chine en 1279.

KUBRICK (Stanley) (New York, 1928-), cinéaste américain. Il a réalisé

Spartacus (1960), *Lolita* avec James Mason, Shelley Winters, Peter Sellers (1962), *Docteur Folamour* (1964); *2001 : l'Odyssée de l'espace* (1968), *Orange mécanique* (1971), *Barry Lindon* (1975), *Shining* (1980), *Full Metal Jackett* (1987).

KUCHING, ville de 74 000 habitants, sur la côte nord-ouest de Bornéo. C'est à partir de Kuching qu'en 1840 les Britanniques essaient d'établir une mainmise sur la Malaisie : par l'entremise de James Brookyde, ils fomentent une révolte contre le vice-roi du sultanat de Brunei.

KU KLUX KLAN, société secrète américaine créée pour empêcher les Noirs de jouir de l'abolition de l'esclavage survenue après la guerre de Sécession. Ses membres sont porteurs d'une cagoule noire et signent leurs crimes *KKK*.

KUROSAWA (Akira) (Tokyo, 1910-), cinéaste japonais. Il est notamment l'auteur de *Rashomon* (1950), *L'idiot* (1951), *Les septs samouraïs* (1954), *Le château de l'araignée* ou *Macbeth* (1957), *Dersou Ouzala* (1975), *Kagemusha* (1980), *Ran* (1985).

KWACHA, unité monétaire de la Zambie, égale à 0,94 F.

KYALAMI, grand prix de formule 1, créé en 1932. Le Français Alain Prost l'a remporté en 1982. Le prix n'a pas été disputé en 1986 (en représaille contre l'apartheid sévissant en Afrique du Sud).

KYTHNOS, voir **CYCLADES**

KYUDO (du japonais, voie de l'arc), art martial regroupant 500 000 pratiquants, rien qu'au Japon.

L

LA BARRE (Jean-François Lefebre, chevalier de). – Le 28 février 1766, le chevalier de la Barre, âgé de 19 ans, est condamné, à Abbeville, à être décapité et brûlé vif, pour ne s'être pas découvert sur le passage d'une procession et avoir mutilé un crucifix. Malgré tous ses efforts, Voltaire n'a pas obtenu la révision du procès, mais le chevalier fut réhabilité par la Convention en 1793.

LA BRUYÈRE (Jean de) (1645-1696), moraliste français né à Paris. Il est surtout célèbre pour ses *Caractères* (1688-1694). Dans la querelle des Anciens et des Modernes, il prend parti pour les Anciens lors de son élection à l'Académie (en 1693).

LAC (Le), quatorzième poème des *Méditations* de Lamartine. « *Ô temps! suspends ton vol* » est le début du vers 21 de ce poème qui en comprend 64; ces mots seraient en réalité extraits d'un vers de Thomas, académicien du XVIIIe siècle aujourd'hui tombé dans l'oubli. Voir **LAMARTINE.**

LAC AUX DAMES (1934), film français de Marc Allégret, avec Jean-Pierre Aumont, Michel Simon, Odette Joyeux, etc.

LACENAIRE (Pierre-François) (1800-1836), employé de banque français. Accusé du meurtre de la veuve Chardon et de Jean-François, son fils, il est condamné à mort en 1835 et exécuté le 9 janvier 1836. C'est un des célèbres protagonistes du boulevard du crime dans *Les enfants du Paradis*, interprété par Marcel Herrand.

LACOSTE (Jean-René) (1904-) joueur de tennis français. Il a été l'un des fameux « quatre mousquetaires » vainqueurs de la coupe Davis, avec Borotra, Brugun, Cachet.

LACRYMAL (du latin *lacrima*, larme), qui a rapport aux larmes.

LAD (de l'anglais), garçon d'écurie affecté aux soins des chevaux.

LADOUMÈGUE (Jules) (1906-1973), athlète français. Plusieurs fois recordman du monde du 1 500 m, il obtient la médaille d'argent aux jeux Olympiques de 1928, derrière le Finlandais Larva.

LADY DIANA (Frances Spencer dite Lady Di) (1961-), épouse depuis 1981 du prince Charles, prince de Galles, premier enfant de la reine Elizabeth II d'Angleterre. Le couple a à ce jour deux enfants : William, né en 1982; et Henry, né en 1984.

LA FENICE, voir **FENICE (la)**

LA FONTAINE (Jean de) (1621-1695), poète français né à Château-Thierry. Outre de nombreuses *Fables*, dont bon nombre sont inspirées d'Esope, il est également l'auteur de *Contes*, qui d'ailleurs lui valent d'entrer à l'Académie française. Voir **ÉSOPE.**

LAGOS, principal port du Nigeria sur le golfe du Bénin. Cette ancienne capitale aujourd'hui remplacée par Abuja compte 4,5 millions d'habitants.

LAÏKA, chienne russe. Elle a été le premier être vivant à être envoyé dans l'espace, le 3 novembre 1957, à bord de Spoutnik 2, désintégré le 14 avril 1958.

LAKE PLACID, station de sports d'hiver des États-Unis qui accueillit les jeux Olympiques d'hiver en 1932 et en 1980.

LAMA, mammifère ruminant de la famille des camélidés, utilisé dans les Andes surtout comme bête de somme. La vigogne et le guanaco en sont les deux races sauvages, l'alpaga et le lama proprement dit, les deux races domestiques.

LAMARTINE (Alphonse de) (1790-1869), poète français. Lamartine est célèbre dès l'âge de trente ans, grâce à son premier recueil de poèmes : *Les méditations poétiques* (1820). Il est également l'auteur d'un récit autobiographique, *Graziella* (1852). Voir **LAC (Le).**

LAMBARÉNÉ, ville du Gabon sur le fleuve Ogooué, qui compte 22 000 habitants. Sa clinique a été fondée en 1913.

LA MOTTA (Jake), boxeur américain, champion du monde de la catégorie des poids moyens en 1949.

LAMPEDUSA (Giuseppe Tomasi di) (1896-1957), écrivain italien. Son unique roman *Le guépard,* ne paraît qu'après sa mort, en 1958. Voir **VISCONTI.**

LANCASTER (Burton Stephen Lancaster, dit Burt) (New York, 1912-), acteur américain. Il reçoit un oscar en 1960 pour le film *Elmer Gantry* de Richard Brooks, Shirley Jones obtenant pour le même film l'oscar du meilleur second rôle féminin.

LANCELOT DU LAC, un des chevaliers de la Table ronde. Ses aventures sont racontées par Chrétien de Troyes dans *Lancelot ou le chevalier à la Charrette* (vers 1168).

LANCER DU MARTEAU, épreuve d'athlétisme. En l'occurrence, le « marteau » est en métal, de forme sphérique, et relié à une poignée par un câble d'une longueur maximale de 122 cm; l'ensemble pesant 7,260 kg au minimum.

LANDRU (Henri-Désiré) (1869-1922), célèbre assassin français. Il fut condamné à mort le 30 novembre 1921, pour avoir assassiné 10 femmes et 1 jeune garçon, puis brûlé leurs corps dans la cuisinière de sa villa.

LANG (Fritz) (Vienne, 1890-Los Angeles, 1976), cinéaste américain d'origine autrichienne. *Le testament du docteur Mabuse*, qu'il tourne en 1933, marque la fin de l'époque allemande de Lang; après quoi il s'exile aux USA, en passant par la France le temps d'un film (*Lilion*, 1934). En 1960, il tourne une suite de Mabuse, *Le diabolique docteur Mabuse*. Sa dernière œuvre, *Métropolis* (1926) a été colorisée et sonorisée par Giorgio Moroder en 1984.

LANGEAIS (Marie-Louise Sabbagh, née Terrasse, dite Catherine) (1923-), productrice et animatrice française d'émissions télévisées.

LANGRES (plateau de), plateau situé dans le département de la Côte-d'Or : 271 819 hectares principalement occupés par la culture des céréales.

LANVIN (Jeanne) (Paris, 1867-Paris, 1946), couturière française. Sa maison de couture voit le jour en 1889, et son premier parfum, *Arpège*, est lancé en 1927.

LANZAC (Roger), animateur de radio, puis d'émissions de télévision. Le *Jeu de la chance* notamment, révéla en 1966 Mireille Mathieu, alors âgée de 19 ans; cela fit dire à Léo Ferré : « Ah oui! Cette petite qu'on fait pousser sur le tombeau de Piaf... »

LAO-TSEU ou **LAO ZI**, homme de lettres et philosophe chinois (des VIe-Ve siècle av. J.-C. environ). Des légendes prétendent qu'il aurait été archiviste à la Cour des Tcheou, où il aurait rencontré Confucius. Auteur présumé du *Tao-tö-King*, il est le fondateur du taoïsme.

LA PÉROUSE (détroit de), détroit qui sépare le sud de l'île de Sakhalin (Sibérie orientale) du nord de l'île de Hokkaidô (Japon). Il tient son nom de l'explorateur français Jean-François de Galaup, comte de La Pérouse (1741-1788).

LAPIDAIRE (du latin *lapis, lapidis*, pierre), se dit au figuré d'une formule ou d'un style qui, par sa concision et sa force, rappelle les inscriptions gravées sur pierre.

LAPIS ou **LAPIS-LAZULI** (du latin *lapis*, et du persan *lâzaward*), pierre sulfureuse de silicate d'aluminium et de sodium, de couleur bleu azur ou d'outremer, employée en bijouterie et en tabletterie (artisanat spécialisé dans la fabrication des damiers et des échiquiers).

LASER, faisceau de lumière cohérente, à multiples applications scientifiques et pratiques, découvert en 1958 par les américains Gordon Garld, puis Tarnues et Scharnlon.

LASSIE (Pal, dit), chien berger; héros de films produits par la Metro Goldwin Mayer, Lassie a été sélectionné parmi 300 autres chiens. *La fidèle Lassie* est le premier film dans lequel il apparaît, en 1934, aux côtés de la jeune Elizabeth Taylor.

LAS VEGAS, ville américaine de l'État du Nevada. Outre ses 165 000 habitants, Las Vegas attire (chaque année) des millions de joueurs dans ses casinos; parmi eux, le Caesar's Palace doit son nom à l'ambiance que son architecture, sa décoration et les costumes de ses employés cherchent à recrééer : celle d'un palais romain. On peut se faire transporter et héberger gratuitement à Las Vegas, pourvu qu'on y apporte 5 000 dollars, soit environ 30 000 F, à charge de les dépenser au jeu...

LATEX (liqueur en latin), liquide extrait principalement de l'hévéa, arbre originaire d'Amérique du Sud, et avec lequel on fabrique le caoutchouc.

LA TOUR D'AUVERGNE (Théophile Malo Corret de) (1743-1800), officier français des armées républicaines pendant les guerres de la Révolution. Bonaparte l'honore du titre de Premier grenadier de la République. Il est tué pendant la bataille à Oberhausen. Son cœur a été transféré aux Invalides, et son corps au Panthéon.

LAUDA (Niki) (1949-), pilote de course automobile autrichien. Lauda totalise 20 victoires en grand prix de formule 1. Il est champion du monde des conducteurs en 1975 et en 1977 (sur Ferrari), et en 1984 (sur MacLaren-Porsche). En 1978, Lauda subit un grave accident sur le circuit de Nürburgring, en Allemagne fédérale.

LAUGHTON (Charles) (Yorkshire, 1899-Los Angeles, 1962), acteur et réalisateur américain, d'origine britannique. Avec *La vie privée d'Henri VIII*, en 1933, il remporte l'oscar du meilleur acteur. En tant que cinéaste, il est l'auteur de l'étrange et inoubliable *Nuit du chasseur*, en 1955, son premier film.

LAURÉAT (Le) (1967), film américain, réalisé par Mike Nichols d'après un roman de C. Webb, avec Ann Bancroft, Katharine Ross, et qui révéla au grand public Dustin Hoffman. La chanson du générique, *The sounds of silence*, ainsi que celle qui intervient au cours du film, *Mrs Robinson*, étaient interprétées par les chanteurs américains Paul Simon (1941-) et Arthur Garfunkel (1941-).

LAUREL et HARDY (Arthur Stanley Jefferson, dit Stan) (1890-1965) et **(Oliver)** (1892-1957), acteurs américains, comiques et burlesques. Laurel était en outre cinéaste. Ils commencent leur carrière séparément, et ne font tandem qu'en 1926; Laurel en est l'inspirateur et le réalisateur, et Hardy le producteur.

LAURENT (Jacques) (1919-), écrivain français, publiant parfois sous le pseudonyme de Cécil Saint-Laurent. Académicien français. Son roman *Caroline chérie* est publié en 1947.

LAUTRÉAMONT (Isidore Ducasse, dit le comte de) (Montevideo, 1846-Paris, 1870), poète français. On ne sait à peu près rien de sa vie. Son œuvre consiste essentiellement en les *Chants de Maldoror* (1868-1869), dont il n'a pas connu lui-même l'impact.

LAUZUN (Antonin Nompar de Caumont, duc de) (1633-1723), officier français. Il épouse en 1681 la duchesse de Montpensier, connue sous le nom de la Grande Mademoiselle, cousine germaine de Louis XIV. C'est un courtisan de Louis XIV, mais son esprit aventureux lui vaut d'être enfermé quelques années à la Bastille.

LAVAL, sur la Mayenne, ville française située à 274 km de Paris. Laval compte 55 000 habitants et connaît encore une forte et rapide augmentation de sa population. Il ne faut pas la confondre avec Laval au Canada (dans la banlieue -ouest de Montréal, 250 000 habitants).

LAVAL (Pierre) (1883-1945), député socialiste dans les années 20, ministre en 1925 puis président du Conseil à plusieurs reprises à partir de 1931. Après la défaite de 1940, il devient ministre d'État du maréchal Pétain puis dirige le gouvernement de Vichy. Créateur du STO, service du travail obligatoire en Allemagne, et de la milice, il est, à la Libération, condamné à mort et fusillé.

LA VALLIÈRE (Louise Françoise de la Baume Le Blanc, duchesse de) (1644-1710), favorite de Louis XIV. Elle a environ 16 ans et vient d'entrer au service de Madame, belle-sœur du roi, quand elle rencontre Louis XIV. Bien qu'elle boite légèrement, elle plaît au roi par sa blondeur et sa douceur. Elle devient sa maîtresse et lui donne quatre enfants. Mais fatiguée par ses grossesses et obsédée par son « état de péché », elle ne l'amuse plus et se voit supplantée par Mme de Montespan. Louis XIV la fait duchesse mais elle lui demande la permission de le quitter et s'enferme au Carmel, sous le nom de Louise de la Miséricorde, jusqu'à sa mort.

LAW (John) (1671-1729), financier écossais. Il se fixe en France sous la Régence. Aux difficultés financières du moment, il propose comme solution la création d'une banque de dépôt et d'escompte qui émet de façon permanente des billets au porteur convertibles en monnaie métallique. En 1720, Law devient contrôleur général des Finances. Son système fait merveille mais une panique créée par des spéculateurs provoque l'effondrement. Law meurt à Venise ruiné. Cf. *La banqueroute de Law*, d'E. Faure.

LAWFORD (Peter) (Londres, 1923-Los Angeles, 1984), acteur britannique, installé à Hollywood en 1938. Il interprète, dans *Le jour le plus long* de Darryl Francis Zanuck en 1962, le rôle de Lord Lovat, chef du commando britannique lors du débarquement allié en Normandie (c'est lui qui, sur la plage au milieu de ses hommes, est en costume de ville).

LAWRENCE (David Herbert) (1885-1930), écrivain anglais, auteur notamment de romans à caractère érotique, comme par exemple *L'amant de Lady Chatterley*.

LAWRENCE (Thomas Edward, dit Lawrence d'Arabie) (1888-1935), homme politique et orientaliste britannique. Il contribua à construire un empire arabe qui fût, aux dépens des Turcs, l'allié des Anglais. Il est l'auteur des *Sept piliers de la sagesse* (1926).

LAZAREFF (Pierre) (1907-1972), journaliste français; producteur d'émissions télévisées.

LEAR (le roi), voir **SHAKESPEARE**

LÉAUD (Jean-Pierre) (Paris, 1944-), acteur français. Il débute au cinéma en 1959 dans *Les 400 coups*, de François Truffaut, où il interprète le rôle d'Antoine Doinel, son « double » qui grandit en même temps que lui dans quatre autres films de Truffaut : *L'amour à vingt ans* (1962), *Baisers volés* (1968), *Domicile conjugal* (1970), et *L'amour en fuite* (1979). Il tourne également dans d'autres films de Truffaut, et avec Jean-Luc Godard, Jean Eustache, Jacques Rivette. On le voit aussi dans *Le dernier tango à Paris*, de l'Italien Bertolucci, avec Marlon Brando.

LEBLANC (Maurice) (1864-1941), journaliste et écrivain français né à Rouen. Proche de Maupassant et de Flaubert, il publie des nouvelles, avant de se tourner résolument vers le roman policier, inaugurant ainsi, avec *L'arrestation d'Arsène Lupin*, un nouveau mythe littéraire, celui du séducteur, anarchisant, tour à tour voleur et détective, amateur d'art et patriote.

LEBRUN (Charles François, duc de Plaisance) (1739-1824), homme politique français. Il est membre du Conseil des Anciens, puis consul avec Bonaparte et Cambacérès en 1799. Pendant les Cent-Jours Bonaparte le fait grand maître de l'Université.

LE CARRÉ (John David Cornwell, dit) (1932-), écrivain anglais. Il est l'auteur de romans d'espionnage : *L'espion qui venait du froid* (1964), *La taupe* (1974), *Comme un collégien* (1977), *Les gens de Smiley* (1980), *La petite fille au tambour* (1983), *Un pur espion* (1986).

LECLERC (Charles) (1772-1802), général français. Compagnon de Bonaparte au siège de Toulon et durant les campagnes d'Italie, il épouse Pauline Bonaparte en 1797. À la tête de l'expédition de St-Domingue, il remporte la victoire mais meurt là-bas de la fièvre jaune.

LECLERC (Philippe-Marie de Hauteclocque, dit), officier français. Fait prisonnier en 1940, il s'évade, rejoint le général de Gaulle à Londres. À la tête de la 2e division blindée, il libère Paris en août 1944. Chef des troupes françaises en Indochine, il meurt en 1947 accidentellement. En 1952, il est fait maréchal de France à titre posthume.

LE CORBUSIER (Charles Édouard Jeanneret-Gris, dit) (1887-1965), architecte français. L'un des piliers de l'architecture moderne, il eut également une influence déterminante dans l'évolution du mobilier, qu'il rebaptisa d'ailleurs « équipement ».

LECTURE POUR TOUS, voir **DUMAYET**

LÉDA, femme de Tyndare, roi de Sparte, dans la mythologie grecque.

LEE (Bruce) (San Francisco, 1940-Hong-Kong, 1973), acteur américain d'origine chinoise. S'initiant tout jeune aux arts martiaux, il a, par ses films, amené bien des gens au karaté et au kung fu.

LEE (Christopher) (Londres, 1922-), acteur anglais. Il a incarné le personnage de Dracula dans plus de vingt films, de 1958 (*Le cauchemar de Dracula*, de Terence Fisher) à 1976 (*Dracula père et fils*, d'Édouard Molinaro).

LEE KUAN YEW, homme politique de la Cité – État de Singapour, né le 16 septembre 1923. Premier ministre de Singapour depuis le 5 juin 1959 (la Constitution actuelle date de 1958).

LEFEBVRE (François Joseph) (1755-1820), duc de Dantzig, maréchal de France. Il se distingue à la bataille de Fleurus; il commande l'armée qui fait capituler la ville de Dantzig en 1807. Il épouse une ancienne blanchisseuse, Catherine Hubscher, que Sardou a baptisée du nom de Madame Sans-Gêne et a rendue populaire.

LÉGION D'HONNEUR. – L'ordre de la Légion d'honneur a été créé par Bonaparte en 1802. Il récompense les faits d'armes et les services civils. On distingue cinq classes dans l'ordre : grand croix; grand officier; commandeur; officier; chevalier.

LEGRAND (Michel) (Paris, 1932-), compositeur et chanteur français, pianiste de formation. Sa carrière dans la musique de film commence avec Jacques Demy, en 1961 (*Lola*); il est l'auteur des *Parapluies de Cherbourg* en 1964. Il apparaît comme acteur interprétant son propre rôle dans *Cléo de 5 à 7*, d'Agnès Varda en 1962. Il travaille également beaucoup pour le cinéma américain, et obtient même un oscar pour sa musique du film *L'affaire Thomas Crown*, avec Steve Mc Queen; il n'abandonne pas pour autant le cinéma français (*Les uns et les autres,* de Claude Lelouch en 1981).

LEHÁR (Franz) (1870-1948), compositeur austro-hongrois. Violoniste et d'abord auteur de deux concertos pour violons, il trouve sa véritable voie dans l'opérette; *La veuve joyeuse* (1905) lui vaut un immense succès.

LEIBNITZ (Wilhelm Gottfried) (1646-1716), philosophe et mathématicien allemand. En 1676, il découvre le calcul différentiel en même temps que Newton, ce qui provoque une brouille entre les deux hommes au sujet de la paternité de l'invention. Parmi ses œuvres philosophiques on peut citer: *Nouveaux essais sur l'entendement humain* (1704); *Essais de théodicée* (1710); *Monadologie* (1714).

LEIGH (Vivien Mary Hartley, dite Vivien) (1913-1967), actrice anglaise. Elle débute au théâtre, à Londres, par des interprétations classiques remarquables, notamment dans le rôle d'Ophélie. Elle obtient l'oscar de la meilleure actrice pour le rôle de Blanche Dubois dans *Un tramway nommé Désir*, d'Elia Kazan, avec Marlon Brando, en 1951. Elle avait déjà été récompensée en 1939 pour le rôle de Scarlett O'Hara dans *Autant en emporte le vent* de Victor Fleming, avec Clark Gable.

LE LURON (Thierry) (1952-1987), artiste de variété français. Il est décédé à l'âge de 35 ans, d'un cancer.

LEMMON (John Uhler Lemmon, dit Jack) (1925-), acteur américain. Capable de passer du grand comique au sérieux le plus émouvant, il a tourné dans plus de quarante films, dont, assez récemment, *Missing*, de Costa-Gavras, palme d'or au festival de Cannes de 1982. *Irma la Douce*, de Billy Wilder, a été réalisé en 1963.

LEMOND (Greg) (1961-), coureur cycliste américain. Champion du monde sur route en 1983, il a gagné le Tour de France en 1986, devant Bernard Hinault, 2e à 3 mn 10 s.

LENDL (Ivan) (1960-), joueur de tennis tchécoslovaque. Lendl a été sacré champion du monde en 1985, 1986, et 1987, vainqueur de Roland-Garros en 1984, 1986, 1987; de Flushing Meadows en 1985, 1986, 1987; finaliste à Wimbledon en 1986 et 1987. En 1983, sans compter ses contrats publicitaires, il a gagné dans les tournois du circuit international 10,6 millions de francs. Septembre 1988 marque sans doute un tournant dans sa carrière: battu par Wilander en finale de l'US Open, il lui abandonne sa place de numéro 1 mondial, qu'il avait précisément acquise trois ans auparavant en finale du même tournoi, face au numéro 1 de l'époque, John McEnroe.

LENGLEN (Suzanne) (1899-1938), championne française de tennis. Elle domine les autres championnes de tennis de son époque, et gagne par exemple Wimbledon de 1919 à 1923, puis de nouveau en 1925. Elle est célèbre pour ses bonds acrobatiques et pour son élégance sur le court.

LÉNINE (Vladimir Ilitch Oulianov, dit) (1870-1924), homme politique russe et théoricien du marxisme. Figure marquante de la Révolution d'octobre 1917, il est le fondateur de l'URSS (1922). Le journal *Pravda*, qui en russe signifie « vérité », et qui devint l'organe du Comité central du Parti communiste, a été fondé en 1912 par Lénine.

LÉNINGRAD, ville d'URSS située sur la Baltique à l'embouchure de la Neva; ses 4,8 millions d'habitants font d'elle aujourd'hui la deuxième ville d'URSS après Moscou (8,4 millions d'habitants). Fondée par Pierre le Grand en 1703 sous le nom de Saint-Pétersbourg, elle est rebaptisée Petrograd en 1914, puis Léningrad en 1924.

LENNON (John), voir **BEATLES**

LENOIR (Étienne) (1822-1900), ingénieur français d'origine wallonne. Il a réalisé le premier, en 1860, un moteur à explosion, sous la forme d'un moteur à air dilaté par la combustion des gaz.

LÉOTARD (Philippe) (Nice, 1940-), acteur français. Il est à l'origine de la fondation, en 1964, de la célèbre troupe d'Ariane Mnouchkine, Le Théâtre du Soleil. Il a tourné avec Truffaut, Sautet, Tanner, Pialat, Boisset. Pour le film *La balance*, de Bob Swain, lui et sa partenaire Nathalie Baye obtiennent en 1982 les césars du meilleur acteur et de la meilleure actrice, tandis que *La balance* reçoit celui du meilleur film.

LÉPINE (Louis) (1846-1933), administrateur français, préfet de police de Paris. Il est le créateur d'une exposition annuelle d'inventions, dotée de prix, organisée à Paris depuis 1902, qui a succédé au concours national de jouets et d'articles de Paris, de 1901.

LEROUX (Gaston) (1868-1927), écrivain et journaliste français. Il a inventé le personnage du reporter-détective Rouletabille, héros du *Mystère de la chambre jaune* (1908) et du *Parfum de la dame en noir* (1909).

LESOTHO, État d'Afrique australe d'une superficie de 30 344 km², pour 1 million et demi d'habitants. Créé au début du XIXe siècle par le roi Moshoeshoe sous le nom de *Basutoland*, l'État devient protectorat britannique en 1868, et proclame son indépendance le 4 octobre 1966. Il est resté membre du Commonwealth.

LESSEPS (Ferdinand Marie, vicomte de) (1805-1894), diplomate et administrateur français. Il fait percer l'isthme de Suez par un canal navigable reliant la Méditerranée à la mer Rouge : le canal de Suez, dont l'ouverture solennelle a lieu le 17 novembre 1869 en présence de l'impératrice Eugénie. Il commence ensuite les travaux du canal de Panamá, mais un grand scandale financier et politique (l'affaire de Panamá) dans lequel il est compromis l'oblige à les arrêter.

LETTRE ÉCARLATE (La), roman de Nathaniel Hawthorne, paru en 1850. Une femme adultère est désignée comme telle par une lettre rouge cousue sur sa poitrine. Wim Wenders a tiré un film de ce roman.

LEVASSOR (Émile) (1844-1897), ingénieur et industriel français. Créateur de l'industrie française des moteurs automobiles, associé à René Panhard, il remporte, en 1895, la course Bordeaux-Paris, sur une Panhard et Levassor. Deux ans plus tard il trouve la mort dans la même course automobile.

LEVIS-MIREPOIX (Antoine Pierre Marie, duc de) (1884-1981), historien français, à qui l'on doit, entre autres ouvrages, *La guerre de Cent-Ans* (1973).

LÉVRIER, chien de chasse particulièrement agile et rapide. Il peut atteindre la vitesse de 70 km/h.

LEVURE, champignon unicellulaire utilisé par l'homme depuis l'Antiquité pour faire lever les pâtes ou activer la fermentation alcoolique. On le remplace souvent, de nos jours, par la levure chimique.

LEWIS (Jerry Lee) (1935-), chanteur de rock américain. *Killer*, en anglais, signifie tueur. Il fait son apparition en Europe en janvier 1958, avec *Great balls of fire*.

LEWIS (Joseph Levitch dit Jerry) (1926-), acteur et cinéaste américain. Il forme, à la fin des années 40, le couple comique le plus populaire des USA en compagnie du chanteur de charme Dean Martin. Tous deux restent soudés jusqu'au milieu des années 50, époque à laquelle Lewis entame une carrière de soliste, à la fois comme réalisateur et comme interprète délirant. Il doit sans doute à ses dons d'avoir été définitivement renvoyé du collège à l'âge de 15 ans...

LHASSA, capitale du Tibet, sise à 3 683 m d'altitude, et qui compte 120 000 habitants. La Paz, capitale de la Bolivie, est à 3 631 m au-dessus du niveau de la mer. Et le village de Wenchuan, également au Tibet, fondé en 1955, est pour sa part à 5 099 m. Le Dalaï Lama a résidé à Lhassa jusqu'en 1959, date à laquelle il s'est exilé en Inde.

LIBÉRATION DE PARIS. – Quelques semaines après le débarquement des alliés en Normandie, le 6 juin 1944, Paris est libéré par eux le 25 août. C'est la 2e division blindée commandée par le général Leclerc qui est entrée la première dans Paris.

LIBERIA. – C'est en 1816 que l'American Colorization Society décide de créer en Afrique occidentale une colonie formée d'anciens esclaves noirs américains. Ainsi, à partir du 7 janvier 1822, et jusqu'en 1892, ce sont 22 120 immigrés noirs qui débarquent au Liberia, et donnent à leur nouveau pays cette devise : « *L'amour de la liberté nous amena ici.* »

LIBERTÉ (statue de la), statue érigée sur l'île Bedloe à New York. Elle mesure avec son socle 71 m de haut et pèse 300 tonnes. C'est la plus grande statue jamais construite. Elle a coûté 2 250 000 francs or. Il en existe trois copies en réduction, à Paris : une au pont de Grenelle, une autre au musée des Arts et Métiers, une dernière dans le jardin du Luxembourg. Voir **BARTHOLDI.**

LIECHTENSTEIN, principauté indépendante d'Europe centrale, située sur 160 km² entre la Suisse et l'Autriche. Sa population est de 26 500 habitants. Érigé en principauté par l'empereur Charles VI en 1719, le Liechtenstein est économiquement et diplomatiquement dépendant de la Suisse, après l'avoir été de l'Autriche, sur le plan monétaire. Sa devise est : « *Dieu, Prince, Patrie.* »

LIFE BOAT (1944), film d'Alfred Hitchcock, dans lequel toute l'action se passe sur un bateau de survie. Le seul moyen pour Hitchcock d'y faire son apparition, devenue coutumière au fil de ses films, est alors de servir de mannequin, sur un morceau de journal tenu par l'un des protagonistes, pour une publicité vantant les mérites d'une méthode d'amaigrissement (Hitchcock était très gros) : on y voit donc Hitchcock au naturel, puis, après la cure, miraculeusement mince. Voir **CRIME ÉTAIT PRESQUE PARFAIT.** Voir **HITCHCOK.**

LIGNES DE LA MAIN. – C'est en examinant les lignes de la main (gauche uniquement) que les chiromanciens prédisent l'avenir. Ils y distinguent quatre lignes : Vie, Cœur, Tête, Chance (succès).

LIGUE DES PATRIOTES. – Elle a été créée en 1882 par le nationaliste français Paul Déroulède (1846-1914), farouche partisan du général Georges Boulanger (1837-1891). Déroulède tente un putsch militaire en 1899, ce qui lui vaut une condamnation à 10 années de bannissement.

LILANGENI. – Cette unité monétaire vaut actuellement 2,82 F (même valeur que le *rand,* unité monétaire de l'Afrique du Sud).

LILI MARLENE, célèbre chanson allemande durant la Seconde Guerre mondiale. Le cinéaste allemand Rainer Maria Fassbinder (1945-1982) s'en est inspiré pour son film *Lili Marleen* (1980).

LILLE, ville française, préfecture du Nord. Créée au XIe siècle, la ville compte aujourd'hui 175 000 habitants. Elle obtient son statut de préfecture en 1804 aux dépens de Douai (45 000 habitants).

LILONGWE, capitale du Malawi depuis 1975. La ville compte 103 000 habitants.

LINCOLN (Abraham) (1809-1865), homme politique américain. En 1860 l'élection à la présidence des États-Unis de ce républicain anti-esclavagiste militant cause la sécession de 10 États du Sud. La guerre civile (guerre de Sécession) déchire alors le pays jusqu'au 9 avril 1865 : les Sudistes sont battus. Cinq jours plus tard, Lincoln, qui vient d'être réélu, est assassiné par un fanatique.

LINDER (Gabriel Maximilien Leuvielle, dit Max) (1883-1925), acteur et cinéaste français. Il connaît un triomphe énorme de 1910 à 1920. *L'Étroit mousquetaire* est l'un des films qu'il a tournés aux États-Unis en 1921. Il a participé à environ 200 ou 300 films, avant de mettre fin à ses jours à l'âge de 42 ans, en compagnie de sa femme.

LINZERTORTE, pâtisserie (tarte Linzer) composée de pâte brisée, de confiture et de cannelle.

LISBONNE, ville portugaise fondée par les Phéniciens au VIIe siècle sur l'embouchure du Tage, elle obtient son statut actuel dès le XIIIe siècle; elle compte aujourd'hui 830 000 habitants. La ville a dû être reconstruite après le tremblement de terre de 1755.

LISERON (diminutif de lis). – Le liseron est aussi appelé « volubilis » et « belle de jour ».

LISZT (Franz) (Raiding, 1811-Bayreuth, 1886), compositeur et pianiste hongrois. Il s'éprend de la comtesse Marie d'Agoult en 1834, liaison qui se prolongera jusqu'en 1839 et donnera le jour à trois enfants : Blandine, Daniel (mort à vingt ans), et Cosima, future femme de Hans von Bülow, puis de Richard Wagner. Lors d'une retraite à Rome, il reçoit les ordres mineurs en 1865. Son jeu au piano était celui d'un virtuose, et a révolutionné l'approche technique de cet instrument. Liszt est aussi le premier à avoir donné des récitals de piano seul. Parmi ses innombrables œuvres, on peut citer : *Sonate en si mineur* (1853); *Mephisto valse* (1860); *Faust symphonie* (1854); *Dante symphonie* (1856), etc. Il alla même jusqu'à composer, en 1885, une *Bagatelle sans tonalité,* annonçant par là la nouvelle ère où s'est maintenant engagée la composition musicale.

LIVERPOOL, deuxième port de Grande-Bretagne, sur l'estuaire de la Mersey. L'agglomération dépasse le million et demi d'habitants. La ville compte également une équipe de football de renommée internationale.

LIVINGSTONE (David) (1813-1873), explorateur écossais. Missionnaire protestant, il part en 1849 pour une série de voyages en Afrique centrale et australe. Puis, avec Stanley qui le retrouve en 1871, il recherche les sources du Nil. C'est aussi un adversaire de l'esclavagisme.

LLOYD'S, société d'assurances maritimes, fondée au XVIIe siècle par Edward Lloyd, patron d'un bar de Londres dans lequel se rencontraient armateurs et assureurs.

LLULLAILACO, volcan situé à la frontière du Chili et de l'Argentine, qui culmine à 6 723 mètres, et est en sommeil. Le plus haut volcan du monde est le Nevado Ojos del Salado, au Chili (6 863 m). Le plus haut volcan en activité, l'Anton Galla (6 450 m), se trouve en Argentine.

LOCARNO (festival de), festival cinématographique qui a lieu en Suisse, tous les ans au mois d'août, depuis 1946 (c'est-à-dire l'année qui vit la naissance du festival de Cannes).

LOIRE, fleuve français qui prend sa source à 1 408 m d'altitude, au mont Gerbier-de-Jonc et se jette dans l'Atlantique, en aval de Nantes, après 1 020 km. À titre de comparaison : le Rhône a une longueur de 812 km; la Seine, de 776 km; la Garonne, 575 km; la Moselle, 550 km.

LOLLOBRIGIDA (Luigina, dite Gina) (1927-), actrice italienne. *Fanfan la Tulipe,* de Christian-Jaque en 1951, où elle apparaît aux côtés de Gérard Philipe, est le premier des films qui fait d'elle une vedette internationale. Elle est souvent surnommée « La Lollo ».

LOMBARD (Jane Alice Peters, dite Carole) (1909-1942), actrice américaine.

Elle est l'une des rares actrices spécialisées dans la comédie qui ait atteint la dimension d'un mythe. Elle a tourné avec Hitchcock et Lubitsch, a vécu une idylle avec Clark Gable. Elle a trouvé la mort, près de Las Vegas, dans un accident d'avion.

LONDON (John Griffith, dit Jack) (1876-1916), romancier américain né à San Francisco. Très vite, Jack London connaît une renommée internationale : *L'appel de la forêt*, qui date de 1903, est vendu à 6,5 millions d'exemplaires rien qu'en langue anglaise. Parmi ses autres romans : *Le loup des mers* (1904) ; *Croc-Blanc* (1906). Célèbre et riche, Jack London se suicide à l'âge de 40 ans.

LONDONDERRY, port d'Irlande du Nord, sur l'estuaire du Foyle, qui compte 90 000 habitants. Le 30 janvier 1969, un dimanche surnommé *Bloody Sunday* (dimanche sanglant), de violentes émeutes y causent 13 morts.

LONDRES, capitale du Royaume-Uni. Fondée au IVe siècle sur la Tamise, elle compte aujourd'hui 12 150 000 habitants. Elle est desservie par les aéroports de Heathrow (27 millions de passagers par an) et Gatwick (20 millions), respectivement aux 4e et 25e rangs mondiaux. La ville est célèbre pour son *fog* (brouillard) et son *tube* (métro) construit en 1863 et long de 405,5 km.

LONDRES (Albert) (1864-1932), grand reporter mort à bord du *Georges-Philippar*, dans l'océan Indien. Il est l'auteur de plusieurs livres dont notamment *Au bagne* (1923) et *Pêcheurs de perles* (1931).

LONDRES-SYDNEY (1977), rallye automobile organisé par 17 pays, de Covent Garden à Sydney, du 14 août au 28 septembre 1977, d'une longueur de 13 107 km. Il a été remporté par l'équipage composé de Andrew Conran, Colin Malkin, Michael Board (britanniques), qui pilotaient une Mercedes 280 E. Le premier long rallye (12 000 km) avait eu lieu en 1907, de Pékin à Paris.

LONGITUDE (du latin *longitudo*, longueur). – La longitude est calculée à partir du méridien de Greenwich, vers l'ouest pour les valeurs positives, vers l'est pour les valeurs négatives, de 0 à 12 heures, ou de 0 à 180° (1h = 15°). 1 mille marin vaut 1 852 m.

LONGUE MARCHE (la) (1934-1936), repli vers le Shenxi des communistes chinois conduits par Mao Tsé-tung, et poursuivis par les nationalistes de Chiang Kai-shek.

LORD MOUNTBATTEN OF BURMA, voir **MOUNTBATTEN OF BURMA (Lord)**

LOREN (Sofia Scicolone, dite Sophia) (Rome, 1934-), actrice italienne. Elle est apparue aux côtés de Marcello Mastroiani, en 1975 dans *Une journée particulière*, d'Ettore Scola.

LORENZ (Konrad Zacharias) (1903-), zoologiste et psychologue autrichien. Il a effectué de nombreuses recherches sur le comportement animal – des oiseaux (canards, oies) et des poissons. Son ouvrage *Le comportement animal* date de 1965. Il a reçu le prix Nobel de médecine en 1973.

LOS ÁNGELES (Victoria de) (1923-), cantatrice espagnole, soprano.

LOTH ou **LOT**, personnage biblique, neveu d'Abraham dans la mythologie judéo-chrétienne. Établi à Sodome, il échappa à la destruction de la ville. L'histoire de sa femme changée en statue de sel pour avoir regardé en arrière est une explication légendaire de la forme particulière d'un bloc salin des bords de la mer Morte.

LOTI (Julien Viaud, dit Pierre) (1850-1923), écrivain français, officier de marine. Parmi ses romans, signalons : *Aziyadé* (1879); *Pêcheur d'Islande* (1886); *Madame Chrysanthème* (1887); *Ramuntcho* (1897).

LOUBET (Émile) (1838-1929), homme politique français. Député républicain modéré, il obtient la charge de ministre puis de président de la République de 1899 à 1906.

LOUIS. – Nom porté par 17 souverains français, de Louis le Pieux à Louis XVIII, Louis XVII n'ayant pas été sacré roi.

LOUIS IX (dit Saint Louis) (1214-1270), roi de France de 1226 à 1270. Son règne débute sous la régence de sa mère, Blanche de Castille. A sa majorité il doit se battre contre les Anglais, et remporte la victoire. Le traité de Paris (1259) lui donne la Normandie, l'Anjou, le Maine et le Poitou. Il lance une première croisade en Palestine en 1249, il y reste quatre ans. Sa vertu lui vaut l'estime de tous; il est souvent représenté rendant la justice sous un chêne. Il a fait construire la Sainte-Chapelle et la Sorbonne. En 1270, contre l'avis général il repart avec la huitième croisade à Tunis mais il meurt à peine débarqué. Il est canonisé en 1297.

LOUIS XIV (1638-1715), roi de France; à sa majorité en 1651 il souffre de la tutelle de Mazarin. Il prend le pouvoir en 1661 et le garde dès lors en monarque absolu. Sa devise est : « L'État c'est moi », montrant par là que Colbert et Louvois ne sont à ses yeux que des exécutants (précieux) de sa volonté. Son règne glorieux rayonne sur l'Europe entière mais laisse le pays affaibli.

LOUIS XV (1710-1774), roi de France. Il succède à l'âge de 5 ans à son arrière-grand-père Louis XIV. A partir de 1730, la France connaît une période de prospérité matérielle sans précédent et un grand essor intellectuel. C'est le temps des grandes épopées marchandes ou industrielles : Fondation du Creusot-Anzin, St-Gobain... Cette prospérité, l'absence de guerres importantes, expliquent en partie ce qualificatif de « Bien-aimé » appliqué à Louis XV. Par ailleurs, on a rapporté que dans le « Parc aux cerfs » étaient gardées, avec l'accord de leurs parents, des jeunes filles qui ignoraient que leur amant fût le roi en personne; en cas de grossesse, elles se voyaient mariées à des courtisans.

LOUIS XVI (1754-1793), petit-fils de Louis XV. Louis XVI est roi de France en 1774 à 20 ans. Il assiste au 14 juillet 1789 sans en mesurer l'importance. La constitution de 1791 le fait néanmoins roi des Français, mais ses hésitations et sa fuite manquée à Varennes le déconsidèrent du peuple. Enfin, ses échecs militaires le font destituer. La Convention le fait alors enfermer au Temple et le condamne à mort à une voix de majorité. Il est guillotiné le 21 janvier 1793.

LOUIS XVII, fils de Louis XVI et Marie-Antoinette. Il est enfermé avec sa famille au Temple. Après l'exécution du roi, il est confié, à l'âge de cinq ans, à la garde du cordonnier Simon. On perd sa trace à cette époque.

LOUIS XVIII, voir **RESTAURATION (Seconde)**

LOUIS PHILIPPE Ier (1773-1850), roi des Français de 1830 à 1848. Il est le fils de Louis Philippe d'Orléans, plus connu sous le nom de Philippe-Égalité. Il est élevé dans un milieu de tendance libérale. Après s'être battu à Valmy et à Jemmapes (1792), il vit à l'étranger. Il se marie avec Marie-Amélie de Bourbon des Deux-Siciles et revient en France sous Louis XVIII. Il est proclamé roi des Français le 7 août 1830 après les trois journées d'insurrection des 27, 28 et 29 juillet contre Charles X (d'où l'expression de « monarchie de Juillet »). Obligé d'abdiquer après la Révolution de 1848, il le fait en faveur de son petit-fils, le comte de Paris, et part vivre en Angleterre. Voir **MONARCHIE DE JUILLET.**

LOUIS II DE BAVIÈRE (1825-1848), roi de Bavière. Il succède à 19 ans à son père Maximilien. Il consacre son temps à des constructions démesurées et folles (Neuschwanstein), il est mécène de Wagner. Interné comme fou, il meurt noyé dans des circonstances étranges.

LOUIS (Joe) (1914-1981), champion de boxe noir américain. Après être resté le plus longtemps champion du monde de la catégorie des poids lourds (11 ans, 8 mois et 7 jours), il est battu en 1949 par Charles Ezzard.

LOUVRE (musée du). – Le musée du Louvre est un ancien château royal situé à Paris sur la rive droite de la Seine. Sa construction débute sous Philippe-Auguste et s'achève sous Napoléon III. Il a été transformé en musée entre 1791 et 1793. Le 10 août 1793 la grande galerie du palais du Louvre est inaugurée comme Muséum. C'est un des plus riches musées du monde. On y trouve la célèbre Vénus de Milo découverte en 1820 à Milo, une île de la mer Égée.

LOVE STORY, best-seller de l'Américain Erich Segal (né en 1937), paru en 1970, vendu à 1 743 000 exemplaires en France, et à 15 millions d'exemplaires aux USA. Un film en est tiré en 1971 : les frais qu'il a impliqués ont été remboursés en 2 jours seulement d'exploitation. L'Université américaine d'Harvard fut créée en 1636, par John d'Harvard, à Cambridge dans le Massachusetts.

L.S.D., hallucinogène de demi-synthèse, fabriqué en laboratoire assez facilement mais au dosage très délicat, produisant de fortes modifications des sensations visuelles et auditives.

LUANDA, port et raffinerie de pétrole d'Angola, sur l'Atlantique. Luanda compte 700 000 habitants.

LUCIEN LEUWEN, voir **STENDHAL**

LUCKY LUKE, bande dessinée créée par le Belge Maurice de Bevere, dit Morris, en 1946. Lucky Luke a été publié pour la première fois et jusqu'en 1968 dans l'hebdomadaire *Spirou*, puis dans l'hebdomadaire *Pilote*. Lucky Luke, cow-boy solitaire redresseur de torts, ne se sépare jamais du fidèle Joly Jumper, son cheval. En outre, depuis la fin des années 60, il « tire plus vite que son ombre »!

LUETTE, appendice fermant les fosses nasales pendant la déglutition.

LUGE. – La première compétition internationale a eu lieu en 1883.

LUMET (Sidney) (1924-), cinéaste américain. Il fait son entrée dans le monde du cinéma, en 1957, en réalisant *Douze hommes en colère,* d'après la pièce de théâtre de Rose, avec notamment Henry Fonda et Lee J. Cobb.

LUMIÈRE. – La vitesse de la lumière est de 300 000 km/s, environ.

LUMIÈRES DE LA VILLE (Les) (1931), film américain de Charlie Chaplin. Voir **CHAPLIN.**

LUNE. – Sa révolution autour de la Terre, appelée « mois lunaire », dure 29 jours, 12 heures, et 44 minutes. Elle l'effectue à une distance variable de notre planète, dont la moyenne peut être établie à 353 700 km. Elle tourne également sur elle-même dans le même temps exactement qu'elle met à tourner autour de la Terre, et c'est la raison pour laquelle elle présente toujours à l'observateur la même face. Les astronautes américains ayant marché sur la Lune sont : Apollo 11, le 16.7.1969 : Neil Armstrong (1930-) et Edwin Aldrin (1930-), distance parcourue : 400 m. Apollo 12, le 14.11.1969 : Charles Conrad (1930-) et Alan Bean (1932-), distance parcourue : 3 km. Apollo 14, le 31.1.1971 : Alan Shepard (1923-), Edgar Dean Mitchell (1930-), distance parcourue : 4 km. Apollo 15, le 26.7.1971 : David Scott (1932-), James Irwin (1930-), distance parcourue : 28 km. Apollo 16, le 16.4.1972 : Johaw Young (1930-), Charles Duke (1935-), distance parcourue : 27 km. Apollo 17, le 7.12.1972 : Eugen Canan (1934-), Harrison Schmitt (1935-), distance parcourue : 36 km. Scott et Irwin se sont déplacés sur le sol lunaire à l'aide d'une jeep spéciale. Ils y ont laissé 3 balles de golf.

LUNE DANS LE CANIVEAU (La) (1983), « film de merde » du réalisateur français Jean-Jacques Beineix, également auteur de *Diva.*

LUNETTES CORRECTIVES. – Elles ne furent pas découvertes au XIIIe siècle mais en 1315, par l'Italien Salvino Degli Armati.

LUSITANIA, paquebot britannique coulé par un sous-marin allemand en mai 1915. Au cours du naufrage au large des côtes d'Irlande 1 200 passagers ont péri dont 125 Américains. Ceci marque le début d'une violente réaction américaine dans la Première Guerre mondiale.

LUTHER (Martin) (1483-1546), théologien, initiateur de la Réforme et du protestantisme. Martin Luther publie le 31 octobre 1517 les 95 propositions qui condamnent, entre autres, l'usage abusif des indulgences par l'Église. Ces thèses, traduites et distribuées dès 1518, ont de profondes répercussions sur les populations catholiques. Bientôt, voyant le danger d'un schisme, l'Église les considère comme hérétiques. Ayant refusé de se rétracter, il est excommunié par le pape.

LUTTE, activité sportive de combat corps à corps, pratiquée pendant l'Antiquité, en Égypte et en Grèce (pentathlé). Elle est admise au sein des jeux Olympiques modernes en 1904, fédérée internationalement en 1912. Les premières compétitions officielles françaises ont lieu en 1914. A la différence de la lutte libre, la lutte gréco-romaine interdit les prises de jambes.

LUXEMBOURG. – Située sur l'Alzette, la ville compte 76 000 habitants. Siège de la Banque européenne d'investissement et de la Cour de justice des Communautés, Luxembourg est un grand centre du secteur tertiaire. L'État du Luxembourg a une superficie de 2 856 km² et compte seulement 5 fois plus d'habitants que la ville (365 000). C'est en 1867 qu'il acquiert son autonomie, après avoir failli être français.

LUXEMBOURG (palais du). – Marie de Médicis a fait construire le Palais à Paris, sous le règne de Louis XIII, de 1615 à 1620, par Salomon de Brosse. Rubens se chargea de la décoration de la grande galerie. Delacroix, deux siècles plus tard, de celle de la bibliothèque. Le bâtiment côté jardin n'a été ajouté qu'en 1836. Il abrite le Sénat depuis le Ier Empire.

LYON (gare de). – Elle a été construite en 1899, remaniée en 1927. Elle compte 6 250 m de quais répartis sur 11 hectares. Elle reçoit 160 000 voyageurs par jour. A titre de comparaison, la gare Saint-Lazare en reçoit 410 000.

LYS DANS LA VALLÉE (Le), roman de Balzac paru en 1835, faisant partie de *La comédie humaine.* Voir **BALZAC.**

M

MACAO, colonie portugaise depuis 1555, située sur la côte méridionale de la Chine. Il s'y déroule, depuis 1984, un grand prix de formule 1 comptant pour le championnat du monde. En plus de la péninsule propre à la ville de Macao, l'État possède les îles de Coloane et Taïpa. En tout 15,515 km² pour 400 000 habitants. Les jeux étant interdits à Hong-Kong, plus de 4 millions d'habitants de Hong-Kong se rendent chaque année à Macao (à 53 km de Hong-Kong) : 5 casinos, courses de chevaux, courses de lévriers représentent un chiffre d'affaires de 3 milliards de francs par an, dont un tiers est prélevé par l'État.

MACAQUE, mammifère primate, vivant en Asie. Sa taille varie de 50 à 60 cm, sans sa queue qui est longue et préhensile.

MAC ARTHUR (Douglas) (1880-1964), général américain. Blessé pendant la Première Guerre mondiale, il est chef de l'état-major de l'armée en 1930. Il commande une partie des forces du Pacifique en 1943, puis devient commandant en chef de toutes les forces alliées du Pacifique en 1945 et joue un rôle essentiel dans la victoire sur le Japon. Commandant des forces des Nations Unies au début de la guerre de Corée en 1950, il a été remplacé par Ridgway en 1951.

MAC CARTNEY (Paul), voir **BEATLES**

MAC ENROE (John) (1959-   ), champion de tennis américain. Champion du monde en 1981, 1983 et 1984, il a été détrôné par Lendl en 1985, 1986 et 1987. En 1988, Mc Enroe tente de redevenir numéro 1 mondial.

MACHIAVEL (Nicolas) (1469-1527), philosophe, historien, et homme d'État italien, né à Florence. Contraint par la victoire des Médicis en 1512 à abandonner son poste de secrétaire de la Chancellerie de Florence, il se tourne vers l'écriture. Il est l'auteur du *Discours sur la première décade de Tite-Live*, du *Prince*, et de *L'art de la guerre*.

MÂCHOIRE HUMAINE. – Elle comporte 16 dents, dont 4 incisives (qui coupent), 2 canines (qui déchirent), 4 prémolaires et six molaires (qui broient). Les dents de sagesse sont les 4 dernières molaires de la dentition, qui n'apparaissent pas nécessairement.

MACHU PICCHU, site archéologique du Pérou au nord-ouest de Cuzco, à 2 045 m d'altitude, découvert en 1911 par Hiram Bingham et qui témoigne d'une cité inca de la deuxième moitié du XIIIe siècle.

MACKINLEY, massif de l'Alaska, culminant à 6 194 m, gravi pour la première fois en 1910 par l'Américain Stuck.

MACLAINE (Shirley MacLaine Beatty, dite Shirley) (1934-), actrice américaine, danseuse de formation. Elle fait, en 1983, avec Jack Nicholson pour principal partenaire, une rentrée cinématographique remarquée dans *Tendres passions*, de James L. Brooks, quatre ans après *Bienvenue Mister Chance* de Hal Ashby. *Irma la Douce*, de Billy Wilder, a été réalisé en 1963.

MAC-MAHON (Edme Patrice Maurice, comte de) (1808-1898), homme politique français, maréchal de France. Il contribue à mater la Commune de Paris en 1871. Il est élu président de la République par l'Assemblée nationale le 25 mai 1873, par 391 voix pour et 1 contre, mais aussi 300 abstentions. Il démissionne le 30 janvier 1879.

MAC MILLAN (Maurice Harold) (Londres, 1894-), homme politique britannique. En 1959, il assiste en tant que Premier ministre à une séance de l'ONU au cours de laquelle Nikita Krouchtchev, furieux de n'être pas entendu, frappe son pupitre à plusieurs reprises avec sa chaussure.

McQUEEN (Terence Steven McQueen, dit Steve) (1930-1980), acteur américain. *Au nom de la loi* est le titre de la série télévisée qui le rend populaire. Mais c'est John Sturges qui lui donne un renom international, grâce à *La grande évasion* (1963), après l'avoir déjà fait remarquer dans la version américaine du beau film d'Akira Kurosawa, *Les sept mercenaires* (1960).

MACROBIOTIQUE, régime alimentaire introduit en Occident par le Japonais Georges Oshasalna, à base de céréales.

MADAME BUTTERFLY (1904), opéra en trois actes de Giacomo Puccini (1858-1924), sur un livret de Giacosa et Illica, qui raconte l'histoire d'une Japonaise, épousée puis abandonnée par un officier américain. Voir **PUCCINI.**

MADELEINE, voir **PROUST**

MADEMOISELLE ÂGE TENDRE, hebdomadaire pour les jeunes, fondé en 1964.

MADÈRE, île principale d'un archipel découvert en 1418 par les Portugais, situé au sud-ouest de Lisbonne. La capitale en est Funchal. Le vin du même nom en est originaire, ainsi que la « sauce madère » confectionnée avec ce vin.

MAD MAX 2 (1982), film australien, réalisé par George Miller, primé à Avoriaz lors du Festival international du film fantastique qui s'y déroule chaque année.

MAGELLAN (Fernand de) (1480-1521), navigateur portugais. Premier navigateur à réaliser le tour du monde, il découvre en 1520 le passage qui, au sud du continent américain, relie l'Atlantique au Pacifique, et qui porte aujourd'hui son nom : le détroit de Magellan. Il est mort aux Philippines.

MAGNA CARTA (du latin, grande charte). – Elle fut imposée en juin 1215 au roi Jean sans Terre par les barons anglais révoltés. Elle comprend 63 articles qui donnent la liste des privilèges des barons et limitent le pouvoir royal. Elle est considérée comme la plus ancienne des institutions libérales anglaises.

MAGRIN-VERNERY (colonel), militaire français compagnon du général de Gaulle à Londres, à partir du 29 juin 1940.

MAGRITTE (René) (1898-1967), peintre belge. Installé près de Paris de 1927 à 1930, il participe aux activités surréalistes. Son tableau *Ceci n'est pas une pipe* représente une pipe! Mais Magritte a raison : ce n'est pas une pipe, c'est un tableau...

MAHARAJAH ou **MAHARADJAH** (du sanskrit, grand roi), titre donné aux princes hindous, possesseurs d'un fief.

MAHARIDHI MAHESH YOGI, voir **MÉDITATION TRANSCENDANTALE**

MAH-JONG (du chinois *mah-jong*, je gagne), jeu de dominos d'origine chinoise.

MAHLER (Gustav) (1860-1911), compositeur et chef d'orchestre autrichien. Il est l'auteur de dix symphonies (dont la dernière est inachevée), de cinq cycles de *Lieder*, dont *Le chant de la terre*, les *Kindertotenlieder* (chants pour des enfants morts), *Le Cor enchanté de l'enfant*, etc. Son retour en grâce est en partie dû au cinéaste Luchino Visconti, qui a utilisé l'*adagietto* de sa V^e^ symphonie, dans son film *Mort à Venise* (1970).

MAHOMET (569-632) (de l'arabe *Mouhammad*, le loué), prophète de l'islam. Mahomet est né à la Mecque. Commerçant, il se retire régulièrement dans le désert pour y méditer; et c'est là, le 22 décembre 609, que l'ange Gabriel lui apparaît pour la première fois et lui annonce que *Allah* (Dieu) l'a choisi comme devant être son *rasôl* (Envoyé) parmi les hommes. Ce jour-là, l'ange Gabriel commence à dicter à Mahomet le texte du Coran, laquelle dictée dura 23 années. L'islam est une religion très proche du christianisme; c'est en tout cas la seule religion non chrétienne qui conçoive que Jésus-Christ soit né d'une vierge, c'est-à-dire miraculeusement, et le qualifie de « Verbe et esprit de Dieu ».

MAI 1945, capitulation de l'Allemagne.

MAIGRET, voir **SIMENON**

MAILER (Norman Kingsley) (Long Branch, 1923-), son œuvre comporte : *Les nus et les morts* (1948), *Rivage de Barbarie* (1951), *Un rêve américain* (1964), *Le prisonnier du sexe* (1971), *Marilyn* (1974), *Le chant du bourreau* (1980), *Les vrais durs ne dansent pas* (1984).

MAILLAN (Jacqueline) (1923-), actrice française. Véritable star du théâtre de boulevard, elle est également actrice au cinéma (elle a joué notamment aux côtés de Louis de Funès).

MAIN AU COLLET (La) (1955), film américain, réalisé par Alfred Hitchcock. Les interprètes principaux en sont : Cary Grant, Grace Kelly (future princesse Grace de Monaco qui, à cette occasion, rencontra le Prince Rainier), et Charles Vanel.

MAINTENON (Françoise d'Aubigné, marquise de) (1635-1719), dame française épouse de Louis XIV. Petite-fille d'Agrippa d'Aubigné, elle épouse en 1652 le poète Scarron. Quelques années après sa mort, elle devient la gouvernante des enfants de Louis XIV et de Mme de Montespan. Après la mort de la reine, le roi l'épouse en 1684, en grand secret. Elle a eu sur lui et sur la Cour une influence austère. Fondatrice de l'Institution de St-Cyr pour l'éducation des jeunes filles nobles et sans ressources, elle s'y retire après la mort du roi.

MAÎTRESSE DU LIEUTENANT FRANÇAIS (La) (1981), film anglais réalisé par Karel Reisz (1926-), avec Meryl Streep et Jeremy Irons, d'après le roman de l'écrivain britannique John Fowles (1926-), paru en 1969 sous le titre *Sarah et le lieutenant français*, et adapté pour le cinéma par Harold Pinter.

MALACCA ou **MALAKA (détroit de)**, portion de l'océan Indien qui sépare la péninsule de Malaisie de celle de Sumatra. On y trouve le port de Malacca, fondé en 1402 par Paramesvara, prince sumatranais.

MALADE IMAGINAIRE (Le) (1673), comédie en trois actes et en prose de Molière (1622-1673). Molière est mort, en coulisse, après un malaise survenu alors qu'il était en scène, lors de la quatrième représentation du *Malade imaginaire*...

MALARIA (de l'italien *mala aria*, mauvais air), maladie transmise par un moustique des régions marécageuses. La malaria est aussi appelée « paludisme » (du latin *palus, paludis*, marais) ou encore « maladie du sommeil ».

MALAWI, État d'Afrique orientale. Sa superficie est de 127 368 km² pour 6,650 millions d'habitants. Colonie britannique à partir de 1889 sous le nom de Nyasaland (baptisé ainsi par David Livingstone), le pays obtient son indépendance en 1964 et prend le nom de Malawi, du nom du grand lac (de 26 000 km²) de sa partie orientale. Son unité monétaire, le kinacha, vaut 3,90 F.

MAL DE MER. – Le mal de mer a pour symptômes : céphalées, somnolence, sueurs froides, nausées, provoquées par le roulis du bateau. La Nautamine, ainsi que la Dramamine ou la Marzine, sont des remèdes préventifs et peuvent entraîner des somnolences. Le meilleur remède est de s'allonger, tête basse, après avoir avalé une petite gorgée d'eau de mer.

MALDIVES (îles), archipel de l'océan Indien constitué de plus de 2 000 îles et îlots, d'une superficie de 287 km² pour 168 000 habitants. Seul le dixième environ des îles est peuplé. Sous dépendance britannique à partir de 1887, les Maldives acquièrent leur indépendance en 1965 et fondent une république 3 ans plus tard.

MALET (Léo) (1909-), romancier français, auteur de romans policiers, notamment de *120, rue de la Gare*.

MALGRÉ QUE. – Cette locution a sans doute d'abord appartenu à l'usage populaire, mais elle a maintenant perdu, et cela dès le XVIIe siècle, ce caractère. (Employée par Baudelaire, Mallarmé, Proust, Gracq, etc.).

MALI, État d'Afrique occidentale d'une superficie de 1 240 000 km² pour

7 700 000 habitants. Il est issu au XVIIe siècle de l'empire du Mali, fondé au XIe siècle, comme en sont issus le Sénégal, la Guinée, la Gambie, la Mauritanie. A partir de 1857 la France y installe son emprise, qui est totale en 1898. Le Mali acquiert son indépendance en 1960.

MALLARMÉ (Stéphane) (1842-1898), poète français. Il connaît une brusque célébrité grâce au livre *Les poètes maudits* de Paul Verlaine. Il est l'auteur notamment d'une magnifique version française de nombreux poèmes d'Edgar Poe, de *L'après-midi d'un faune* (dont s'inspira Debussy), et de *Un coup de dés jamais n'abolira le hasard.* « La chair est triste, hélas, et j'ai lu tous les livres » est le premier vers de son poème *Brise marine.*

MALLE (Louis) (1932-), cinéaste français. C'est un ancien élève de l'IDHEC (Institut des hautes études cinématographiques, fondé par Marcel L'Herbier). Ses films véritablement aboutis sont *Le feu follet* (1963), *Le voleur* (1967), *Le souffle au cœur* (1971), *Lacombe Lucien* (1974), et *Atlantic City*, réalisé aux États-Unis depuis que Louis Malle est parti s'y installer en 1977. *Viva Maria* date de 1965. *La Petite*, de 1978, fait également partie de sa production américaine. Avec *Au revoir les enfants*, en 1987, Malle obtient le Lion d'or du festival de Venise et un message de félicitations du président de la République française, ainsi qu'une bonne partie des césars, dont celui du meilleur film et celui du meilleur réalisateur. En revanche, son film échoue totalement aux oscars américains.

MALRAUX (André), auteur de la célèbre déclaration : « Le XXIe siècle sera religieux ou ne sera pas. » Voir **CONDITION HUMAINE (La).**

MALTE, État insulaire méditerranéen, d'une superficie de 315 km² pour 350 000 habitants. C'est à partir du XVIIe siècle que l'île subit l'influence française, puis l'influence anglaise. L'indépendance est décrétée en 1964, mais Malte demeure au sein du Commonwealth. Les troupes britanniques ne quittent l'île qu'en 1979.

MAMELOUKS, cavaliers des anciennes milices d'Égypte, gardes du corps du sultan. Bonaparte les soumet en 1798, lors de la campagne d'Égypte, et les regroupe en un escadron de sa garde personnelle.

MAN (île de), île dépendant de la Couronne d'Angleterre, où encore de nos jours certains sévices corporels (le fouet, par exemple) sont appliqués pour châtier les criminels. Le chat de l'île de Man est encore appelé Manx.

MANAMA (de l'arabe *manama*, lieu de repos), ville de l'île de Bahrein, dans le golfe Persique, qui compte 130 000 habitants.

MANCHE (traversée à la nage de la). – Entre Douvres et Calais, il y a environ 32 km, mais il n'est pas rare que les nageurs, déportés et déviés par les courants, en parcourent le double. La première traversé a eu lieu les 24 et 25 août 1875, en 21 heures et 45 minutes, par l'Anglais Mathew Webb (1848-1883). La première femme à effectuer cette traversée fut l'Américaine Gertrude Ederle en 1926, en 14 heures et 39 minutes. Le plus jeune athlète (à peine 14 ans) fut l'Anglais David Morgan en 1977, en 11 heures et 5 minutes. Le plus vieux (55 ans), William Barnie en 1951, en 15 heures. Nassel el-Sakyli, un Égyptien, détient le record de vitesse de la traversée : 8 heures et 45 minutes en 1977 (il était alors âgé de 17 ans). Le premier à effectuer l'aller-retour, avec seulement 4 minutes de repos, fut l'Argentin Antonio Abertondo, 42 ans, en 1961, en 43 heures et 10 minutes.

MANCHE (tunnel sous la). – L'idée est lancée en 1751 par l'ingénieur François Desmarets. En 1836, un autre ingénieur, Aimé Thomé de Gamard, émet l'idée d'un pont sur la Manche, puis se rallie à la solution du tunnel en 1857. Le tunnel sera mis en service en 1993, il permettra de rallier Paris à Londres en 3 heures 15 (par TGV).

MANCHOT, oiseau antarctique palmipède, dont les ailes, impropres au vol, sont utilisées comme nageoires. Le plancton (du grec *plagkton*, qui erre) est une masse d'êtres minuscules en suspension.

MANDALAY, ville de Birmanie, sur le fleuve Irraouaddi, fondée en 1857, et qui compte aujourd'hui 535 000 habitants. La première ville et capitale du pays est Rangoon, avec plus de 2 millions d'habitants.

MANDCHOUKOUO, nom donné par les Japonais à la Mandchourie en 1932, lors de son invasion. De 1858 à 1904, les Russes précisent peu à peu leur prétention à annexer la Mandchourie. Mais le Japon, après avoir vaincu les Chinois en 1894-1895 et les Russes en 1904-05, supplante la Russie en Mandchourie, et nomme alors le territoire Mandchoukouo. La Chine ne récupère son territoire qu'à la faveur de la défaite japonaise en 1945. Aujourd'hui la Mandchourie est la première région économique de Chine.

MANDRAKE, magicien héros de bandes dessinées, créé en 1934 par les Américains Phil Davis (dessin) et Lee Falk (scénario).

MANDRILL, grand singe originaire d'Afrique, de la famille des cynocéphalidés, mesurant 80 cm de long. Son museau bariolé en bleu et rouge est caractéristique.

MANET (Édouard) (1832-1883), peintre français né à Paris. Il est l'un des maîtres du naturalisme et de l'impressionnisme. Il est également l'auteur des fameuses *Baigneuses*.

MANGOUSTE, petit mammifère carnivore d'Asie ou d'Afrique. Elle mesure 50 cm de long. Elle est souvent plus rapide que les reptiles, et est en tout cas immunisée contre leur venin.

MANHATTAN, île située entre l'Hudson, la rivière de Harlem, et l'East River. Les Hollandais l'ont achetée aux Indiens en 1609, pour 24 dollars. En 1664 les Anglais s'en emparent, puis Manhattan devient indépendant en même temps que l'État de New York en 1777. Avec plus d'1,5 million d'habitants, Manhattan est le cœur de New York, le 3e port du monde. La délinquence y est importante : on y recense chaque année 150 000 agressions, 4 000 viols, 2 000 meurtres.

MANIFESTE DU PARTI COMMUNISTE. – « La *Ligue des communistes*, société ouvrière internationale qui, dans les circonstances d'alors, ne pouvait être évidemment que secrète, chargea les soussignés, délégués au congrès tenu à Londres en novembre 1847, de rédiger un programme détaillé, à la fois théorique et pratique, du Parti et destiné à la publicité. Telle est l'origine de ce *Manifeste* ». (Marx et Engels, 24 juin 1872.) Le *Manifeste du parti communiste* n'a été traduit en français qu'en 1885.

MANILLE, jeu de cartes espagnol. Répandue dans le midi de la France (surtout populaire au XIXe siècle), la manille se joue à 4 avec 32 cartes. La valeur des cartes est, par ordre décroissant : 10, As, Roi, Dame, Valet, 9, 8, 7. Le 10 est appelé *manille,* l'as *manillon.*

MANKIEWICZ (Joseph Lee) (1909-), cinéaste et producteur américain. Maintes fois récompensé aux oscars, Mankiewicz a monté sa maison de production en 1952. Quelques-uns de ses films : *L'affaire Cicéron* (1952), *Jules César* (1953); *La comtesse aux pieds nus* (1954); *Soudain l'été dernier* (1959); *Cléopâtre* (1963); *Le reptile* (1970); *Le limier* (1972).

MANN (Thomas) (1875-1955), écrivain allemand né à Lübeck. Il a reçu le prix Nobel en 1929. Parmi ses œuvres, *La mort à Venise* date de 1913 et fut adapté au cinéma par Luchino Visconti en 1970. Parmi ses autres romans : *Les Buddenbrook* (1901); *La montagne magique* (1924); *Docteur Faustus* (1947).

MANS (Vingt-quatre heures du), épreuve automobile d'endurance créée en 1923. Les vainqueurs ont été pour les années 1960, 1961, 1962, 1963, 1964, 1965 : Ferrari. 1966, 1967, 1968, 1969 : Ford. 1970, 1971 : Porsche. 1972, 1973, 1974 : Matra-Simca. 1975 : Ford. 1976, 1977 : Porsche. 1978 : Alpine Renault. 1979 : Porsche. 1980 : Roudeau Cosworth. 1981, 1982, 1983, 1984, 1985, 1986 : Porsche.

MANSFIELD (Vera Jayne Palmer, dite Jayne) (1932-1967), actrice américaine. Elle est une des représentantes de la fantasmagorie sexuelle du cinéma hollywoodien. Elle se tue dans un accident de la route, sans laisser derrière elle le souvenir d'une carrière accomplie.

MAO TSÉ-TUNG (1893-1976), homme d'État chinois. Fondateur du parti communiste chinois, il organise l'armée révolutionnaire et préside le gouvernement provisoire des Soviets. Il bat en retraite devant les troupes nationalistes. Commence alors la Longue Marche. Après 3 ans de guerre civile et la défaite des nationalistes il proclame la République populaire de Chine dont il est le président. À partir de 1966, il lance la Révolution culturelle pour traquer tous les reliquats de l'idéologie bourgeoise. De nombreux hauts personnages sont bannis. Il se baigne dans le Yang-tsê Kiang pour son 70e anniversaire.

MAORIS, population polynésienne habitant la Nouvelle-Zélande. Les Maoris ne constituent maintenant que 9 % de la population totale de la Nouvelle-Zélande. La guerre qui s'est achevée par leur soumission a duré dix ans, de 1860 à 1870.

MAPUTO, port sur l'océan Indien, situé dans le sud du Mozambique, à 25 km seulement de l'Afrique du Sud. Il compte près de 800 000 habitants.

MARADONA (Diego), joueur de football argentin, surnommé le « Pelé blanc ». Il est probablement le meilleur joueur du monde de ces prochaines années : il a été champion du monde en 1986, vainqueur du championnat et de la coupe d'Italie, avec Naples, en 1987.

MARAIS (Jean Alfred Villain-Marais, dit Jean) (Cherbourg, 1913-) acteur français. Il est révélé en 1943 par *L'éternel retour*, version moderne de *Tristan et Yseult*, de Jean Delannoy, sur un scénario et des dialogues de Jean Cocteau. Il tourne *La belle et la bête* avec ce dernier, en 1946. Il est également acteur au théâtre, peintre, sculpteur.

MARAT (Jean-Paul) (1743-1793), homme politique français. Député de Paris à la Convention, c'est lui qui obtient le vote qui décide de la condamnation à mort de Louis XVI. Il est assassiné dans sa baignoire le 13 juillet 1793, par Charlotte Corday (admiratrice des girondins que Marat venait de faire proscrire). Charlotte Corday fut ensuite guillotinée. Voir **CORDAY.**

MARATHON, course de 42,195 km, soit la distance qui sépare Windsor du stade White City à Londres, parcours des jeux Olympiques de 1908. Cette épreuve est inspirée par la course légendaire que dut faire Philippidès, en 490 av. J.-C., entre Marathon et Athènes (40 km), pour annoncer aux Grecs leur victoire sur les Perses, et en raison de laquelle il trouva la mort après 4 heures d'efforts.

MARCHAIS (Georges) (Calvados, 1920-), homme politique français. Fils de mineur, Marchais entre au parti communiste français en 1947; il en devient le secrétaire général en 1972. Il est député du Val-de-Marne depuis 1973, député européen depuis 1984. Il est également l'auteur de plusieurs ouvrages politiques.

MARCIANO (Rocco Francis Marchegiano, dit Rocky) (1923-1969), boxeur américain. Marciano est champion du monde de la catégorie des poids lourds en 1952. Il reste invaincu durant toute sa carrière (1947-1956).

MARCOS (Imelda), épouse de Ferdinand Marcos. En 1965 Ferdinand Marcos succède à Macapagal comme président de la République des Philippines. Très populaire au début de son règne, il est vite attaqué par les étudiants, par la gauche, et par les paysans. En 1981 il est réélu. Imelda Marcos, sa femme, alors présentée par beaucoup comme le successeur éventuel de son mari, est nommée gouverneur du Grand-Manille. Mais les Marcos sont renversés en 1986 par Cori Aquino, veuve du leader de l'opposition assassiné en 1983.

MARDI GRAS, fête catholique qui précède les quarante jours du carême, préparation à la célébration de Pâques. Le lendemain mercredi est un jour de jeûne, appelé « jour des cendres » parce que le front des fidèles est marqué par le prêtre à cette occasion d'une croix de cendre afin de leur rappeler qu'ils sont poussière. Les quarante jours se terminent par le jeudi saint.

MARE NOSTRUM. – Encore appelée *mare interna* par les Romains.

MARÉES. – On distingue plusieurs types de marées : les marées semidiurnes (deux pleines mers et deux basses mers par jour), les marées diurnes, (1 basse mer et 1 pleine mer par jour). À Southampton, Angleterre, on compte 3 périodes de flux et de reflux dans une journée.

MARELLE (de l'ancien français *marrele*, jeton), jeu qui consiste à pousser, en allant à clochepied, un caillou ou tout autre objet pouvant tenir lieu de jeton dans les cases dessinées sur le sol. La case départ est la terre, et l'avant-dernière l'enfer.

MARIANNE (buste de). – Il apparaît en 1877, comme figure de la République en remplacement des bustes de Napoléon III. Son modèle est la statue du triomphe de la République située place de la Nation à Paris, réalisée par Jules Dalou. Après avoir été fait à l'image de Brigitte Bardot, le buste de Marianne, depuis le 14 octobre 1985 est maintenant réalisé à l'image de Catherine Deneuve.

MARIANNES (fosse des), voir **FOSSE DES MARIANNES**

MARIE (sainte), mère de Jésus, vierge dans la tradition chrétienne. L'archange Gabriel lui annonce qu'elle sera, par l'opération du Saint-Esprit, la mère du Messie. Quelques mois plus tard, elle est avec son mari Joseph à Bethléem lorsque l'enfant naît. Dès le IVe siècle, un culte de Marie mère de Dieu s'instaure. En outre, les catholiques croient au dogme de l'Immaculée Conception. Les deux pèlerinages mariaux les plus connus sont Lourdes et Fatima.

MARIE-ANTOINETTE (1755-1793), née à Vienne, fille de François Ier empereur germanique, elle épouse en 1770 le futur roi Louis XVI. Imprudente, prodigue, elle est compromise par Cagliostro dans l'affaire du collier de la reine et se rend impopulaire. Elle joue à la fermière au Trianon dans le parc du château de Versailles. Arrêtée et enfermée au Temple, celle qu'on surnomme alors la « veuve Capet » est exécutée en octobre 1793.

MARIENBAD (L'année dernière à), film français d'Alain Resnais, réalisé en 1961 sur un scénario auquel participa l'écrivain Alain Robbe-Grillet, théoricien du Nouveau Roman.

MARIE STUART, fille de Jacques V, roi d'Écosse, et de Marie de Lorraine. Élevée en France par les Guise, elle se marie en 1558 avec celui qui doit devenir François II, mais il meurt deux ans plus tard. De retour en Écosse, quand la révolte des nobles bat son plein, elle part en Angleterre où sa rivale Elizabeth Ire l'accuse d'avoir comploté contre elle, la fait juger et exécuter en 1587.

MARINER, sonde spatiale américaine. Les résultats des tentatives Mariner sont : Mariner 1 (1962) : lancement non réussi. Mariner 2 (1962) : à 34 000 km de Vénus, devient planète artificielle. Mariner 5 (1967) : approche Vénus à 4 094 km. Mariner 10 (1973) : approche Vénus à 5 760 km.

MARLBOROUGH (John Churchill, 1er duc de) (1650-1722), homme de guerre anglais, s'étant couvert de gloire durant la guerre de succession d'Espagne.

MARLEY (Bob) (1945-1981), compositeur jamaïcain. D'obédience religieuse des Rastafaris (« rastas »), il est à l'origine de l'influence du reggae dans le développement de la pop-music, à la fin des années 70 et au début des années 80.

MARMOTTE, mammifère rongeur vivant dans les Alpes entre 1 500 m et 3 000 m. La marmotte hiberne dans un terrier.

MARMOUSET (de l'ancien français *marmot*, singe), le marmouset pygmée mesure 30 cm et pèse entre 50 et 80 g.

MARNE (bataille de la), opérations militaires victorieuses par lesquelles Joffre a stoppé l'invasion des armées allemandes sur la Marne en 1914. Le 4 septembre par un ordre du jour célèbre, il commande à ses armées un demi-tour offensif; le 5, l'armée de Maunoury, aidée par l'armée de Galliéni et les taxis parisiens, attaque de flanc von Kluck; c'est un succès. Cette victoire a contribué à mettre en échec le plan de guerre prévu par Berlin.

MAROC, royaume d'Afrique du Nord, baigné par la Méditerranée et l'océan Atlantique. Sa superficie est de 458 730 km² pour 22 150 000 habitants. Protectorat français de 1912 à 1956, le Maroc est gouverné depuis 1961 par Hasan II, 17e roi de la dynastie des Alaonites, et dont le prince héritier est Sidi Mohammed, fils aîné d'Hasan II.

MARPLE (Miss), voir **CHRISTIE**

MARS, planète du système solaire. Sa couleur rouge est due à la présence, sur sa surface, d'oxydes de fer. Son diamètre équatorial est de 6 794 km. On ne peut exclure catégoriquement que certaines formes rudimentaires de vie s'y soient développées.

MARSEILLE. – Avec 880 000 habitants, c'est la 3e ville de France, après Paris et Lyon. Elle a été fondée, sous le nom de Massalia, au VIe siècle av. J.-C. Sa basilique Notre-Dame-de-la-Garde a été construite au XIXe siècle; dans sa nef, on trouve une Mater Dolorosa sculptée par Carpeaux. Marseille, avec un trafic annuel de 90 millions de tonnes, est le 1er port de la Méditerranée.

MARSHALL (George) (1880-1959), général américain. Chef d'état-major de l'armée américaine pendant toute la Seconde Guerre mondiale, il exerce une très grande influence sur la conduite de la guerre. Après sa retraite, il est ambassadeur en Chine, puis secrétaire d'État; il donne son nom au plan d'aide économique adopté en 1948 par lequel les USA apportent un soutien à l'Europe. Il reçoit le prix Nobel de la paix en 1953.

MARTIN (Jacques) (1933-), chanteur, auteur dramatique, producteur et animateur français d'émissions télévisées. Son émission « Le petit rapporteur » le révèla aux télespectateurs français. Il est désormais producteur et animateur de l'émission hebdomadaire « Dimanche Martin », diffusée sur la deuxième chaîne.

MARTINGALE, procédé qui consiste, dans les jeux d'argent, à faire monter la mise.

MARTY (Christian), sportif français. Il est parti sur une planche à voile le 12 décembre 1981 de Dakar, arrivé le 18 janvier 1982 à Kourou (Guyane), après avoir franchi 4 800 km en 37 jours, 16 heures et 25 minutes.

MARVIN (Lee) (New York, 1924-1987), acteur américain. Sa carrière cinématographique commence en 1953 avec Fritz Lang. Il obtient l'oscar du second rôle en 1965, pour son interprétation dans *Cat Ballou* de Eliott Silverstein. Mais il est sans doute plus remarquable deux ans plus tard, dans *Douze salopards* de Robert Aldrich, ou *Le point de non-retour* de John Boorman.

MARX (Groucho, Harpo, Chico, Zeppo dits les Marx Brothers), artistes burlesques et acteurs de cinéma américains. Ce sont Leonard (Chico) (1891-1961); Adolph (Harpo) (1893-1977); Julius (Groucho) (1895-1977); Herbert (Zeppo) (1901-1979). Zeppo se sépare du groupe en 1932. Ils ont tourné plusieurs films : *Noix de coco* (1929); *Monnaie de singe* (1931); *Soupe au canard* (1933); *Une nuit à l'opéra* (1935); *Un jour aux courses* (1936); *Une nuit à Casablanca* (1946)

MARX (Karl) (1818-1883), philosophe et militant socialiste allemand. Tout en le critiquant, il est très influencé par Hegel. Avec Engels il écrit le *Manifeste du parti communiste.* Il se fait expulser de Belgique, d'Allemagne, et de France, et va vivre dans la misère en Angleterre : c'est là qu'il rédige son œuvre principale, *Le capital.* Il conçoit la lutte des classes comme le moteur de l'histoire, la société communiste comme celle où le prolétariat est devenu maître des moyens de production. Il meurt à Londres.

MARY POPPINS (1964), film américain de Robert Stevenson, réalisé en 1964 avec Julie Andrews qui obtint pour ce rôle l'oscar de la meilleure actrice.

M.A.S.H. (1970), film américain réalisé par Robert Altman en 1970, avec Donald Sutherland et Elliott Gould. Ce film a obtenu la palme d'or au festival de Cannes.

MASINA (Giulia Anna, dite Giuletta) (1920-), actrice italienne. Elle épouse le cinéaste Federico Fellini en 1943; avec lui elle tourne 7 films : *Les feux du music-hall* (1950), *Courrier du cœur* (1952), *La strada* (1954), *Il bidone* (1955), *Les nuits de Cabiria* (1957), *Juliette des esprits* (1965), et enfin *Ginger et Fred* (1986).

MASON (James) (1909-1984), acteur anglais. Il tourne dans deux films de Mankiewicz, *L'affaire Cicéron* (1952), et *Jules César* (1953) avec Marlon Brando.

MASSEPAIN, biscuit d'origine arabe, de forme arrondie.

MASTERMIND, jeu de société qui se joue à deux, inventé par l'Israélien Mordecai Maerowitz.

MASTROIANNI (Marcello) (1924-), acteur italien. Il commence sa carrière au théâtre, notamment sous la direction de Luchino Visconti. Il obtient une célébrité internationale au cinéma grâce à Fellini et sa *Dolce vita,* en 1960. Fellini, dès lors, le réemploie souvent. En 1987, il obtient le prix d'interprétation masculine du festival de Cannes pour son rôle dans *Les yeux noirs,* du Soviétique Nikita Mikhalkov, inspiré de la nouvelle de Tchekhov *La dame au petit chien.*

MATA HARI (Margaretta Geertmida) (1876-1917), danseuse et aventurière néerlandaise. Pendant la Première Guerre mondiale, elle camoufle ses activités d'espionnage en animant des spectacles de danses hindoues et javanaises. Découverte, elle est fusillée en 1917.

MATHIEU (Mireille) (1946-), chanteuse française. Voir **LANZAC.**

MATHUSALEM, personnage biblique dont le nom est devenu proverbial à cause de l'extraordinaire longévité que lui attribue le livre de la Genèse.

MATIGNON. – Au 59 rue de Varenne à Paris, dans le 7e arrondissement se trouve l'hôtel Matignon, construit par Jean Courtonne (1671-1739). Talleyrand en a été pensionnaire en 1810.

MATISSE (Henri) (1869-1954), peintre français né à Le Cateau. Il est le chef de file du Fauvisme. Il a été également sculpteur (bustes de *Jeannette* datés de 1910-1913). Voir **FAUVISME.**

MAUGHAM (William Somerset) (1874-1965), écrivain britannique né à Paris. Il a écrit des nouvelles et des pièces de théâtre. On lui doit aussi : *L'envouté*, *Servitudes humaines* (1915); *Le fil du rasoir* (1944).

MAURICE (île), État insulaire, d'une superficie de 1 865 km^2 dans l'océan Indien, et d'1 million d'habitants. Les Hollandais s'y installent en 1598 et lui donnent le nom de Maurice de Nassau, homme d'État hollandais (1567-1625). Une fois aux mains des Français à partir de 1715 l'île devient « Ile de France », puis à nouveau île Maurice en 1810 avec les Anglais. Indépendante en 1968, elle reste membre du Commonwealth. Le français y est encore largement parlé.

MAURITANIE, État d'Afrique occidentale d'une superficie de 1 080 000 km^2, dont la capitale est Nouakchott. Les Mauritaniens sont au nombre de 1,8 million. Les principales ressources économiques sont l'exploitation du fer et, à un degré moindre, celle du cuivre.

MAUROY (Pierre) (1928-), homme politique français. Il est maire de Lille et député du Nord depuis 1973. Il a été Premier ministre de 1981 à 1984. Il est l'auteur d'ouvrages politiques.

MAXIM (Sir Hiram Steveno) (1840-1916), industriel américain. Il s'établit en Angleterre en 1881, date à laquelle il invente le premier fusil mitrailleur.

MAXIM'S, grand restaurant parisien sis au 3, rue Royale dans le 8e arrondissement de Paris, face à la Concorde. Il est classé 2 étoiles dans le *Bottin Gourmand* et 3 toques dans le *Guide Gault et Millau* avec une note de 17 sur 20.

MAYERLING, petite localité d'Autriche proche de Vienne. Dans un pavillon de chasse, le 30 janvier 1889, l'archiduc Rodolphe et la baronne Maria Vetsera s'y seraient donné la mort.

MAYFLOWER, nom du navire anglais qui emmena, de Southampton en septembre 1620, 102 émigrants puritains qui voulaient échapper aux persécutions des Anglais et des Hollandais. Ce sont ces émigrants qui ont commencé la colonisation de la Nouvelle-Angleterre, et fondé la ville de Boston.

MEAD (Margaret) (1901-1978), anthropologue américaine. *Puberté à Samoa*, son premier ouvrage, date de 1928.

MEAUX, ville située sur la Marne à 44 km de Paris. Ses habitants, au nombre de 46 000, sont appelés les Meldois ou Meldiens.

MECQUE (La), ville sainte de l'islam, en Arabie Saoudite, qui compte 370 000 habitants. 800 000 pèlerins s'y rendent tous les ans. Au centre de la grande mosquée de La Mecque se trouve la *Maison sacrée d'Allâh (Kaaba)* dans le mur sud-est de laquelle la pierre noire d'Abraham est enchâssée; cette pierre, le pèlerin doit la toucher ou la baiser. Le pèlerinage a lieu du 8 au 12 du XIIe mois du calendrier lunaire musulman. En 1987, plusieurs milliers de pèlerins y ont été massacrés.

MÉDÉE, voir **JASON**

MÉDICIS (Laurent, dit Le Magnifique) (1449-1492), poète, philosophe, et mécène florentin. Accaparé par la politique, il laisse péricliter la banque familiale.

MÉDICIS (villa). – Construite au milieu du XVIe siècle, c'est à partir de 1803 qu'elle est le siège de l'Académie de France. Les prix qui y donnaient accès ont été supprimés en 1968 et 1971, et les lauréats sont maintenant reçus sur dossier.

MÉDITATION TRANSCENDANTALE, méthode de relaxation psychique créée en Inde en 1958 par Maharishi Mahesh Yogi, et introduite en Europe et aux États-Unis en 1960.

MÉDITERRANÉE (mer). – Sa superficie est de 2 965 800 km^2; celle de la mer des Caraïbes de 2 718 200 km^2.

MÉDUSE. – Dans la mythologie grecque, Méduse est l'une des trois Gorgones (mais la seule dangereuse), monstres fabuleux coiffés de serpents (les deux autres étant Euryalé et Sthéno, toutes deux sœurs de Méduse). Méduse habite au-delà du fleuve Océan; Persée l'y découvre et lui tranche la tête : de son sang naissent Pégase et Chrysaor. La tête est offerte à Athéna, qui en orne son bouclier. L'épisode de la poursuite de Persée et de la mort de Méduse est un sujet fréquent dans la céramique attique et corinthienne. Voir aussi **PERSÉE.**

MÉHARI, dromadaire dressé pour la monte.

MEIJI (Tenno) (1859-1912), empereur du Japon de 1867 à 1912. En 1868, commence l'ère Meiji; l'empereur supprime le shogunat et le régime féodal. Tokyo devient la capitale. C'est la charte des Cinq articles qui a révélé l'ampleur des réformes à entreprendre. L'empereur Meiji donne une constitution au Japon en 1889. C'est lui qui ouvre le Japon à l'influence occidentale.

MEIR (Golda Meyerson, née Mabovitz, dite Golda) (Kiev, 1898-Jérusalem, 1978), femme politique israélienne. Elle devient, en 1948, le premier ambassadeur d'Israël en URSS, puis ministre du Travail et des Affaires sociales de 1949 à 1956, ministre des Affaires étrangères de 1956 à 1966. En 1969, elle est nommée Premier ministre; elle démissionne en 1974.

MÉLASSE, liquide sirupeux résiduel, qui apparaît en raison de sa non-cristallisation lors de la fabrication du sucre; il est utilisé notamment dans l'alimentation des bestiaux.

MELBA (pêche), dessert constitué par une pêche servie sur une couche de glace à la vanille et un fond de sirop, coiffée de framboises écrasées et de crème chantilly. Nellie Melba (1861-1931) était une cantatrice australienne, au registre de soprano. Elle eut l'idée originale de ce dessert pour se préparer la voix.

MÉLÈZE, arbre des régions montagneuses, de 20 à 35 m de haut, poussant en amont des sapins, et qui, au contraire de ces derniers, perd ses aiguilles en hiver.

MÉLIÈS (Georges) (Paris, 1861-Paris, 1938), cinéaste français. Ce n'est rien moins que le père du cinéma, initiateur du trucage, de l'effet spécial, de l'illusion. *L'affaire Dreyfus*, réalisé en 1899, fait partie des *Actualités* que Méliès aimait à reconstituer dans son studio du théâtre Robert-Hondin. Notons ce mot d'Apollinaire : « Monsieur Méliès et moi faisons à peu près le même métier : nous enchantons la matière vulgaire. »

MELVILLE (Herman) (New York, 1819-New York, 1891), écrivain américain. Auteur de *Moby Dick* (1851); quasiment méconnu de son vivant, il est aujourd'hui célébré comme un des plus grands romanciers américains.

MÉMORIAL DE SAINTE-HÉLÈNE (Le), le journal des propos de Napoléon Ier, rédigé par le comte de Las Cases (1766-1842) qui a suivi l'Empereur durant son exil.

MENDEL (Johann) (1822-1884), botaniste et prêtre morave. Il publie l'ensemble des conclusions de ses expériences sur la transmission des caractères chez les plantes en 1865, mais dans une revue à si faible tirage qu'elles passent inaperçues. Ce n'est qu'en 1900 que sont redécouvertes les lois de la génétique, appelées maintenant lois de Mendel.

MENDELEÏEV (Dimitri Ivanovitch) (1834-1907), chimiste russe. Il opère une classification des éléments selon leur poids atomique en 1869.

MENDELSSOHN-BARTHOLDY (Félix) (1809-1847), compositeur allemand. Il est l'auteur de symphonies, de concertos, de musiques de scène, et des célèbres *Romances sans paroles* pour piano. Fondateur du conservatoire de Leipzig, il est le principal instigateur de la résurrection de l'œuvre de Jean-Sébastien Bach.

MENDÈS FRANCE (Pierre) (1907-1982), homme politique français. Pendant la dernière guerre, il participe activement à la résistance. Président du Conseil en 1954-1955, il met fin à la guerre d'Indochine et accorde à la Tunisie son autonomie interne. Vice-président du parti radical socialiste et fondateur du Front républicain, il est un des maîtres à penser d'une partie de la gauche en France.

MENSA (du latin *mensa*, table), association fondée à Oxford, en 1945, par Berril, avocat, et le Dr Ware. Cette association réunit des individus dont le quotient intellectuel égale ou dépasse 132 sur l'échelle Stanford-Binet, ou 148 sur l'échelle Catell; elle organise séminaires et congrès. Elle compte actuellement plus de 70 000 membres à travers le monde.

MERCADER (Ramón), agent secret du NKVD, probablement d'origine espagnole. Il participe à la guerre civile d'Espagne. Il se rend ensuite au Mexique, devient le secrétaire de Léon Trotski, qu'il assassine le 20 août 1940. Emprisonné, libéré en 1960, il gagne la Tchécoslovaquie, l'URSS puis Cuba. Voir **K.G.B.**

MERCATOR (Gerhard Kremer, dit Gérard) (1512-1594), géographe et mathématicien flamand. Sa première grande carte du monde a été destinée aux navigateurs.

MERCEDES-BENZ, marque automobile. Une Mercedes-Benz a remporté les

24 heures du Mans en 1952, après avoir parcouru 3 733,800 km à la vitesse moyenne de 155,575 km/h; elle était pilotée par Lang et Riess.

MERCKX (Eddy) (1945-), coureur cycliste belge. Il remporte le Tour de France en 1969, 1970, 1971, 1972 et 1974, termine 2e en 1975, à 2 mm 47 s du Français Bernard Thévenet, lequel est à nouveau vainqueur en 1977.

MERCURE. – C'est la planète la plus proche du Soleil, et aussi la plus petite du système solaire (4 878 km de diamètre équatorial). En revanche, sa densité (5,6) est plus forte que celles des autres. Elle met 88 jours à accomplir sa révolution autour du Soleil.

MERCURE, métal de couleur blanc argent. Le mercure est le seul métal qui, à température normale, soit à l'état liquide. Il ne se solidifie qu'à – 39 °C. Il ne peut être porté à ébullition qu'à partir de 357 °C. 1 cm³ de mercure pèse 13,6 g.

MERCURY. – Ce programme spatial a coûté aux USA 437 millions de dollars. Le premier vol a eu lieu le 5 mai 1961 avec Alan Shepard; il a duré 15 minutes et 22 secondes, atteint une altitude de 187 km et une vitesse de 8 263 km/h, et parcouru 485 km. Cinq autres vols ont eu lieu jusqu'en 1963. Le programme Mercury a alors été remplacé par le programme Gemini, auquel a succédé le programme Apollo.

MER DES PLUIES. – Les mers de la Lune sont en réalité des plaines, de grandes étendues plates. Il n'y a pas d'eau sur la lune.

MÈRE MICHEL, chanson populaire française. Les paroles sont : « *C'est la mère Michel qui a perdu son chat, qui crie par la fenêtre à qui le lui rendra. C'est le père Lustucru qui lui a répondu : Allez, la mère Michel, vot' chat n'est pas perdu. (refrain) Sur l'air du tralala, sur l'air du tralalala, sur l'air du tradéridéra, et tralala !* » etc.

MÉRIMÉE (Prosper) (Paris, 1803-Cannes, 1870), écrivain français. Nouvelliste, traducteur d'écrivains russes (Tourgueniev, Pouchkine, Gogol), mais aussi inspecteur général des monuments historiques, puis sénateur, il est l'auteur de *Mateo Falcone* (1829), *Le vase étrusque* (1830), *Colomba, récit d'une vendetta* (1840), *Carmen* (1845), etc.

MERLIN (dit l'Enchanteur), magicien des légendes celtiques et du cycle d'Arthur. Voir **ARTHUR.**

MÉROVINGIENS, dynastie de rois francs régnant de 460 à 751 et descendant d'un hypothétique Mérovée. Le vrai fondateur du royaume est Clovis Ier (482-511) qui règne sur la Gaule. Les Mérovingiens sont évincés par les Carolingiens en 751.

MÉTÉORITE, morceau de corps céleste qui, dans sa chute sur la Terre, creuse un *cratère météoritique*. La pénétration dans l'atmosphère des météorites donne lieu à des phénomènes lumineux (une incandescence due à la combustion) appelés « étoiles filantes ». La chute la plus récente a été enregistrée à Madagascar, le 30 juillet 1977; elle a donné lieu à 2 cratères, dont un de 240 mètres de diamètre.

MÉTÉOROLOGIE (du grec *meteôra*, objets de la sphère céleste, et *logos*, science), étude des phénomènes atmosphériques dans le but d'en dégager des lois.

MÉTHADONE, substance apparentée à la morphine et utilisée comme succédané de cette dernière lors des cures de désintoxication de certains toxicomanes. L'héroïne est un dérivé de la morphine, plus toxique.

MÈTRE-ÉTALON. - Jusqu'en 1960, il fut représenté par la distance, à 0 °C, des axes de deux traits parallèles tracés sur le prototype international en platine irridié déposé au pavillon de Breteuil, à Sèvres. Il est maintenant défini, depuis le 20 octobre 1983, par la distance parcourue dans le vide par la lumière pendant 1/299 792 458 de seconde.

METROPOLITAN OPERA, surnommé « The Met », cet opéra a ouvert ses portes en 1966 dans l'enceinte du Lincoln Center. Avec sa scène de 71,32 m de large sur 44,50 m de profondeur, et ses quelque 4 000 places, c'est le plus grand opéra du monde.

MEXICO, capitale du Mexique. Située à 2 250 mètres, elle compte 16 millions d'habitants. Elle a accueilli les jeux Olympiques en 1968. C'est la plus grande métropole d'Amérique centrale, São Paulo (Brésil) étant, avec 12,6 millions d'habitants, la plus grande métropole d'Amérique du Sud.

MIAMI, centre touristique réputé sur la côte sud-est de la Floride, aux États-Unis. Miami compte 350 000 habitants. Cuba est à moins de 500 km au sud.

MICHAUX (Pierre) (1813-1883), mécanicien français. Il est l'inventeur en 1861 du pédalier de la bicyclette; celui-ci est en fait réalisé par son fils Ernest (1842-1882). En 1869, associé à l'ingénieur Perreaux, ce dernier construit le premier motocycle avec moteur à vapeur.

MICHEL-ANGE (Michelangelo Buonarroti, dit) (1475-1564), sculpteur, peintre, architecte, et poète italien, né à Caprese. Il décore la voûte de la chapelle Sixtine au Vatican : de 1508 à 1512, il y exécute les *Scènes de la Création*, et sur le mur du fond, de 1536 à 1541, le *Jugement dernier.*

MICHELET (Jules) (1798-1874), historien et écrivain français. C'est en 1833 qu'il commence la publication de son *Histoire de France*, et en 1847 que paraît la première partie de l'*Histoire de la Révolution française.* Chef de la section historique aux Archives nationales, professeur d'histoire au Collège de France, il est contraint de quitter ces deux postes en 1851 et 1852, en raison de son opposition à Louis Napoléon.

MICKEY, voir **DISNEY (Walt)**

MICRONÉSIE, agglomération de plus de 2 000 *petites îles* (comme son nom l'indique) dans l'océan Pacifique. La Micronésie a une superficie de 3 300 km² pour 100 000 habitants. Les États fédérés de Micronésie regroupent 4 îles de cet immense ensemble (Truk, Kosrae, Yap, Ponape), et sont sous dépendance américaine depuis 1981. Les 2 000 îles dans leur totalité sont réparties sur une surface supérieure à celle de l'Europe.

MICROPROCESSEUR, instrument de traitement informatique. Silicon Valley (Vallée du Silicium) se trouve aux États-Unis, entre San José et San Francisco. En 1977, Steve Jales et Stephen Wozniak (tous deux alors âgés d'une vingtaine d'années) y créent la firme Apple, productrice de micro-ordinateurs.

MIDAS (738-696 ou 675 av. J.-C.), roi des Phrygiens. Midas apparaît dans plusieurs légendes; d'après l'une d'elle, Apollon l'aurait doté d'oreilles d'âne. Il se suicide lors de l'invasion sumérienne.

MIDI (canal du), encore appelé Canal des deux-mers, il a été construit entre 1667 et 1681 pour rendre la Garonne navigable jusqu'à la Méditerranée. Il relie ainsi cette dernière à l'océan Atlantique.

MIDWAY (îles), archipel américain du Pacifique. C'est là qu'en juin 1942, pendant la Deuxième Guerre mondiale, les Américains coulent quatre porte-avions japonais. Cet épisode a inspiré en 1976 au cinéaste américain Jack Smight (réalisateur de *Columbo*) un film à grand spectacle s'appuyant sur quelques « dinosaures » du cinéma (Robert Mitchum, Toshiro Mifune, etc.) : *La bataille de Midway.*

MIFUNE (Toshiro) (1920-), acteur japonais né en Chine. Voir **SEPT SAMOURAÏ (Les).**

MIKADO (en japonais, souverain), jeu d'adresse consistant à attraper l'un après l'autre des bâtonnets disposés en tas, sans en faire bouger d'autre que celui qu'on saisit.

MILAN, rapace chasseur de petit gibier et de rongeurs. Il peut atteindre 1,50 m d'envergure.

MILBURN (Rod) (1950-), athlète américain. Il est champion olympique du 110 mètres haies en 1972, en 13 s 24. L'athlète français Guy Drut (1950-) est champion olympique de cette discipline, en 1976, en 13 s 30.

MILICE, formation paramilitaire française créée en 1943 par le gouvernement de Vichy pour poursuivre les résistants. Voir **DARNAUD.**

MILLE ET UNE NUITS (Les), recueil de contes arabes d'origine persane, traduits en français par Galland (1704) et par Mardrus (1900), entre autres. Schéhérazade, épouse du sultan et pour dissuader son mari de la tuer, lui raconte chaque nuit une histoire : les aventures de Sindbad le marin, d'Ali-Baba et les quarante voleurs, d'Aladin et la lampe merveilleuse, etc.

MILLE MILES, course automobile d'endurance créée en 1927, qui consistait à rallier Brescia à Rome aller et retour, et qui n'est plus courue depuis 1957.

MILLÉNIUM, selon un courant chrétien, période de mille ans durant laquelle le Christ reviendrait régner sur terre avant le Jugement dernier.

MILLER (Arthur) (New York, 1915-), auteur dramatique et scénariste américain. Ses pièces, *Mort d'un commis voyageur* (1949), *Les sorcières de Salem* (1953), *Vu du pont* (1955), et son scénario pour *Les désaxés* (1960), le dernier film de Marilyn Monroe, sa femme, font de lui un peintre sans indulgence de la société américaine.

MILLER (Henry) (1891-1980), écrivain américain né à New York. Auteur notamment de *Tropique du Cancer*, *Tropique du Capricorne*, *Plexus*, *Sexus*, *Nexus*.

MILLIARDAIRE (Le) (1960), film américain, de George Cukor. Yves Montant avait alors 39 ans.

MILO ou **MÊLOS,** île grecque de la mer Égée, où est trouvée en 1820 la célèbre Vénus.

MILORD, chanson d'Édith Piaf, créée en 1959, sur des paroles et une musique de Georges Moustaki, alors âgé de 24 ans. Voir **PIAF.**

MILTON (John) (1608-1674), poète anglais né à Londres. Il dicta à sa femme et à ses deux filles, alors qu'il était aveugle, son grand poème biblique, *Le paradis perdu.*

MIMOUN (Alain) (1921-), athlète français. Champion du monde de cross-country en 1952, 1954, 1956, il est également recordman des sélections en équipe de France, avec 84 sélections.

MINDIN (pont du), pont qui relie Saint-Nazaire à Saint-Brévin-les-Pins, en traversant l'estuaire de la Loire à l'ouest de Nantes. Ouvert en 1975, il mesure 3 356 mètres de long. Le pont reliant le Havre à Honfleur mesure 4 000 m. Celui de l'île de Ré 3 840 m.

MINERVE, déesse romaine, assimilée à l'Athéna des Grecs. Son culte est introduit à Rome par les Étrusques. Voir **ATHÉNA.**

MING, dynastie d'origine chinoise qui a régné de 1368 à 1644, et succédé à la dynastie mongole des Yüan. Fondée par Zhu Yuanzhang, elle a successivement occupé les capitales de Nankin, puis Pékin, où l'on voit encore aujourd'hui des palais et des temples édifiés par les Ming. Après la prise de Pékin, les Mandchous ont succédé aux Ming.

MINI-JUPE. – Inventée en 1960 par la couturière anglaise Mary Quant, la mini-jupe a constitué une véritable révolution dans la mode.

MINNELLI (Liza) (Los Angeles, 1946-) actrice et chanteuse américaine. Elle est la fille du cinéaste Vincente Minnelli et de l'actrice Judy Garland, tragiquement décédée en 1969. Elle obtient en 1972, avec *Cabaret* de Bob Fosse, l'oscar de la meilleure actrice.

MINOENNE (civilisation). – La civilisation minoenne est apparue en Crète de 2600 à 1200 av. J.-C., et précède l'invasion grecque. L'or, le cuivre, le bronze, l'ivoire étaient utilisés, la poterie témoigne d'un stade déjà bien avancé. Voir **CRÈTE.**

MINOS, roi légendaire de Crète, fils de Zeus et d'Europe. Célèbre pour sa sagesse et sa justice, il est, après sa mort, l'un des trois juges des Enfers, en compagnie de Rhadamante et Éaque.

MINOTAURE, voir **DÉDALE**

MINUTE, journal hebdomadaire paru pour la première fois le 6 avril 1962, fondé par Jean-François Devay (Lyon, 1925-1971), ancien élève de l'Institut des sciences politiques. Bien qu'il ait reçu la médaille militaire de la Résistance, on la lui a retirée en août 1965, à la suite d'une des nombreuses condamnations dont a fait l'objet son journal. Jean Bizeau succède à Devay; puis en 1980 après le décès de Bizeau, Jean-Claude Goudeau prend la tête de la publication.

MIOU-MIOU (Sylvette Hery, dite) (Paris, 1950-), actrice française. Elle obtient la notoriété en même temps que Patrick Dewaere et Gérard Depardieu dans *Les valseuses* en 1974. *La dérobade* a été réalisé par Daniel Duval en 1979.

MIRABEL. – Ne fait pas partie des 50 aéroports les plus fréquentés du monde. Toronto, avec 13,5 millions de passagers par an, est le 16e, et le 1er dans son pays.

MIRACLE A MILAN (1951), film italien de Vittorio De Sica (1901-1974), l'un des portraits les plus justes de l'Italie d'après-guerre.

MIREILLE (Mireille Hartuch, dite) (1906-) Auteur-compositeur et interprète française, femme d'Emmanuel Berl. Elle est célèbre surtout pour son « petit conservatoire de Mireille ».

MIRÓ (Joan) (1893-1983), peintre et sculpteur espagnol né à Barcelone. Tour à tour marqué par le cubisme, le dadaïsme, le surréalisme, il reste en fait toujours indépendant, ce qui confère à sa peinture cette si sincère originalité. *Je casserai leur guitare* est une double allusion à la nationalité du catalan Picasso (espagnol, pour qui l'instrument national par excellence est la guitare) et à *La guitare*, œuvre de Braque. Picasso et Braque ayant été les deux pionniers du cubisme.

MISHIMA YUKIO (Hiraoba Kimitake, dit) (Tokyo, 1925 - Tokyo, 1970), écrivain japonais. C'est à la suite d'une tentative manquée de coup d'État, visant à restaurer les traditions nationales, qu'il se suicide publiquement par seppuku (hara-kiri). Il est l'auteur de : *Le bois du plein de la fleur* (1944); *La mer de la fécondité* (1970); etc.

MISSISSIPPI, fleuve des USA qui prend sa source dans le Minnesota, reçoit le Missouri, puis l'Ohio, et se jette dans le golfe du Mexique après avoir parcouru 3 780 km. Le fleuve est découvert en 1541 par Hernando de Soto. En 1681-1682 Robert Cavelier de La Salle le descend pour la quatrième fois jusqu'au golfe du Mexique.

MISTER MAGOO, personnage héros de dessin animé créé en 1949 par Pete Burness.

MISTINGUETT (Jeanne Bourgeois, dite) (Paris, 1872 - Paris, 1956), actrice et chanteuse française. Au cinéma, son succès n'est pas franc; en revanche, au théâtre et surtout au music-hall, sa popularité est immense. Elle avait, dit Maurice Chevalier, de « belles gambettes ».

MITCHELL (Claude Moine, dit Eddy) (1942-), chanteur français. L'un des tout premiers représentants de l'époque yéyé, il débute en 1958 avec le groupe *Les chaussettes noires.* Sans abandonner la chanson, il devient, dans les années 70, comédien au cinéma, avec un certain succès, et producteur d'une émission de télévision consacrée aux cinéphiles : *La dernière séance.*

MITCHELL (Margaret) (Atlanta, 1900 - Atlanta, 1949), romancière américaine.

Son seul roman, *Autant en emporte le vent*, grande fresque des années de la guerre de Sécession, est paru en 1936 et devenu un best-seller international.

MIZOGUCHI (Kenji) (Tokyo, 1898 - Kyoto, 1956), cinéaste japonais. Il est l'un des auteurs majeurs de l'histoire du cinéma japonais. *Les contes de la lune vague après la pluie* date de 1953; *Les amants crucifiés* de 1954.

M.L.F., Mouvement de libération des femmes, créé en 1968 et luttant pour l'indépendance des femmes et contre la misogynie.

MOBUTU (Sese Seko) (1930-), général et homme politique du Zaïre. Il est président de la République du Congo depuis 1965. Le pays a pris le nom de Zaïre depuis 1971.

MOBY DICK, voir **MELVILLE**

MODIFICATION (La), voir **BUTOR (Michel)**

MODOT (Gaston) (Paris, 1887 - Paris, 1970), comédien français. Il a tourné avec les plus grands cinéastes de son époque. Il était également dessinateur et peintre.

MODULATION DE FRÉQUENCE. – Expression radiotechnique qui désigne une modification du signal sonore permettant d'assurer une grande qualité dans la reproduction radiophonique.

MOGADOR, théâtre parisien créé par Henri Varna en 1919 et rénové en 1982. Il dispose de près de 1 800 places. Plusieurs opérettes de Vincent Scotto (1876-1952), telles que *Violettes impériales, La danseuse aux étoiles*, ou *Les amants de Venise*, y ont dépassé le seuil des 1 000 représentations.

MOGHOLS (Grands), dynastie qui a régné sur l'Inde de 1526 à 1858. Deux de ses empereurs sont particulièrement remarquables : Akbar et Aurangzeb. L'architecture islamique doit aux Grands Moghols une renaissance spectaculaire avec des édifices de marbre blanc, de grès rouge, caractérisés par des arcs polylobes finement sculptés avec incrustations de pierres précieuses.

MOHAMMAD RIZÂH SHÂH (1919-1980), shah d'Iran de 1941 à 1978. Mohammad Rizâh (ou Réza) Pahlavi Chahauchar Aryamehr quitte son pays le 16 janvier 1979. Khomeiny rentre de Neauphle-le-Château le 1er février suivant. Le Shah termine son exil en Égypte après être passé par le Maroc, les Bahamas, le Mexique, les USA, et Panama. Il meurt d'un cancer en juillet 1980.

MOHAMMED ALI (Cassius Clay, alias) (1942-), boxeur noir américain. Il est champion du monde pour la première fois en 1964, au détriment de Sonny Histon (1932-1971). Il domine la boxe mondiale de 1963 à 1978, année où il est déchu de son titre par Léon Spinks (1953-). Après avoir été privé de son titre de champion du monde en 1970 pour refus d'accomplir son service militaire, il le reconquiert en 1974.

MOÏSE, personnage biblique, libérateur et législateur d'Israël, né en Égypte dans la première moitié du XIIIe siècle av. J.-C. Il a remis au peuple juif la Loi (en hébreu la *Torah*) que Dieu lui a révélée sur le mont Sinaï.

MOLIÈRE (Jean-Baptiste Poquelin, dit) (1622-1673), auteur et homme de théâtre français né à Paris. Il dirige de 1643 à 1658 une troupe de comédiens ambulants, puis s'installe à Paris en 1659 et devient le protégé de Louis XIV. Il organise les divertissements de la cour et du roi, tout en donnant de nombreuses représentations pour le public parisien. Ses principales œuvres sont : *Les précieuses ridicules* (1659); *L'école des maris* (1661); *L'école des femmes* (1662); *Dom Juan* et *L'amour médecin* (1665); *Le misanthrope* et *Le médecin malgré lui* (1666); *Amphitryon, George Dandin*, et *L'avare* (1668); *Le tartuffe* et *Monsieur de Pourceaugnac* (1669); *Le bourgeois gentilhomme* (1670); *Les fourberies de Scapin* et *La comtesse d'Escarbagnas* (1671); *Les femmes savantes* (1672); *Le malade imaginaire* (1673). Voir **MALADE IMAGINAIRE (Le).**

MOLOTOV (Viatcheslav Mikhaïlovitch Skriabine) (du russe *molotov*, marteau), homme politique soviétique. Commissaire du peuple aux Affaires étrangères de 1939 à 1955, il est resté célèbre par ses fréquents refus lors de réunions internationales, qui lui valurent d'être surnommé « Monsieur Niet ».

MONACO, principauté souveraine sur la côte méditerranéenne. Sa superficie est de 1,5 km^2 (dont 5,16 km de littoral) pour 30 000 habitants. L'agglomération est formée par 3 centres : Monaco, Monte-Carlo, la Condamine. C'est en 1297 que la famille Grimaldi s'empare de Monaco, et en 1865 qu'une union douanière la relie à la France tout en lui conservant son autonomie. Grâce au développement des casinos, il n'y a pas de prélèvement d'impôts à Monaco. Si la famille Grimaldi devait un jour ne plus avoir d'héritiers, le territoire monégasque reviendrait à la France.

MONACO (circuit de), circuit de course automobile en ville, créé en 1929. Sa première édition a été remportée par l'Argentin Faugis, et la dernière par le Brésilien Senna (1987).

MONA LISA, voir **JOCONDE**

MONARCHIE DE JUILLET, nom donné au régime qu'a connu la France sous le règne de Louis-Philippe de 1830 à 1848, après la chute de Charles X causée par la révolution de juillet 1830. Une charte, respectée par le roi et les citoyens, garantit une monarchie parlementaire. La Monarchie de juillet se termine par une révolution populaire qui oblige le roi à abdiquer le 23 février 1848. La IIe République succède à la monarchie.

MONET (Claude) (1840-1926), peintre français né à Paris. *Impression, soleil levant* est l'œuvre à laquelle on doit la création du terme « impressionnisme ». Monet a aussi peint le *Déjeuner sur l'herbe* et les *Nymphéas*.

MONOD (Jacques) (Paris, 1910-Paris, 1976), médecin et biochimiste français. Il a reçu le prix Nobel de médecine en 1965, pour ses recherches en biochimie et en génétique.

MON ONCLE D'AMÉRIQUE (1980), film français, réalisé par Alain Resnais (1922-) en collaboration avec un biologiste, le professeur Henri Laborit. Le film illustre les thèses de ce dernier sur les conditionnements des comportements humains.

MONOPOLY, jeu de société inventé en 1935 par l'Américain Charles Darrow

(1889-1967), à partir des rues d'Atlantic City (New Jersey). Il existe un championnat du monde de Monopoly.

MONROE (Norma Jean Baker, dite Marilyn) (Los Angeles, 1926-Hollywood, 1962), actrice de cinéma américaine. Parmi ses films les plus fameux, on trouve : *Les hommes préfèrent les blondes* (1953); *Rivière sans retour* (1954); *Sept ans de réflexion* (1955); *Certains l'aiment chaud* (1959); *Les désaxés (The misfits)* (1961). Elle a été mariée à James Dougherty, Joe di Maggio, et à l'écrivain Arthur Miller. Elle se serait suicidée.

MONROVIA. – Ce terme provient du nom de James Monroe, 5e président des États-Unis. Voir **LIBERIA**

MONSIEUR VERDOUX, voir **CHAPLIN**

MONSTRE DU LOCH NESS. – Le Loch Ness est un lac d'eau douce, en Écosse, de 300 m de profondeur, dans lequel on n'a jamais retrouvé aucun corps humain ou animal. Selon plusieurs témoignages et des photographies, mais dont aucun ni aucune n'ont pu être authentifiés avec certitude, le monstre mesurerait entre 4 et 5 m de long, serait de couleur grise ou brune, muni de nageoires dorsales et d'une forte queue. On parle de lui depuis le début des années 30.

MONTAIGNE (Michel Eyquem de) (1533-1592), écrivain français. Conseiller au Parlement de Bordeaux (1554-1570), maire de Bordeaux (1581-1585), il a publié les *Essais* en 1580 puis, dans une nouvelle édition augmentée, en 1588 (l'édition de 1595 est posthume).

MONTALIVET-LES-BAINS. – Si vous souhaitez vous y rencontrer, sachez que cette station balnéaire se trouve à 21 km au nord-ouest de Lesparre-Médoc, sur la côte landaise. Si vous préférez donner libre cours à cette profession de foi de façon sauvage, sachez que vous êtes passible de 3 mois à 2 ans de prison et de 500 F à 4 500 F d'amende.

MONTAND (Ivo Livi, dit Yves) (1921-), acteur et chanteur français d'origine italienne. Il doit ses débuts de chanteur à Édith Piaf, en 1944. Au cinéma, c'est Henri-Georges Clouzot qui, dans *Le salaire de la peur*, le lance en 1953. Simone Signoret devient sa compagne peu après, en 1956, et ils tournent ensemble l'année suivante *Les sorcières de Salem*, de Raymond Rouleau. Après un épisode américain ponctué par *Le milliardaire* avec Marilyn Monroe, Montand tourne sous la direction de Costa-Gavras, puis de Claude Sautet dont il devient l'un des acteurs fétiches. *La folie des grandeurs* de Gérard Oury date de 1971. Montand a souvent pris position sur le plan politique.

MONTE-CARLO, voir **MONACO**

MONTESPAN (Françoise Athenaïs de Rochechouart de Mortemart, marquise de), favorite de Louis XIV. Maîtresse du roi à 27 ans, elle lui donne huit enfants; six d'entre eux sont reconnus et légitimés, dont le prince Louis Auguste de Bourbon duc du Maine, héritier du trône de France en cas de défaut de prince légitime.

MONTESQUIEU (Charles de Secoudat, baron de la Brède et de) (château de la Brède, 1689-Paris, 1755), écrivain français. Conseiller (1714) puis président

(1716) au parlement de Bordeaux, il est élu à l'Académie française en 1727. Il est l'auteur des *Lettres persanes* (1721) et de *L'esprit des lois* (1748). Il finit sa vie presque aveugle.

MONTEVERDI (Claudio) (1567-1643), compositeur italien. Il se situe à la charnière des styles polyphonique et concertant. Il est l'un des principaux promoteurs de l'opéra : *Le couronnement de Poppée* (1642); *Orfeo* (1607), *Arianna* (1608), *Le retour d'Ulysse* (1641).

MONTEZ (Maria Teresa Gracia de Santo-Silos, dite Maria) (1918-1951), actrice américaine d'origine espagnole, née en République dominicaine, morte accidentellement à Suresnes. Elle avait épousé le comédien français Jean-Pierre Aumont.

MONTGOLFIER (les frères de), industriels et inventeurs français. Ils lancent le premier ballon à air chaud (en 1783), et inventent le bélier hydraulique (machine permettant d'élever l'eau). Étienne (1745-1799), en introduisant en France la fabrication du papier vélin, contribue fortement à rénover la papeterie française.

MONTGOMERY (Bernard Law Montgomery, 1er vicomte Montgomery of Alamein) (1887-1976), maréchal britannique. Il joue un rôle déterminant pendant la Seconde Guerre mondiale. Vainqueur de Rommel à El Alamein, il libère le nord de la France et la Belgique. Il a aussi été commandant des forces atlantiques en Europe.

MONTGOMERY (Jim) (1955-), nageur américain. Champion du monde du 100 m et du 200 m nage libre en 1973, il devient champion olympique du 100 m nage libre en 1976, avec un temps de 49 s 99.

MONTHERLANT (Henry Millon de) (1896-1972), romancier et auteur dramatique français né à Paris. Quelques-unes de ses œuvres sont : *Les Bestiaires, Les jeunes filles, La reine morte, Le maître de Santiago, Port-Royal,* etc. Devenu aveugle, il s'est suicidé en 1972.

MONTIJO (Eugénie de) (1826-1920) fille d'un grand d'Espagne, impératrice de France. Elle épouse Napoléon III en 1853. Elle intervient dans la politique extérieure de la France en poussant son mari dans la guerre du Mexique, puis contre la Prusse. Au lendemain de la capitulation de Sedan, elle se retire en Angleterre. Voir **EUGÉNIE.**

MONTJOIE SAINT-DENIS, cri de ralliement guerrier : « Monegeois de Saint-Denis! », c'est-à-dire « hommes du monastère de Saint-Denis ». Il s'agit du septième des cris d'armes poussés par les chefs nobles, à partir du XIIe siècle, lors des batailles. Les six autres étaient : « Dieu aide » (invocation). « Dieu le veut! » (résolution); « À la rescousse! » (exhortation). « Chevaliers pleuvent! » (défi); « Au feu! » ou « Place à la bannière » (terreur); « Court l'oiseau! » (allusion événementielle).

MONTMARTRE, commune de la Seine annexée à Paris en 1860. Elle constitue aujourd'hui son 18e arrondissement.

MONTPARNASSE-BIENVENÜE. – La longueur du trottoir roulant de cette station de métro est de 185 m. À titre de comparaison, elle est aux Invalides de

174 m; à Châtelet-les-Halles de 154 m, au Châtelet de 132 m.

MONTPENSIER (Anne Marie Louise d'Orléans, dite la Grande Mademoiselle, duchesse de) (1627-1693). – Elle prit part à la Fronde. En 1652, pour sauver Condé, elle fait tirer le canon de la Bastille sur les troupes du roi. En 1681, elle épouse secrètement Lauzun.

MONTY PYTHON, groupe de spectacle comique anglais créé en 1969. L'humour des Monty Python, fondé sur l'absurde, a fortement marqué la télévision anglaise des années 70. *Monty Python, sacré Graal!* est leur 2e film (1974), et relate l'épopée des chevaliers de la Table ronde, en mêlant la reconstitution historique et le non-sens irrespectueux.

MONZON (Carlos) (1942-), boxeur argentin. De 1970 à 1977, année où il prend sa retraite, il est champion du monde de la catégorie des poids moyens. Le Colombien Rodrigo Valdés lui succède alors. Seul le Français Jean-Claude Boutier était parvenu à faire mettre un genou à terre à Monzon. En 1987, au cours d'une dispute du couple, la femme de Monzon s'est défenestrée.

MOON (Sun Myung) (1920-), fondateur de la secte du même nom. Ce Coréen établi aux USA fonde son Église en 1954. En 1982, il est condamné à 18 mois de prison pour une fraude fiscale de 160 000 $. Il avait soutenu Nixon lors de l'affaire du Watergate.

MORAND (Paul) (Paris, 1888-Paris, 1976), écrivain français, auteur de *Ouvert la nuit* (1922); *Venises* (1971); etc. C'est un peintre doucement sceptique de la vie moderne.

MORDAUNT (Charles) (1658-1735), général et homme politique anglais qui commande l'armée envoyée en Espagne en 1705, et s'empare de Barcelone et de Valence en 1706.

MORE, voir **SCHROEDER**

MOREAU (Jeanne) (Paris, 1928-), comédienne française. Elle a tourné avec Truffaut, Losey, Buñuel, Kazan, Orson Welles. Sa dernière apparition au cinéma a lieu dans *Le paltoquet* (Michel Deville, 1987). Elle obtient le Molière (l'équivalant du césar pour le théâtre) de la meilleure actrice en 1988. Elle a également réalisé deux films : *Lumière* (1976), et *L'adolescente* (1980).

MORELON (Daniel) (1944-), coureur cycliste français. Il est champion olympique de vitesse (1 000 m) en 1968 et 1972, et sept fois champion du monde amateur de cette discipline, de 1966 à 1975.

MORGAN (Simone Roussel, dite Michèle) (1920-), comédienne française. Elle a joué dans les films suivants, entre autres : *Quai des brumes* (1938); *Remorques* (1941); *La symphonie pastorale* (1946); *Les grandes manœuvres* (1955); *Benjamin* (1968).

MORMONS, adeptes d'une religion « révélée », fondée aux USA en 1830, par Joseph Smith (1805-1844). Smith était le fils d'un fermier du Vermont.

MORNY, voir **BEAUHARNAIS (Hortense de)**

MOROCCO (1930), film américain de Joseph Von Sternberg, avec Gary Cooper et Marlène Dietriech qui en avait elle-même proposé le sujet à Sternberg.

C'est avec ce film qu'est né le mythe Dietriech.

MORPHÉE, dieu des Songes, fils de la Nuit et du Sommeil dans la mythologie grecque. De ce terme vient le mot *morphine.*

MORPHINE, voir **MORPHÉE**

MORRISON (Jim) (1943-1971), chanteur et guitariste américain. Il fait partie du groupe américain *Les doors*, avec Raymond Manzarek, (1924-), John Densmore (1943-), et Robert Krieger (1944-).

MORSE, mammifère marin des régions arctiques. Ses défenses sont les canines de sa mâchoire supérieure. Le morse peut mesurer 5 m de long, et peser une tonne.

MORSE (Samuel Finley Breese) (1791-1872), inventeur américain, en 1832, du télégraphe électrique, breveté 8 ans plus tard et adopté en France en 1856 seulement. Voici les codes respectifs des dix chiffres arabes : 1 : .----; 2 : ...---; 3 : ...--; 4 : ....-; 5 : .....; 6 : -....; 7 : --...; 8 : ---..; 9 : ----.; 0 : ----- Morse a également inventé un alphabet utilisable sur son appareil.

MORTE (manuscrits de la mer). – Manuscrits anciens écrits en araméen ou en hébreu, découverts en 1946 par un jeune berger à Qumrân, en Jordanie. L'ensemble de ces textes a été progressivement mis à jour jusqu'en 1956. Les manuscrits datent du IIe siècle av. J.-C. au Ier siècle de notre ère; fondamentaux pour l'histoire juive et chrétienne, ils permettent une meilleure lecture des Évangiles.

MORTON (Ferdinand Joseph La Menthe, dit Jelly Roll) (Gulfport, Louisiane, 1885-Los Angeles, 1941), auteur-compositeur et chef d'orchestre de jazz, américain. Lui-même pianiste, il influence la plupart des grands pianistes de jazz des années 30.

MOSS (Stirling) (1929-), pilote anglais de course automobile. Il a remporté 16 victoires en grand prix, dont deux à Monaco, en 1956 et en 1960.

MOSTRA CINEMATOGRAFICA, festival international de cinéma, qui a lieu tous les ans depuis 1979 à Venise, et dont le jury décerne les fameux « Lions d'or ».

MOTS ET LES CHOSES (Les), voir **SARTRE**

MOULIN (Jean) (1899-1943), patriote français. En 1940, il s'oppose aux Allemands en tant que préfet (de Chartres), puis il part pour Londres et devient en 1943 le premier chef du Conseil national de la résistance. Revenu en France, il est trahi, arrêté par la Gestapo et torturé en juin 1943. Il meurt pendant son voyage de déportation en Allemagne. Il a été inhumé au Panthéon en 1965.

MOULIN-ROUGE (1953), film anglo-américain, réalisé par John Huston, sur une musique de Georges Auric, avec José Ferrer, Suzanne Flon, etc.

MOULINSART, voir **TINTIN**

MOUNTBATTEN, voir **ANNE D'ANGLETERRE (princesse)**

MOUNTBATTEN OF BURMA (Louis, 1er comte) (1900-1979), amiral britannique. En 1943 il est le chef des forces alliées du Sud-Est asiatique et oblige les Japonais à évacuer la Birmanie. Il est le dernier vice-roi des Indes en 1947. Il est nommé chef d'état-major de la Défense de 1959 à 1965. Il meurt en 1978, assassiné lors d'un attentat au large des côtes d'Irlande.

MOUSMÉ, en japonais jeune fille, jeune femme.

MOUSQUETAIRES, voir **DUMAS**

MOUSSON (de l'arabe *mausim*, saison), vent tropical qui apporte alternativement tous les six mois sécheresse ou humidité.

MOUSTAKI (Joseph Mustacchi, dit Georges) (1934-), auteur-compositeur et interprète français. Il est aussi l'auteur d'un autre succès populaire, qu'il interpréta lui-même dans les années 60 : *Le Métèque (« avec ma gueule de métèque, de juif errant, de pâtre grec... »).*

MOUSTIQUE (île), île de l'archipel des Grenadines dans les Antilles, achetée en 1960 au gouvernement de Saint-Vincent par l'Anglais Colin Tenant.

MOUTON (Michèle) (1951-), pilote française de rallyes automobiles. Elle est la seule femme à avoir remporté des rallyes comptant pour le championnat du monde : San Remo en 1981 ; les rallyes du Portugal, de l'Acropole et du Brésil, en 1982. Elle a également remporté le Tour de France en 1978, associée à Conconi, sur Fiat 131 Abarth.

MOWGLI, voir **KIPLING**

MOZART (Wolfgang Amadeus) (Salzbourg, 1756 - Vienne, 1791), compositeur autrichien. Son génie musical est précoce ; il joue du clavecin dès l'âge de 4 ans et compose à 6. *La Flûte enchantée*, opéra en deux actes, a été composé à Vienne en 1791. L'inspiration maçonnique (itinéraire initiatique, épreuves auxquelles est soumis l'amour de Tamino et Pamina) de l'œuvre a souvent été soulignée.

MOZZARELLA, fromage italien, à pâte molle, fabriqué à partir de lait de bufflonne ou de vache.

MRG, sigle du Mouvement des radicaux de gauche. En 1973 le Parti radical disparaît sous l'effet d'une scission causée par Jean-Jacques Servan-Schreiber, secrétaire général du parti en 1969, puis président. La fraction de gauche devient le MRG, l'autre tendance se rattache à l'UDF.

MULETA, morceau d'étoffe de couleur rouge tendue sur un bâtonnet, utilisé dans la corrida, avec lequel le matador dirige les attaques du taureau.

MUNICH (accords de). – Les 29 et 30 septembre 1938 une conférence réunit les chefs de gouvernement britannique (Chamberlain), français (Daladier), allemand (Hitler) et italien (Mussolini). Cette conférence eut pour résultat la cession par la Tchécoslovaquie du territoire des Sudètes à l'Allemagne. Son objectif était d'éviter que ce litige ne dégénère en conflit armé ; dans les faits cependant, l'Allemagne se trouva encouragée dans sa politique expansionniste.

MUNICH (pinacothèque de). – La Pinacothèque ancienne réservée aux peintures européennes des XIVe au XVIIIe siècles attire 350 000 visiteurs annuels ;

et la nouvelle qui contient des peintures du XIXe siècle réalise 750 000 entrées annuelles.

MUNICH (putsch de). – C'est le 8 novembre 1923 qu'Hitler déclenche le putsch de la brasserie qui tourne court en 24 heures car il n'arrive pas à rallier la droite traditionnaliste. Il y a 16 morts. Hitler et le général Ludendorff ont été arrêtés et incarcérés.

MUNSTER, fromage de vache à pâte molle fabriqué dans les Vosges, près de Munster, dans la région de Colmar.

MUR DES FÉDÉRÉS. – Pendant la Commune de Paris, du 18 mars au 27 mai 1871, les milieux ouvriers lancent une tentative révolutionnaire pour assurer l'autogestion des affaires publiques. La Commune est réprimée brutalement par l'armée sous le gouvernement de Thiers; nombre de fédérés sont exécutés devant un mur du cimetière du Père-Lachaise, qui porte depuis le nom de mur des fédérés.

MURANO, capitale de la verrerie d'art jusqu'au XVIe siècle, sous l'impulsion des Vénitiens qui y avaient fait venir des verriers orientaux.

MURNAU (Friedrich Wilhelm Plumpe, dit) (1888-1931), cinéaste allemand. Il a certainement porté le cinéma muet à la plénitude de son art. De ses films, on retiendra : *Nosferatu le vampire* (1922); *Le dernier des hommes* (1924); *Tartuffe* (1926); *Faust* (1926); *Tabou* (1931); etc.

MURPHY (Eddie), acteur noir américain. Il est devenu star internationale dans les années 80, avec *Un fauteuil pour deux* et la série des *Flic de Beverly Hills.* A ne pas confondre avec Audie Murphy (1924-1971), également acteur, qui fut surtout le soldat américain le plus décoré de la Deuxième Guerre mondiale.

MURRAYFIELD, voir **RUGBY**

MUSARAIGNE (du latin *musaranea,* souris-araignée), mammifère insectivore plus petit qu'une souris, très utile car il se nourrit aussi de vers.

MUSCADET, vin blanc très sec et d'une bonne acidité produit par le vignoble nantais. Il accompagne fort bien les poissons.

MUSES, déesses de la mythologie antique qui président aux arts libéraux, filles de Mnémosyne et de Zeus. Les neufs muses sont : Clio (histoire); Euterpe (musique); Thalie (comédie); Melpomène (tragédie); Terpsichore (danse); Érato (élégie); Polymnie (poésie lyrique); Uranie (astronomie); Calliope (éloquence).

MUSSOLINI (Benito Amilcare Andrea dit le Duce) (1883-1945), homme politique italien. Il fonde après la Première Guerre mondiale les faisceaux italiens de combat. Chef du gouvernement italien en 1922, il exerce une dictature absolue; il s'allie avec l'Allemagne en 1936 et en 1940 combat à ses côtés. Dans la nuit du 29 au 30 septembre 1938 il signe avec Hitler (Allemagne), Chamberlain (Grande-Bretagne) et Daladier (France) les accords de Munich qui mettent fin à la crise germano-tchèque et évitent, momentanément, le conflit armé. Arrêté sur l'ordre du roi Victor-Emmanuel en 1943, il est exécuté par des résistants italiens en 1945.

MUSTAFA KEMAL (1881-1938), homme d'État turc. Brillant officier, il organise, après la défaite turque de 1918, la résistance nationale pour l'indépendance du pays; il préside en 1920 l'Assemblée nationale et proclame la république en 1923. Il révise les institutions, abolit le sultanat, impose l'alphabet latin et fait de la Turquie une nation occidentale et moderne.

MYRON, sculpteur grec du Ve siècle av. J.-C.

MYXOMATOSE, maladie endémique d'Australie, importée en France en 1953 par un cultivateur désireux de se débarrasser des lapins qui dévastaient ses terres; la maladie s'est alors répandue rapidement dans toute l'Europe, décimant 90 % des lapins la première année. Le commerce du feutre s'en est trouvé bouleversé, puisque le feutre était alors fabriqué à l'aide d'un agglomérat de poils de lapin. On a dû trouver d'autres matériaux pour le remplacer. (Une lapine vaccinée contre la myxomatose ne transmet pourtant pas l'immunité à ses petits.)

N

NABER (John) (1956-), nageur américain champion olympique du 100 m dos, en 55 s 49, en 1976.

NABOKOV (Vladimir) (Saint-Pétersbourg, 1899-Montreux, 1977), écrivain américain d'origine russe, d'expression anglaise et russe. Son roman le plus connu, *Lolita*, date de 1955.

NADAR (Félix Tournachon, dit) (Paris, 1820-Paris, 1910), aéronaute, photographe, dessinateur et écrivain français. Il réalise en 1858 les premières photographies aériennes prises en ballon, et propose de les utiliser pour des relevés topographiques. La première exposition des impressionnistes a lieu dans son Salon en 1874, puisque le Salon officiel leur a été refusé.

NADIR, point opposé au zénith.

NAGALAND, État du nord-est de l'Inde. Avec ses 16 527 km² c'est le plus petit des 22 États de l'Inde; et ses 775 000 habitants en font le moins peuplé. La densité est de 47 habitants au km², tandis que la densité moyenne du pays est de 233 hab./km². L'État du Nagaland a été créé en 1964.

NAGASAKI, port du Japon dans l'île de Kyûshû, située au sud du Japon. C'est là qu'est tombée la deuxième bombe atomique le 9 août 1945, faisant environ 80 000 victimes. La première bombe était tombée à Hiroshima, le 6 août 1945 et avait causé la mort de quelque 150 000 personnes.

NAIROBI, capitale du Kenya; perchée à 1 660 m d'altitude, la ville compte plus de 1 million d'habitants. En 1982, les magasins de la ville sont mis à sac à la suite d'un coup d'État manqué de l'aviation, le 1er août. Les dégâts sont estimés à 200 millions de dollars. Le couvre-feu instauré aussitôt est levé le 3 septembre.

NAISSANCE D'UNE NATION (1915), film américain, muet, réalisé par David Wark Griffith sur un scénario et avec une musique qu'il avait lui-même composés.

NANDOU, autruche spécifique de l'Amérique mesurant 1,65 m de haut, tandis que l'autruche des steppes et déserts africains mesure 2,60 m.

NANTES (édit de), édit de pacification signé le 13 avril 1598 par Henri IV pour régler les conflits religieux. Les protestants se voient accorder une amnistie pour le passé, la liberté de culte sauf dans la résidence royale et à Paris, et le recouvrement de tous leurs droits civiques. Voir **NANTES (révocation de l'édit de).**

NANTES (révocation de l'édit de). – En signant le 18 octobre 1685 cet édit, Louis XIV supprime tous les avantages accordés par Henri IV aux protestants 87 ans auparavant. Des persécutions de toutes sortes avaient provoqué des « conversions » massives de protestants (les dragonnades par exemple). Après la révocation de l'édit de Nantes, près de 200 000 protestants français émigrent en Suisse, Allemagne et Hollande. Voir **NANTES (édit).**

NAPALM (de *Na,* symbole chimique du sodium et *palm,* abréviation de palmitate), charge d'essence solidifiée au moyen de palmitate de sodium, qui sert à la fabrication de bombes incendiaires.

NAPOLÉON (1927), film français réalisé par Abel Gance, qu'il sonorise lui-même en 1934, et de nouveau en 1971 en y apportant des modifications. Ce chef-d'œuvre trouve sa forme quasi définitive en 1981, après la mort de Gance, grâce aux efforts d'un Anglais : Kevin Brownlow. On peut y voir Albert Dieudonné dans le rôle de Napoléon Bonaparte, et Antonin Artaud dans celui de Marat.

NAPOLÉON Ier (1769-1821), empereur des Français. Né à Ajaccio, Napoléon Bonaparte a une formation militaire et il passe une grande partie de sa jeunesse à la guerre. Après la fulgurante campagne d'Italie, il commande l'expédition d'Égypte, il gagne la bataille des Pyramides contre les mamelouks, mais, comme sa flotte a été détruite par Nelson à Aboukir, il est contraint de rester en Égypte. Il abandonne son armée à Kléber et rentre en France. Après le coup d'État du 18 Brumaire an VIII (1799), il devient Premier Consul. Il se fait proclamer Empereur des Français en 1804, sous le nom de Napoléon Ier, et roi d'Italie en 1805. En 1812 la Grande Armée s'attaque à la Russie; après être entrée à Moscou, elle subit une retraite désastreuse. L'Europe entière en profite pour se coaliser et attaquer la France. Devant l'envahisseur, Napoléon doit abdiquer en avril 1814 et partir pour l'île d'Elbe dont il s'échappe en mars 1815. De retour en France il reprend le pouvoir durant les Cent-Jours. Mais battu à Waterloo, il abdique une seconde fois. Exilé à Sainte-Hélène il meurt le 5 mai 1821. C'est en 1805, qu'il instaure la méthode de numérotation des immeubles de Paris : pairs à droite, impairs à gauche, en partant de la Seine ou en suivant son cours. Cette méthode est toujours en vigueur. Lorsqu'aujourd'hui plusieurs immeubles en remplacent un, on introduit le « bis », voire le « ter »; au contraire, lorsqu'un seul immeuble en remplace deux, on a recours à des contractions de numéros. La Route Napoléon est le trajet de 325 km que suivit Napoléon Ier à son retour de l'île d'Elbe vers Paris. La route passe notamment par Gap et le col Bayard.

NAPOLÉON II (1811-1832), fils de Napoléon Ier et de Marie-Louise. Proclamé roi de Rome à sa naissance, il passe toute sa vie chez son grand-père au château de Schönbrunn en Autriche.

Sa santé fragile lui fait mener une vie de reclus. Il meurt à 21 ans.

NAPOLÉON III (Charles Louis Napoléon Bonaparte) (1808-1873), empereur des Français. Il est le troisième fils de Louis Bonaparte et Hortense de Beauharnais. Pour avoir essayé à deux reprises de renverser Louis Philippe, il est emprisonné à la forteresse de Ham, située dans la Somme. Les murs de sa chambre sont tapissés de livres et de journaux. « Je passe mon temps à étudier, à réfléchir et à espérer », dit-il, appelant cette période « son université de Ham ». Il est élu président de la République en 1848. Mais le 2 décembre 1851, il organise un coup d'État puis se proclame empereur le 2 décembre 1852, sous le nom de Napoléon III. L'empire, autoritaire au début, a évolué vers un empire parlementaire. Fait prisonnier par les Prussiens à la défaite de Sedan, en 1870, il est déchu et emprisonné en Allemagne jusqu'en mars 1871, date à laquelle il rejoint l'impératrice en Angleterre.

NAPOLÉON (sacre de). – Napoléon est nommé empereur en mai 1804. Décidé à organiser des cérémonies fastueuses, il fait venir le pape Pie VII à Notre-Dame pour qu'il le sacre le 2 décembre en lui administrant la triple onction. Lui-même couronne l'impératrice Joséphine et prête serment. Les fêtes du sacre ont duré deux semaines à Paris.

NARCISSE, dans la mythologie grecque, fils du fleuve Céphise. Il s'éprend de sa propre image en se mirant dans l'eau d'une fontaine; attiré par son reflet insaisissable, il meurt d'amour. Il est alors métamorphosé en une fleur qui porte son nom.

NARITA, aéroport institutionnel de Tokyo. Narita ne fait pas partie des 50 aéroports les plus fréquentés du monde. Osaka le dépasse avec un trafic de 17 millions de passagers par an, ce qui représente le 12e rang mondial.

NARVAL, mammifère cétacé des mers arctiques, pouvant mesurer 4 m de long, et muni d'une défense de 2 à 3 m de long. Il est également appelé « licorne de mer ». Il en est longuement question aux premiers chapitres du roman *20 000 lieues sous les mers,* de Jules Verne.

N.A.S.A., agence fédérale créée le 1er octobre 1958, responsable de la recherche et de l'exploration spatiales civiles aux USA.

NASSER (Gamal Abdel Nasser) (1918-1970), homme d'État égyptien. À 20 ans il s'inscrit dans l'action nationaliste égyptienne. En 1952, avec Néguib, il réalise un coup d'État pour détrôner le roi Fārūq. Élu président de la République en 1956, il nationalise le canal de Suez la même année. Chef absolu de l'Égypte, il subit une défaite lors de la guerre des Six Jours en juin 1967.

NASTASE (Ilie) (1946-), joueur de tennis roumain. Vainqueur du Masters en 1971, 1972, 1973 et 1975, de Roland-Garros en 1973, finaliste à Wimbledon en 1976, face à Borg – qui signait là la première de ses 5 victoires dans ce tournoi –, Nastase a quitté le circuit professionnel en 1986.

NATATION (différentes disciplines de). – Voici par ordre décroissant de vitesse les différentes disciplines de natation : le crawl, la nage papillon, le dos crowlé, la brasse.

NATIONALISATIONS. – On assiste à une première vague de nationalisations lors de l'arrivée au pouvoir du général de Gaulle dans les secteurs suivants : l'armement, la Banque de France et les grandes banques de dépôt, les chemins de fer, les houillères, Renault, le Gaz et l'Électricité, les Assurances. Une deuxième vague a lieu en 1982 sous l'impulsion de François Mitterrand, que le programme du gouvernement de Jacques Chirac est venu stopper à partir de 1986.

NATIONS UNIES (organisation des), voir **ORGANISATION DES NATIONS UNIES**

NAURU, petit atoll de la Micronésie dans le Pacifique, d'une superficie de 21 km² pour 8 000 habitants. Il est membre du Commonwealth depuis 1968. Sa principale ressource est exportée vers l'Australie et la Nouvelle-Zélande.

NAVARONE (Les canons de), voir **CANONS DE NAVARONE (Les)**

NAVRATILOVA (Martina) (1956-), championne de tennis américaine. Championne du monde en 1979, et de 1982 à 1986. Voir **WIMBLEDON.**

NECTARINE, variété de pêche, à peau lisse, dont le noyau, contrairement à celui du brugnon, n'adhère pas à la chair.

NÉFERTARI, reine d'Égypte, épouse de Ramsès II. Sa tombe dans la vallée des Reines est superbe. De chaque côté de l'entrée du temple d'Abou Simbel en Nubie, se tiennent six hautes statues, figurant Ramsès II et Néfertari.

NÉFERTITI (XIVe siècle av. J.-C.), reine d'Égypte, épouse d'Aménophis IV, qui se fit appeler ensuite Akhenaton. Elle est célèbre à cause du très beau buste polychrome que l'on a trouvé d'elle. Voir **NÉFERTARI.**

NÉGUIB (Muhammad) (Khartoum, 1901-Le Caire, 1984), homme politique égyptien. Général, il prend le pouvoir lors du coup d'État de 1952 par lequel il écarte Fārūq. Il devient président de la République en juin 1953. Nasser l'écarte à son tour, au mois de novembre 1954.

NEHRU (Jawâharlâl) (1889-1964), homme d'État indien, disciple de Gandhi. Il est Premier ministre du gouvernement provisoire en 1946, puis chef du gouvernement, au moment de l'Indépendance en 1947. Après l'assassinat de Gandhi en 1948, il représente le symbole de l'unité indienne et veut faire de l'Inde un pays neutre, d'une économie socialiste originale. Il est réélu en 1951.

NELSON (Horatio Nelson, vicomte, duc de Bronte) (1758-1805), amiral britannique. Il remporte sur les Français les victoires d'Aboukir et de Trafalgar, où il est tué.

NEMO (capitaine), héros de *20 000 lieues sous les mers.* Voir **VERNE.**

NÉPAL, État d'Asie d'une superficie de 140 000 km² sur le versant sud de l'Himalaya central et d'une population de 17 millions d'habitants.

NÉRON (37-68), empereur romain de 54 à 68. C'est un empereur tyrannique et sanguinaire. Après un séjour en Grèce (66-67), où il exhibe au cours des jeux ses talents d'acteur et de chanteur, il est proclamé, par le Sénat, à son retour à Rome, ennemi public; il se suicide en juin 68.

NERVAL (Gérard Labrunie, dit Gérard de) (Paris, 1808-Paris, 1855), écrivain français. Sa traduction du premier *Faust* de Goethe date de 1828, et le révèle au public. On l'a trouvé pendu, un petit matin d'hiver, à un réverbère dans une rue du centre de Paris. Ses œuvres : *Les filles du feu* (1854); *Aurélia* (1855); etc.

NEURONES, cellules du système nerveux, au nombre de 10 à 20 milliards dès avant la naissance. À partir de l'âge de 20 ans, on en perd environ 50 000 par jour, c'est-à-dire à peu près 1 milliard 100 millions en 60 ans (soit jusqu'à 80 ans, âge auquel il en reste donc 9 à 19 milliards, de quoi mourir, au fond, en pleine possession de ses moyens!).

NEW DELHI, capitale administrative de l'Inde. Elle obtient son statut en 1934, date où les sièges administratifs sont transférés de Calcutta à Delhialas, ancienne capitale des Moghols. New Delhi compte 310 000 habitants.

NEW YORK, NEW YORK (1977), film américain de Martin Scorcese, dans lequel Liza Minnelli chante, et où Robert De Niro interprète le rôle d'un compositeur, joueur de saxophone.

NEW YORK-SAN FRANCISCO. – Cette distance de 3 207 miles (5 160 km) a été couverte à pied par John Lees, marcheur américain, à raison de 96 km environ par jour.

NEWTON (Isaac) (1642-1727), physicien, mathématicien, et astronome anglais. Lors de l'épidémie de peste à Londres, en 1666, la chute d'une pomme lui fit penser que l'attraction de la Terre pouvait s'étendre jusqu'à la Lune; il s'engageait ainsi sur la voie de la découverte de la loi de la gravitation.

NEY (Michel) (1769-1815), maréchal de France. Général à 28 ans, maréchal de France à 38 ans, surnommé « le brave des braves », il s'illustre pendant la campagne de Russie aux côtés de Napoléon. Rallié à Louis XVIII qui le fait pair de France, il rejoint néanmoins Napoléon pendant les Cents-Jours. Il est fusillé en 1815.

NGÔ DINH DIÊM (1901-1963), homme d'État viêtnamien. Il est chef du gouvernement en 1954, puis président de la République du Sud Viêt-nam en 1955. Avec l'aide des États-Unis il instaure un régime autoritaire et est assassiné par un complot militaire.

NIAGARA FALLS (chutes du Niagara). – Situées sur la rivière Niagara (qui forme une partie de la frontière entre les États-Unis et le Canada), ces chutes sont hautes de 50 m et profondes à la base de 60 m.

NIAMEY, important centre commercial sur le fleuve Niger. Niamey compte 330 000 habitants.

NICARAGUA, État d'Amérique centrale, situé entre le Honduras et le Costa Rica, d'une superficie de 148 000 km² pour 3 millions d'habitants.

NICE, ville fondée au Ve siècle av. J.-C. sur le littoral méditerranéen. Nice est le siège d'un carnaval depuis 1294. La ville a été cédée à la France par le roi de Sardaigne le 24 mars 1860. L'agglomération dans son ensemble compte 450 000 habitants.

NICHOLS (Michael Igor Peschkowsky, dit Mike) (Berlin, 1931-), cinéaste américain. Avec *Le lauréat* (1967), il remporte un oscar. Il est également l'auteur du sulfureux *Qui a peur de Virginia Woolf*? (1966), et de *Catch 22* (1970).

NICHOLSON (Jack) (1937-), acteur américain. C'est sa courte apparition dans le film légendaire de Dennis Hopper, *Easy rider*, qui contribue à faire de lui une star. Il obtient un oscar en 1975 dans *Vol au-dessus d'un nid de coucou*, de Milos Forman.

NICKLAUS (Jack William) (1940-), joueur de golf professionnel, américain. Il a été vainqueur de l'Open britannique en 1978 et du championnat de l'Association des professionnels américains, de l'Open américain en 1980, et du Masters en 1986.

NICOBAR (îles), archipel indien situé au sud du golfe du Bengale, d'une superficie de 1 818 km². Il forme avec les îles Andaman un des territoires de l'Inde, dont la superficie totale est alors de 8 293 km² pour 190 000 habitants.

NICOLAS (saint), évêque de Myre, et patron de la Russie. Il est fêté le 6 décembre.

NICOLAS II (Alexandrovitch) (1868-1917), dernier empereur de Russie, fils et successeur d'Alexandre III. Après avoir réprimé dans le sang les émeutes de 1905 (le Dimanche rouge du 22-1-1905) et s'être heurté aux mouvements révolutionnaires, Nicolas II est obligé de céder devant la Révolution d'octobre. Il abdique le 15 mars 1917. Transféré à Iekaterinenbourg, il est exécuté avec toute la famille Romanov le 17 juillet 1918.

NICOT (Jean) (1530-1600), diplomate et érudit français. Il est l'auteur d'un dictionnaire français. Du Portugal où il est ambassadeur, il rapporte en France le tabac. La nicotine lui doit son nom.

NID D'AIGLE, résidence de Hitler, en Bavière. Elle a été prise d'assaut et conquise par la 2e division blindée française, le 4 mai 1945.

NIEMEYER (Oscar) (Rio de Janeiro, 1907-), architecte brésilien. Il a réalisé les plans des principaux monuments de Brasilia.

NIEPCE (Nicéphore) (Châlon-sur-Saône, 1765 - Châlon-sur-Saône, 1833), physicien et inventeur français. Associé à Daguerre, il parvint en 1829 à fixer sur des plaques d'argent les images de la chambre noire. Il est mort avant d'avoir pu être reconnu comme l'inventeur de la photographie.

NIETZSCHE (Friedrich) (1844-1900), philosophe allemand né à Rökken. En 1869 il est nommé professeur de philosophie grecque à l'université de Bâle; durant cette année, il se lie d'amitié avec Richard Wagner et sa femme Cosima, la fille de Liszt; il rompt pourtant avec Wagner en 1873. En 1882, il rencontre Lou Andréas Salomé et en tombe amoureux. Malade depuis 1879, il est pris d'une crise de démence, à Turin, en 1889, et victime d'une paralysie générale... Il est alors interné dans une maison de santé à Iéna, puis recueilli chez sa sœur à Weimar. Il meurt dix ans plus tard, sans jamais avoir recouvré sa lucidité. Ses œuvres principales sont : *La naissance de la tragédie* (1872); *Considérations inactuelles* (1873); *Humain, trop humain* (1878). *Le voyageur et son ombre* et *Aurore* (1880); *Le gai savoir* (1882); *Ainsi parlait Zarathoustra* où il élabore le concept de « surhomme » (1883-1885); *Par-delà le bien et le mal* (1886); *Généalogie de la morale* (1887); *Le cas Wagner, Le crépuscule des idoles, l'Antéchrist, Ecce homo* (1888). *La Volonté de puissance* est un ouvrage posthume établi à partir de notes rédigées par Nietsche depuis 1884 jusqu'à sa folie.

NIGER, fleuve d'Afrique occidentale, d'une longueur de 4 184 km. Il prend sa source en Guinée, au pied du mont Lama, et se jette dans le golfe de Guinée, à Port Harcourt. C'est un fleuve régulier, avec une crue annuelle, mais qui n'est navigable que sur les biefs qui séparent ses nombreux rapides.

NIGERIA, État africain d'une superficie de 924 000 km² pour 91,5 millions d'habitants. Après les Portugais, les Anglais dominent le pays à partir de 1553. Le mouvement indépendantiste, naissant en 1945, triomphe le 1er octobre 1960. Le pays reste pourtant membre du Commonwealth. La densité humaine peut y atteindre 500 hab/km².

NIJINSKI (Vatslav Formitch) (Kiev, 1890-Londres, 1950), danseur et chorégraphe russe d'origine polonaise. Il fait carrière, de 1909 à 1914, dans les Ballets russes de Serge Diaghilev. Ses bonds prodigieux dans le *Spectre de la rose* (1911), ou son interprétation de *L'après-midi d'un faune* (1912), et sa création du *Sacre du printemps* (1913) le rendent célèbre. Il sombre dans la folie à partir de 1917 et a laissé un *Journal*, où l'on découvre son extrême mysticisme.

NIL, fleuve africain qui prend sa source au Burundi, se jette dans le lac Victoria, en ressort pour traverser le Soudan puis l'Égypte, et se jette dans la Méditerranée, au Caire, après avoir parcouru 6 690 km.

NIMIER (Roger Polé, dit Roger) (1925-1962), écrivain français, notamment auteur du *Hussard bleu* (1950).

NINOTCHKA (1939), film américain réalisé par Ernst Lubitsch, à partir d'un scénario auquel collabora Billy Wilder.

NIPPON, (en japonais, *soleil levant*), du Japon. Quant au nom du Japon, il provient d'une déformation du cantonais *Jih pen*.

NIRVÂNA, dans le bouddhisme, l'extinction des désirs, donc des souffrances.

NIVEN (James David Graham Niven, dit David) (Écosse, 1909-Suisse, 1983), comédien britannique. Il a interprété le personnage de Phileas Fogg, dans *Le tour du monde en 80 jours,* en 1956. Sa filmographie compte plus de soixante titres. Il avait failli embrasser une carrière militaire.

NIVÔSE, PLUVIÔSE, VENTÔSE, mois d'hiver du calendrier républicain en date du 24 octobre 1793. Afin d'effacer les traces du christianisme dans la vie quotidienne, la Convention décide que le premier jour du nouveau calendrier est fixé le 22 septembre 1792. Les mois tirent leurs noms de la nature : nivôse, de la neige. Les quatres trimestres sont Frimaire, Germinal, Floréal, Messidor.

NIXON (Richard Milhous), homme d'État américain. Candidat républicain, il est battu par le démocrate Kennedy aux élections présidentielles en 1960. Il sera élu en 1968, puis réélu en 1972. Mais il doit démissionner à la suite du scandale du Watergate (août 1974).

NIZAN (Paul) (1905-1940), écrivain français né à Tours. Journaliste, il adhère au parti communiste, et devient célèbre pour ses pamphlets philosophico-politiques, pour lesquels, paraphrasant Nietzsche, il réclame le droit de « philosopher au marteau ». Quelques œuvres : *Antoine Bloyé* (1933), *Le cheval de Troie* (1934), *La conspiration* (1938). Il trouve la mort au front, près de Dunkerque, après avoir dénoncé le pacte germano-soviétique.

N.K.V.D. (du russe, Commissariat des peuples aux affaires intérieures), sigle des services spéciaux d'Union soviétique. Cet organisme a remplacé la Guépéou. Le KGB lui a succédé depuis 1954. Voir **K.G.B.**

NOAH (Yannick) (1960-), joueur de tennis français d'origine camerounaise. C'est Arthur Ashe, le joueur de tennis américain (1943-) qui le découvre en 1975 lors d'une tournée au Cameroun, et le signale aux dirigeants de la Fédération française de tennis. Noah a gagné les championnats internationaux de France à Roland-Garros en 1983, contre le Suédois Mats Wilander (1964-). Son meilleur classement mondial à l'Association des tennismen professionnels (ATP) a été le 3e rang. Il fond en larmes en décembre 1983, en annonçant à la presse sa décision d'aller s'installer aux États-Unis, en raison des sollicitations incessantes dont il est l'objet de la part des médias, depuis sa victoire aux Internationaux de France. Il déclare à cette occasion : « Je vais pas crever pour vous ! »

NOBEL (Alfred) (1833-1896), chimiste suédois. En 1866, il invente la dynamite, ce qui permet de rendre maniable la nitroglycérine. Par testament il fonde 5 prix annuels : chimie, littérature, paix, physiologie ou médecine, physique, qui sont décernés le 10 décembre, jour anniversaire de la mort de Nobel. Les premiers prix ont été remis en 1901. En 1969 on a ajouté le prix Nobel de sciences économiques.

NOBEL (prix). – En 1976, les États-Unis ont reçu tous les prix Nobel excepté celui de la paix attribué à Mairead Corrigan et Betty Williams (Irlande du Nord). En chimie : William Nunn Lipscomb. En littérature : Saül Bellow. En physiologie-médecine : Baruch Samuel Blumberg et Carleton Gajdusek. En physique : Burton Richter et Samuel Chao Chung Ting. En sciences économiques : Milton Friedman.

NOCES DE FIGARO (Les) (1786), opéra en quatre actes de Mozart, sur un livret de Da Ponte d'après *Le mariage de Figaro* de Beaumarchais.

NOCES (symboles des). – 1e année : coton ou papier. 2e : cuir. 3e : froment. 4e : cire. 5e : bois. 6e : cuivre ou chypre. 7e : laine. 8e : coquelicot. 9e : faïence. 10e : étain ou fer. 11e : corail. 12e : soie. 13e : muguet. 14e : plomb. 15e : cristal. 16e : saphir. 17e : rose. 18e : turquoise. 19e : cretonne. 20e : porcelaine. 21e : opale. 22e : bronze. 23e : béryl. 24e : satin. 25e : argent. 26e : jade. 27e : acajou. 28e :

nickel. 29e : velours. 30e : perle. 31e : basane. 32e : cuivre. 33e : porphyre. 34e : ambre. 35e : rubis. 36e : mousseline. 37e : papier. 38e : mercure. 39e : crêpe. 40e : émeraude. 41e : fer. 42e : nacre. 43e : flanelle. 44e : topaze. 45e : vermeil. 46e : lavande. 47e : cachemire. 48e : améthyste. 49e : cèdre. 50e : or. 60e : diamant. 70e : plastique. 75e : albâtre. 80e : chêne.

NODULES DE MANGANÈSE. – Le manganèse, métal très dur et très cassant, est surtout utilisé dans la confection d'aciers spéciaux; sa présence dans les fonds marins, sous forme de petits blocs incrustés dans des roches de nature différente, en permet une exploitation supplémentaire, par abrasage.

NOHAIN (J.-M. Legrand, dit Jean) (1900-1981), présentateur français d'émissions télévisées, en compagnie de sa marionnette Omer. Il a été l'un des pionniers de la télévision française.

NOIRET (Philippe) (1931-), acteur français né à Lille. Il débute au théâtre, dans la troupe du Théâtre national populaire, et au cabaret, avec Jean-Pierre Darras. Ses débuts au cinéma datent de 1966, dans *La vie de château* (Jean-Paul Rappeneau). Suivent plus d'une trentaine de films, dont *Le vieux fusil*, qui lui vaut le césar du meilleur acteur en 1975.

NON-COULEURS, voir **COMPLÉMENTAIRES (couleurs)**

NORD (mer du), mer qui baigne la Norvège, le Danemark, les Pays-Bas, l'Allemagne fédérale, la Belgique, la France, et la Grande-Bretagne. On y exploite la pêche, les gisements de pétrole et de gaz naturel.

NORD-OUEST (passage du), détroit de Béring, qui relie les océans Pacifique et Arctique, au nord-ouest de l'Alaska, et au nord-est de l'URSS.

NORKEY (Tensing) (1914-1986), chef sherpa népalais. Il participe en 1952 à la tentative d'ascension de l'Éverest (8 882 m) de l'expédition suisse dirigée par Wyss-Dunant; l'équipe atteint 8 500 m puis doit rebrousser chemin. L'année suivante, le 29 mai, Norkey parvient au sommet en compagnie du Britannique Edmund Hillary, lors d'une expédition conduite par le colonel John Hunt.

NORMANDIE (débarquement de). – Il a eu lieu le 6 juin 1944, « le jour le plus long » de l'année (d'où le titre du célèbre film américain réalisé par Darryl F. Zanuck en 1962). 90 000 Alliés ont débarqué, et 40 000 ont péri ou disparu.

NOS PLUS BELLES ANNÉES (1973), film américain réalisé par Sydney Pollack (1934-).

NOSTRADAMUS (Michel de Notre-Dame, dit) (1503-1566), astrologue français. Catherine de Médicis le fait venir à sa cour pour le consulter. Il est l'auteur des *Centuries astrologiques* en 1555, dont les prophéties sont restées célèbres.

NOTES DE MUSIQUE. – La durée des sons n'est pas seulement indiquée par la couleur des notes, mais aussi par leur forme (une ronde, une croche, une double croche, etc.).

NOTRE-DAME DE PARIS, voir **HUGO**

NOUAKCHOTT, capitale de la Mauritanie, située sur l'Atlantique. La ville obtient son statut actuel dès sa création en 1957. Elle compte 140 000 habitants.

NOUGARO (Claude) (1932-) chanteur français de variétés et de jazz. Il est révélé en 1962 avec *Une petite fille* et *Don Juan*, deux chansons « osées » pour l'époque.

NOUS NOUS SOMMES TANT AIMÉS (1974), film italien d'Ettore Scola.

NOUVEAU ROMAN. – Apparu au début des années 50, le nouveau roman est un mouvement littéraire qui prône un roman sans romancier, un monde sans profondeur, dans lequel les choses ne renvoient qu'à elles-mêmes, et où seule l'écriture romanesque constitue la réalité (cf. Alain Robbe-Grillet, *Pour un nouveau roman*, 1963).

NOUVEAU-MEXIQUE, État américain d'une superficie de 315 000 km² (soit plus de la moitié de la France), pour 1,3 million d'habitants. C'est à proximité de Los Alamos que le 16 juillet 1945 les Américains ont fait exploser la première bombe atomique au champ de tir de Trinity.

NOUVELLE-CALÉDONIE, île d'Océanie, dans l'océan Pacifique. Découverte en 1774 par James Cook elle devient française en 1853. Elle se donne pour capitale en 1854 Port-de-France, rebaptisée Nouméa en 1866. La superficie de l'île est de 19 013 km²; sa population de 150 000 habitants connaît de graves oppositions ethniques entre communauté canaque et communauté européenne. La Nouvelle-Calédonie se trouve à 20 000 km de la métropole, à 10 000 km des USA, à 7 000 km du Japon, à 3 000 km de Tahiti, à 1 700 km de la Nouvelle-Zélande, à 1 500 km de l'Australie. Elle se situe au 2ᵉ rang mondial pour la production du cobalt, et au 3ᵉ pour celle du nickel. Le 6 novembre 1988, les Français ont été convoqués aux urnes pour un référendum relatif à l'avenir de l'île.

NOUVELLE-GUINÉE. – Avec une superficie de 771 900 km² (pour 4 millions d'habitants) c'est la deuxième île du monde, derrière le Groenland (2 176 000 km²), et devant Bornéo (743 000 km²) et Madagascar (587 000 km²).

NOUVELLE-GUINÉE OCCIDENTALE, partie de l'île de Nouvelle-Guinée annexée par l'Indonésie en 1963. L'autre partie, la Papouasie Nouvelle-Guinée, obtient son indépendance en 1975.

NOUVELLE REVUE FRANÇAISE (la) (NRF), revue littéraire mensuelle fondée en 1909. Après une interruption de sa publication de 1943 à 1953, elle est dénommée jusqu'en 1959 *La nouvelle nouvelle revue française*, puis reprend son ancien titre. La NRF fait partie intégrante des Éditions Gallimard.

NOVA PARK ÉLYSÉE, palace parisien. Aujourd'hui fermé, ce grand hôtel se trouvait rue François-Iᵉʳ dans le 8ᵉ arrondissement. Certaines de ses chambres étaient équipées de dispositifs de protection pare-balles.

NOVEMBRE (du latin *novem*, neuf), neuvième mois de l'année dans le calendrier romain. Ce dernier commençait au mois de mars (du latin *martius*, du nom du dieu romain de la guerre, Mars).

NUAGES (différents types de). – On distingue différents types de nuages selon leur forme et leur altitude. Cirus, cirro-cumulus, cirro-stratus : de 3 à 18 km d'altitude; de 2 à 8 km d'altitude : altostratus, altocumulus; cumulo-nimbus, strato-cumulus, cumulus, stratus, nimbo-stratus : de 0 à 2 km d'altitude.

NUBIE, dans l'Antiquité, le « pays de l'or ». En effet, de 3200 à 2280 avant J.-C. environ, les pharaons avaient coutume d'y organiser des expéditions d'où ils rapportaient de l'ivoire, des pierres précieuses, et de l'or.

NUIT DES LONGS COUTEAUX, nuit du 29 au 30 juin 1934, pendant laquelle Hitler élimine physiquement les chefs SA, formation paramilitaire de l'Allemagne nazie qui comptait plus de 3 millions de membres, et surtout Röhm. Les ambitions des chefs des SA (supplanter l'armée traditionnelle), risquaient en effet de porter tort au chancelier Hitler.

NUIT DU CHASSEUR (La) (1955), film américain réalisé par Charles Laughton, dans lequel Robert Mitchum joue le rôle d'un faux prêtre à la recherche d'un butin. Les mots *love* et *hate* se traduisent par amour, et haine.

NUMISMATE (du grec *nomisma*, monnaie), connaisseur de monnaies et de médailles.

NUNCHAKU, arme inventée au XVIIe siècle par les paysans japonais. Il s'agit d'un fouet constitué de deux morceaux de bois, d'une longueur variant entre 30 et 60 cm, reliés par une lanière de cuir ou de caoutchouc, ou encore de tissu.

NÜRBURGRING, circuit automobile d'Allemagne fédérale.

NURMI (Paavo) (1897-1973), coureur finlandais de demi-fond et de fond. Il est champion olympique du 1 500 m en 1924 ainsi que du 5 000 m, et du 10 000 m en 1920 et 1928.

O

OAHU, l'une des 8 principales îles d'Hawaii, 50e et dernier État des USA, dont la capitale est Honolulu.

OAS, initiales de l'Organisation armée secrète, organisation clandestine qui tenta, par la violence et le terrorisme, de s'opposer à la politique du général de Gaulle et à l'indépendance de l'Algérie en 1962.

OBÉLISQUE DE WASHINGTON. – Construit entre 1848 et 1884, sur le modèle des obélisques égyptiens, il repose sur des murs dont la base est de 4,60 m d'épaisseur et atteint une hauteur de 169 m. Un ascenseur conduit à son sommet.

OBERAMMERGAU, voir **PASSION**

OCTAVE, ensemble des notes contenues dans l'intervalle des huit degrés diatoniques; do, ré, mi, fa, sol, la, si, do.

ŒDIPE, dans la mythologie grecque, roi de Thèbes, fils de Laïos et de Jocaste. Un oracle prédit à Laïos que son fils le tuera et épousera Jocaste. Laïos décide alors d'éloigner Œdipe. Mais l'enfant est sauvé et élevé par des bergers. Adulte, il prend la route de Thèbes pour aller résoudre l'énigme du Sphinx qui opprime la ville. En chemin, il se querelle avec un voyageur et le tue, ignorant qu'il s'agit de son père. Aux portes de Thèbes, il résout l'énigme du Sphinx, et cause ainsi la mort de celui-ci. Reconnaissants, les Thébains font de lui leur roi. Il épouse alors la reine Jocaste : l'oracle est accompli. La psychanalyse s'est emparée de ce mythe pour illustrer l'ensemble des données relatives au désir de l'enfant à l'endroit de chacun de ses parents; elle parle alors de « complexe d'Œdipe ».

OFFENBACH (Jacques) (Cologne, 1819-Paris, 1880), compositeur français d'origine allemande. Musicien (il est violoncelliste) et chef d'orchestre, il compose des opéras bouffes et des opérettes : *La vie parisienne* (1866); *La Périchole* (1868); *Orphée aux enfers* (1874), etc., et un opéra fantastique : *Les contes d'Hoffmann* (1880).

OFFRE PUBLIQUE D'ACHAT, annonce publique, par une société, de sa volonté d'acquérir les actions d'une autre société cotée en bourse à un prix fixé par elle, dans le but d'en devenir majoritaire.

O'HARA, voir **MITCHELL (Margaret)**

OH! CALCUTTA, comédie musicale des années 70, en costumes quasi « naturels ».

OHM (Georg) (1789-1854), physicien allemand qui a rédigé en 1827 la loi fondamentale des grandeurs régissant les courants électriques. Il a donné son nom à l'unité de résistance électrique.

OIE (domestiquée), voir **LORENZ**

OISEAU DE PARADIS ou **PARADISIER,** passereau de Nouvelle-Guinée, de l'ordre des paradiséidès. Le mâle est pourvu d'un plumage de couleurs brillantes.

OKAPI, mammifère du Congo, apparenté à la girafe mais de taille inférieure. On estime son ancienneté à 30 millions d'années.

OKINAWA, île japonaise de l'archipel des Ryûkyû, conquise en 1945 par les Américains et rendue aux Japonais en 1972. Les Américains y ont conservé quelques installations militaires.

OLIVER (Michel) (1932-), cuisinier français. Il est le fils du cuisinier Raymond Oliver.

OLIVER (Raymond) (1909-), restaurateur français. Son restaurant *Le grand Véfour*, à Paris dans le 1er arrondissement, obtient 2 étoiles dans le *Bottin gourmand,* 2 toques et 16/20 dans le *Gault et Millau,* 2 étoiles dans le *Michelin* (où il en obtenait 3 de 1952 jusqu'à 1982).

OLIVIER (Sir Laurence Kerr) (1907-), acteur et cinéaste anglais. Ellen Terry, une comédienne de renom à l'époque, le remarque dans le rôle de Brutus (dans *Jules César* de Shakespeare) alors qu'il a 15 ans. Au cinéma, il ne connaît le succès que beaucoup plus tard, en 1939, dans le rôle de Heathcliff dans *Les hauts de Hurlevent.* Il épouse Vivien Leigh en 1940, après avoir tourné deux films avec elle.

OLYMPE, nom de plusieurs montagnes dans la Grèce antique. La plus fameuse où, selon la mythologie, résidaient les dieux, se situe entre la Macédoine et la Thessalie.

OLYMPIQUE DE MARSEILLE, équipe de football marseillaise qui a remporté la coupe de France (créée le 6 avril 1918) en 1924, 1926, 1927, 1935, 1938, 1943, 1969, 1972, 1976. Elle a été finaliste en 1986, devant Bordeaux qui réalisa ainsi le doublé de la coupe et du championnat.

OMAHA et **JUNO,** noms donnés à deux plages du Cotentin (Normandie), où les armées alliées ont débarqué le 6 juin 1944.

ONASSIS (Aristote) (1906-1975), armateur grec. Émigré en Argentine, il est consul de Grèce à Buenos Aires (1930). En 1936, il fait fabriquer des pétroliers en Suède, qui seront en partie détruits pendant la guerre. Avec les remboursements des assurances, il crée dès 1945 une très importante flotte pétrolière et acquiert une immense fortune. De plus, en 1956, il crée Olympic Airways.

ONASSIS (Jacqueline), voir **KENNEDY (Jacqueline)**

ONC' PICSOU, personnage créé par Walt Disney en 1934, qui est l'oncle de Donald le canard. Il est non seulement riche, mais aussi, comme son nom l'indique, le plus radin du monde.

O'NEAL (Tatum) (1963-), actrice américaine, fille de l'acteur Ryan O'Neal (1941-), lequel fut l'interprète principal de *Barry Lyndon*, réalisé par Stanley Kubrick. Elle obtient l'oscar du meilleur second rôle féminin pour *La barbe à papa*, de l'Américain Peter Bogdanovitch.

O'NEILL (Oona), fille du dramaturge américain Eugene Gladstone O'Neill (1888-1953). Elle épousa, malgré le désaccord de son père, Charlie Chaplin en 1943; elle est sa quatrième épouse.

O.N.U., voir **ORGANISATION DES NATIONS UNIES**

OOLOGISTE (du grec *ôon*, œuf).

OPIUM (du grec *opion*, suc de pavot, suc séché dont l'absorption est génératrice d'euphorie et d'onirisme. Son usage abusif le transforme vite en poison. En tant que médicament, il peut être employé contre les douleurs et les diarrhées. L'opium est extrait du pavot blanc, encore appelé pavot somnifère, tandis que du pavot noir on extrait l'huile d'œillette, utilisée en peinture. Le coquelicot est également une forme de pavot.

OPIUM (guerre de l'), guerre qui a opposé de 1839 à 1842 la Chine et l'Angleterre. Elle a été causée par la saisie d'une grande quantité d'opium livrée par les Anglais. Ceux-ci ont répliqué par la force. Le traité de Nankin, signé en 1842, a accordé de nombreux avantages aux Européens.

OPOSSUM, petit mammifère de la famille des marsupiaux, recherché pour sa fourrure.

ORFEU NEGRO (1959), film français de Marcel Camus. C'est une version moderne de la légende d'Orphée et Eurydice, transposée à Rio pendant le Carnaval.

ORGANISATION DE LIBÉRATION DE LA PALESTINE. – L'OLP est créée à Jérusalem entre le 28 mai et le 2 juin 1964. Son objectif est de lutter pour la création d'un État palestinien indépendant. Elle décide de se donner une armée régulière. En 1968, Yasser Arafat préside le comité exécutif de l'OLP. En 1976 l'OLP adhère à la ligue arabe avec tous les droits d'un État membre; elle est reconnue par une centaine d'États. C'est en 1983 qu'éclatent des dissidences entre les Palestiniens soutenus par les Syriens et Yasser Arafat.

ORGANISATION DE L'UNITÉ AFRICAINE. – Fondée le 23 mai 1963, l'OUA regroupe 50 États africains. Elle siège en Éthiopie, à Addis-Abeba.

ORGANISATION DES NATIONS UNIES. – La plus importante des organisations internationales a succédé à la Société des nations (SDN) en 1946. La charte des Nations unies (26 juin 1945) est, à l'origine, appelée aussi charte de San Francisco car c'est là qu'elle fut élaborée. L'ONU siège à New York. Ses objectifs sont : le maintien de la paix, la sécurité internationale, la coopération économique, sociale, humanitaire, culturelle, entre les pays. Ses moyens sont uniquement pacifiques. Aucun recours à la force n'est permis. Le conseil de sécurité des Nations Unies comprend cinq membres permanents : l'Angleterre, la Chine, la France, les USA, et l'URSS, plus dix membres non permanents élus pour deux ans. Le siège de l'ONU a été acheté en partie grâce à John D. Rockefeller qui a fait un don de 8,5 millions de dollars, en partie par le gouvernement américain qui a prêté sans intérêts 65 millions de dollars.

ORIENT-EXPRESS, ligne de chemin de fer prestigieuse, inaugurée le 5 juin 1883 sous le nom de *Train-Express-Orient*. Elle reliait Paris, Vienne, Budapest, Bucarest et Constantinople en 3 jours et 12 heures, ce qui à l'époque constituait un gain de 30 heures sur les autres moyens de locomotion.

ORIGNAL, mammifère cervidé du Canada et de l'Alaska. L'orignal se trouve aussi en Scandinavie et en Sibérie sous le nom d'élan. Il peut peser une tonne.

ORIOLA (Christian d') (1928-), escrimeur français. Il est champion olympique du fleuret individuel en 1952 et 1956.

ORLÉANS (Gaston d') (1608-1660), fils d'Henri IV et frère de Louis XIII, qui lui a donné le duché d'Orléans. De caractère faible, il est de tous les complots contre Richelieu. Il est lieutenant général de 1644 à 1646. Pendant la Fronde, Mazarin l'exile dans son château de Blois. N'ayant eu que des filles, dont la Grande Mademoiselle, il est mort sans postérité.

ORLÉANS (Louis Philippe Joseph, duc d') (1747-1793), cousin de Louis XVI, homme politique. Il devient duc d'Orléans en 1785. Adepte des idées nouvelles, il est élu député aux États généraux en 1789 puis à la Convention, où il prend le nom de Philippe-Égalité. En 1793, il vote la mort de Louis XVI. Mais il est arrêté et exécuté lui-même sur l'échafaud peu de temps après. Il est le père de Louis-Philippe Ier.

ORLÉANS (Philippe, duc d') (1674-1723), régent de France. Il épouse Mlle de Blois, fille légitimée de Louis XIV et de Mme de Montespan. Après avoir fait casser le testament de Louis XIV, il devient régent de 1715 à 1723. Alors s'ouvre une époque connue pour la licence de ses mœurs. Dans le domaine financier le régent fait appel à Law. Il meurt peu après l'accession au trône de Louis XV.

ORLOFF, diamant blanc du XVIIe siècle, originaire d'Inde ; à l'origine, il pesait 300 carats ; après avoir été taillé, 189,62 carats. C'est le Prince Orloff qui l'a offert à la Grande Catherine de Russie. Aujourd'hui conservé au Kremlin, il orne le sceptre impérial.

ORMESSON (Jean Lefèvre, comte d') (1925-), écrivain français. Il est l'auteur d'*Au plaisir de Dieu* (1974), *Dieu, sa vie, son œuvre* (1981), entre autres. Il a dirigé le quotidien national *Le Figaro*, et l'a quitté le 6 juin 1977, en même temps que Raymond Aron (directeur politique), c'est-à-dire deux ans après le rachat du journal par Robert Hersan. Jean d'Ormesson a été reçu à l'Académie française, au fauteuil n° 12, en 1974. Il n'est pas le plus jeune académicien français : né le 16 juin 1925, il a pour cadets Bertrand Poirot-Delpech (10 février 1929), Alain Peyrefitte (26 août 1925), et Alain Decaux (23 juillet 1925).

ORNANO (Michel d') (1924-), homme politique français né à Paris. Il a occupé diverses fonctions ministérielles; il est président du conseil régional de Basse-Normandie depuis 1983.

ORNITHORYNQUE, mammifère ovipare d'Australie et de Tasmanie, mesurant environ 40 cm de long, dont le bec est corné, les pattes palmées et la queue longue et plate; il vit dans des galeries qu'il creuse près de l'eau.

OR NOIR. – L'expression, qui désigne le pétrole, a été importée des États-Unis, où eut lieu le premier forage, en Pennsylvanie, en 1859.

ORPHÉE, fils d'Œagre, roi de Thrace, et de la muse Calliope. La légende en a fait le plus grand musicien de l'Antiquité. Sa femme, Eurydice, est morte, le jour de ses noces, d'une morsure de serpent. Orphée descend aux enfers dans l'espoir d'obtenir, par la douceur de son chant, la clémence des divinités infernales. Elles acceptent de lui rendre son épouse, mais à une condition : il ne devra jamais se retourner pour l'apercevoir. Orphée, dans son impatience, désobéit, revoit une dernière fois Eurydice, puis est foudroyé par Zeus.

ORSINI (Felice) (1819-1858), conspirateur italien. Le 14 janvier 1858, il tente d'assassiner Napoléon III à qui il reproche de trahir la cause italienne. Il est condamné à mort et exécuté.

ORWELL (Eric Arthur Blair, dit George) (1903-1950), écrivain anglais. Auteur d'un roman allégorique, *La ferme des animaux* (1945) et d'un récit d'anticipation, *1984* (1949), dont le cinéma a proposé en 1984 une seconde adaptation par Michael Radford, avec John Hurt et Richard Burton.

OSCARS, récompenses offertes à Hollywood, tous les ans depuis 1927, par les membres de l'*Academy of Motion Picture arts and sciences* à des lauréats.

OSLO, capitale de la Norvège. Elle compte 468 000 habitants; son agglomération totalise le cinquième de la population du pays. Fondée en 1048, Oslo devient capitale au XIVe siècle. Incendiée au XVIIe siècle, elle est reconstruite sous l'impulsion de Christian IV de Danemark et baptisée Christiania. Elle ne reprend son nom originel qu'en 1925.

OSS 117, nom de code d'Hubert Bonisseur de la Bath, le héros des romans d'espionnage du Français Jean Bruce (1921-1963).

OSTANKINO, tour de 533 m de haut, qui domine de 123 m la tour Maine-Montparnasse construite en 1973 (210 m).

OSWALD (Lee Harvey), assassin présumé de John F. Kennedy. Il a été assassiné à son tour en prison.

OTAN, Organisation du traité de l'Atlantique Nord, créée à Washington le 4 avril 1949 pour « sauvegarder la paix et la sécurité et développer la stabilité et le bien-être dans la région de l'Atlantique Nord ». En 1966, la France a retiré ses forces militaires de l'organisation, mais elle en est restée membre.

OTHELLO (1604), drame de Shakespeare. Othello, général maure au service de Venise, est l'époux de Desdémone, qu'il étrangle dans un accès de jalousie provoquée par le traître Iago. Son nom, depuis, qualifie un mari férocement jaloux et dont les défiances sont en réalité sans fondement.

OUAGADOUGOU, capitale de la Haute-Volta, appelé Burkina depuis 1954. C'est une ville de 250 000 habitants.

OUÏES. – Le même terme est employé pour désigner les orifices de l'appareil branchial des poissons, de part et d'autre de la tête, et l'ouverture latérale de la table supérieure d'un violon (ou d'un alto, d'un violoncelle, d'une contrebasse).

OULAN-BATOR, capitale de la Mongolie située sur la Tola, la ville compte 440 000 habitants. L'amplitude thermique y est très grande : – 27 °C en janvier, + 18 °C en juillet.

OUZBÉKISTAN, république d'URSS créée en 1924. Sa superficie est de 447 400 km² pour 17,5 millions d'habitants. C'est le premier producteur mondial de coton (2 millions de tonnes). Boukhara (185 000 habitants) se trouve en Ouzbékistan. Mais les tapis dits de Boukhara proviennent du Turkestan.

OUZO, liqueur d'anis d'origine grecque, rappelant assez notre anisette.

OVETT (Steve) (1955-), athlète anglais, spécialiste du 800 m et du 1 500 m. Champion d'Europe du 1 500 m en 1978, et champion olympique, en 1980, du 800 m (pour l'épreuve du 1 500 m il fut médaille de bronze, derrière le recordman du monde Coe, et l'Allemand Straub).

OVNI, (de l'américain *Unidentified Flying Object* (UFO), objet volant non identifié). – L'expression a été progressivement remplacée depuis 1980, par PANI, phénomène aérospatial non-identifié. Le 8 janvier 1981, à Trans-en-Provence, une sphère aplatie atterrissait en silence devant un témoin, et repartait 40 secondes plus tard, en laissant sur le sol une empreinte circulaire striée. Des végétaux prélevés à cet endroit furent examinés et montrèrent un inexplicable vieillissement biochimique interne.

OWENS (James Cleveland, dit Jesse) (1934-1980), athlète américain. Il est champion olympique à Berlin, en 1936 (devant Hitler furieux de voir triompher non seulement un Américain, mais encore un Noir), du 100 m, du 200 m, du 4 x 100 m et du concours de saut en longueur.

OZU (Yasujiro) (Tokyo, 1903 - Tokyo, 1963), cinéaste japonais. Son *Voyage à Tokyo*, réalisé en 1953 – description de la famille japonaise confrontée à la rapide évolution des mœurs de l'après-guerre – est le film qui passa les frontières japonaises avec le plus de succès.

P

PACIFIQUE (océan). – Il est découvert en 1513 par le conquistador espagnol Vasco Núñez de Balboa après le franchissement de l'isthme de Darién. Avec ses 180 millions de km², il représente plus de 45 % des mers et océans du globe. Avec 4 000 m en moyenne, il est le plus profond (il atteint 11 516 m à Mindanao Deep, au sud des Philippines), et devance ainsi de peu l'océan Indien (3 900 m de profondeur moyenne). À titre de comparaisons : l'Atlantique a une superficie de 82 millions de km²; l'océan Indien, 65,5 millions de km²; l'Arctique, 14 millions de km²; la Méditerranée, 3 millions de km².

PACINO (Al) (New York, 1940-), acteur américain. Formé à l'Actor's Studio, c'est l'un des grands acteurs de la nouvelle génération hollywoodienne. Outre *Le Parrain I* et *II* (1972 et 1974), citons *L'épouvantail* (1973, palme d'or au festival de Cannes), *Un après-midi de chien* (1975), *Scarface* (1983), etc.

PADANG, port situé sur la côte ouest de Sumatra. Il compte 500 000 habitants.

PAGANINI (Niccolo) (Gênes, 1782 - Nice, 1840), violoniste virtuose et compositeur italien. Il est l'auteur de *Caprices* pour violon seul, et de trois *Concertos* pour violon et orchestre. C'est le grand instigateur de la technique moderne du violon. Il a également joué un rôle déterminant dans l'évolution de la technique pianistique, puisque Liszt reconstruisit tout son propre jeu à partir du choc musical que constitua pour lui sa première audition du violon de Paganini.

PAHLAVI, dynastie d'Iran fondée par Rizah, shah en 1925. Après avoir renversé le gouvernement anglophile, celui-ci devient shah d'Iran et tente de moderniser et d'occidentaliser son pays. Il abdique en 1941 en faveur de son fils Muhammad Rezâh qui doit s'exiler en 1979, cédant la place à une République islamique. Le shah et sa femme Farah Diba se sont fait couronner en 1967; de ce troisième mariage, le shah a eu 4 enfants. Il est mort en 1980.

PAIN DE SUCRE (Pão de Açucàr), éperon granitique d'une hauteur de 395 m qui surplombe Rio de Janeiro.

PAIN ET DES JEUX (du) (du latin *panem et circenses*), l'expression résume les exigences capitales prêtées au peuple romain : la nourriture et les distractions.

PALACE et **PRIVILÈGE,** « boîtes de nuit » parisiennes, situées dans le 9e arrondissement, près du quartier de Pigalle.

PALAFITTE, construction destinée à l'habitat : habitation lacustre édifiée sur une plateforme supportée par des pieux, que l'on rencontre encore à l'âge du bronze.

PALAPA, nom donné par l'Indonésie à 3 satellites géostationnaires de télécommunication (A-1, A-2, B-1), respectivement lancés en 1976, 1977, et 1983.

PALÉOGÉOGRAPHIE (du grec *palaios*, ancien), partie de la géographie qui concerne l'étude du globe aux temps géologiques.

PALÉONTOLOGIE (du grec *palaios*, ancien, *ontos*, être, *logos*, science), science des êtres vivants ayant existé sur terre avant l'époque historique.

PALINDROME, groupe de mots ou de lettres qu'on peut lire indifféremment de gauche à droite ou de droite à gauche sans que le sens en soit altéré. Par exemple : « ressasser » ou la phrase « l'âme des uns jamais n'use de mal », ou encore « Laval ». On peut le dire par extension d'un nombre, exemple : 2332.

PALMER (Arnold) (1929-), joueur de golf américain.

PALUDISME (du latin *palus, paludis*, marais), maladie accompagnée de forte fièvre intermittente, contractée dans les régions chaudes et marécageuses, par les piqûres de moustiques et qui peut être mortelle. Elle est également appelée « malaria » ou « maladie du sommeil ».

PAMPELONNE. – Ne pas confondre avec la bastide du XIIIe siècle dans le Tarn.

PAMPELUNE, ville d'Espagne, en Navarre, qui compte 185 000 habitants.

PAN, dans la mythologie grecque, dieu des bergers. Plus tard, il fut considéré par les poètes et les philosophes comme une incarnation de l'Univers.

PANAMÁ, capitale de la république de Panamá, située sur le golfe de Panamá ; elle compte 570 000 habitants. On y parle l'espagnol.

PANAMÁ (canal de), canal qui traverse l'isthme de Panama, en Amérique centrale. L'idée a été conçue par les Espagnols dès 1534. Mais sa construction n'a débuté qu'en 1880, et il ne put être mis en service qu'en 1914.

PANAMÁ (golfe de), golfe formé par le Pacifique sur la côte sud de l'isthme de Panamá, en Amérique centrale.

PANCRÉAS (du grec *pan*, tout, et *kreas*, chair), glande abdominale située derrière l'estomac. Les îlots de Langerhans sont des ensembles de cellules glandulaires, sécrétant de l'insuline.

PANDA, mammifère carnivore, qui vit dans les forêts de l'Himalaya.

PANORAMIX, personnage de la bande dessinée *Astérix le Gaulois*. Voir **ASTÉRIX LE GAULOIS.**

PAPA DOC (François Duvalier, dit) (1907-1971), homme d'État haïtien élu président de la République en 1957 avec le concours de l'armée. Réélu en 1963, il se proclame président à vie l'année suivante. Le régime de Papa Doc (il a reçu une formation de médecin) est en réalité une dictature fondée sur l'omniprésence de sa garde policière personnelle, « les tontons macoutes ». Son fils Jean-Claude, Baby Doc, lui succède à sa mort, le 22 avril 1971. Il est contraint, en février 1986, de s'exiler devant la révolte grandissante du peuple tout entier.

PAPE (élection du). – Lors de l'élection d'un pape, les cardinaux sont réunis en conclave. Ils sont coupés de toute communication avec le monde extérieur. Un conclave peut durer plusieurs jours. Une fumée blanche annonce au monde extérieur l'élection du nouveau pape.

PAPIER. – La Chine connaissait le papier plusieurs siècles avant Jésus-Christ; il était alors fabriqué avec de la soie. C'est en 105 ap. J.-C. qu'apparaît le premier papier fait avec du chanvre et du bois (écorce de mûrier).

PAPIN (Denis) (1647-1714), physicien et inventeur français. C'est en 1707 qu'il construit le premier bateau à vapeur, aussitôt détruit par les bateliers de Minden.

PAPOUASIE NOUVELLE-GUINÉE, voir **NOUVELLE-GUINÉE OCCIDENTALE**

PÂQUES, commémoration chrétienne de la croyance en la résurrection du Christ. Depuis le concile de Nicée (325), on célèbre Pâques le dimanche qui suit le 14e jour de la Lune. En 1987, Pâques était un 19 avril, en 1988 un 3 avril. En 1989, elle aura lieu le 26 mars, en 1990 le 15 avril.

PÂQUES (île de), île de Polynésie, dépendant du Chili depuis 1888, d'une superficie de 180 km² pour 2 000 habitants. Elle est célèbre pour ses hautes statues de près de 10 m, qui toutes tournent le dos à l'océan, et dont la signification est aujourd'hui encore mystérieuse.

PARABELLUM (du proverbe latin *si vis pacem para bellum*, si tu veux la paix prépare la guerre), pistolet automatique utilisé par l'armée allemande lors de la Première Guerre mondiale.

PARAMARIBO, capitale du Surinam, située sur l'estuaire du fleuve Surinam. La ville compte 155 000 habitants représentatifs d'une population très composite : 35 % d'Hindous, 32 % de Créoles, 15 % de Javanais, 10 % de Noirs, etc.

PARAPLUIES DE CHERBOURG (Les) (1964), film musical français de Jacques Demy, avec Catherine Deneuve.

PARC GORKI, roman policier de l'Américain Martin Cruz Smith (1942-), paru en 1981 aux Éditions Robert Laffont. Le premier roman de cet auteur paru dans la collection « Série Noire » (Gallimard) était *Rif chez les Manouches*, en 1972.

PARÉO, pagne tahitien.

PARIA. – En Inde, sont parias les individus non convertis à l'hindouisme et déclarés inaptes à tout acte religieux; sont également parias les hindous ayant été exclus de leur caste. Ces derniers peuvent être également exclus socialement et interdits de séjour dans toutes les agglomérations. Le mot est emprunté au tamoul, une langue parlée dans le sud de l'Inde par les Tamouls (ou Tamils), groupe ethnique de l'Inde méridionale et de Ceylan.

PARIS. – La ville a été créée en 51 av. J.-C. Elle compte aujourd'hui 2,2 millions d'habitants; l'agglomération en compte quant à elle environ 9 millions répartis sur 1 800 km², tandis que la région Ile-de-France en dénombre plus de 10 millions soit à peu près le 1/5ᵉ de la population du pays, répartis sur 12 000 km². La devise de la ville « il flotte et ne coule pas » fut d'abord celle des « marchands de l'eau » en 1268. Paris possède environ 500 salles de cinéma, pour une moyenne annuelle de 4 millions et demi de spectateurs. Ne pas confondre avec Paris au Texas, rendu célèbre par le film de Wim Wenders en 1984.

PARIS (comte de). – A la mort du comte de Chambord en 1883, Philippe d'Orléans, comte de Paris, devint le chef de la maison de France. N'ayant pas d'héritiers, il légua cette charge à son cousin Jean, duc de Guise, dont le fils, Henri, comte de Paris, né en 1908, est le chef actuel de la maison de France ou de Bourbon.

PARIS BRÛLE-T-IL ? (1966), film français de René Clément, avec pléthore de vedettes, parmi lesquelles Alain Delon, Jean-Paul Belmondo, Bruno Crémer, Claude Rich, Gert Froebe, etc. Voir **CHOLTITZ.**

PARIS-DAKAR, raid automobile regroupant toutes les catégories de véhicules (auto, moto, camion), disputé chaque année à partir du 1ᵉʳ janvier sur une distance de 12 000 km; il a été créé en 1979 par Thierry Sabine, mort accidentellement en hélicoptère lors de l'édition de 1985. En 1984, Rahier remporta l'épreuve moto sur une BMW.

PARISIEN LIBÉRÉ, quotidien français fondé en 1944 par Émilien Amaury († 1977), paru 4 jours avant la Libération de Paris.

PARIS-MATCH, hebdomadaire français créé en 1949 par Jean Prouvost, et racheté par Daniel Filipacchi en 1976. Son tirage était proche d'un million d'exemplaires en 1986. Il adopte à une époque comme slogan publicitaire : « Le poids des mots, le choc des photos. » Sa couverture du 30 décembre 1983 était imprimée en 2 couleurs (vert et orange) décalées : à l'aide d'une paire de lunettes comprenant deux verres de couleurs complémentaires, on obtenait une vision en relief. Ce procédé a été utilisé au cinéma.

PARIS-ROUBAIX, course cycliste créée en 1896. Elle a été surnommée « l'enfer du Nord » à cause de ses très pénibles sections pavées.

PARKER (Charlie Christopher, dit Bird) (Kansas City, 1920 – New York, 1955), jazzman noir américain, saxophoniste virtuose, l'un des instigateurs du be-bop. Un de ses derniers grands enregistrements fut *Love for sale*, en 1954.

PARKINSON (James) (1755-1824), médecin anglais. Il est à l'origine de la première description, en 1817, de la maladie qui porte son nom.

PARLEMENT. – Il est constitué de deux chambres, l'Assemblée et le Sénat. L'Assemblée nationale se compose de députés élus pour 5 ans au suffrage universel; elle peut être dissoute par le président de la République. Elle peut voter une motion de censure contre le gouvernement. Les sénateurs sont élus au suffrage indirect pour 9 ans, et renouvelables par tiers.

PARRAIN (Le), film américain en deux parties (1972 et 1974) de Francis Ford Coppola, dans lequel est brossé un portrait détaillé du monde de la Mafia. Les interprètes en sont Marlon Brando, Al Pacino, Robert De Niro, Robert Duvall, James Caan, Diane Keaton, etc. Le film a connu un immense succès populaire; Marlon Brando (auquel, pour le vieillir, on a mis des morceaux de bananes dans les bajoues) y fait une composition remarquable.

PARTANT POUR LA SYRIE, chant officiel composé en 1809 par la mère de Napoléon III, la reine Hortense, sur des paroles du comte de Laborde, et qui, à partir de 1815, eut pour fonction de signifier le ralliement des bonapartistes.

PARTHÉNON, temple d'Athéna, sur l'Acropole. Il fait 10 m de haut, 70 m de long, 31 m de large. Il a été construit au Ve siècle av. J.-C. à l'aide des impôts collectés par Périclès. Il était utilisé comme poudrière au XVIIe siècle par les Turcs; le centre du Parthénon a été détruit dans une explosion en 1687.

PARTI COMMUNISTE FRANÇAIS, parti politique fondé en 1920 sous le nom de Section française de l'internationale communiste (SFIC), et officiellement baptisé Parti communiste en 1922. Il est issu des divisions du Parti socialiste (SFIO) au congrès de Tours. Son actuel secrétaire général est Georges Marchais, depuis 1972. Le Parti connut un beau succès politique aux élections législatives de 1981, et a beaucoup chuté depuis. Son siège se trouve dans le 19e arrondissement, à Paris.

PASCAL (Blaise) (Clermont-Ferrand, 1623-1662), mathématicien, physicien, et écrivain français. A 29 ans, il donne le premier modèle d'une machine arithmétique capable d'additionner, le plus ancien prototype des calculatrices mécaniques. Il est également à l'origine du calcul des probabilités. Depuis la nuit du 23 novembre 1654 et jusqu'à sa mort, il coud dans la doublure de ses vêtements ses *Pensées*, ce qui fit dire à Paul Valéry : « Il s'amusa à coudre des papiers dans ses poches, au lieu de donner à la France la gloire du calcul de l'infini. »

PASIPHAÉ, reine légendaire de Crète, épouse de Minos et mère d'Ariane et Phèdre. De ses amours avec un taureau est né le Minotaure.

PASOLINI (Pier Paolo) (Bologne, 1922-Ostie, 1975), cinéaste et écrivain italien, mort assassiné dans un terrain vague en 1975, à Ostie, dans la banlieue de Rome. Il a également collaboré à l'écriture du scénario des *Nuits de Cabiria* de Fellini. Parmi ses films les plus célèbres, citons *Le Décaméron* (1971), *Porcherie* (1970), *Théorème* (1968), et son très bel *Évangile selon saint Matthieu* (1964).

PASSION, dans les Évangiles, souffrances que subit Jésus-Christ, depuis son arrestation jusque sur la croix. Jean-Sébastien Bach en a tiré deux oratorios

(*Selon saint Jean, Selon saint Matthieu*), Pasolini un film (*L'Évangile selon saint Matthieu*). Tous les dix ans, depuis 1634, dans une petite ville de Bavière, au sud-ouest de Munich, les habitants donnent 100 représentations de la Passion qui durent chacune plus de cinq heures, avec plus de 125 rôles, sans compter les figurants. La prochaine série aura lieu en 1990.

PASTERNAK (Boris Leonidovitch) (Moscou, 1890-1960), écrivain soviétique. En désaccord avec les principes littéraires officiels, il fait paraître en Italie, en 1957, *Le docteur Jivago* dont la publication n'avait pas été autorisée dans son pays. Les autorités soviétiques le poussent, indirectement, à refuser le prix Nobel qui lui était décerné en 1958. Mis au ban de la société, il est réhabilité en 1987, sous le régime de Gorbatchev.

PASTEUR (Louis) (1822-1895), chimiste et biologiste français. C'est entre 1870 et 1886 qu'il découvre les microbes et la manière d'empêcher certains liquides de fermenter (pasteurisation). En 1881, il mène ses premières investigations sur la rage, et met au point un vaccin en 1885. Il est le fondateur de la microbiologie.

PAT GARRETT ET BILLY LE KID (1973), western américain réalisé par Sam Peckinpah (1926-1984).

PATAGONIE, région d'Argentine, à l'extrême sud du pays et du continent, essentiellement peuplée par les Indiens jusqu'au XIXᵉ siècle.

PATHÉ-MARCONI E.M.I., société d'édition phonographique créée en 1886 par les frères Pathé. C'est une filiale du groupe anglais E.M.I. depuis 1936. Ses studios sont en région parisienne, à Boulogne. Ses archives musicales sont parmi les plus riches au monde.

PATINAGE ARTISTIQUE. – Dès le XIIᵉ siècle, en Scandinavie, on patinait sur des os. Les patins métalliques apparaissent au début du XVIIᵉ siècle. La première patinoire artificielle est créée en 1876, à Londres. Les figures sont : axel – double, triple, le patineur se lance en avant et se reçoit en arrière –, salto, boucle, lutz, flip, boucle piquée, etc.

PATINAGE DE VITESSE. – La distance maximum des épreuves masculines est de 20 km, non pas de 10; la distance minimum est de 400 m.

PATINS À ROULETTES. – Ils ont été inventés par l'Américain Plimpton, en 1863; et non pas par Merlin en 1760.

PATRONYMES. – Les plus répandus en France sont, par ordre décroissant : Martin, Bernard, Moreau, Durand, Petit, Thomas, Dubois, Michel, Laurent, Simon. Le fameux Dupont n'arrive en réalité qu'en 15ᵉ position.

PAUL VI (Giovanni Battista Montini, dit) (1897-1978), pape de 1963 à 1978. Il succède à Jean XXIII et s'efforce de prolonger l'œuvre du IIᵉ concile du Vatican. Sa rencontre avec le patriarche de Constantinople Athénagoras témoigne de son désir d'œcuménisme. Il fait de nombreux voyages et est le premier pape à se rendre en Afrique.

PAUME (jeu de), jeu dans lequel on se renvoie une balle à l'aide d'une raquette ou d'une batte; la longue paume se joue en terrain ouvert, la courte paume dans un espace clos. Ce sport remonte à l'Antiquité, et a été introduit en France au Moyen Âge, où il devint sport national, après avoir été surtout pratiqué dans les monastères.

PAVLOV (Ivan Petrovitch) (1849-1936), physiologiste russe. Il voyait dans les réflexes conditionnés (ou conditionnels) une manifestation de l'activité nerveuse supérieure (psychologique). Il a reçu le prix Nobel de physiologie et de médecine en 1904.

PAVOT, plante dont la fleur ressemble au coquelicot, cultivée pour le suc qui, extrait des capsules mûres du pavot blanc, fournit l'opium; mais aussi pour ses graines, à partir desquelles on fabrique l'huile d'œillette; enfin, tout simplement, pour ses fleurs.

PAYS-BAS. – C'est le pays des polders : une politique d'extension du territoire sur la mer a en effet été entreprise dès le Moyen Âge. On a ainsi conquis depuis le XIIIe siècle plus de 6 500 km². Le prochain polder, celui de Markerwaard, sera le plus grand de tous : 403 km².

PEANUTS, bande dessinée américaine créée en 1950 par Charles Schultz.

PEARL HARBOUR, rade des îles Hawaï, base militaire importante de la flotte américaine du Pacifique. Le dimanche 7 décembre 1941 à 9 heures du matin, l'aviation japonaise venant du nord décima la flotte américaine. Ce qui déclencha l'entrée des USA dans la Deuxième Guerre mondiale.

PEARY (Robert Edwin) (1856-1920), explorateur américain qui prouva que le Groenland est une île. C'est lui qui fut le premier à atteindre le pôle Nord le 6 avril 1909.

PEAU D'ÂNE (1715), conte en vers de Charles Perrault (1628-1703).

PÉGASE, voir **PERSÉE**

PELÉ (Edson Arantes Do Nascimento, dit) (1940-), footballeur brésilien. Triple vainqueur de la coupe du monde, en 1958, 1962, et 1970, il est surnommé le « roi Pelé », et considéré comme le plus grand footballeur de tous les temps.

PELOTE BASQUE, sport dérivé de l'ancien jeu de paume. Le *jaï alaï* est l'une des aires de jeu possible : elle comprend trois murs et un fronton de 55 m. Les deux autres aires sont la place libre (1 mur) et le trinquet (4 murs). La chistera est la gouttière en osier qui, prolongeant le bras, permet de recevoir la balle de plein vol et de la renvoyer contre le fronton.

PENCAKSILAT, art martial de la famille du kung fu.

PÉNÉLOPE, dans la mythologie grecque, femme d'Ulysse. Durant les vingt années d'absence de son époux, pour différer sa réponse aux demandes en mariage de ses prétendants, elle la remettait à la date où elle aurait terminé la tapisserie qu'elle tissait le jour et défaisait la nuit. Ce zèle a fait d'elle le symbole de la fidélité conjugale.

PENTAGONE (du grec *pente*, cinq, et *gônia*, angle), figure géométrique qui a 5 angles, donc 5 côtés. Ainsi s'appelle le bâtiment dans lequel, depuis 1942, siège le ministère de la Défense des USA, en Virginie. Avec sa superficie de plus de 60 ha (sur 5 niveaux), il abrite 29 000 personnes.

PENTATHLON MODERNE (du grec *pente*, cinq), sport qui comporte 5 épreuves. Il a été créé par Pierre de Coubertin en 1909, et admis aux jeux Olympiques en 1912.

PENTHOTAL (contraction de *penthiobarbital*), produit hypnotique innoculé par voie intraveineuse.

PÈRE NOËL EST UNE ORDURE (Le), premier film à grand succès du *Splendid* (et non du *Grand Magic Circus)* qui lança outre Gérard Jugnot et Josiane Balasko, Michel Blanc (prix d'interprétation masculine au festival de Cannes en 1986 pour *Tenue de soirée* de Bertrand Blier). *Le Splendid* et *Le Grand Magic Circus* ont joué dans les années 80, à peu près le même rôle de révélateur de talents que *Le Café de la Gare* dans les années 70.

PEREC (Georges) (Paris, 1936-1982), écrivain français. Son œuvre la plus connue, *La vie mode d'emploi*, date de 1978. Dans *La disparition*, il se donne comme contrainte formelle de ne jamais faire apparaître la voyelle *e*.

PERFIDE ALBION (du latin *albus*, blanc), surnom celtique, donné à l'Angleterre en raison de la couleur de ses falaises.

PÉRIGNON (dom Pierre) (1638-1715), bénédictin de la congrégation de Saint-Varme. La champagnisation consiste à ajouter au vin déjà mis en bouteilles du sucre et des levures qui provoquent alors une seconde fermentation.

PÉRIL JAUNE, formule du boulangisme. Voir **LIGUE DES PATRIOTES.** C'est également le titre d'un ouvrage d'Arminius Vamberey, écrivain hongrois du XIXe siècle.

PÉRIPATÉTICIEN (du grec *peripatein*, se promener). – Aristote enseignait en marchant avec ses disciples. Voir **ARISTOTE.**

PERKINS (Anthony) (New York, 1932-), acteur américain. Il débute au cinéma avec George Cukor, en 1953. Mais le rôle qui lui vaut une renommée internationale est celui du psychopathe de *Psychose* (1960), d'Alfred Hitchcock, interprétation restée célèbre avec celle du personnage de K. dans *Le procès* (1962), d'Orson Welles.

PERLES. – Seules les perles fines, ou naturelles, ont droit à l'appellation de « perle »; toutes les autres doivent être dites « de culture ». Elles sont formées en eau de mer par les huîtres perlières, en eau douce par les moules perlières. Cependant la plus grosse perle a été trouvée aux Philippines en 1934 dans la coquille d'une palourde géante; elle est appelée « perle d'Allah » et pèse 6,370 kg; elle a été estimée, en 1982, à 240 millions de francs (soit plus de dix fois plus que lors de sa précédente estimation en 1971). Le procédé de fabrication des perles de culture a été étudié par le Japonais Mitrinuodo en 1893 : il consiste à introduire artificiellement une boule de nacre autour de laquelle le molusque secrète plusieurs couches perlières; il a été systématisé dès 1904.

PERMAFROST (de l'anglais, pergélisol), sol gelé en permanence des régions arctiques.

PERNOUD (Laurence), auteur de livres pratiques concernant la grossesse et les premières années de l'enfant : *J'attends un enfant*, paru en 1956, s'est vendu à ce jour à 1,437 million d'exemplaires;

J'élève un enfant (1965, remis à jour chaque année), à 1,12 million d'exemplaires. Signalons aussi l'excellent ouvrage du docteur Cohen-Solal : *Comprendre et soigner son enfant*, aux éditions Robert Laffont.

PERRAULT (Charles) (Paris, 1628-1703), écrivain français. Il est l'auteur du *Siècle de Louis le Grand*, des *Parallèles des Anciens et des Modernes*, des *Contes de ma mère l'oye* (Le petit poucet, Le petit chaperon rouge, Le chat botté, Cendrillon, Barbe-Bleue, La belle au bois dormant).

PERRIN (Jacques Simonet, dit Jacques) (Paris, 1941-), acteur et producteur français, ancien président de la Commission d'avances sur recettes. Sa carrière démarre véritablement en 1964, aux côtés de Bruno Crémer, dans *La 317ᵉ section*, de Pierre Schoendoerffer avec lequel il tourne à nouveau en 1977, dans *Le crabe-tambour*.

PERSÉE, dans la mythologie grecque, fils de Zeus et de Danaé. Son grand-père Acrisios le fit enfermer avec Danaé dans un coffre qu'il jeta dans l'Océan. Persée fut délivré par Polydectès, roi de Sériphos, qui lui ordonna d'aller couper la tête de Méduse; il le fit, puis s'enfuit sur le dos de Pégase, jusqu'en Éthiopie où il épousa Andromède, après l'avoir délivrée d'un monstre marin. Voir **MÉDUSE.**

PERSHING (John Joseph) (1860-1948), général américain qui commanda les troupes américaines en France, en 1917 et 1918. Il donna son nom à des armes défensives, missiles balistiques à têtes nucléaires, installés en Europe par les forces de l'OTAN.

PESSOA (Nelson) (1935-), cavalier brésilien.

PESTE, maladie infectieuse et contagieuse, transmise à l'homme par le rat ou la puce. La peste noire ou bubonique se manifeste par la présence de ganglions infectés. L'épidémie du XIVᵉ siècle, dite « grande peste », tua entre 1347 et 1349 près du tiers de la population d'Europe, d'Afrique et d'Asie.

P. et T. – En 1889, l'État français prend en charge le monopole du téléphone (exploité depuis 1880 par les sociétés privées). Une loi est alors votée, qui institue le ministère des Postes, Télégraphes et Téléphone (PTT). En 1942, sont créées deux directions générales distinctes, Postes et Télécommunications mais toujours sous la tutelle d'un ministère unique, lequel en 1959 prend le titre de Postes et Télécommunications, tout en maintenant l'ancien sigle PTT.

PÉTAIN (Philippe) (1856-1951), maréchal de France et homme d'État. C'est le vainqueur de Verdun en 1916. Commandant en chef de l'armée française, il arrive à redresser le moral des troupes après la défaite du Chemin des Dames. Alors qu'il est président du Conseil en 1940, il conclut l'armistice avec l'Allemagne et l'Italie. Il est chef de l'État français à Vichy pendant l'occupation allemande. Il est condamné à mort en 1945, peine commuée en détention perpétuelle à l'île d'Yeu.

PÉTANQUE (du provençal *pèd tanco*, pied fixé au sol), jeu de boules originaire de La Ciotat où il est inventé en 1910. La doublette est une équipe de deux joueurs, la triplette une équipe de trois joueurs.

PÉTASE (du grec), dans l'Antiquité grecque, chapeau à large bords.

PETIT (Philippe), jongleur, acrobate et funambule français, célèbre à Paris dans les années 60-70, pour s'être couché notamment sur un câble tendu entre les deux grandes tours de Notre-Dame.

PETIT (Roland) (1924-), danseur et chorégraphe français. Élève de Serge Lifar, il est directeur du *Casino de Paris* de 1970 à 1975. Depuis il a fondé sa propre compagnie à Marseille. Sa dernière création (1986) est *L'ange bleu*, sur une musique du compositeur contemporain Marius Constant.

PETITE MORT. – On trouve chez l'écrivain Patrice de La Tour du Pin (1911-1975), dans son œuvre *La contemplation errante* (1948), cette phrase : « Nulle voie des sens au monde ne répond, comme aux petites morts de la fin de l'amour. » Georges Bataille a fait plus tard (en 1961) la critique de cette notion dans son livre *Les larmes d'Eros.*

PETITES FILLES MODÈLES (Les) (1858), roman de Sophie Rostopchine, comtesse de Ségur (1799-1874).

PETITE SIRÈNE DE COPENHAGUE, voir **COPENHAGUE**

PETIT-GRIS, écureuil de Russie et de Sibérie. C'est aussi une variété d'escargot de taille moyenne à coquille brunâtre.

PETIT LIVRE ROUGE, recueil de la pensée philosophico-politique de Mao Tsé-tung, paru en 1966 au début de la Révolution culturelle. L'ouvrage s'est vendu à 800 millions d'exemplaires.

PETIT RAPPORTEUR (Le), émission de télévision, magazine satirique d'actualités, qui rendit célèbres Jacques Martin, Stéphane Collaro, Pierre Bonte, etc. Le générique de cette émission était la chanson « À la pêche aux moules-moules-moules, je n'veux plus y aller maman », etc.

PEUGEOT, famille d'ingénieurs et d'industriels français de la fin du XVIIIe siècle, à l'origine de la marque automobile actuelle Peugeot. Son emblème publicitaire est le lion, ce qui inspira dans les années 70 le slogan : « Un constructeur qui sort ses griffes. »

PEYREFITTE (Roger) (1907-), écrivain français, cousin d'Alain Peyrefitte, homme politique. *Les amitiés particulières*, son premier roman, obtient le prix Renaudot en 1944.

PEYSSON (Anne-Marie) (1935-), speakerine française et animatrice d'émissions radiophoniques et télévisées. Elle a souvent été caricaturée dans ses sketches par l'imitateur Thierry Le Luron.

PHACOCHÈRE, mammifère qui mesure 80 cm au garrot, et vit dans les savanes africaines.

PHAÉTON, voiture à quatre roues, tirée par un cheval et comportant deux places. C'est aussi un oiseau tropical, également appelé paille-en-queue. Phaéton, dans la mythologie grecque, est le fils d'Hélios, le Soleil, qui est foudroyé par Zeus après s'être emparé du char de son père.

PHÈDRE, dans la mythologie grecque, fille de Minos et Pasiphaé, femme de Thésée. Dans la tragédie de Racine, elle éprouve une passion pour son beau-fils, Hippolyte, fils de Thésée et d'une Amazone.

PHÉNIX, dans la mythologie grecque, oiseau fabuleux d'Éthiopie qui vivait plusieurs siècles. Il périt sur un bûcher pour renaître de ses cendres.

PHILATÉLISTE, collectionneur de timbres-poste. L'aérophilatéliste s'intéresse plus particulièrement à l'aéropostale.

PHILIPPE II (1527-1598), fils de Charles Quint, roi d'Espagne de 1556 jusqu'à sa mort, et roi du Portugal à partir de 1580, année de l'annexion de ce pays par l'Espagne.

PHILIPPINES (îles), archipel de l'Asie du Sud-Est, d'une superficie de 300 000 km^2 pour 57 millions d'habitants. Les Philippines ont été découvertes par Magellan en 1521; le nom de l'infant Philippe leur est donné en 1542. Elles constituent un État indépendant depuis 1946.

PHOTOSYNTHÈSE, production de glucide par les plantes, à partir du gaz carbonique de l'air et grâce à la chlorophylle, avec l'énergie fournie par la lumière solaire.

PHRÉNOLOGIE (du grec *phrên*, intelligence, et *logos*, science), étude du caractère.

PHYLLOXÉRA (du grec *phullon*, feuilles, et *xeros*, sec), maladie des plants de vignes causée par un puceron parasite; elle a été introduite en France en 1860 par des plants de vigne importés des États-Unis.

PI, lettre grecque servant notamment à symboliser le rapport constant de la circonférence d'un cercle à son diamètre.

PIAF (Giovanna Gassion, dite Édith), (Paris, 1915 - Paris 1963), chanteuse française. Elle est découverte en 1935 par le directeur d'un cabaret, Louis Leplée, tandis qu'elle chante dans la rue. *La vie en rose* est le titre d'une des chansons qu'elle interpréta en 1946, comme *Milord, L'hymne à l'amour, Mon légionnaire*, etc.

PIALAT (Maurice) (1925-), peintre et cinéaste français. Son premier gros succès commercial est *Nous ne vieillirons pas ensemble* (1972), avec Marlène Jobert et Jean Yanne qui obtient à cette occasion le prix d'interprétation au festival de Cannes. *Loulou* date de 1980. Suivent, en 1983, *A nos amours*, puis en 1985 *Police*, avec Gérard Depardieu. *Sous le Soleil de Satan*, encore avec Depardieu, obtient la palme d'or au festival de Cannes présidé en 1987 par Yves Montand. La décision du jury a été contestée par le public de Cannes.

PIANO DE CONCERT. – Le plus souvent, deux pédales suffisent, la grande pédale ou pédale forte, et la pédale douce. Une troisième existe parfois, qui permet de maintenir certains sons graves avec le pied gauche, tout en continuant de jouer sur le clavier.

PIC DU MIDI (observatoire du). – Il est situé au Pic du Midi de Bigorre, dans les Hautes-Pyrénées, à 2 865 mètres.

PICASSO (Pablo Ruiz y Picasso, dit Pablo) (Malaga, 1881-1973), peintre, dessinateur, graveur et sculpteur espagnol, installé à Paris en 1904.

PICCOLI (Michel) (Paris, 1925-), acteur de théâtre et de cinéma, et producteur français. C'est *Le Mépris*, de Jean-Luc Godard, en 1963, qui contribue, en même temps que *Le Doulos* (de Melville, avec Jean-Paul Belmondo) à faire de lui une star. Il est l'un des comédiens fétiches de Luis Buñuel et de Claude Sautet; il a même tourné avec Hitchcock (*L'Étau*, 1969).

PIDGIN. – Ce n'est en réalité rien moins que la prononciation chinoise du mot anglais *business*. Donc, comme son nom l'indique, cette langue, mixte d'anglais et de nombreuses langues extrême-orientales, est principalement utilisée dans les échanges commerciaux.

PIÉPLU (Claude) (Paris, 1923-), acteur français. Il prête sa voix à la célèbre série télévisée *Les shadocks*, en 1968. Il demeure une des valeurs sûres des seconds rôles du cinéma français, sans pour autant laisser de côté le théâtre, où il a fait ses armes dès 1945.

PIERRE (saint), l'un des douze apôtres de Jésus-Christ. La tradition chrétienne voit en lui le premier pape (33-64), et estime qu'il figure parmi les martyrs de Néron. Il serait mort à Rome dans les années 64 à 67. « Eh bien! moi je te dis : tu es Pierre, et sur cette pierre je bâtirai mon Église, et les portes de l'Hadès ne tiendront pas contre elle. Je te donnerai les clés du royaume des cieux. » (Évangile selon saint Matthieu.)

PIERROT LE FOU (1964), film de Jean-Luc Godard, avec Jean-Paul Belmondo et Anna Karina.

PIEUVRE, mollusque à huit tentacules munies de ventouses; les plus grandes peuvent atteindre 66 m d'envergure et se déplacer à 6 km/h. Leur longévité est de 4 ans.

PIEYRE DE MANDIARGUES (André) (Paris, 1909-), écrivain français. Ses voyages, le surréalisme, la peinture moderne ont marqué son œuvre, teintée d'onirisme. Il est l'auteur de poèmes, de récits, de pièces de théâtre et d'essais. Son roman *La motocyclette* date de 1963.

PIGNEROL, ville d'Italie dans le Piémont, qui a été française à certaines périodes. Dans sa forteresse furent enfermés des hommes célèbres, dont Fouquet qui y mourut, Lauzun, « le Masque de fer ».

PILATE (Ponce), procurateur de Judée de 26 à 36. Dans les Évangiles, il condamne Jésus-Christ à mort, se ralliant à la foule qui a choisi entre le Christ et Barabbas.

PIM, PAM, POUM, voir **KATZENJAMMER KIDS**

PINAY (Antoine) (1891-), homme politique français. Il est président du Conseil et ministre des Finances en 1952 (où il lance l'emprunt Pinay, à garantie-or); à nouveau ministre des Finances en 1959-1960, il est à l'origine du franc lourd.

PING-PONG, tennis de table, appelé ping-pong en 1900, en raison du bruit produit par la balle sur les raquettes. L'origine de ce sport se situe vers 1880, en Angleterre. La Fédération française de ping-pong a été créée en 1927.

PINOCCHIO, roman de Collodi, paru en 1883, contant les aventures d'une marionnette métamorphosée en un petit garçon espiègle.

PIQUET (Nelson) (1952-), coureur automobile brésilien. Il a été champion du monde des conducteurs de formule 1 en 1981 et 1983.

PIRATES, aventuriers qui couraient les mers pour attaquer et piller les navires pour leur propre compte. Leur emblème était la tête de mort.

PIRONI (Didier) (1952-1987), pilote de course automobile français. Il est champion de France de formule 1, devant Alain Prost, en 1982, vainqueur du grand prix de Belgique en 1980, de celui de Saint-Marin en 1982. Après son accident lors du grand prix d'Allemagne, il n'a pas repris la compétition. Il trouve la mort lors d'une compétition nautique, en 1987.

PISE (tour de). – Construite entre 1067 et 1173, elle s'écroulera probablement entre 2010 et 2020. En effet, son inclinaison est déjà de 2,26 m et subit une augmentation annuelle de 1,5 mm; la tour pèse 14 500 tonnes; on ne pourra pas éviter la catastrophe.

PISIER (Marie-France) (1944-), actrice française née au Viêt-nam. Elle tourne avec Truffaut (*Baisers volés*, *L'amour en fuite*), Rivette (*Céline et Julie vont en bateau*), Granier-Deferre (*L'ami de Vincent*), etc. Titulaire d'une licence de droit, elle fait un peu figure, dans le cinéma français, d'intellectuelle.

PITCAIRN, île britannique d'une superficie de 4,6 km² au sud-est de Tahiti. La soixantaine d'habitants qui la peuplent descendent des neuf mutins qui s'y installèrent en 1790, après la révolte du *Bounty*.

PLACEBO, substitut médicinal d'un médicament, qui sert à étudier les impacts psychologiques d'une médication.

PLANÈTES. – Voici les neuf planètes de notre système solaire, par ordre de taille décroissant : Jupiter, Saturne, Uranus, Neptune, la Terre, Vénus, Mars, Pluton, Mercure.

PLATINI (Michel) (1955-), joueur de football français. Il a joué dans les clubs de Nancy, puis de Saint-Étienne, avant d'aller à la Juventus de Turin où il achève sa carrière, à la fin de la saison 1986-1987.

PLATON (Athènes, 428 ou 427-348 ou 347 av. J.-C.), philosophe grec et disciple de Socrate. En 387 av. J-C., il fonda à Athènes une école philosophique : l'Académie.

PLAY-BOY, magazine mensuel fondé aux États-Unis en 1953 avec, sur sa première couverture, Marilyn Monroe. Il est à noter que, depuis le milieu des années 70, son tirage va en diminuant.

PLAYMATE (de l'anglais), synonyme de *playfellow*, camarade de jeu.

PLAZA-ATHÉNÉE, palace parisien édifié en 1911. Il est membre du comité Colbert, qui regroupe les plus grands noms des métiers et de l'industrie français afin d'assurer leur rayonnement dans le monde. Cet hôtel de grand luxe a 216 chambres et 37 appartements dont le prix varie de 900 F à 2 000 F la nuit.

PLÉIADE. – Dans la mythologie grecque, les Pléiades sont les sept filles d'Atlas et de Pléioné. Désespérées des souffrances de leur père (condamné par Zeus à soutenir sur ses épaules la voûte du ciel), elles se tuèrent et furent métamorphosées en étoiles. Le groupe des Pléiades constitue aujourd'hui une petite constellation de l'hémisphère boréal, vers la tête du Taureau, et qu'on appelle aussi la Poussinière. La poésie s'est emparée de ce mot et a donné le nom de Pléiade à sept poètes qui vivaient sous Ptolémée Philadelphe dont Lycophron, Alexandre l'Étolien, Philiscos de Corcyre, Sosiphanes de Syracuse, Homère le Jeune. Sous Henri II une Pléiade française se constitue, composée de Ronsard, Du Bellay, Belleau, Jodelle, Baïf, Pontus de Tyard, Pelletier du Mans (remplacé à sa mort par Dorat). Sous Louis XIII une autre réunissait Rapin, Commire, de la Rue, Santeuil, Ménage, Duperrier, Petit, qui tous excellaient en versification latine. Deux autres Pléiades, mineures elles aussi, existèrent au XIVe siècle, dont l'une eut l'originalité de réunir exclusivement des femmes.

PLINE L'ANCIEN (23-79), naturaliste latin. Il est mort au cours de l'éruption du Vésuve. Il est l'auteur d'une monumentale *Histoire naturelle*, dans laquelle l'émeraude est en effet citée comme étant « plus verte que la nature elle-même ».

P.L.M., nom de la compagnie de chemin de fer fondée en 1857 et qui desservait notamment Paris, Lyon, Marseille. Cette appellation a précédé la nationalisation sous le sigle SNCF des chemins de fer en 1945 par le Général de Gaulle.

PLOMBIÈRES-LES-BAINS, station thermale des Vosges qui compte 2 300 habitants.

PLUTON. – Elle n'a pas été découverte par Perceval Lowell, mais par l'Américain Clyde Tombaugh en 1930. En 1915 cependant, P. Howell et William Pickering avaient déjà émis des hypothèses relatives à son existence. Située à l'extrême limite de notre système solaire, elle est aujourd'hui encore très mal connue.

P.M.U. – Autorisé depuis le 16 avril 1930, le pari mutuel urbain est une extension du pari mutuel sur l'hippodrome (P.M.H.), créé en 1891. C'est un groupement d'intérêt économique. Le premier tiercé a eu lieu le 22 janvier 1954. Le premier quarté, le 26 février 1976.

P.N.B. (produit national brut). – On l'obtient en additionnant la valeur des biens et des services acquis par l'activité économique d'une année sans en déduire les amortissements; après déduction de ces derniers, on obtient alors le PNN (produit national net).

PÔ, fleuve d'Italie qui prend sa source à 2 022 m sur le mont Viso et se jette dans l'Adriatique après 652 km. C'est le vingtième fleuve d'Europe (URSS exclue).

PODOMÈTRE (du grec *pous, podos*, pied, et *metron*, mesure). – Synonyme d' odomètre (du grec *odos*, chemin).

POINCARÉ (Raymond) (1860-1934), homme politique français. Il est élu président de la République le 17 février 1913, puis président du Conseil, successivement, de 1922 à 1924, et de 1926 à 1929 après l'échec du Cartel des gauches.

POINT DE VUE – IMAGES DU MONDE, magazine hebdomadaire, paru pour la première fois en 1960.

POIROT (Hercule), voir **CHRISTIE**

POISON (La) (1951), film français de Sacha Guitry, avec Michel Simon.

POISSON. – Les Poissons sont l'un des douze signes du zodiaque, placé entre le Verseau et le Bélier. Le soleil le quitte à l'équinoxe de printemps. Le poisson est également un symbole chrétien, apparu sur certains monuments dès les premiers siècles de notre ère, issu de mots grecs qui signifient « Jésus-Christ fils de Dieu sauveur ». En effet, si l'on prend les initiales des mots grecs on obtient *ictus*, qui signifie poisson.

POITIER (Sidney) (Miami, 1924-), acteur et cinéaste noir américain. Il obtient l'oscar du meilleur acteur pour son interprétation dans le film de N. Jernisor, *Le lys des champs*, en 1963.

POITIERS (bataille de). – Un siècle après la mort du Prophète, l'expansion arabe avait atteint Poitiers. Le 25 octobre 732, sous le cri « Le Paradis est devant, l'enfer est derrière », les combattants de la foi attaquent au nord de Poitiers le monastère de St-Martin-de-Tours, un des plus riches et des plus illustres de la chrétienté. Eudes d'Aquitaine et Charles Martel repoussent l'ennemi. Au cours des combats, le chef Abd al-Rhamân est tué.

POKER, jeu de cartes créé en Louisiane au début du XIXe siècle. Flush royal : 5 cartes qui se suivent dans la même couleur jusqu'à l'as. Flush : 5 cartes qui se suivent dans la même couleur. Carré : 4 cartes identiques. Full : 1 brelan + 1 paire. Couleur : 5 cartes de la même couleur, qui ne se suivent pas. Quinte : 5 cartes qui se suivent, de couleurs quelconques. Brelan : 3 cartes identiques. Deux paires : 2 fois 2 cartes identiques. Paire : 2 cartes identiques. Le full n'a donc jamais battu un flush !

POKER D'AS, jeu de dés qui se joue avec 5 dés à 6 faces chacun (9, 10, valet, dame, roi, as). Chaque joueur a droit à trois lancers au maximum ; néanmoins, si le premier à lancer n'utilise que deux de ses lancers, les suivants n'ont à leur tour droit qu'à deux lancers pour tenter de le battre.

POLANSKI (Raymond, dit Roman) (Paris, 1933-), cinéaste français d'origine polonaise. Il réalise son premier long métrage en 1962, *Le couteau dans l'eau*, qui lui vaut d'être nominé pour l'oscar du meilleur film étranger. Suivront *Répulsion* (1965), *Cul-de-sac* (1966), *Le bal des vampires* (1968), *Rosemary's baby* (1969), *Quoi ?* (1973), *Le locataire* (1976), *Tess* (1979), *Pirates* (1984). *Chinatown*, bâti sur un scénario original de Robert Towne, fut réalisé en 1974.

POLENTA. – En Italie, c'est une semoule de farine de maïs ; en Corse, mets fabriqué à partir de la farine de châtaignes.

PÔLE SUD. – Il a été atteint en 1911 par Roald Amundsen, un mois avant Robert Scott, lequel trouva la mort pendant son retour. Les températures y varient entre 0 et – 80 °C. Le record de froid y a été enregistré le 21 juillet 1983 : – 89 °C.

POLITBÜRO, bureau politique du parti communiste. Il a été créé au mois d'octobre 1917 par Lénine. Ses douze membres ont pour mission de diriger les travaux du Parti entre les deux réunions annuelles (au minimum) de son Comité central.

POLLEN, ensemble de grains microscopiques, produits par les fleurs et qui sont l'élément mâle de la fécondation; les abeilles butineuses le transportent, et il sert à l'alimentation des larves.

POLLOCK (Paul Jackson) (1912-1956), peintre américain. Son œuvre a subi l'influence de Picasso, des surréalistes, pour aboutir à une abstraction dans laquelle la couleur est projetée sur de grandes toiles posées sur le sol.

POLNAREFF (Michel) (1944-), auteur-compositeur et interprète français, pianiste de formation. Il est révélé avec *La poupée qui fait non*, puis en 1966, avec *Love me, please, love me*. Condamné pour avoir montré ses fesses en affiche sur les murs de Paris, il part aux USA. Il fait son retour en 1977 avec *Lettre à France*.

POLO. – Le polo est originaire de Perse, en 525 av. J.-C. Il se joue sur une pelouse de 150 m sur 300 m, entre 2 équipes de 4 cavaliers chacune, munis d'un maillet d'une longueur de 1,30 m. Le but du jeu est de placer une balle (en bois, de 8,5 cm de diamètre, pesant 130 g) dans le but adverse (2 poteaux écartés de 7,50 m). On y joue en 6 périodes de 7,30 mn chacune.

POLO (Marco) (Venise, 1254-1324), voyageur italien. À partir de 1271, il voyage à travers l'Asie par la Mongolie, et seize ans plus tard revient par Sumatra. Le récit de ses voyages, écrit en français (*Le livre des merveilles du monde*) est un document précis, le premier du genre sur l'Extrême-Orient.

POLOGNE. – La Pologne, coincée entre l'Allemagne et la Russie, a cherché par des traités à se garder des attaques de ses voisins. En 1932 et en 1934, elle signe avec eux un pacte de non-agression. Inquiète des visées expansionnistes d'Hitler, la Pologne signe avec l'Angleterre et la France un pacte d'alliance; celui-ci entrera en vigueur le 1er septembre 1939, déclenchant la Deuxième Guerre mondiale.

POLYANDRE (du grec *poly*, plusieurs, *andros*, homme), qui a plusieurs maris.

POLYNÉSIE (îles nombreuses, en grec), ensemble d'îles du Pacifique à l'est de la Mélanésie, de l'Australie, et de la Micronésie, d'une superficie de 25 000 km² pour 400 000 habitants.

POMME DE TERRE. – Elle fut introduite en Europe à partir de 1550, mais ne devint commune en France qu'au XVIIIe siècle, grâce à l'action d'Antoine Augustin Parmentier (1737-1813), pharmacien français. En Irlande, au XIXe siècle, les baux de fermage se payaient en équivalent d'une quantité de pommes de terre à l'acre de terrain. L'arrivée du doriphore, parasite de la pomme de terre, causa l'augmentation du bail de fermage en même temps que la quasi-suppression de la récolte de pommes de terre, principale ressource de l'île. Cette famine contribua à l'émigration vers l'Amérique.

POMONE, divinité romaine, non seulement protectrice des fruits, mais aussi des jardins.

POMPADOUR (Jeanne Antoinette Poisson, marquise de) (1721-1764), favorite de Louis XV à partir de 1745. Elle joua un rôle politique important et fut la protectrice de la philosophie des Lumières, des arts et des lettres.

POMPÉI, ville de l'Antiquité en Italie. La ville, au pied du Vésuve, comptait

20 000 habitants. Fondée au VIe siècle av. J.-C., elle a été partiellement détruite en 63 ap. J.-C. par un tremblement de terre, puis ensevelie sous l'éruption du Vésuve pendant sa reconstruction en 79. Les fouilles archéologiques y ont commencé au XVIIIe siècle. Voir **HERCULANUM.**

POMPIDOU (Georges) (1911-1974), homme d'État français. Normalien, agrégé de lettres, il est chargé de mission auprès du ministre de l'Information (1944-1946), directeur du cabinet du général de Gaulle (1958-1959), Premier ministre (1962-1968), après avoir occupé d'importantes fonctions au sein de la banque Rothschild. Il est élu président de la République en juin 1969, après la démission de De Gaulle. Il a été le premier instigateur du projet visant à réduire à 5 ans la durée du mandat présidentiel.

PONCHARDIER (Dominique) (1917-1986), romancier. Il a créé, sous le pseudonyme d'Antoine Dominique, le héros de roman policier *Le gorille*, interprété au cinéma par l'acteur français Roger Hanin (1925-) à deux reprises : dans *La valse du gorille*, de Borderie en 1959; et *Le gorille a mordu l'archevêque*, de Labro en 1962.

PONDICHÉRY, ville indienne située au sud de Madras; elle compte 91 000 habitants. Elle a été le siège de la Compagnie des Indes orientales à partir de 1674, sous l'impulsion d'un de ses agents : François Martin. Les Anglais s'en emparent en 1761, et il faut attendre 1814 pour qu'ils la rendent aux Français, lesquels la restituent à l'Inde en 1956.

PONSON DU TERRAIL (Pierre Alexis, vicomte) (1829-1971), écrivain français qui, pendant vingt ans, raconta en feuilleton dans les journaux *Les exploits de Rocambole.*

PONT-AVEN (école de), école picturale de la fin du XIXe siècle qui réunissait autour de Gauguin et Bernard, des artistes comme Maufra, Laval, Schuffenecker, De Haan, etc. Ils donnèrent une exposition à Paris en juin 1889.

PONT DE LA RIVIÈRE KWAÏ (Le) (1957), film américain de David Lean. Il récolta 3 oscars à Hollywood : du meilleur film, du meilleur réalisateur, et du meilleur acteur (Alec Guinness). David Lean est également le réalisateur de *Lawrence d'Arabie* et du *Docteur Jivago.*

PONT DU GARD, aqueduc romain construit au Ier siècle ap. J.-C., d'une longueur de 273 m et d'une hauteur de 49 m. C'est à proximité de Tunis (à l'emplacement de l'ancienne Carthage) qu'on trouve le plus grand : 1 410 m de long.

POPEYE, héros de bande dessinée, mangeur d'épinards en boîte, lesquels lui confèrent une force herculéenne; créé en 1929 par l'Américain Elzie Segar.

POPOCATÉPETL, volcan mexicain encore en activité, au sud-est de Mexico, qui culmine à 5 452 m et dont la première ascension a été faite en 1591 par l'Espagnol de Ordas.

PORGY AND BESS, voir **GERSHWIN**

PORNOGRAPHIQUE (du grec *pornê*, prostituée, et *graphein*, décrire). – Un film pornographique est un film qui représente crûment des scènes sexuelles. Au contraire de la pornographie, l'érotisme suggère plus qu'il ne montre.

PORSCHE. – Le premier modèle de cette marque automobile allemande paraît en 1903 : la voiture est alors à la fois munie d'un moteur à pétrole et d'une dynamo.

PORT DE L'ANGOISSE (Le) (1944), film américain réalisé par Howard Hawks, avec Humphrey Bogart et Lauren Bacall dont c'est le premier film, sur un scénario de William Faulkner et d'après un roman d'Ernest Hemingway.

PORT-AU-PRINCE, capitale d'Haïti, anciennement Port-Républicain, rebaptisée en 1794. La ville avait été partiellement détruite en 1770 par un tremblement de terre.

PORTHOS, voir **DUMAS**

PORT LOUIS, capitale de l'île Maurice, sur la côte nord-ouest de l'île : elle compte 148 000 habitants. Il ne faut pas confondre avec le chef-lieu de canton du Morbihan (Port-Louis).

PORT MORESBY, capitale de la Papouasie Nouvelle-Guinée, sur la mer de Corail; elle compte 144 000 habitants.

PORT-SAÏD, ville de 350 000 habitants. Elle a été bombardée pendant la guerre du Kippour en 1973.

PORTUGAIS. – Avec 166 millions de pratiquants, le portugais est la 8e langue dans le monde. (Le français est parlé par 115 millions de personnes.)

POST MERIDIEM, après midi. Le contraire est *ante meridiem*, avant midi.

POTSDAM (conférence de). – Du 17 juillet au 2 août 1945 se sont réunis à Potsdam Staline et Molotov pour l'URSS, Truman et Buyrnes pour les États-Unis, Churchill et Eden, puis Attlee et Bevin pour la Grande-Bretagne, pour préciser les dispositions liées à l'occupation de l'Allemagne, depuis la capitulation allemande.

POUBELLE (Eugène René) (1831-1907), préfet de Paris en 1884.

POUCE (Charles Sherwood Stratton, dit Tom) (1838-1883), citoyen américain qui mesurait 1,03 m.

POUCET (Le petit), voir **PERRAULT**

POUDRE. – Elle a été découverte par les Chinois en l'an 1000 av. J.-C. et révélée en Europe, en 1248, par R. Bacon.

POULDU (Le), station balnéaire bretonne, dans le Finistère (commune de Clohars-Carnoët).

POULET. – La production annuelle de poulets, uniquement en France, est d'environ 800 000 tonnes.

POULIDOR (Raymond) (1936-), coureur cycliste français. Il a été trois fois deuxième du Tour de France, en 1964, 1965, et 1974; vainqueur de Paris-Nice en 1972 et 1973, du Midi libre en 1973, etc.

POULO CONDOR, archipel du Viêtnam du Sud, au large du delta du Mékong, et aujourd'hui appelé Côn Dao.

PRADO (musée national du), musée madrilène, riche en œuvres de Velásquez, Murillo, Le Greco, Goya, Titien, Rubens, etc.

PRAGUE. – Fondée dans les années 800, elle obtient son statut actuel en 1918. Elle compte aujourd'hui 1,2 million d'habitants.

PRAO, embarcation à double balancier, originaire de Malaisie. C'est aussi un bateau à 2 coques de dimensions inégales.

PRAVDA, voir **LÉNINE**

PREMIER DISQUE ROCK FRANÇAIS, voir **GÉRARD**

PREMIER SATELLITE CHINOIS. – Il a été lancé le 24 avril 1970. *L'Orient rouge* est l'hymne national de la République populaire de Chine.

PREMINGER (Otto Ludwig) (Vienne, 1906 - New York, 1986), cinéaste américain originaire d'Autriche. *Autopsie d'un meurtre*, dont il était également le producteur, fut réalisé en 1959, avec James Stewart et Lee Remick dans les principaux rôles, sur une musique de Duke Ellington.

PRESLE (Micheline Chassagne, dite Micheline) (Paris, 1922-), actrice française. Elle tourne avec Abel Gance, Marcel L'Herbier, Marc Allégret, Jacques Becker, Claude Autant-Lara, Jean Delannoy, Sacha Guitry, Jacques Rivette, etc. L'une des valeurs les plus sûres du cinéma français.

PRESLEY (Elvis) (1935-1977), chanteur et acteur américain. Il tourna 33 films; mais c'est surtout dans ses prestations scéniques, comme chanteur, que son charisme était exceptionnel. *Love me tender* date de 1956. Comme chanteur, il fut l'inoubliable créateur d'un style de rock inimitable; et les passages de ses films où il chante demeurent, à ce titre, des documents tout à fait dignes d'intérêt.

PRÉVERT (Jacques) (1900-1977), poète français. Ses poèmes allient les images insolites à la gouaille populaire (*Poules*, 1948; *Spectacle*, 1951; *Fatras*, 1966). Il fut également l'inoubliable scénariste et dialoguiste de quelques grands films français (*Drôle de drame, Les enfants du paradis, Remorques, Les visiteurs du soir, Quai des brumes*, etc.)

PRIAM, dernier roi de Troie. Sa femme, Hécube, lui donna, outre Hector, Pâris et Cassandre. Son caractère dominant, dans *L'Iliade*, est la piété. Voir **HOMÈRE.**

PRIESTLEY (Joseph) (1733-1804), philosophe et chimiste anglais. Il découvrit également la respiration des végétaux.

PRIMATE. – Le plus ancien primate connu est *Purgatorius* (66 millions d'années), découvert aux États-Unis dans la colline du Purgatoire, au Montana, probable descendant des proto-insectivores.

PRINTEMPS (Yvonne Wignolle, dite Yvonne) (1895-1977), chanteuse et actrice française mariée à Sacha Guitry en 1917, puis à Pierre Fresnay en 1934, avec lequel elle interpréta trois films : *Le Duel*, de Fresnay lui-même (1939), *Le condamné* (Lacombe, 1948), *Je suis avec toi* (Henri Decoin, 1943). Elle fut surtout l'une des principales têtes d'affiche du théâtre dans l'entre-deux-guerres.

PRINTEMPS DE PRAGUE. – Il éclate le 5 janvier 1968 par le remplacement de Novotny, à la tête du parti tchécoslovaque, par Alexander Dubček. Les conséquences en sont la levée de la censure et de la persécution religieuse, la réhabilitation des victimes des procès politiques, et la libre circulation des idées. Au mois d'août, les Soviétiques envahissent le pays et entament le processus de « normalisation ».

PRIX D'AMÉRIQUE, course hippique créée le 1er février 1920. Distance : 2 600 m ; épreuve de trot : 2 650 m.

PRIX DE DIANE, course hippique disputée sur 2 100 m un dimanche, tous les ans au mois de juin après le prix du Jockey Club, à l'hippodrome de Chantilly, et créée en 1843. Elle distribue 800 000 F de prix.

PRIX DU JOCKEY CLUB, course hippique française qui a lieu tous les ans au début du mois de juin, à Chantilly, depuis 1836. Elle se court sur 2 400 m plat. (Le Derby, grande course hippique anglaise, a lieu chaque année à Epsom.)

PROBOSCIDIENS (du latin *proboscis*, trompe). – Les mastodontes et les mammouths faisaient partie des proboscidiens.

PRODUCTEURS (LES), voir **BROOKS**

PROFUMO (John), homme politique anglais, ministre de la Guerre. Ayant vu son nom associé à celui de Christine Keeler, call-girl, qui avait elle-même des relations avec certains diplomates soviétiques, il décide de démissionner, le 17 juin 1963.

PROHIBITION, interdiction gouvernementale de la fabrication, du transport et de la vente des boissons alcoolisées, aux États-Unis, de 1919 à 1933. Néanmoins, la consommation n'était pas pour autant interdite par ce décret!

PROKOFIEV (Sergueï Sergueïevitch) (1891-1953), pianiste et compositeur russe. Son œuvre considérable aborde tous les genres et le piano solo y tient une place importante. *Alexandre Nevski* est un film d'Eisenstein, cinéaste soviétique.

PROMÉTHÉE, dans la mythologie grecque, demi-dieu, frère d'Atlas. Il forma l'homme avec le limon de la terre et l'anima avec le feu dérobé aux dieux. Zeus, pour le punir, le fit enchaîner et fit dévorer son foie par un vautour.

PROUST (Marcel) (1871-1922), écrivain français né à Paris auteur de *Contre Sainte-Beuve* (essai), *Jean Santeuil* (récit), et d'*À la recherche du temps perdu*, livre dans lequel se trouve l'épisode fameux de la madeleine : trempée dans le thé elle fait revivre, par le rappel d'une saveur oubliée, tout un pan de l'enfance du narrateur (pages 45 et suivantes du tome 1 de l'édition de la Pléiade).

PROVIDENCE (1976), film franco-britannique d'Alain Resnais dans lequel John Gielgud (acteur shakespearien anglais né en 1904) interprète le rôle d'un écrivain.

PROXIMA DU CENTAURE, étoile à 4,22 années-lumière du Soleil.

PRZEWALSKI (cheval de). – Il n'existe encore qu'en captivité, notamment à Przewalski, en Pologne, mais fait partie des espèces menacées de disparition et que l'homme projette de réintroduire dans la nature. La ménagerie du Jardin des plantes de Paris en possède deux.

PSYCHÉ. – Outre un miroir en pied à bascule, Psyché est, dans la mythologie grecque, une jeune fille aimée par Éros, de grande beauté, et grâce à l'amour duquel elle devient immortelle à la suite d'une longue série d'épreuves. Voir **ÉROS.**

PSYCHOSE (1960), film d'Alfred Hitchcock avec Anthony Perkins.

PTÉRODACTYLE, reptile volant de l'ère secondaire, aujourd'hui disparu.

PUANT MACÉRÉ, fromage de vache des Flandres. Sa meilleure époque s'échelonne de juillet à mars.

PUCCINI (Giacomo) (1858-1924), compositeur italien. Auteur de *La Bohème* (1896), *Tosca* (1900), *Madame Butterfly* (1904), *Turandot* (inachevé), etc.

PULLMAN (George Mortimer) (1831-1897), industriel américain qui inventa le wagon-lit en 1864-1865, et non pas en 1859.

PUNIQUES (guerres), trois guerres qui opposèrent Rome et Carthage de 264 à 146 av. J.-C. Elles eurent pour cause les visées des Romains sur la Sicile, protégée par les Carthaginois. La première guerre punique (264-241) fut gagnée par les Romains, qui transformèrent la Sicile en province romaine. La deuxième guerre punique (218-201) fut principalement l'œuvre d'Hannibal et se termina par une paix humiliante pour les Carthaginois. La troisième guerre punique (149-146), après un siège de Carthage par les légions romaines, se termina par la destruction de Carthage, en 146. Voir **HANNIBAL.**

PURDEY, marque anglaise de fusils, créée en 1814. Prix d'un modèle : 120 000 F.

P'U YI, (1908-1912), dernier empereur de Chine, successeur de l'impératrice Tz'u-hsi. Il abdique en 1912. Les Japonais le nomment empereur du Mandchoukouo de 1934 jusqu'en 1945, date à laquelle il est détenu par les Soviétiques. Bernardo Bertolucci, en 1987, tira de sa vie un film à grand spectacle.

PYONGYANG. – Elle est située sur le Taedong, à environ 50 km de la mer Jaune. Elle a été entièrement reconstruite après la guerre de Corée (1950-1953). Elle compte 1,7 million d'habitants.

PYROTECHNIE (du grec *pûr,* feu, et *têkhnê,* art, science, savoir-faire).

PYROTHÉCOPHILE, de *pyrotechnie,* science des matières explosives.

PYTHAGORE (VIe siècle av. J.-C.), mathématicien et philosophe grec, créateur de l'idée que « *les nombres sont le principe, la source et la racine de toutes choses* ». Son théorème du carré de l'hypothénuse était en réalité déjà connu des Babyloniens, mille ans avant lui.

PYTHIE, dans la mythologie grecque, prophétesse rendant les oracles à Delphes.

PYTHON. – Il étouffe ses proies en les encerclant dans ses anneaux. Il peut peser 100 kg et mesurer 10 m.

Q

Q. I., quotient intellectuel. On l'obtient par un ensemble de tests permettant de déterminer le degré d'efficience intellectuelle des individus. 100 est considéré comme un Q.I. moyen. À partir de 130, le Q.I. est considéré comme exceptionnel.

QUAI DES ORFÈVRES (1947), film français d'Henri-Georges Clouzot avec Louis Jouvet, Bernard Blier, Charles Dullin, etc.

QUANTAS AIRWAYS. – Compagnie aérienne qui compte 26 appareils et assure le transport de 2,9 millions de voyageurs par an. Son emblème est un koala.

QUARANTIÈME RUGISSANTS. – C'est également le titre d'un film produit et interprété par Jacques Perrin, dénigré par la critique, et boudé par le public.

QUARTERON. – Le 20 avril 1959 éclate à Alger un putsch militaire dont faisaient partie Salan, Jouhaud, Challe et Zeller. À la télévision, le général de Gaulle stigmatise les insurgés dans un discours resté célèbre : « *Un pouvoir insurrectionnel s'est établi en Algérie par un soulèvement militaire. Ce pouvoir a l'apparence d'un quarteron de généraux en retraite.* »

QUASAR. – Les quasars ont été découverts en 1960, environ 1 000 ont été depuis répertoriés.

QUASIMODO, personnage de *Notre-Dame de Paris* (1831), roman historique de Victor Hugo (1802-1885) dont l'action se passe sous le règne de Louis XI.

QUATUOR. – Il devrait être précisé, dans cette question, quatuor à cordes. En effet, le quatuor vocal est, quant à lui, composé d'une soprano, d'un alto, d'un ténor, et d'une basse.

QUE LA FÊTE COMMENCE (1975), film français de Bertrand Tavernier (né à Lyon en 1941), également auteur de *Le juge et l'assassin* et de *L'horloger de Saint-Paul.*

QUEEN ELIZABETH. – Il fut construit en 1940. Tonnage brut : 83 673 t, longueur : 314,25 m, largeur 35,97 m, puissance 160 000 ch. Il fut retiré de la circulation en 1968 et mis à quai à Miami (Floride).

QUENTIN DURWARD, roman de l'écrivain britannique Walter Scott (1771-1832), paru en 1823, dans lequel se voit vivement caricaturé Louis XI.

QUICHOTTE (Don), voir **CERVANTÈS**

QUINN (Anthony) (1915-), acteur américain né à Chihuahua, au Mexique. Il obtient la notoriété en 1952, grâce à *Viva Zapata!,* d'Elia Kazan. Il a à son actif plus d'une centaine de films.

QUISLING (Vidkun) (1887-1945), homme politique norvégien exécuté à Oslo, à la libération de son pays. Il était devenu chef du gouvernement en février 1942, à la tête d'un parti pronazi appelé « Rassemblement national ».

QUITO. – Fondée par diverses tribus, vers l'an 1000, dans les Andes à 2 850 m d'altitude, elle compte aujourd'hui 810 000 habitants, ce qui fait d'elle la deuxième ville du pays après Guayaquil (1,1 million d'habitants). Elle acquiert son statut en même temps que son pays l'indépendance, en 1830.

QUO VADIS?, roman de l'écrivain polonais Henryk Sienkiewicz (1846-1916), publié en 1896, dont l'action se déroule à Rome à l'époque des persécutions exercées par Néron sur les chrétiens.

QUMRÂM. – Par hasard, en 1947, un berger découvre dans des grottes au bord de la mer Morte des rouleaux manuscrits qui, une fois traduits, se révèlent d'une grande importance historique. Voir **MORTE (manuscrits de la mer).**

R

RÂ ou RÊ, dieu solaire des anciens Égyptiens, figuré par un homme coiffé d'un disque lumineux.

RABAT. – À l'embouchure du Bou Regreg, sur l'Atlantique, c'est, avec ses 550 000 habitants, la deuxième ville du Maroc. Elle a été fondée en 1150 par le sultan Abd al-Mu'min. C'est le maréchal de France Louis Hubert Lyautey (1854-1934) qui lui octroya son statut actuel.

RABELAIS (François) (1494-1553), écrivain français né près de Chinon et mort à Paris. Rabelais est moine et sera, avant 1521, ordonné prêtre. Il fait ses études de médecine avant d'exercer à Lyon et à Montpellier. Œuvres : *Les faits et dits héroïques du grand Pantagruel* (1532), *La vie inestimable de Gargantua* (1534), l'histoire de Pantagruel se continue dans *Le Tiers livre* (1546), le *Quart livre* (1548), *le Quint livre* (1562-64) ne lui étant dû qu'en partie.

RABIER (Benjamin) (1869-1939), dessinateur et conteur humoriste français. Il a composé de nombreux livres pour les enfants (séries des *Gédéon*, *Crétinot*, etc.), et illustré les *Fables* de La Fontaine. Il est, à l'heure actuelle, fort injustement ignoré du grand public. Son retour en grâce ne fait pourtant aucun doute. Mais pour quand ?

RACING CLUB DE FRANCE. – Il fut fondé en 1882 sur l'initiative de 48 élèves du lycée Condorcet; il compte à ce jour 20 000 membres et 2 piscines de 25 m (9 lignes d'eau).

RADIGUET (Raymond) (1903-1923), écrivain français né à Saint-Maur-des-Fossés. *Le diable au corps* date de 1923. *Le bal du comte d'Orgel*, œuvre posthume, fut publié en 1924.

RADIO-PARIS. – De 1940 à 1944, la radio française en territoire occupé par les Allemands était contrôlée et censurée par eux. Les émissions en langue française de la B.B.C., interdites d'écoute en France et brouillées, accusaient Radio-Paris de mentir.

RAGING BULL (1980), film américain de Martin Scorcese avec Robert De Niro dans le rôle de Jake La Motta.

RAGLAN (James Henry, lord) (1788-1855), maréchal anglais, né à

Badminton et mort du choléra à Sébastopol. Il a laissé son nom à un vêtement.

RAGONDIN, mammifère rongeur de 50 cm de long environ, estimé pour sa fourrure. Bon nageur, il vit à proximité des étangs. Muni de puissantes incisives, il est très dangereux pour les chiens et les chasseurs l'exterminent, même passés les trois coups de trompe.

RAINIER III DE MONACO ET LE CIRQUE. – Le prince Rainier III est un descendant de Rainier Ier Grimaldi, amiral de France, seigneur de Cagnes (1267-1314). Or, le premier clown de scène (mais non pas de cirque) fut Giuseppe Grimaldi (1717-1788), au demeurant sans lien de parenté avec la famille princière.

RAINS (Claude) (1889-1967), acteur américain d'origine britannique né à Londres. Il prête sa voix à *L'homme invisible*, de James Whale, en 1933, une voix inimitable, complexe, qui sait être douce ou sévère, et ajoute à cet acteur l'aura qui lui permettra d'exercer, à travers chacun de ses rôles, toujours secondaires, cette emprise nonchalante sur le spectateur, qui confine souvent à la fascination, et lui permet presque de voler parfois la vedette à ceux ou celles qu'il est censé seconder.

RAIS ou RETZ (Gilles de) (1400-1440), compagnon d'armes de Jeanne d'Arc, nommé maréchal de France par Charles VII en 1429. Il se retire dans ses terres en 1435 et s'adonne à la magie noire et à la pédérastie, débauchant alors et tuant plusieurs centaines d'enfants. Il est condamné au cours d'un procès fameux, puis exécuté. Ce personnage historique inspira probablement Perrault pour la rédaction de son conte *Barbe-Bleue*, à moins que ce dernier ne l'ait été par le roi Komor, figure folklorique de la légende bretonne.

RAMATUELLE, petit village du Var de 1 700 habitants.

RAME. – Terme appartenant notamment au vocabulaire des imprimeurs. Ceux-ci achètent en effet leur papier par rames (1 rame = 500 feuilles). Il y a vingt mains (1 main = 25 feuilles) dans une rame.

RAMSÈS II (1301-1235 av. J.C.). – C'est l'un des plus grands pharaons d'Égypte. Il fit la guerre en Syrie et s'allia avec les Hittites. Il épousa Néfertari, fille de leur souverain, après avoir été leur ennemi.

RANTANPLAN, protagoniste de quelques albums de la célèbre série des aventures de Lucky Luke. Voir **LUCKY LUKE.**

RAP (de l'anglais *rap*, taper en sacades), style musical originaire des États-Unis, très rythmique.

RAPHAËL (Raffaello Santi ou Sanzio, dit) (1483-1520), peintre de l'école romaine, né à Urbino, qui collabora notamment à la décoration du Vatican.

RASOIR ÉLECTRIQUE. – Il a été inventé aux États-Unis en 1931.

RASPOUTINE (Grigori Iefimovitch Novykh, dit) (1872-1916). – Assassiné par trois dignitaires de la cour impériale russe, dont le prince Youssoupoff, à Pétrograd, Raspoutine était un moine débauché et illettré qui dut son influence sur Nicolas II à ses dons de guérisseur, car il avait guéri l'un des fils de la tsarine, qui était hémophile.

RASTAFARI. – En 1930, le ras Tafari Makonen monte sur le trône d'Éthiopie sous le nom d'Haïlé Sélassié, réincarnation de Dieu et rédempteur du peuple noir. Il sert de modèle au mouvement rasfatariste, qui rassemble les Noirs de la Jamaïque qui rêvent du retour en Afrique. Voir **HAÏLÉ SÉLASSIÉ.**

RATAFIA, mélange liquoreux de marc et de jus de raisin, d'origine créole.

RAVEL (Maurice) (1875-1937), compositeur français. Quelques œuvres : *Jeux d'eau* (1901), *Gaspard de la nuit* (1908), *Schéhérazade* (1903), *L'enfant et les sortilèges* (1920-1925), *La Valse* (1919-1920), deux concertos pour piano, dont celui *pour la main gauche*, une orchestration des *Tableaux d'une exposition* de Modeste Moussorgski. Son *Boléro*, musique de ballet composée sur une basse rythmique obstinée, qui se déroule sur un thème de 16 mesures répété 18 fois avec, pour seules variations, une orchestration à chaque fois différente, a été créé à l'opéra de Paris en 1928. Le boléro est en effet une veste courte s'arrêtant à la taille, mais aussi une danse et un air à danser espagnols de la fin du XVIIIe siècle, auxquels Ravel emprunta donc le rythme de son œuvre homonyme.

RAVISSANTE IDIOTE (Une), film français réalisé par Édouard Molinaro en 1964, avec Brigitte Bardot et Anthony Perkins.

RAZ (pointe du), pointe terminale de la presqu'île du cap Sizun, en Bretagne, dans le Finistère (du latin *finis terrae*, extrémité de la terre). Cette presqu'île est le site d'une importante réserve ornithologique.

REAGAN (Ronald) (1911-), président, républicain, des USA depuis 1980. En tant qu'acteur, sa carrière est loin d'avoir été aussi glorieuse. Il a surtout participé à des westerns et n'est pour ainsi dire jamais parvenu à interpréter d'autres rôles que ceux de faire-valoir, aussi a-t-il finalement abandonné le cinéma, en 1964.

REBECCA (1940), film américain d'Alfred Hitchcock avec Laurence Olivier et Joan Fontaine.

REBILLARD (Daniel), coureur cycliste français, champion olympique en 1968 de l'épreuve de poursuite individuelle (400 m), en 4 mn 41 s 71.

REBLOCHON, fromage de vache de Haute-Savoie (Thônes). Meilleure époque : de juillet à novembre. Parmi les principaux producteurs, on peut citer la famille Bibolet, installée au Glapigny, au-dessus de Thônes. Tous les ans, au mois de mai, leur troupeau gravit les pentes qui mènent aux alpages du plateau de Beauregard, toutes cloches dehors !

RÉCAMIER (Jeanne Françoise Julie Adélaïde Bernard, madame) (1777-1849), amie de madame de Staël et de Chateaubriand, qui tint sous la Restauration, à l'Abbaye-aux-Bois, un salon célèbre.

RECHERCHE DU TEMPS PERDU (À la), voir **PROUST**

REDFORD (Charles Robert Redfort Jr, dit Robert) (1937-), acteur américain révélé au grand public par son ami

Sydney Pollack, dans *Propriété interdite*, en 1966; avec le même Sydney Pollack, il tourna, en 1972, ce qui sans doute reste pour l'instant son plus beau rôle, *Jeremiah Johnson*. Il se consacre également à la réalisation.

REED (Carol) (1906-1976), cinéaste anglais né et mort à Londres. *Le troisième homme* (1949), avec Joseph Cotten et Trevor Howard, et où Orson Welles fait une prestation ambiguë et presque fantomatique, restera son principal titre de gloire. À noter que A. Karas, auteur de la musique du film, obtint à ce titre un oscar.

RÉFÉRENDUM. – Depuis les événements de 1968, le général de Gaulle ne se sentait plus porté par l'ensemble des Français. Le 27 avril 1969, le faible pourcentage d'approbation (47 %) obtenu au référendum et son âge (79 ans) amènent de Gaulle à cesser ses fonctions de président de la République le jour même, à midi. Georges Pompidou lui succédera.

RÉFORME, mouvement de contestation de l'autorité du pape. Né au XVIe siècle sous Martin Luther, en Allemagne, relayé par Calvin, il s'étendit rapidement à toute l'Europe, y compris l'Angleterre (réforme anglicane).

RÉGENT, diamant blanc de 410 carats découvert dans une mine indienne, au XVIIIe siècle, par un esclave. Il fut serti, en 1804, dans le pommeau de l'épée du sacre de Napoléon.

REGGAE, musique et danse d'origine jamaïcaine.

REGGIANI (Serge) (1922-), chanteur et acteur français né en Italie. Quelques-uns de ses films : *Casque d'or* (Jacques Becker, 1952), *Le doulos* (Jean-Pierre Melville, 1962), *Le guépard* (Luchino Visconti, 1963), *Vincent, François, Paul et les autres* (Sautet, 1974); *Le chat et la souris* (Lelouch, 1975), etc.

RÉGIME DES COLONELS. – Le putsch militaire grec du 21 avril 1967, qui soutient le roi Constantin II, met fin à 2 ans de difficultés. Mais quand le roi veut reprendre le pouvoir il échoue et doit s'exiler. Le régime des colonels, avec à sa tête Gheorghios Papadhopoulos, est de plus en plus dictatoral. En 1973 la monarchie est abolie et la république proclamée.

RÈGLE DU JEU (La), voir **RENOIR (Jean)**

RÈGNES NATURELS. – Chacun de ces règnes se divise en embranchements. L'expression *règne minéral* est tombée en désuétude.

REICH, nom de l'État allemand à certaines périodes : 1er Reich : Saint Empire romain germanique; 2e Reich : après la guerre de 1870; 3e Reich : régime hitlérien (1933-1945).

REIMS. – La tradition du sacre des rois de France se dessine dès 496, avec le baptême de Clovis par l'évêque saint Rémi, mais ne devient systématique qu'à partir d'Hugues Capet, en 987.

REJONEADOR, matador à cheval. Sa monture, au contraire de celle du picador, ne bénéficie d'aucune protection.

REMBRANDT (Rembrandt Harmensz Van Rijn, dit) (1606-1669), peintre et graveur hollandais né à Leyde. Il use dans ses toiles de puissants effets d'éclairage, auxquels la couleur est finalement subordonnée, parmi lesquels le fameux « clair-obscur », cher à l'école hollandaise. Outre ses autoportraits, citons sa *Leçon d'anatomie du professeur Tulp* (1632), *La ronde de nuit* (1642), etc.

REMUS ET ROMULUS. – Dans la mythologie romaine, considéré comme fondateur et premier roi de Rome, Romulus, avec son frère jumeau Remus (tous deux élevés par une louve, qui les avait allaités), trace l'enceinte de la ville en creusant un sillon (753 av. J.-C.). Romulus tuera son frère au cours d'une querelle, puis disparaîtra lui-même, mystérieusement, lors d'un violent orage.

RÉMY (Gilbert Renault, colonel) (1904-1984), chroniqueur français. Outre *Le Monocle rit jaune*, roman d'espionnage, il est également l'auteur des *Mémoires d'un agent secret* (1946). Le personnage du Monocle a été adapté au cinéma par le cinéaste français Georges Lautner (né en 1926), au début des années 60, dans plusieurs films, avec Paul Meurisse (1912-1979) pour interprète.

RÊNAL (madame de), voir **SOREL (Julien)**

RENARD (Charles) (1847-1905), officier et ingénieur militaire français, également constructeur du premier ballon dirigeable réalisant un parcours en circuit fermé (1884).

RENARD DU DÉSERT (Le), surnom donné au maréchal Erwin Rommel. Mais le film dans lequel James Mason campe le personnage de Rommel s'appelle *Les rats du désert* et est signé Robert Wise (1953).

RENARD ET LES RAISINS (Le), fable de La Fontaine, onzième du Livre III. Elle est très courte, la voici : « *Certain renard gascon, d'autres disent normand, / Mourant presque de faim, vit au haut d'une treille / Des raisins mûrs apparemment / Et couverts d'une peau vermeille. / Le galant en eût fait volontiers un repas; / Mais comme il n'y pouvait atteindre : / " Ils sont trop verts, dit-il, et bons pour des goujats. " / Fit-il pas mieux que de se plaindre ?* » Voir **LA FONTAINE.**

RENAUD (Jacqueline Gasté, née Enté, dite Line) (1928-), actrice et chanteuse française. Sa chanson *Ma cabane au Canada* sortit juste avant son départ pour Las Vegas, en 1951, et figura parmi les plus grosses ventes de l'époque.

RENAULT, fabrique d'automobiles créée par Louis Renault, industriel français né et mort à Paris (1877-1944). Installée à Boulogne-Billancourt avant même la guerre de 1914-1918, l'usine y a toujours son siège. Après la guerre de 1939-1945, les usines Renault furent nationalisées.

RENCONTRES DU TROISIÈME TYPE (1977), film américain de Steven Spielberg avec, outre François Truffaut, Richard Dreyfus.

RENIFLEUR (Avion), avion censé trouver des gisements de pétrole car il est muni d'un appareil qui permet de détecter la présence d'hydrocarbures gazeux.

RENOIR (Jean) (1894-1979), cinéaste français, fils du peintre Auguste Renoir né à Paris. Il s'imposa d'abord comme un des représentants les plus brillants du naturalisme poétique, puis ouvrit les voies du néo-réalisme. Ses principaux films sont : *Boudu sauvé des eaux* (1932), *La grande illusion* (1937), *La règle du jeu* (1939) (dans lequel Jean Renoir apparaît lui-même comme comédien), *French Cancan* (1955), *Le caporal épinglé* (1962), et de nombreuses autres œuvres, pour la plupart aussi importantes que celles citées ici.

RENOIR (Pierre Auguste) (1841-1919), peintre français, né à Limoges, d'inspiration impressionniste. Quelques œuvres : *Le moulin de la galette*, *La balançoire* (1876), *Les grandes baigneuses* (1884-87), etc. C'est le père de Jean Renoir, le cinéaste.

RÉPUBLIQUE FRANÇAISE (première). – La royauté est abolie par un décret de la Convention le 21 septembre 1792. La République est proclamée le 7 février 1799 par un plébiscite ratifiant la constitution du 15 décembre 1799. Le Consulat dure jusqu'au 18 mai 1804, date à laquelle le Premier Consul, Napoléon Bonaparte, est désigné empereur des Français.

RÉPUBLIQUE FRANÇAISE (deuxième). – Décrétée, après la monarchie de Juillet, par la constitution du 4 novembre 1848, c'est la première qui introduise la charge de président de la République. Le 7 novembre 1852, l'Empire sera rétabli (Napoléon III).

RÉPUBLIQUE (cinquième). – C'est le retour du général de Gaulle au pouvoir, le 1er juin 1958, qui marque le début de ce régime. Le référendum du 28 septembre approuve la Constitution de 1958, et, le 21 décembre, de Gaulle est élu président de la République.

RESTAURATION. – En 1814, le comte de Provence, reconnu roi sous le nom de Louis XVIII, restaure les Bourbons sur le trône de France sans toucher à l'essentiel des acquis de la Révolution. En se mettant ainsi à dos l'opinion libérale il facilite le retour de Napoléon (Cent-jours : mars-juin 1815).

RESTAURATION (seconde). – Une semaine après le départ de Napoléon pour Sainte-Hélène, le 8 juillet 1815, Louis XVIII revient à Paris pour rétablir la royauté. Il meurt le 16 septembre 1824, laissant la place à son frère Charles X. Ce dernier tente de rétablir l'Ancien Régime et ses excès. Après les Trois Glorieuses, 27-28-29 juillet 1830, les émeutiers déposent le roi, qui doit abdiquer le 1er août 1830 et s'exiler.

RETHONDES, commune de l'Oise sur l'Aisne. Les armistices des guerres de 1914-1918 et de 1939-1940 furent signés dans une clairière de la forêt de Compiègne peu éloignée de cette commune, respectivement le 11 novembre 1918 et le 22 juin 1940.

REUTER. – Elle est exactement au 85, Fleet Street. Elle a été fondée en 1851 par l'Allemand Paul-Julius Reuter, ancien associé de Havas. Ses services généraux sont actuellement distribués en cinq langues dans 158 pays.

RÉVOLTÉS DU BOUNTY (Les). – Charles Laughton interpréta le rôle du terrible capitaine Bligh en 1935, dans un film de Frank Lloyd, aux côtés de Clark Gable. Trevor Howard fit de même en 1962, dans un film de Milestone, aux côtés de Marlon Brando.

RÉVOLUTION RUSSE DE 1917, mouvement révolutionnaire qui provoque la chute du tsar et se termine par la prise du pouvoir par les bolcheviks. Cette révolution est appelée Révolution d'octobre car ce sont les 24 et 25 octobre que les révolutionnaires occupent les bâtiments officiels. Le Palais d'hiver, siège du gouvernement, est pris le 26 octobre.

REYKJAVIK, principal port au sud-ouest de l'Islande. Ses fameuses sources ont une température moyenne de 75 °C.

REYNOLDS et FISHER (Mary Frances, dite Debbie, née en 1932) **(Eddie,** né en 1928). – Elle, comédienne américaine (*Chantons sous la pluie*, notamment, en 1952) et lui, chanteur américain, s'épousèrent en 1955, puis divorcèrent en 1959, après avoir eu ensemble une fille, Carrie Fisher, qui tourna dans *La guerre des étoiles* (1977), de George Lucas, puis dans *L'Empire contre-attaque* (1980), de Kerschner, auquel participa Lucas et *dans Le retour du Jedi* (1983), de Marquant, auquel participa encore Lucas.

R.F.P., régie française de publicité, créée le 31 janvier 1969 pour assurer le contrôle des annonces publicitaires diffusées sur les différentes antennes.

RHIN (du gaulois *renos,* fleuve). – Le Rhin prend sa source à Reichenau, dans les Alpes suisses, et se jette dans la mer du Nord au-delà de Rotterdam, après 1 320 km, dont 161 servent de frontière entre l'Allemagne et la France.

RHIN (Internationalisation du). – Le principe en fut adopté (en même temps que pour la Moselle) aux traités de Paris (1814) et de Vienne (1815). Mais la libre navigation sur le Rhin, depuis Bâle jusqu'à la mer, ne fut effectivement codifiée que le 17 octobre 1868, à Mannheim.

RHINOCÉROS. – Le rhinocéros d'Inde n'a qu'une seule corne (sauf en Indonésie, où il existe un petit bicorne), à la différence du rhinocéros d'Afrique qui a deux cornes, dont l'antérieure peut atteindre 2 m de long.

RHODÉSIE. – Elle tient son nom de l'homme d'affaires britannique Cecil Rhodes (1853-1902), nom qu'elle garda de 1895 jusqu'en 1980, année de l'indépendance du pays.

RIALTO (pont du). – Construit au XVIe siècle par Antonio da Ponte, il est l'un des plus célèbres du monde.

RICHARD (Cliff), voir **SHADOWS**

RICHARD CŒUR DE LION (1157-1199), fils d'Henri II et d'Aliénor d'Aquitaine. Ce Plantagenêt fut plus français qu'anglais (il ne parlait d'ailleurs pas l'anglais). Roi d'Angleterre en 1189, il participa à la IIIe croisade. Rentré en France, il construisit Château-Gaillard pour protéger la Normandie. Il mourut sans héritier de son union avec Bérangère de Navarre. Il incarne, dans la mémoire populaire, le type du chevalier, noble, brave et hardi.

RICHARD (Marthe), espionne en même temps qu'infatigable défenderesse de la « vertu », elle réussit à faire voter une loi interdisant les lieux de prostitution. Mais la fermeture des maisons closes ne diminua en rien la prostitution. Cette loi est d'ailleurs aujourd'hui contestée.

RICHARD (Pierre) (1934-), acteur comique français né à Paris révélé au grand public en 1970 avec *Le distrait*, film dont il est aussi le réalisateur.

RICHELIEU (Armand Jean du Plessis, cardinal de) (1585-1642), homme d'État français, évêque de Luçon, soutenu par Marie de Médicis, puis chef du Conseil du roi Louis XIII, il s'efforce de soumettre les nobles, s'oppose à la maison d'Autriche et déclare la guerre à l'Espagne. Il obtient la reddition de La Rochelle contre les protestants. À l'intérieur il s'occupe de la politique, de l'économie et de la culture (fondation de l'Académie française en 1635).

RICHELIEU (Louis François Armand de Vignerot du Plessis, duc de) (1696-1788), maréchal de France, petit neveu du cardinal. Libertin, il fut plusieurs fois emprisonné. Il brilla à la bataille de Fontenoy (1745) pendant la guerre de succession d'Autriche.

RICHTER (échelle de), échelle graduée de 1 à 9 permettant de mesurer l'intensité des séismes, établie pour le géophysicien américain Richter (1900-1985).

RICHTHOFEN (Ferdinand, baron von) (1892-1918), aviateur militaire allemand abattu en vol à Vaux-sur-Somme. Il avait lui-même eu jusque-là le temps d'abattre 80 appareils.

RIDE (Sally). – Elle n'est pas la première astronaute, c'est la Soviétique Valentina Terechkova, qui effectua un séjour de 22 jours, 22 heures, 46 minutes dans l'espace, à partir du 16 juin 1963.

RIDEAU DE BAMBOU, équivalent oriental de notre « rideau de fer », instauré depuis 1942 et dont l'abolition a été programmée en 1997.

RIDEAU DE FER, frontière entre les pays « socialistes » d'Europe orientale et les pays « capitalistes » d'Europe occidentale.

RIEFENSTAHL (Helene Bertha Amalie, dite Leni) (1902-), actrice et cinéaste allemande née à Berlin. Elle arriva au cinéma par le biais de la danse. *Les dieux du stade* est composé de deux parties : *Fête des peuples* et *Fête de la beauté*. Ce film lui avait été commandé par le régime hitlérien, duquel elle semble avoir été assez proche. Elle est également l'auteur, en 1935, d'un documentaire sur les premiers rassemblements nazis de Nuremberg : *Le triomphe de la volonté*.

RIEN DE NOUVEAU (À l'Ouest) (1930), film américain de Lewis Milestone adapté du roman pacifiste du même nom d'Erich Maria Remarque. L'une des premières dénonciations à l'écran des horreurs et des absurdités de la guerre, il fit, à sa sortie, une très forte impression sur le public, en raison de son réalisme.

RIGOULOT (Charles) (1903-1962), haltérophile français. Amateur, il souleva, en 1925, 162,5 kg (épaulé-jeté); professionnel, il leva 182,5 kg puis se blessa en tentant 185 kg et dut arrêter la compétition. Il se consacra alors au catch. Il fut champion olympique d'haltérophilie en 1924.

RILKE (Rainer Maria) (1875-1926), poète autrichien né à Prague. Il séjourna longtemps à Paris et fut secrétaire de Rodin. Les *Lettres à un jeune poète*, écrites entre 1903 et 1908, étaient adressées à Franz Xavier Kappus, un jeune homme que Rilke ne connaissait pas et qui lui avait écrit, en lui envoyant des poèmes, pour solliciter ses conseils littéraires. Ces lettres furent publiées pour la première fois en 1929 chez Insel, à Leipzig.

RIMBAUD (Arthur) (1854-1891), poète français né à Charleville et mort à Marseille. Il ne fit pas de carrière littéraire; toute son œuvre a été écrite entre 17 et 20 ans. Les deux premiers vers de son poème *Voyelles*, publié en octobre 1883 dans la revue *Lutèce*, sont : « *A noir, E blanc, I rouge, U vert, O bleu. / Voyelles, je dirai quelque jour vos naissances latentes.* »

RINDT (Jochen) (1942-1970), pilote de course autrichien mort accidentellement lors des essais du grand prix de Monza. Il avait à cette date suffisamment de points pour être sacré champion du monde et n'aurait en fait pas eu besoin de s'engager dans ce grand prix.

RINGO (Guy Bayle, dit) (1947-), chanteur français de variétés. Il fit une carrière éphémère en 1973 avec *Gondoles à Venise*, en compagnie de Sheila que, pour la peine, il épousa, et dont il divorça vite pour se consacrer ensuite à la restauration.

RINK HOCKEY, sport créé en Grande-Bretagne en 1880.

RINTINTIN (1916-1932), chien berger allemand né en Allemagne et mort à Los Angeles. Il rapporta d'importants bénéfices à la firme cinématographique américaine Warner Bros, à partir de 1922. Dans les années 50, une série télévisée américaine, également diffusée en France, emprunta son nom. C'est dans cette série qu'apparaissait Rusty, garçonnet caporal de l'armée régulière nordiste et maître du chien éclaireur Rintintin.

RIO DE JANEIRO (en portugais, fleuve de janvier). – En effet le site de la ville fut découvert le 1er janvier 1502 par André Gonçalves, lequel confondit cette baie avec un estuaire. La ville fut fondée en 1565. Avec 5 millions d'habitants c'est la deuxième ville du pays. Elle abandonna son statut en 1960 au profit de Brasilia.

RISK, jeu de société de simulation stratégique et tactique, primitivement baptisé « La conquête du monde ».

RISOTTO, préparation culinaire italienne composée de riz, de tomate, et de parmesan.

RISS ET WÜRM. – Riss, troisième des grandes glaciations européennes du quaternaire. Würm, quatrième et dernière glaciation alpine de l'ère quaternaire.

RITZ (hôtel), grand hôtel de la place Vendôme, dont le restaurant donne sur un beau jardin intérieur. On peut y passer une nuit pour près de 1 000 F. Celui de Londres se trouve Piccadilly Street.

RIVELINO (Roberto) (1946-), joueur de football brésilien ayant évolué en équipe nationale.

RIVES (Jean-Pierre) (1952-), joueur international de rugby français surnommé « Casque d'or » à cause de son abondante chevelure blonde, capitaine de l'équipe nationale jusqu'en 1984.

RIVIÈRE SANS RETOUR (LA) (1954), film américain d'Otto Preminger, avec Marilyn Monroe et Robert Mitchum.

RIYÂD ou RIAD. – Elle a 1 million d'habitants et doit son statut actuel à sa reconquête par Abd al-Aziz III ibn Saud en 1902 sur les Ottomans et les Égyptiens.

ROBERT (Yves) (1920-), acteur, réalisateur et producteur français né à Saumur. Son film *Un éléphant, ça trompe énormément* date de 1976 et sera suivi, en 1978, de *Nous irons tous au paradis*.

ROBESPIERRE (Maximilien de) (1758-1794), personnage austère que ses vertus et son intégrité ont fait surnommer l'Incorruptible. Instaurant un pouvoir dictatorial basé sur la terreur, la vertu, et le culte de l'Être suprême, il est l'un des personnages clés de la Révolution française. Le 9 thermidor II il est arrêté. Il est guillotiné le 28 juillet 1794.

ROBIN DES BOIS, héros légendaire du Moyen Âge anglais, symbole de la résistance des Saxons face aux envahisseurs normands. En anglais, il s'appelle Robin Hood.

ROBINSON CRUSOE, voir **VENDREDI**

ROCHEFORT (Jean) (1930-), acteur français né à Paris. Dans *Que la fête commence*, de Bertrand Tavernier, en 1975, il interprète le rôle du cardinal Dubois, qui lui vaut le césar du meilleur second rôle. Deux ans plus tard, il obtient celui du meilleur acteur pour *Le crabe-tambour*, de Pierre Schoendoerffer.

ROCHER DE LA VIERGE. – Ne pas confondre avec *La Vierge aux rochers*, le tableau que Léonard de Vinci peignit en 1482-83 et dont il existe deux versions, l'une au Louvre, l'autre à la National Gallery, à Londres.

ROCKER, chanteur de rock-and-roll (de l'anglais *to rock*, balancer, et *to roll*, rouler) ou amateur « fanatique » de cette musique, apparue en 1955, dans laquelle la priorité est donnée au rythme.

ROCROI. – Le Grand Condé et sa cavalerie écrasèrent l'infanterie espagnole à Rocroi, les 18 et 19 mai 1643. Cela se passait à la dernière époque de la guerre de Trente Ans. Voir **TRENTE ANS.**

RODÉO (de l'espagnol), fête jadis donnée en Amérique à l'occasion du marquage des bêtes. C'est devenu un sport consistant à maîtriser, en les montant, un cheval ou un taureau sauvage.

ROHMER (Jean-Marie Maurice Schérer, dit Éric) (1920-), cinéaste français né à Nancy. Son premier grand succès public est assez tardif, et a lieu avec *Ma nuit chez Maud*, en 1969. Rohmer avait auparavant été critique de cinéma, notamment rédacteur en chef des *Cahiers du cinéma*. *L'Amour l'après-midi* (1972) est le sixième et dernier de ses *Contes moraux*. Il a maintenant entrepris, depuis 1980, une autre suite cinématographique, intitulée *Comédies et proverbes,* avec, entre autres, *Le beau mariage* (1982) et *Les nuits de la pleine lune* (1984).

ROIS MAGES, dans la tradition chrétienne, personnages qui, guidés par une étoile (l'Étoile du berger, ou Vénus), vinrent jusqu'à Bethléem adorer Jésus à sa naissance. Leurs noms étaient Melchior, Gaspard, et Balthazar. L'or, la myrrhe, et l'encens, richesses et parfums d'Arabie, symbolisent la royauté (l'or), la divinité (l'encens), et la passion (la myrrhe) du Christ. (Cf. Évangile selon saint Matthieu, 2, 1-12.)

ROLAND, personnage historique qui nous est connu grâce à Eginhard (lettré de l'époque carolingienne, 770-840), qui relate qu'en 778 le comte de la Marche de Bretagne, Roland, fut tué à Roncevaux. La légende épique (*La chanson de Roland*, début du XIIe siècle) fit de Roland un neveu de Charlemagne et l'idéal du chevalier chrétien. Voir **CHARLEMAGNE.**

ROLLING STONES (en anglais, pierres qui roulent), groupe de rock-and-roll apparu au début des années 60 composé de Mick Jagger (né le 26 juillet 1943), Brian Jones (né en 1944, mort en 1969), Keith Richard (1944-), Mick Taylor (1948-), Charlie Watts (1941-), et Bill Wyman (1941-), tous anglais. Leur concert gratuit à Hyde Park (Londres) eut lieu en juillet 1969.

ROLLMOPS, filet de hareng de la mer Baltique mariné dans du vin blanc, enroulé autour d'un cornichon doux auquel il est maintenu par deux petites brochettes de bois. Certains le trouvent délicieux avec de la crème fraîche et un verre de vodka bien frappée.

ROLLS-ROYCE, marque automobile fondée en 1904 par Henry Royce (1867-1933), ingénieur électricien après avoir été vendeur de journaux, et Charles Stuart Rolls, pilote britannique et distributeur de voitures (il fut le premier homme à se tuer au cours d'un vol à moteur, en 1910). Royce était le constructeur, Rolls le distributeur. 34 modèles furent créés depuis la fondation de la marque et 84 000 véhicules vendus. Leur prix varie de 907 000 à 1,37 million de francs.

ROME. – Implantée, selon la légende, par Romulus, frère de Remus, en 753 av. J.-C., la capitale de l'Italie compte aujourd'hui 2,9 millions d'habitants. Son aéroport draîne chaque année 14 millions de passagers, et l'on met 2 h en avion pour parcourir les 1 100 km qui séparent Rome de Paris.

ROMMEL (Erwin) (1891-1944), maréchal allemand commandant le Q.G. d'Hitler en 1939. Il se distingue en Libye, en Égypte, ce qui le fait surnommer le « Renard du désert », mais il est battu à El Alamein en 1942. En 1944, il commande le front de Normandie. Il est arrêté pour sa sympathie avec les conjurés du 20 juillet et se suicide sur ordre d'Hitler.

ROMULUS ET REMUS, voir **REMUS ET ROMULUS**

RONCALLI (Angelo Giuseppe) (1881-1963), fils d'un modeste paysan, devenu nonce apostolique à Paris et élu pape en 1958 sous le nom de Jean XXIII. Sa simplicité et sa gentillesse l'ont fait surnommer « le pape Bon ». Le concile du Vatican, convoqué par lui, fit faire un grand pas dans le rapprochement entre les chrétiens.

RONET (Maurice) (1927-1983), acteur et cinéaste français. C'est le metteur en scène Louis Malle qui lui fait atteindre le sommet de l'affiche, en 1958 et 1963, avec *Ascenseur pour l'échafaud* et *Le feu follet*. *Raphaël ou le débauché*, de Michel

Deville, fut réalisé en 1971. Son dernier film fut *La balance* (1982). Il a également réalisé, en 1973, *L'île des dragons*, reportage sur les derniers lézards géants des îles de la Sonde.

RONSARD (Pierre de) (1524-1585), poète français auteur des *Odes* (1550-1552), *Amours* (1552-1555), *Hymnes* (1555-1556), *Discours des misères de ce temps* (1562-1563). Son œuvre connaîtra un oubli de deux siècles et ne sera réhabilitée que par Sainte-Beuve (1804-1869), écrivain et critique littéraire. Le vers « *Cueillez dès aujourd'hui les roses de la vie* » est extrait du Livre II des *Sonnets pour Hélène* (*Amours*).

RÖNTGEN (Wilhelm Conrad) (1845-1923), physicien allemand prix Nobel de physique en 1901. Rayons X : radiations électromagnétiques de très courte longueur d'onde. À ne pas confondre avec David Röntgen (1743-1887), ébéniste allemand, inventeur des meubles à secret.

ROOSEVELT (Franklin) (1842-1945), cousin de Théodore (1858-1919), élu quatre fois président des États-Unis de 1932 à sa mort. Neutraliste convaincu, il dut cependant déclarer la guerre au Japon à la suite de l'attaque surprise de la flotte américaine basée à Pearl Harbor le 7 décembre 1941 (pertes US : 8 cuirassés, 3 croiseurs, 3 destroyers, 1 porte-avions, 200 avions; pertes du Japon : 48 avions et 5 petits sous-marins). Ce fut le début de l'internationalisation du conflit. Il est un des créateurs, en 1945, de l'ONU (Organisation des nations unies).

ROQUEFORT, fromage de brebis ensemencé de moisissure, fabriqué non pas à Roquefort dans les Landes, mais à Roquefort-sur-Soulzon dans l'Aveyron.

ROSALIE (César et) (1972), film français de Claude Sautet avec Romy Schneider (Rosalie) et Yves Montand (César).

ROSAY (Françoise Bandy de Nalèche, dite Françoise) (1891-1974), actrice française. Épouse du grand cinéaste Jacques Feyder, elle lui doit la meilleure part de sa carrière. Elle a tourné aussi avec Carné, un temps assistant de Feyder (*Drôle de drame*), et Duvivier (*Un carnet de bal*).

ROSBERG (Keke) (1948-), pilote de course automobile finlandais, champion du monde des conducteurs de formule 1 en 1982.

ROSE (mont), massif alpin entre la Suisse et l'Italie dont le point culminant (la pointe Dufour, 4 633 m) fut gravi pour la première fois en 1872.

ROSEMARY'S BABY, voir **POLANSKI**

ROSENBERG. – Après la dernière guerre Julius et Ethel Rosenberg furent arrêtés et accusés d'espionnage et de livraison de secrets atomiques à l'URSS. Le fait qu'ils étaient juifs déclencha un vaste mouvement d'opinions contradictoires. Condamnés à mort en 1951, ils furent exécutés en 1953.

ROSETTE, ville d'Égypte où fut découvert en 1799 un morceau de basalte portant une inscription en démotique, en grec, et en hiéroglyphes, inscription qui mena Jean-François Champollion

(1790-1832) à déchiffrer les hiéroglyphes égyptiens, en 1824.

ROSI (Francesco) (1922-), cinéaste italien né à Naples. Il obtint le lion d'or au festival de Venise pour *Main basse sur la ville* (1963) et la palme d'or à Cannes pour *L'Affaire Mattei* (1972). *Cadavres exquis,* avec Lino Ventura, date de 1975. Ce titre est emprunté à une formule créée par les surréalistes à la fin des années 20. Son dernier film en date est *Carmen* (1984).

ROSNY (Joseph Henri, dit Rosny aîné) (1856-1940), écrivain français né à Bruxelles mort à Paris. Avec son frère, Séraphin Justin (1859-1948), ils publièrent des romans consacrés à la préhistoire ou à des voyages imaginaires (*Les Xipéhuz,* 1887). *La guerre du feu* date de 1911.

ROSS (Diana) (1944-), chanteuse et actrice américaine, née à Detroit. Elle fut leader du groupe exclusivement féminin les *Supremes* au cours des années 1964-1969. Elle se sépara de ses compagnes pour acquérir un style propre, qu'on peut qualifier de *soul sexy.*

ROSS (John, dit J. R.), héros du feuilleton américain *Dallas.* Voir **DALLAS.**

ROSSI (Constantin, dit Tino) (1907-1983), chanteur populaire français, né à Ajaccio, Corse, et mort à Neuilly-sur-Seine, dont le succès s'étendit sur plus d'un demi-siècle.

ROSSINI (Gioacchino) (1792-1868), compositeur italien né à Pesaro et mort à Paris. *Le Barbier de Séville* date de 1816. Il est également l'auteur de *Guillaume Tell,* (1829) et d'un *Stabat Mater* (1842).

ROTA (Nino) (1911-1979), compositeur italien né à Milan et mort à Rome, auteur de toutes les musiques de films de Federico Fellini depuis 1952. Pour sa musique de *Guerre et Paix,* il a obtenu le *nastro d'argento,* et un oscar pour les *Parrain* de Francis Ford Coppola.

ROTH (Josef) (1894-1939), romancier autrichien. Son roman *La marche de Radetzky* date de 1932.

ROTHSCHILD (Guy de) (1909-), homme d'affaires français, quarantième fortune de France. À la nationalisation de sa banque, il reçut un chèque de 440 millions de francs.

ROTTERDAM. – Au XIIe siècle petit port de pêche hollandais, la ville dut son essor, à partir de la fin du XIXe siècle, à l'aménagement de la *Nieuwe Waterweg* « nouveau chemin d'eau », chenal artificiel.

ROUBLE, unité monétaire de l'U.R.S.S., qui vaut à peu près 10 F.

ROUEN, ancienne capitale de la Normandie, située sur la Seine au nord-ouest de Paris. Évêché dès le IIe siècle, elle possède de très beaux monuments. C'est un grand centre industriel dont l'activité est liée à celle du port maritime et fluvial. Elle compte 110 000 habitants.

ROUGÉ (Jean-Luc) (1949-), judoka français. Champion du monde de la catégorie des mi-lourds en 1975. Il pèse 95 kg pour 1,90 m.

ROUGE (mer). – Sa luminescence est due aux noctiluques (du latin *noctilus,* qui brille la nuit), algues protozoaires dont le diamètre peut ne pas excéder

1 mm. Avec ses 438 000 km², la mer Rouge se place au 12e rang. Elle connaît des températures exceptionnelles, qui s'échelonnent entre 22 °C et 32 °C au mois de juillet. En février 1965, le navire *Atlantis II* a même relevé, à 7 200 pieds de profondeur, une température de 56 °C!

ROUGON-MACQUART, voir **ZOLA**

ROUHER (Eugène) (1814-1884). – Il se met au service de Louis-Napoléon. À son accession au trône, sous le nom de Napoléon, c'est Rouher qui rédige la constitution de 1852 en tant que ministre de la Justice. Il devient président du Sénat tout en restant chef du parti bonapartiste.

ROULETABILLE, voir **LEROUX**

ROULETTE. – 35 fois sa mise, en jouant 1 seul numéro. 2 numéro à cheval : 17 fois sa mise. 4 numéros : 8 fois. 3 numéros en transversale : 11 fois. 6 numéros en sixain : 5 fois. 12 numéros en colonne : 2 fois. Pair, impaire, rouge, noir, manque, passe : 1 fois.

ROULETTE AMÉRICAINE. – Elle comporte 36 numéros et 2 zéros et est moins « rentable » que la roulette.

ROUSSEAU (Henri, dit le douanier) (1844-1910), peintre français, né à Laval. Son œuvre sera louée par les surréalistes, sur lesquels elle exercera une grande influence.

ROUSSEAU (Jean-Jacques) (1712-1778), écrivain français né à Genève et mort à Ermenonville. Ses cendres ont été transférées au Panthéon en 1794. Œuvres : *Le verger des Charmettes* (1739), *Dissertation sur la musique moderne* (1743), *Les muses galantes,* opéra (1744), *Discours sur les sciences et les arts* (1750), *Le devin du village,* opéra comique (1752), *Narcisse,* comédie (1752), article « Économie politique » pour l'*Encyclopédie* (1753), *Discours sur l'origine et les fondements de l'inégalité parmi les hommes* (1755), *Lettre sur la providence* (1756), *Lettre à d'Alembert sur les spectacles* (1758), *Julie ou la nouvelle Héloïse* (1761), *Du contrat social* et *Émile* (1762), *Lettres écrites de la montagne* (1764), *Lettres à monsieur Buttafuoco sur la législation de la Corse* (1765), *Dictionnaire de musique* (1767), *Considérations sur le gouvernement de Pologne* (1772), *Rêveries du promeneur solitaire* (1782), *Confessions* (1782-89), *Dialogues ou Rousseau juge de Jean-Jacques* (1789). (Les dates des œuvres sont celles de leur publication.)

ROUTE DU RHUM. – Créée en 1978, elle se court tous les quatre ans, sur une distance de 7 200 km, de Saint-Malo à Pointe-à-Pitre. Le vainqueur de 1978 fut Michel Brick; en 1982 ce fut Marc Pajot; en 1986, Philippe Poupon.

ROUTE TRANSAMAZONIENNE. – Il y a en réalité deux routes, destinées à contribuer à la mise en valeur, notamment, du sous-sol de la région, au risque de vouer à la destruction totale les civilisations indiennes qui, aujourd'hui encore, y trouvent asile et rendent d'ailleurs la fréquentation de ces deux routes dangereuse (juste retour de manivelle...).

ROYAL ASCOT, épreuve hippique britannique créée en 1807; c'est une course plate disputée sur 4 000 m réservée aux chevaux âgés de 3 ans et plus et dotée d'une coupe d'une valeur de 750 livres, et d'un prix de 60 000 livres.

ROYAL OPERA HOUSE. – Son directeur est sir John Tooley, et son directeur musical Colin Davis jusqu'en 1988, puis Bernard Haitink (ancien chef du Concertgebouw d'Amsterdam).

R.P.F. (Rassemblement du peuple français). – Le R.P.F., créé à l'issue de la deuxième guerre mondiale par le général de Gaulle, rassemblait les compagnons fidèles de Londres. Son premier chef fut Georges Bidault. Des discussions internes firent progressivement éclater le parti.

R.P.R. (Rassemblement pour la République), formation politique créée en 1976 par Jacques Chirac pour succéder au mouvement gaulliste. En 1978, il participe largement à la victoire de la majorité. Après 1981, il joue un rôle important dans l'opposition et aide les partis de droite à reprendre la majorité en 1986, resserrant des liens qui s'étaient relâchés en 1981. Chirac et Giscard tombent d'accord, en 1988, pour aller unis à la bataille des législatives anticipées, sous le sigle U.R.C. (Union du rassemblement et du centre).

RUBENS (Pierre Paul) (1577-1640), peintre et diplomate flamand né à Siegen. Hormis ses œuvres réalisées pour Marie de Médicis (galerie du Luxembourg, transférée au Louvre), il travailla pour Charles Ier d'Angleterre et pour Philippe IV d'Espagne, pour les Gonzague et pour l'archiduc Albert.

RUBICON, voir **ALEA JACTA EST,** voir **CÉSAR**

RUBIK'S CUBE (CUBE DE RUBIK), casse-tête, inventé par le Hongrois Ernö Rubik, formé d'un cube comprenant sur chacune de ses faces six couleurs différentes elles-mêmes formées par de petits cubes mobiles.

RUCHE. – La reine est la seule abeille femelle tout à fait développée. Sa larve est nourrie jusqu'à la naissance avec de la gelée royale. Elle a une longévité de plus de 5 ans. C'est elle qui pond les œufs (fécondés ou non). Les ouvrières (qui ont une longévité de quelques jours à quelques mois) produisent la gelée royale, fabriquent les rayons de cire, veillent à l'entretien de la ruche, récoltent nectar et pollen. Les mâles, appelés faux bourdons, sont chassés de la ruche à la fin du printemps ou en cas de disette.

RUDE (François) (1784-1855), sculpteur français. Son haut-relief *La Marseillaise* fut exécuté entre 1833 et 1835.

RUDOLPH (Wilma) (1940-), athlète américaine spécialiste des 100 m et 200 m, championne olympique de ces deux disciplines à Rome, en 1960, respectivement en 11 s et 24 s.

RUGBY. – En novembre 1823, William Webb Ellis, lors d'un match de football à l'école de Rugby (Grande-Bretagne), s'empare du ballon à la main et crée ainsi un nouveau jeu. Le ballon de rugby est ovale. Il y a 2 équipes de 15 joueurs (1 talonneur, 2 piliers de mêlée, 2 deuxième-ligne, 3 troisième-ligne, 1 demi de mêlée, 1 demi d'ouverture, 2 trois-quarts-centre, 2 trois-quarts-aile, 1 arrière). Le terrain fait 100 m × 68,57 m. La barre horizontale du but est à 3 m du sol, les montants des buts distants de 5,65 m. La partie se joue en

2 mi-temps de 40 mn, avec une pause de 5 mn entre les deux (sans retour aux vestiaires). Points : essai : 4 pts, transformation d'un essai : 2 pts, pénalité ou *drop* : 3 pts. Fautes : en avant, tenu, hors-jeu, obstruction, jeu brutal, mauvaises introductions en touche et en mêlée. Emblèmes de quelques équipes : France : coq, Galles : 3 plumes d'autruche (et non poireau, qui est l'emblème national du Pays de Galles), Écosse : chardon, Angleterre : rose, Irlande : trèfle, All Blacks : fougère argentée, Springboks : springbok (une sorte d'antilope), Wallabies : wallaby (proche du kangourou). Il existe également le rugby à 13, dont les règles diffèrent de celles du précédent. Terrains de rugby : Arms Park (Pays de Galles), Eden Park (Nouvelle-Zélande), Ellis Park (Afrique du Sud), Lansdonne Road (Irlande), Murrayfield (Écosse), Twickenham (Angleterre), Parc des Princes (France). Béziers a remporté le championnat de France en 1961, 1971, 1972, 1974, 1975, 1977, 1978, 1980, 1981, 1983, 1984.

RUINART PÈRE ET FILS, producteurs de Champagne, maison fondée en 1729 et qui existe toujours.

RUMBA, danse essentiellement pratiquée à Cuba, mais d'origine africaine.

RUMINATION, voir **BONNET**

RURIK. – Au IXe siècle, Rurik est le premier prince de Novgorod, l'une des nombreuses villes gardées par les Slaves Polians, lors de leur conquête de l'Ukraine, du Ve au VIIIe siècle. Rurik donnera son nom (*Rurikia*) au pays (*Russie*).

RUSHMORE (mont). – Il est dans le massif des Montagnes-Noires, dans l'État du Dakota à l'est des Montagnes-Rocheuses. Les statues, d'une hauteur de près de 20 m, y ont été sculptées par Gutzon Borglum entre 1927 et 1941.

RUSSEL (Ernestine Jane Geraldine Russel, dite Jane) (1921-), actrice américaine. *Les hommes préfèrent les blondes* (1953), de Howard Hawks, avec Marilyn Monroe, est sans doute le film le plus marquant de son éphémère carrière cinématographique.

RUSSELL (Ken) (1927-), cinéaste anglais révélé en 1969, après avoir déjà beaucoup travaillé pour la télévision britannique, par son film *Love*; suivent *Music lovers* (*La symphonie pathétique*, 1971) et *Les diables* (1971). Il cédera ensuite systématiquement à son goût de l'outrance, déjà manifeste dans ses premiers films.

RUSSIER (Gabrielle) (1937-1969), professeur au lycée mixte de Marseille. Devenue, en 1968, la maîtresse d'un de ses élèves âgé de 16 ans, elle est condamnée pour détournement de mineur à 1 an de prison et 500 F d'amende. Le parquet ayant fait appel, elle se suicidera pour ne pas comparaître devant la cour d'appel.

RUSSO-POLONAISE (guerre), guerre qui, en 1920, opposa la Pologne à l'U.R.S.S., causée par l'entrée des Polonais en Ukraine. Au début, les Russes menacent Varsovie, mais une contre-attaque polonaise, aidée d'une mission alliée, sauve la situation et le traité de Riga fixe la frontière de la Pologne et de l'U.R.S.S.

RUTABAGA. – Lors de l'occupation allemande en France (1940-1944), la

Wermacht prélevait sa nourriture sur une France appauvrie en hommes (prisonniers). Les quotas imposés n'avaient pas prévu certaines nourritures réservées aux animaux, parmi lesquelles le rutabaga, ou choux-navet, dont la racine est comestible.

RWANDA ou **RUANDA,** État d'Afrique centrale, d'une superficie de 26 338 km² pour 6,5 millions d'habitants, fondé au XVIIe siècle par Ruganzu Ndori. Sous protectorat allemand, puis belge, il obtient son indépendance en 1962. Sa capitale compte 160 000 habitants.

S

SABA (royaume de), ancien état de l'Arabie du Sud-Ouest, probablement fondé au XIe siècle av. J.-C., et qui connaît dès le VIIIe siècle une brillante civilisation. La visite de la reine de Saba à Salomon est relatée dans la Bible, au premier livre des Rois, 10, 1-13. Voir **SALOMON.**

SABBAGH (Pierre) (1918-), producteur, scénariste, et présentateur français d'émissions télévisées, né en 1918. Le 29 juin 1949, il présente le premier journal télévisé.

SACCHARINE (du latin *saccharum*, sucre). – Néanmoins, cette substance n'entretient aucun rapport chimique avec les vrais sucres, puisqu'elle est un dérivé du toluène, hydrocarbure liquide analogue au benzène.

SADATE (Anouar el-) (1918-1981), homme d'État égyptien. Il participe au coup d'État de 1952 pour détrôner le roi Farouk. Il est ministre d'État, secrétaire général de l'Union socialiste arabe. Nasser le nomme vice-président de la République. En 1970, c'est Sadate qui lui succédera à la présidence. Il se rapprochera des États-Unis et prendra ses distances avec l'U.R.S.S. Il est à l'origine du traité de paix avec Israël (26 mars 1979) auquel de nombreux pays arabes sont hostiles. Il meurt assassiné. Il obtient, avec Menahem Begin, le prix Nobel de la paix en 1978.

SADE (Donatien Alphonse François, marquis de) (1740-1814), écrivain français né à Paris et mort à Charenton. Il commence à écrire ses premiers ouvrages lors de son incarcération à la Bastille (1784-1789), où il avait été enfermé pour ses débauches (flagellations, sodomie, sacrilèges). Quelques œuvres : *Justine ou les malheurs de la vertu* (1791), *La nouvelle Justine, suivie de l'histoire de Juliette sa sœur* (1797), *La Marquise de Gange* (1813), etc. C'est le poète français Guillaume Apollinaire qui le qualifia de « *divin marquis* » dans son recueil de poèmes *Alcools*.

SADOWA, voir **AUSTRO-PRUSIENNE**

SAFRAN, poudre épicée, fabriquée à partir des stigmates d'un crocus, également utilisée comme teinture.

SAGAN (Carl) (1934-), astrophysicien américain né à New York en 1934. Il a publié plusieurs ouvrages de bonne vulgarisation scientifique.

SAGAN (Françoise Quoirez, dite Françoise) (1935-), femme de lettres française née à Cajarc, auteur de romans, de pièces de théâtre, ainsi que de *Mémoires*. *Bonjour, tristesse*, paru en 1954, et qui la révéla au grand public, est son premier roman.

SAGITTAIRE, l'un des douze signes du zodiaque, placé entre le Scorpion et le Capricorne. Le Soleil quitte le Sagittaire au solstice d'hiver.

SAHARA. – Avec ses 7,77 millions de km², c'est le plus grand désert du monde.

SAIGON. – Ce nom apparaît en 1675 et désigne alors un village d'immigrants viêtnamiens, la région étant à cette époque sous contrôle cambodgien. Devenue viêtnamienne à part entière en 1698, Saigon sera bientôt capitale de l'unification du Viet-nâm, puis « capitale de la douleur » jusqu'en 1975, année de son nouveau baptême.

SAINT-ARNAUD (Jacques Arnaud, dit Jacques Achille Leroy de) (1798-1854), maréchal de France, ministre de la Guerre de la IIe République. Louis-Napoléon étant président, il prépare le coup d'État de celui-ci, le 2 décembre 1851. C'est le maréchal de Saint-Arnaud qui commandait le corps expéditionnaire français contre les Russes. Il fut victorieux à l'Alma en 1854. Il mourut du choléra.

SAINT-BARTHÉLEMY. – Le 24 août 1572, jour de la Saint-Barthélemy, eut lieu à Paris et en province, sur l'ordre de Charles IX, un massacre général des protestants au cours duquel l'amiral de Coligny et 3 000 réformés furent assassinés.

SAINT-BERNARD, chien réputé pour ses excellentes dispositions à l'assistance et au secours en montagne, souvent représenté avec un petit bidon de rhum autour du cou. Il peut peser jusqu'à 140 kg et tirer une charge de plus de 2 500 kg.

SAINT-CLAUDE, Petite ville du Jura, sur la Bienne (affluent de l'Ain, d'une longueur de 55 km), d'un peu plus de 13 000 habitants. On y fabrique également des matières plastiques.

SAINT-DENIS, ville de 110 000 habitants située au Nord de l'île de la Réunion. La Réunion est département français d'outre mer depuis 1946.

SAINTE-HÉLÈNE (en anglais *Saint Helena Island*). – Dans le Sud de l'Atlantique, d'une superficie de 122 km², cette île britannique vit mourir Napoléon Ier le 5 mai 1821. Il y était retenu depuis 1815.

SAINTE-VICTOIRE, voir **CÉZANNE**

SAINT-ÉTIENNE. – C'est en 1976, que le club parvient en finale de la coupe d'Europe des clubs champions, contre le Bayern de Munich, finale perdue pour Saint-Étienne sur le score de 1-0.

SAINT-EXUPÉRY (Antoine de) (1900-1944), écrivain et aviateur français né à Lyon et disparu lors d'une mission aérienne. Quelques œuvres : *Courrier sud* (1929) *Vol de nuit* (1931), *Terre des hommes* (1939), *Le petit prince* (1943), *Citadelle* (1948), etc.

SAINT-FLOUR, petite ville du Cantal, lieu touristique grâce à son musée de la Haute Auvergne, son château du Val, et sa cathédrale gothique du XIVe siècle. Ses activités principales sont l'hôtellerie et la maroquinerie.

SAINT-GEORGES. – Célèbre notamment pour l'intervention des forces américaines en 1983, à la demande de Ronald Reagan afin de protéger un millier de jeunes ressortissants américains après le coup d'État qui avait vu la mort de Maurice Bishop, premier ministre.

SAINT-GERMAIN-DES-PRÉS. – Fondée en 558 par Childebert Ier, l'abbaye prend son nom au VIIIe siècle, alors que, dès 576, elle avait accueilli la sépulture de saint Germain, évêque de Paris. Détruite par les Normands, elle est reconstruite au XIe siècle. La Révolution n'en laissera que le palais abbatial (beaucoup plus récent) et l'église.

SAINT-GOTHARD, tunnel. À 1 155 m d'altitude, ses 15 000 m de long assurent la liaison entre Bâle, Zürich et Milan. Achevés à la fin du XIXe siècle, les travaux durèrent 10 ans et employèrent 2 500 ouvriers, dont 250 trouvèrent la mort (c'est-à-dire une moyenne de 25 par an!).

SAINTES CHÉRIES (LES), feuilleton télévisé en dix-huit épisodes réalisé en 1967 par Jean Becker, diffusé pour la première fois en janvier 1968 puis repris en 1987, avec Micheline Presle (Ève) et Daniel Gélin (Pierre), scénario de Nicole de Buron, Jean Becker, Robert Scipion et Pierre Sisser.

SAINT-JOHN PERSE (Marie René Auguste Alexis Léger, dit, en diplomatie, Alexis Léger et, en littérature, Alexis Saint-Léger Léger, puis) (1887-1975), diplomate et poète français né à Pointe-à-Pitre, secrétaire d'ambassade à Pékin (1916-1921), directeur du cabinet d'Aristide Briand (1925-1932), secrétaire général du ministère des Affaires étrangères (1933-1940). Quelques œuvres : *Éloges* (1911), *Exil* (1942), *Vents* (1946), *Oiseaux* (1963).

SAINT-JOHN'S, ville de 30 000 habitants sur l'île d'Antigua (280 km^2) dans les Antilles. Elle fut baptisée en 1632, année qui vit la colonisation de l'île par les Anglais.

SAINT-LAURENT, grande voie navigable d'Amérique du Nord, d'une longueur de 3 800 km, dont le trafic annuel est supérieur à 100 millions de tonnes. Il s'écoule directement du lac Ontario.

SAINT-LAURENT (Yves) (1936-), couturier français né à Oran. D'abord successeur de Christian Dior, il dirige ensuite sa propre maison, à partir de 1961. Il est également créateur d'une gamme de parfums (distribués en tant que filiale d'une importante société américaine, Charles of the Ritz, ce qui explique sans doute l'honneur qui lui est fait à New York en 1983).

SAINT-MARTIN (Yves) (1941-), jockey français. Il a gagné, en 1985, 18 644 650 F, en ne comptant que ses gains en course.

SAINT-MORITZ, station de sports d'hiver suisse (1 856-3 300 m). Elle accueille les jeux Olympiques en 1928 et en 1948.

SAINT-PAUL (cathédrale). – Elle fut construite par l'architecte anglais Christopher Wren (1632-1723) entre 1675 et 1709, la construction de plus de 50 églises lui ayant été confiée après l'incendie de 1666. La cathédrale Saint-Paul est notamment frappante par sa coupole.

SAINT-PIERRE DE ROME, basilique pontificale située au Vatican. Construite entre 1492 et 1612, sa superficie au sol est de 15 160 m².

SAINT-PIERRE-ET-MIQUELON, archipel français de l'Atlantique proche de Terre-Neuve. Sa superficie est de 242 km² pour 6 000 habitants. Collectivité territoriale de la République depuis 1985, elle exporte sa principale ressource, chaque année, pour plus de 44 milliards de francs, principalement en direction des U.S.A.

SAINT-SAËNS (Camille) (Paris, 1835-Alger, 1921), compositeur français né à Paris, également pianiste et organiste virtuose. Il compose *Samson et Dalila* en 1877 (oratorio). Sa *Danse macabre* appartient au genre du poème symphonique. Il est l'auteur, entre autres, de 5 concertos, de 5 symphonies, d'un requiem, etc. Il dirige également la publication des œuvres de Jean-Philippe Rameau (1683-1764).

SAINT-SIMON (Louis de Rouvroy, duc de), (Paris, 1675-Paris, 1755), mémorialiste français et pair de France. Il a à peine vingt ans quand il commence à prendre des notes sur tout ce qu'il voit et vit et tient à ce que celles-ci soient publiés au moins un demi-siècle après sa mort. C'est ainsi que la première édition de ses *Mémoires* ne paraît qu'en 1829.

SAINT-SUAIRE, linceul dans lequel le Christ fut enseveli. Des analyses scientifiques ont prouvé, en 1988, que le suaire de Turin date, en fait, du Moyen Âge. L'évêque de Turin a confirmé cette analyse. On ignore toujours, en revanche, le processus par lequel l'image s'est imprimée sur le tissu.

SAKÉ, boisson alcoolisée à base de riz fermenté, d'une teneur en alcool variant de 12 ° à 18 °. L'un de ses mérites, et non des moindres, est d'être dégusté dans des soucoupes dont le fond révèle à qui sait le boire sans précipitation certains des atouts de la féminité...

SAKHALINE ou **SAKHALIN (île),** grande île (76 400 km²) de la côte orientale de Sibérie située dans la mer d'Okhotsk, au nord du Japon. Elle a obtenu son statut actuel en 1945 (accords de Yalta).

SALAMMBÔ, voir **FLAUBERT**

SALK (Jonas Edward), (New-York, 1914-), bactériologiste américain. Il découvre le vaccin antipoliomyélitique en 1954.

SALOMÉ (morte v. 72). – Princesse juive, de la famille des Hérode. Les Évangiles racontent que, à l'instigation de sa mère, elle obtient d'Hérode Antipas, en échange d'une danse, la tête de Jean Baptiste.

SALOMÉ (Lou Andréas), voir **NIETZSCHE**

SALOMON (970-931 av. J.-C.), troisième roi des Hébreux. Son règne marque l'apogée de la puissance d'Israël due au développement du commerce. Voir **SABA.**

SALT LAKE CITY, ville des États-Unis située dans l'Utah (état des U.S.A. depuis 1896). Créée en 1847 par Brigham Young (1801-1877), elle est le point d'arrivée d'un pèlerinage de plus de 1 600 kilomètres vers l'Ouest, de 30 000 fidèles mormons, entre 1847 et 1851.

SALTO DEL ÁNGEL, nom de la plus haute cascade du monde, située dans la Guyane vénézuélienne. En France, les chutes les plus élevées se trouvent dans les Hautes-Pyrénées : celles de Gavarnie font 422 m de hauteur.

SALUT LES COPAINS, émission radiophonique, créée en 1959 par Daniel Filipacchi et Frank Ténot. Elle donne lieu en 1962 à la création d'un journal bimensuel dont le record des ventes atteint 1 million d'exemplaires, à l'occasion du mariage de Sylvie Vartan et Johnny Hallyday.

SALVADOR, seul pays d'Amérique centrale à ne pas avoir accès à l'Atlantique, sa superficie est de 21 393 km² pour 5,15 millions d'habitants.

SALVADOR DE BAHIA, port du Brésil et grand centre touristique réputé pour ses nombreux édifices religieux et couvents, et pour le style baroque portugais qui s'y développa au cours des XVIIe et XVIIIe siècles.

SALVADOR (Henri) (1917-), auteur, compositeur et interprète de variétés français d'origine antillaise. Il chante *Zorro est arrivé* en 1964, qui se vend à 200 000 exemplaires en 2 mois.

SALZBOURG, ville située à l'Ouest de l'Autriche. Siège d'un important festival musical, elle compte près de 140 000 habitants.

SAMOA (îles), archipel océanien, d'une superficie de 3 000 km², divisé en Samoa occidentales et Samoa américaines. Découvertes en 1722 par le Hollandais Roggeveen, les Samoa occidentales deviennent indépendantes en 1962.

SAN ANDREAS (faille de), immense faille géologique de près de 950 km, en Californie, à proximité de la côte du Pacifique. Tous les géologues sont d'accord pour dire qu'un jour ou l'autre se produira dans cette région un tremblement de terre catastrophique, et tous sont également d'accord sur le fait que la date en est imprévisible. Plusieurs séismes importants y ont déjà eu lieu : en 1906 à San Francisco, en 1933, 1971 et 1987 à Los Angeles.

SAN ANTONIO, voir **DARD**

SAN MARIN *(Repubblica di San Marino),* l'une des plus anciennes républiques du monde. Elle est fondée en 350 avant J.-C, dans les Appenins près de Rimini. Sa superficie est de 62 km² pour 23 000 habitants.

SANDERS (George) (1906-1972), acteur anglais né en Russie. Il remporte l'oscar du meilleur second rôle en 1950, pour l'interprétation d'Addison de Witt dans le film de Joseph Mankiewicz *Ève.* Il se suicide 22 ans plus tard en Espagne.

SANG CHAUD. – Les animaux à température stable sont ceux chez qui la température du milieu ambiant n'entraîne aucune variation (oiseaux et mammifères). Les animaux dits à sang froid sont ceux dont la température varie avec celle du milieu dans lequel ils se trouvent (poissons, reptiles, animaux amphibies).

SANGRÍA, boisson d'origine espagnole. De *sangre*, sang en espagnol.

SANS-CULOTTES, nom donné sous la Convention aux révolutionnaires qui faisaient partie des couches populaires les plus misérables.

SANS-GÊNE (madame) voir **SARDOU**

SANSON (Charles-Henri) (Paris, 1740-Paris, 1793), bourreau français de la fin du XVIIIe siècle, pendant la Terreur. Auteur de *Mémoires*.

SANTIAGO, capitale du Chili, fondée en 1541 au pied des Andes, à 500 m d'altitude. Elle compte 3,9 millions d'habitants.

SANTO DOMINGO ou **SAINT-DOMINGUE.** – Anciennement Ciudad Trujillo (entre 1936 et 1961). Avec 1,4 millions d'habitants elle totalise le 1/6e de la population de son pays.

SÃO PAULO. – Fondée au XVIe siècle à 800 m d'altitude, elle compte 30 000 habitants en 1872 et près de 9 millions aujourd'hui. C'est le premier centre économique et industriel d'Amérique latine.

SAOUD. – La dynastie saoudienne a été fondée en Arabie par Ibn Saûd en 1932. Elle règne sur l'Arabie saoudite et la dote d'institutions modernes (universités, laboratoires de recherches, hôpitaux).

SAPHO ou **PSAPPHA** (625-586 av. J.-C.), poètesse grecque auteur de neuf livres de poèmes, dont il ne nous reste aujourd'hui que 650 vers. Elle est la créatrice de rythmes poétiques nouveaux.

SAPPORO, ville située au Nord du Japon. Elle compte 1,4 millions d'habitants. En 1972, elle organise les jeux Olympiques d'hiver, au cours desquels la France obtient une médaille d'argent et deux de bronze, contre 4 d'or, 3 d'argent et 2 de bronze à Grenoble en 1968.

SARANDON (Susan Tomaling, dite Susan) (1946-), actrice américaine, interprète notamment, en 1978, de *La Petite*, film de Louis Malle, cinéaste français né en 1932, réalisé aux États-Unis et paru sous le titre de *Pretty Baby*.

SARAWAK, région du Nord-Ouest de l'île de Bornéo, d'une superficie de 124 449 km^2, presque exclusivement recouverte d'une forêt, asile idéal de la tribu des Dayaks, « coupeurs de tête ».

SARDOU (Victorien) (Paris, 1831-Paris, 1908), auteur dramatique français de *La famille Benoîton, La Tosca, Patrie*, et *Madame Sans-Gêne* (1893), pièce en quatre actes dont l'héroïne est la maréchale Lefebvre.

SARGASSES (mer des), portion de l'océan Atlantique située au large des côtes de Floride, au nord-est des Antilles, qui tire son nom de celui d'une algue dont l'accumulation forme en surface une prairie, dans laquelle viennent pondre les anguilles.

SARI, costume indien que portent les femmes et qui a pour particularité de draper leur corps sans aucune couture ni attache.

SAROUAL, large pantalon en toile porté dans les régions du Sahara.

SARRAUTE (Nathalie) (1900-), femme de lettres française née à Ivanov en Russie. Elle est l'auteur, notamment, de *Tropismes* (1939), *L'ère du soupçon* (1956), *Le planétarium* (1959).

SARTRE (Jean-Paul) (Paris, 1905-Paris, 1980), philosophe et écrivain français. Auteur d'ouvrages philosophiques, d'essais, de pièces de théâtre, de romans, il refuse le prix Nobel en 1964. L'existentialisme est fondé en 1943, avec la parution de *L'être et le néant*.

S.A.S., initiales de *Small Astronomical Satellite*. 2 satellites américains sont lancés sous cette appellation, en 1970 et 1972, afin d'effectuer une étude sur la provenance cosmique des rayons X. *S.A.S.* est également le titre de romans policiers de l'écrivain français Gérard de Villiers (né en 1929). Il s'en vend 7 millions d'exemplaires chaque année.

SATELLITES. – La France est au troisième rang, derrière les U.S.A. et l'U.R.S.S.

SATIE (Alfred Érik Leslie Satie, dit Érik), (Honfleur, 1866-Paris, 1925), compositeur français. Son ballet *Parade* date de 1917. Il est également l'auteur des *Gymnopédies* (1880), pour piano, dont certaines furent orchestrées par son ami Claude Debussy.

SATURNE. – Presque deux fois moins grande que Jupiter, cette planète est entourée de plus de 20 satellites, sans compter les multitudes de blocs qui forment ses anneaux, dont seulement 6 étaient connus avant l'exploration de la sonde Voyager, et qui sont en réalité des milliers. Son plus gros satellite, Titan, mesure 5 120 km de diamètre.

SATURNIEN. – Se dit de quelqu'un au caractère volontiers sombre, par allusion aux nuages qui ceignent la planète Saturne.

SATURNISME, maladie se caractérisant par de brusques coliques consécutives de troubles digestifs importants. Elle est fréquente chez les travailleurs utilisant les sels de plomb.

SAUMON. – Proche de la truite, il peut atteindre 1,50 m de longueur. Sa chair est délicieuse. Après deux ans passés dans le cours d'eau qui l'a vu naître, il poursuit sa croissance en mer, puis revient à la source de son fleuve d'origine pour s'y reproduire. C'est là, au mois de décembre, qu'ont lieu les pontes.

SAUTERNES. – Vin blanc doux élaboré dans la région de Sauternes, en Gironde. Le plus prestigieux des sauternes est le château-yquem, préparé à partir de raisins cueillis grain par grain. Une bouteille d'un cru récent se vend déjà autour de 1 000 F.

SAUVAGE (LE), film français réalisé par Jean-Paul Rappeneau en 1975.

SAVAKC et non slavak), police politique créée en 1957.

SAVATE, premier nom de la boxe française, née en 1820, encore appelée « chausson ».

SAX (Antoine Joseph, dit Adolphe) (Dinant, 1814-Paris, 1894), facteur d'instruments de musique et flûtiste français d'orige belge. Il élabora le saxophone en 1845. Hector Berlioz fut parmi les premiers à en vanter les mérites, dans son *Traité d'orchestration*.

SCALA, théâtre lyrique construit à Milan en 1778. Il possède, tout comme le théâtre du Bolchoï à Moscou, 6 étages et peut accueillir jusqu'à 3 000 spectateurs.

SCALÈNE (triangle) (du grec *skalênos*, oblique), triangle dont la caractéristique est d'avoir 3 côtés inégaux. Le triangle *isocèle* a 2 côtés égaux. Le triangle *équilatéral* a ses trois côtés égaux. (Le triangle *rectangle* a un angle droit.)

SCHERRER (Jean-Louis) (1935-), couturier-créateur français. Il fonde sa maison en 1971, et lance son premier parfum en 1979.

SCHMELING (Max) (1905-), boxeur allemand, champion du monde de la catégorie des poids lourds en 1930.

SCHNEIDER (Maria) (Paris, 1952-), actrice française, fille de Daniel Gélin (acteur et poète né en 1921 qui a tourné avec Max Ophüls, Jacques Becker, Jean Cocteau, Alain Duvivier, Alfred Hitchcock, Duras). Révélée en 1972 par *Le dernier tango à Paris*, de Bernardo Bertolucci, avec Marlon Brando, elle joue trois ans plus tard sous la direction d'Antonioni dans *Profession : reporter*, avec Jack Nicholson.

SCHNEIDER (Rosemarie Albach-Retty, dite Romy) (Vienne, 1938-Paris, 1982), comédienne autrichienne révélée, en tant qu'actrice parvenue à sa maturité, par Luchino Visconti, puis interprète fétiche de Claude Sautet. Elle a à son actif plus de soixante films (*La banquière*, de Francis Girod, date de 1980). Son dernier film avant qu'elle se donne la mort est *La passante du Sans-souci*, réalisé par Jacques Rouffio en 1982, avec Michel Piccoli. Elle commence sa carrière au début des années 50, notamment avec deux films du cinéaste autrichien Ernst Marischka : *Sissi*, et *Sissi, impératrice*, qui lui valent une renommée mondiale, mais aussi un « style » dont elle a quelque peine à se défaire par la suite.

SCHOELCHER (Victor) (Paris, 1804-Houilles, 1893), homme politique français, apôtre de l'abolitionnisme. Il est secrétaire d'État à la Marine lorsqu'il met sur pied le décret du 27 avril 1848 qui permet la libération des esclaves de toutes les colonies et leur accession à la citoyenneté.

SCHÖNBERG (Arnold) (Vienne, 1874-Los Angeles, 1951), compositeur autrichien, également peintre. Fondateur du sérialisme dodécaphonique, méthode de composition à 12 ans n'ayant de relation qu'entre eux, il écrit un *Traité d'harmonie* (1911). À ceux qui le taxent d'être un compositeur trop cérébral, il répond : « *Je préfère composer comme un intellectuel que comme un imbécile.* » Il dit encore : « *Ma musique n'est pas moderne, elle est simplement mal jouée.* » Son *Pierrot lunaire*, mélodrame pour voix et petit ensemble instrumental composé en 1912, attire sur lui l'attention du monde entier.

SCHOONER, petit bâtiment nautique, construit comme une goélette.

SCHROEDER (Barbet) (Téhéran, 1941-), cinéaste et producteur français. Il participe à la rédaction des *Cahiers du cinéma*. Producteur de nombreux films d'Éric Rohmer et de Jacques Rivette, auteur de *More* (1969) et de *La vallée* (1972), son portrait du dictateur ougandais *Général Idi Amin Dada* est réalisé en 1974.

SCHTROUMPFS, personnages de bande dessinée pour enfants créée par Culliford et parue pour la première fois en 1958 dans *Johan et Pirlouit*.

SCHUBERT (Franz) (Lichtental, 1797-Vienne, 1928), compositeur autrichien. Auteur de nombreux *lieder,* dont le plus célèbre est intitulé *La truite.* Le titre et la mélodie sont repris pour un quintette pour piano et cordes avec contrebasse. Il compose de nombreuses autres œuvres de musique de chambre, de musique pour piano seul et des symphonies. La majeure partie de son œuvre n'est découverte qu'après sa mort, et il n'est connu de son vivant que d'un petit cercle de privilégiés et d'amis, notamment pour ses *lieder.*

SCHUMANN (Clara Wieck, dite Clara), pianiste virtuose, épouse de Robert, compositeur allemand, lequel révèle au public Brahms, venu jouer chez lui ses deux premières sonates pour piano. Ce dernier s'éprend de Clara, sans jamais que leur amour ne se concrétise. Les historiens, en tout cas, en ont décidé ainsi...

SCHUMANN (Robert) (1810-1856), pianiste et compositeur allemand. Auteur de musique pour piano seul, de musique vocale, de musique de chambre, de quatre symphonies. Critique musical perspicace et découvreur de talent (Brahms). Après une tentative de suicide, il finit ses jours dans la folie.

SCHWEITZER (Albert) (Kaysersberg, 1875-Lambaréné, 1965). – En tant que médecin il est le créateur d'un hôpital à Lambaréné où il finit d'ailleurs ses jours. En tant que musicien et musicologue, il est l'auteur d'un livre sur Jean-Sébastien Bach, *Bach, le musicien poète* (1905) qui fit beaucoup en son temps pour la découverte de ce compositeur. En tant que pasteur enfin, il rédigea de nombreux ouvrages de théologie. Il est prix Nobel de la paix en 1952.

SCORSSE (Martin) (1942-), cinéaste américain. C'est *Mean Streets* qui le révèle au grand public en 1973. *Taxi driver*, Palme d'or à Cannes en 1976, confirme son talent en même temps qu'il révèle celui de Robert de Niro, avec lequel Scorsese tournera *Raging Bull* en 1979, évocation de la vie du boxeur Jack La Motta.

SCOTT (Walter) (Édimbourg, 1771-Abbotsford, 1832), écrivain écossais de langue anglaise auteur notamment de *Ivanhoe* (1820) qui lui vaut une renommée universelle et une fortune considérable. Il se passionne très tôt pour les légendes écossaises, dont il recueille la tradition, en 1802, dans *Chansons de la frontière écossaise.* Il est le premier capitaine du premier club de golf créé en 1744 en Écosse : l'Honourable Company of Edinburgh Golfers.

SCRABBLE, jeu de société d'origine américaine qui consiste à former des mots et à les placer sur une grille spéciale, en veillant à marquer le plus de points possible. Les points marqués dépendent des lettres utilisées et de leur emplacement sur la grille. Il se joue à quatre au maximum.

SEATTLE, importante ville de l'État de Washington, elle compte 1,6 millions d'habitants. Port de pêche et centre de construction aéronautique (Boeing).

SECRÉTIN (Jacques) (1949-), champion de ping-pong français. Champion de France de 1969 à 1975, de 1977 à 1982, puis en 1986.

SEDAN, petite ville des Ardennes, sur la Meuse, où le 1er septembre 1870 Napoléon III capitule devant les Prussiens après la défaite de Mac-Mahon. Napoléon III ainsi que 40 généraux et plus de 80 000 hommes sont faits prisonniers à cette occasion. Le 13 mai 1940, Sedan est aussi la principale brèche ouverte par la percée allemande.

SÉGUR (Sophie Rostopchine, comtesse de) (Saint-Pétersbourg, 1799-Saint-Pétersbourg, 1874), écrivain français. Ses *Malheurs de Sophie* (1864) se sont vendus à plus de 2 millions d'exemplaires. *Les mémoires d'un âne* datent de 1860. Elle est également l'auteur d'*Un bon petit diable* en 1865.

SELLERS (Richard Henry Sellers, dit Peter) (1925-1980), acteur et cinéaste britannique. *La party*, de Blake Edwards, date de 1968. Il gagne sa popularité grâce, notamment, à son interprétation du rôle de l'inspecteur Clouzeau dans la célèbre série de *La panthère rose*, du même Blake Edwards. Il meurt foudroyé par une crise cardiaque, peu après la sortie du film de Hal Ashby, *Bienvenue Mister Chance*.

SENATUS POPULUSQUE ROMANUS (en latin, le sénat et le peuple de Rome). – Ainsi s'appelait la république au temps des institutions romaines.

SENGHOR (Léopold Sédar) (Joal, 1906-), homme d'État et écrivain sénégalais. Il est élu président de la république du Sénégal en 1960, après la dissolution de la fédération du Mali. Il quitte volontairement le pouvoir en 1980. Auteur d'essais et de recueils de poésies, il est élu à l'Académie française en 1983. Condisciple de Georges Pompidou à l'École normale supérieure, il est député à l'Assemblée nationale puis membre du gouvernement Edgar Faure, avant de s'occuper spécifiquement des affaires de son pays.

SENS. – Les cinq sens sont : *1. Odorat* : faculté de reconnaître et de discriminer les odeurs à l'aide du haut de la muqueuse des fosses nasales (tâche olfactive). – Perte de l'odorat : *anosmie* – Étude de l'odorat : *olfactométrie. 2. Ouïe* : faculté de percevoir les sons compris entre 16 et 18 000 cycles par seconde (16 = infrasons; 18 000 = ultrasons), à l'aide de l'oreille (externe, moyenne, interne ou labyrinthe). – Perte de l'ouïe : *surdité.* – Étude de l'ouïe : *acoustique. 3. Vue* : aptitude à distinguer le détail des objets spatiaux. – Perte de la vue : *cécité.* – Étude de la vue : *optique. 4. Toucher* : aptitude à percevoir, reconnaître et distinguer les différents contacts avec les objets spatiaux. *5. Goût* : faculté de reconnaître les 4 sortes de substances sapides (sucré, salé, amer, acide) qui, au contact de la muqueuse de la langue, provoquent des sensations gustatives. – Perte du goût : *agueusie.* – Étude du goût : *gustométrie.*

SÉOUL ou **SO-UL.** – Située sur le Han, elle obtient son statut en 1945. Elle compte 8,5 millions d'habitants et est le siège des derniers jeux Olympiques d'été, en 1988.

SEPT DÉCEMBRE 1941. – Pearl Harbor, îles Hawaii, à l'aube du dimanche 7 décembre : la flotte américaine du Pacifique est détruite dans sa quasi-totalité; 2 000 marins américains sont tués. Le jour même, les États-Unis, la

Grande-Bretagne et la Hollande déclarent la guerre au Japon. Quatre jours plus tard l'Allemagne et l'Italie déclarent la guerre aux États-Unis. Le conflit s'internationalise.

SEPT MERVEILLES DU MONDE. – La seule encore debout est Khéops. 2e : Jardins suspendus de Babylone, construits aux VIIe et VIe siècle av. J.-C., aujourd'hui détruits. 3e : Statue de Zeus à Olympie, construite au Ve siècle av. J.-C., détruite dans un incendie en 175 ap. J.-C. 4e : Colosse de Rhodes, construit au IIIe siècle av. J.-C., détruit en 224 av. J.-C. par un tremblement de terre. 5e : Mausolée d'Halicarnasse, construit au IVe siècle av. J.-C; il en subsiste des fragments à Londres (British Museum) et en Turquie (Bodrum). 6e : Temple de Diane à Éphèse, construit au Ve siècle av. J.-C., incendié au IVe siècle av. J.-C., reconstruit au IIIe siècle av. J.-C. et à nouveau détruit à la même époque. 7e : Phare d'Alexandrie, construit au IIIe siècle av. J.-C. détruit en 1375 lors d'un tremblement de terre. Voir **KHÉOPS.**

SEPT MORTS SUR ORDONNANCE (1975), film français de Jacques Rouffio (né en 1928). Jacques Rouffio, qui signe là sa deuxième production cinématographique, est également auteur du *Sucre* (1978), et de *La passante du Sans-souci* (1982).

SEPT NAINS (les), compagnons de Blanche-Neige, héroïne du conte des frères Grimm. Voir **GRIMM.**

SEPT SAMOURAÏS (LES) (1954), film japonais d'Akira Kurosawa (né en 1910 à Tokyo). Toshiro Mifune (né en Chine en 1920), connaît, à partir des années 60, une renommée internationale, qui le conduit à s'engager dans des productions non japonaises, ce qui reste aujourd'hui encore exceptionnel pour un acteur de son pays. Il doit sa célébrité à Akira Kurosawa, avec lequel, outre *Les sept samouraïs*, il tourne de nombreux autres films. Citons par exemple : *Rashômon* (1950), *Barberousse* (1965), *Le château de l'araignée* (1957).

SÉQUOIA, conifère qui peut mesurer jusqu'à 140 m de haut et vivre 4 000 ans.

SÉRIE NOIRE, collection fondée en 1945 par les éditions Gallimard-N.R.F. Le premier titre de cette collection de romans policiers fut *La môme vert de gris*, de Pat Cheney.

SÉRIFOS, voir **CYCLADES**

SERPENT À SONNETTES. – Son vrai nom est le crotale; il est appelé « serpent à sonnettes » en raison du grelot que forment les mues de sa queue.

SERPENTINE, minéral de silicate de magnésium hydraté, utilisé en décoration.

SERRAT (Fabienne) (1956-), skieuse française championne de France du slalom géant en 1977, 1978, 1979, 1981 et 1983. Elle remporte la coupe d'Europe de ski alpin en 1972 et les championnats du monde du slalom géant et du combiné en 1974. Championne de France du slalom spécial et de la descente en 1978, elle réussit donc cette année-là le triplé.

SERRAULT (Michel) (1928-), acteur français. À ses débuts, il est le complice au cabaret de Jean Poiret, avec lequel il triomphe au théâtre, à la fin des années

70, dans une pièce de ce dernier, *La cage aux folles*. Il en tourne une version cinématographique en 1980. Dans *Garde à vue* (de Claude Miller, 1981), en compagnie de Lino Ventura, il montre certains aspects peut-être plus subtils de son talent.

SERVAN-SCHREIBER (Jean-Jacques) (1924-), homme politique français, il est journaliste et fondateur de l'hebdomadaire *l'Express* en 1953. Secrétaire général puis président en 1971 du parti radical, il s'allie aux centristes pour former le mouvement réformateur. Il est l'auteur d'essais politiques.

SÉVIGNÉ (Marie de Rabutin-Chantal, marquise de) (1626-1696), femme de lettres française. Auteur de *Lettres* écrites principalement à sa fille, Mme de Grignan. Proust reconnaîtra plus tard toute la modernité de cette littérature.

SHADOWS (The), groupe anglais de musique rock, composé de Hank Marvin, Bruce Welch, Ian Samwell, Terry Swart. *Apache* est le titre qui les révèle en 1961, avec son fameux solo de guitare électrique.

SHAKESPEARE (William) (Stratford, 1564 – Stratford, 1616), dramaturge anglais. Œuvres: *Henry VI* (1590-1592); *Richard III* (1592); *La comédie des erreurs* (1593); *Titus Andronicus* (1593); *Les deux gentilshommes de Vérone* et *Le roi Jean* (1594); *Peines d'amour perdues* (1594-1595); *La mégère apprivoisée* (1593-1594); *Roméo et Juliette* et *Le songe d'une nuit d'été* (1595); *Le marchand de Venise* et *Richard II* (1596); *Henry IV* (1597); *Beaucoup de bruit pour rien* (1598-1599); *Comme il vous plaira; Henry V; Jules César* (1599); *Les joyeuses comères de Windsor; La nuit des rois; Hamlet* (1600-1601); *Tout est bien qui finit bien* et *Troïlus et Cressida* (1602); *Othello; Mesure pour mesure* (1604); *Macbeth, Le roi Lear* (1605-1606); *Timon d'Athènes* (1605-1608); *Périclès* (1606-1608); *Antoine et Cléopâtre* (1607); *Coriolan* (1608); *Cymbeline* (1610); *La tempête* (1610-11); *Le conte d'hiver* (1611); *Henry VIII* (1613). Il est égalament l'auteur de *Sonnets*.

SHANGHAI ou **CHANGHAÏ**, ville chinoise située à proximité de l'embouchure du Yang Tsê-kiang. Elle est avec ses 12 millions d'habitants la ville la plus peuplée du monde. Le parti communiste chinois y a été fondé en 1921.

SHANNON, fleuve irlandais. Il prend sa source au Nord du pays et se jette dans l'Atlantique, à Limerick, après un parcours de 368 km.

SHAR-PEI. – Ce chien peut atteindre la somme de 20 000 F. Un bon étalon berger allemand peut valoir 80 000 F.

SHARIF (Michael Shalhoub, dit **Omar)** (1932-), acteur égyptien né à Alexandrie. Il connaît la gloire internationale en 1962, avec le film de David Lean *Lawrence d'Arabie*, qui lui vaut un oscar à Hollywood. Il tourne, encore sous la direction de Lean, *Docteur Jivago*, en 1965. *Funny Girl*, de William Wyler, date de 1968. Omar Sharif est également un joueur de bridge de réputation mondiale.

SHAW (Sandra Goodrich, dite Sandie) (1947-), chanteuse britannique apparue sur la scène internationale en 1964 avec *Always something there to remind me*, qui remporte le grand prix de l'Eurovision en 1967 avec *Puppet on a string.* Un temps fiancée à Elton John, elle est une farouche adversaire de Mme Thatcher.

SHÂH D'IRAN, voir **MUHAMMAD RIZÂH SHÂH.**

SHEILA (Annie Chancel, dite) (1946-), chanteuse française de variétés, un temps épouse de Guy Bayle dit Ringo. *L'école est finie* est l'un de ses succès des années 60 (1963) : « *Donne-moi ta main et prends la mienne. Mais oui. Mais oui, l'école est finie.* » Elle travaille avec Devotion dans les années 70.

SHEPARD (Alan B. Junior), astronaute américain. Il part dans l'espace le 5 mai 1961, un peu moins d'1 mois après Youri Gagarine, premier homme lancé dans l'espace le 12 avril de la même année. Shepard fait, plus tard, partie de l'une des missions Apollo sur la Lune.

SHETLAND (îles). – Visitées pour la première fois vers 325 av. J.-C. par Pythéas de Massilia, elles se trouvent à 200 km au nord de l'Écosse.

SHINKANSEN, train à grande vitesse japonais roulant à environ 160 km/h en service voyageurs. Le T.G.V. français roule en moyenne à 200 km/h et il peut sur certains tronçons, en exploitation commerciale, aller jusqu'à 270 km/h. Le 26 février 1981, il a même atteint la vitesse de 380 km/h.

SHRAPNELL ou SHRAPNEL, obus chargé de projectiles utilisé lors du premier conflit mondial. Il tient son nom de celui de son inventeur.

SICILE, île italienne depuis la fin du XIXe siècle, d'une superficie de 25 708 km^2 pour 5,1 millions d'habitants. (La Sardaigne fait 24 000 km^2;, la Corse 8 680 km^2.

SIDA. – La première épidémie intervient aux États-Unis, en juin 1981. Le virus se transmet par le sang et par les rapports sexuels.

SIERRA LEONE, État membre du Commonwealth, d'une superficie de 72 323 km^2 pour 3,8 millions d'habitants. Au XVIIIe siècle, sa principale ressource est la traite des Noirs. Au XXe siècle l'exploitation de ses mines de diamants lui assure 60 % de ses exportations.

SIERRA NEVADA. – C'est de la Sierra Nevada espagnole que la chaîne de montagnes californienne tient son nom.

SIGNORET (Simone Kaminker, dite **Simone)** (Wiesbaden, 1921-Autheuil, 1985), actrice française. Outre *La nostalgie n'est plus ce qu'elle était* (1976), elle publie un autre livre de souvenirs, *Adieu Volodia* (1985). Quelques-uns de ses films : *Casque d'or* (1951), *Thérèse Raquin* (1953), *La veuve Couderc* (1971), *La vie devant soi* (1977), *Judith Therpauve* (1978), etc.

SILENCE DE LA MER (LE), ouvrage de l'écrivain français Vercors (Jean Bruller, né en 1902), paru en 1942. Jean-Pierre Melville en fait une adaptation au cinéma en 1948, avec Nicole de Rothschild, dite Nicole Stéphane (actrice française née à Paris en 1928, également cinéaste et productrice).

SIMENON (Georges) (1903-), écrivain belge de langue française né à Liège. Auteur notamment de nombreux romans policiers, il est le créateur du personnage de l'inspecteur Maigret.

SIMÉON LE STYLITE (saint) (390-459), ascète syrien, il reste 37 ans solitaire en haut d'une colonne haute de 20 mètres. C'est le plus célèbre des stylites, ascètes vivant suivant les idées du monachisme. Un monastère de saint Siméon le Stylite a été construit au XVe et VIe siècle à Oalat Seman en Syrie.

SIMON (François Michel, dit **Michel)** (1895-1975) comédien suisse né à Genève. Il a à son actif plus de cent films. C'est le rôle de Clo-Clo dans *Jean de la Lune*, de Marcel Achard, qui le rend célèbre au théâtre, puis au cinéma, en 1931. *Boudu sauvé des eaux*, de Jean Renoir, dans lequel il interprète le rôle d'un clochard, date de 1932. Son fils, également comédien, se prénommait François.

SIMPLON (tunnels), 2 tunnels ferroviaires percés en 1905 et 1918, respectivement longs de 19 801 m et 19 821 m, dans les Alpes suisses.

SIMPSON (Wallis Warfield, duchesse de Windsor), femme américaine divorcée que le roi de Grande-Bretagne Édouard VIII (1894-1972) décide d'épouser malgré l'opposition formelle du premier ministre Stanley Baldwin et de l'épiscopat. Le roi décide d'abdiquer, reçoit le titre de duc de Windsor et quitte son pays. Son mariage est célébré en France en 1937 où les époux ont résidé le plus souvent. La duchesse est décédée en 1986 à Paris.

SINATRA (Frank) (1915-) chanteur et acteur américain. Surnommé la Voix, il est victime d'une hémorragie des cordes vocales dans les années 50. Il obtient l'oscar du meilleur second rôle en 1953 pour *Tant qu'il y aura des hommes*, ce qui semble lui faire recouvrer tous ses moyens vocaux, et en tout cas le propulse sur la voie glorieuse et peut-être quelque peu tyrannique qui est la sienne.

SINDBAD voir **MILLE ET UNE NUITS**

SINGAPOUR, État d'Asie du Sud-Est, d'une superficie de 581 km^2 pour 2,8 millions d'habitants, dont seulement 100 000 sont hors de l'île de Singapour même. Il devient indépendant en 1965, tout en restant membre du Commonwealth.

SINGE. Le singe, comme l'homme, fait partie des primates. Les plus proches de l'homme sont les singes anthropoïdes (chimpanzé, orang-outan, gorille, gibbon).

SIPHNOS, voir **CYCLADES**

SIRIUS, étoile de magnitude 1, appartenant à la constellation du Grand Chien, la plus brillante du ciel.

SIROCCO, vent du Sud, soufflant l'été en Afrique du Nord, où il est chaud et sec, et dans le sud de l'Italie, où il est chaud et humide. Il souffle également en Égypte durant 27 jours entre avril et juin.

SIRTAKI, danse originaire de Grèce, très en vogue en France vers 1965.

SISSI (Élisabeth de Wittelsbach, dite) (1837-1898), épouse en 1854 de François-Joseph Ier (1830-1916), impératrice d'Autriche. Elle est assassinée en 1898, à Genève. Leur fils, le prince héritier Rodolphe, est mort le 30 janvier 1889 à Mayerling, en compagnie de sa maîtresse Marie Vetsera. On ne sait toujours pas s'il s'agit d'un double suicide ou d'un assassinat politique. Leur histoire a jusqu'à ce jour inspiré 6 films. Voir **SCHNEIDER (Romy).**

SIX JOURS (Guerre des). – L'interdiction faite par l'Égypte de la libre utilisation du golfe d'Aqaba par Israël est la cause de la guerre des Six Jours (5-10 juin 1967) déclenchée par Israël. L'aviation égyptienne est détruite le 5 juin. L'armée israélienne occupe la presqu'île du Sinaï. Gaza, la Cisjordanie, et toute la ville de Jérusalem restent sous occupation israélienne.

SIX JOURS DE PARIS, course cycliste sur piste, d'une durée de 144 heures, courue par équipes de deux qui se relayent à volonté. Ils ont lieu de 1913 à 1958, puis reprennent à partir de 1984 au Palais omnisports de Bercy.

SKA, style musical. Forme de reggae, préalablement apparue en Angleterre et alors également appelée *blue beat,* dont s'inspire notamment Bob Marley dans les années 70, et qui redevient curieusement à la mode après la mort de celui-ci au début des années 80.

SKI (classes). – Elles se répartissent de la façon suivante : cours 6, cours 5, cours 4, cours 3, cours 2, cours 1, perfectionnement et randonnée.

SKI (le premier). – On a en effet trouvé en Suède, dans un marais, un ski datant d'à peu près 3000 av. J.-C. Il est aujourd'hui conservé à Stockholm.

SKI NAUTIQUE. – Les premiers essais ont lieu en 1921 sur le lac d'Annecy, par des chasseurs alpins. Ce sport se développe ensuite à Juan-les-Pins, sur la Côte d'Azur. La Fédération française est créée en 1947 avec, comme catégorie, tourisme (2 skis), slalom (mono), figures (savonnettes et monosavonnette), saut.

SKYLAB, laboratoire céleste américain, qui se désagrégea dans l'atmosphère sur 600 km, au-dessus de l'Australie et de l'océan indien, le 11 juillet 1979, alors que sa chute n'était prévue que pour 1983.

SKYLON TOWER. – Érigée en 1965 sur la rive canadienne des chutes, elle s'élève à 158 m.

SKYWALKER (Luke), un des protagonistes de *La guerre des étoiles.* Il incarne le bien, tandis que Darth Vader, ayant choisi le côté noir de la Force, incarne le mal. Celui-ci ayant changé de nom, Skywalker ignore qu'il s'agit de son propre père. Voir **JEDI.**

SLAVAK, voir **SAVAK**

SMIRNOFF, société soviétique spécialisée dans la commercialisation de la vodka. La vodka est une eau-de-vie originaire de Pologne, où elle apparaît au XVIe siècle, avant d'être introduite en Russie. La plus grande marque de vodka polonaise est Wyborowa. À boire frappée, et sans glaçons!

SMITH ET CARLOS, athlètes américains, champion et vice-champion olympiques du 200 m aux jeux de Mexico. Ils lèvent le poing, ganté de noir, lors de la remise des médailles, pour manifester leur sympathie au mouvement Black Power.

SMITHSONIAN INSTITUTION. – Elle a été fondée à Washington en 1846 grâce à un don de 500 000 dollars de l'Anglais James Smithson afin d'augmenter et diffuser les connaissances humaines.

SNOOPY, chien héros de bande dessinée.

SOCIÉTÉ DES NATIONS. – Formée lors du traité de Versailles de 1919, sous l'instigation du président des États-Unis Thomas Woodrow Wilson, et dissoute le 3 juillet 1947, elle était en réalité déjà officiellement remplacée par l'organisation des Nations Unies (O.N.U.) depuis le début de l'année 1946.

SOCRATE (470-399 av. J.-C.), philosophe grec qui a une influence considérable sur la jeunesse athénienne. Ses théories sont rapportées par son disciple Platon. L'une de ses maximes est : « *Gnôti séauton* » « *Connais-toi toi-même* ». Condamné pour avoir corrompu la jeunesse, il accepte de mettre fin à ses jours en buvant la ciguë.

SODOME et GOMORRHE, anciennes villes de la Palestine, près de la mer Morte. D'après la Bible, elles sont détruites par le feu du ciel, ainsi que Séboïm et Adama, en raison de leur dépravation (Genèse 19, 1 à 29).

SOFIA. – Baptisée au XIVᵉ siècle, elle obtient son statut en 1879. Sise à une altitude de 550 m, au pied du massif de la Vitosa, elle compte 1,15 millions d'habitants.

SOLEIL. – Les hypothèses relatives à son apparition sont nombreuses, et toutes incertaines. Sa lumière met huit minutes à nous parvenir. Il est composé de 4 parties : le cœur (15 millions de degrés centigrades, la photosphère (4 500 °C à 6 600 °C), la chromosphère (4 500 °C à 50 000 °C), la couronne (1 à 2 millions de degrés). Mais voici le plus important : dans 5 milliards d'années peut-être (on considère que l'univers est vieux de 15 à 20 milliards d'années), le Soleil aura absorbé Mercure et Vénus, et toute vie sera impossible sur la Terre, devenue une fournaise.

SOLEIL (LE), quotidien canadien de langue française tiré à 135 000 exemplaires.

SOLJÉNITSYNE (Alexandre Isaievitch) (1918-), écrivain soviétique né à Kislovodsk, en U.R.S.S. Déchu de la nationalité soviétique le 12 février 1974, il est expulsé d'U.R.S.S. et s'installe aux États-Unis. Quelques œuvres : *Une journée d'Ivan Denissovitch* (1962), *Le pavillon des cancéreux* (1968), *L'archipel du goulag* (1973-76).

SOLLERS (Philippe) (1936-), écrivain français né à Talence. Il anime la revue *Tel Quel* de 1960 à 1982 puis fonde, en 1983, la revue *Infini*. Son livre *Femmes* est paru en 1983.

SOLSTICE (du latin *solstitium*, de *sol*, soleil et *stare*, s'arrêter), époque de l'année au cours de laquelle le Soleil atteint l'un des 2 points de l'écliptique (cercle apparent décrit en un an par le Soleil) les plus éloignés de l'équateur céleste. Ces deux rencontres ont lieu les 21 ou 22 juin (début de l'été dans l'hémisphère nord, et de l'hiver dans l'hémisphère sud), et les 21 ou 22 décembre (début de l'hiver dans l'hémisphère nord, et de l'été dans l'hémisphère sud).

SOLVAY (Ernest) (1838-1922), industriel belge à qui l'on doit, dans les années 1861-1865, la fabrication industrielle de la soude caustique par décomposition du chlorure de sodium sous l'action conjuguée du gaz carbonique et de l'ammoniaque. Cette méthode avait été, au préalable, inventée par le chimiste français Jean-Jacques Théophile Schloesing, né à Marseille en 1824, mort à Paris en 1919, et supplanta bientôt tout à fait celle introduite dès 1790 par Nicolas Leblanc, autre chimiste français (1742-1806).

SOMALIE, État d'Afrique de l'Est, né en 1960 de la fusion de la Somalia et du Somaliland devenus indépendants, d'une superficie de 637 660 km² pour 6,5 millions d'habitants.

SOMBRERO (de l'espagnol *sombra*, ombre), chapeau à larges bords, permettant de se protéger du soleil.

SOMME (bataille de la). – Le 1er juillet 1916, l'armée française commandée par Joffre et Foch et appuyée par 2 corps britanniques tente une percée dans le front allemand. Après 2 mois de combats acharnés l'armée française avance de 9 km et l'ensemble des belligérants perd près de 600 000 hommes.

SOMMEIL PARADOXAL. – Il s'oppose au sommeil lent. L'activité oculaire est très grande sous les paupières closes; l'activité musculaire est abolie, excepté de très brèves secousses au visage et aux doigts; la fréquence cardiaque est ralentie, la pression artérielle basse mais avec de brusques irrégularités; on constate l'érection du pénis ou le gonflement du clitoris. C'est un moment particulièrement propice au rêve, mais non exclusif, celui-ci pouvant également se produire lors du sommeil lent.

SOMOZA DEBAYLE (Anastasio, dit **Tachito**) (1925-1980), président-dictateur de la république Nicaraguayenne le 5 février 1967. Après le tremblement de terre qui détruit Managua en 1972 et les gains réalisés par lui au cours de la reconstruction, il est très critiqué. Pressé par le front des guérilléros sandinistes, il quitte le pays en juillet 1979, les États-Unis ne le soutenant plus. Il est assassiné au Paraguay en 1980 par des sandinistes.

SON. – Sa vitesse (célérité) de propagation dans l'air est approximativement de 340 mètres à la seconde, soit 1 224 km/h.

SONNET (de l'ancien provençal *sonet*, petite chanson), pièce de poésie de 14 vers, composée de 2 quatrains et 2 tercets, illustrée en particulier par Pétrarque et introduite en France au XVIe siècle par Marot. Délaissé au XVIIIe siècle, le sonnet réapparaît à l'époque romantique (Gautier, Baudelaire, Verlaine, puis Mallarmé).

SOREL (Cécile Seurre, dite Cécile) (1873-1966), actrice française.

SOREL (Julien), héros de *Le rouge et le noir*, roman de Stendhal (1830). Madame de Rénal est la mère des enfants dont il est le précepteur. Il la blesse de deux coups de pistolets après qu'elle a dénoncé sa liaison avec Mathilde de la Môle. Condamné à mort, il attend celle-ci avec sérénité.

SOTHEBY PARKE BERNET. – Fondé en 1744, c'est à ce jour, avec plus de 3 milliards de francs annuels, le plus grand centre de vente d'objets d'art au monde.

SOUBIROUS (Bernadette), paysanne française béatifiée le 14 juin 1925 et canonisée le 8 décembre 1933. La Vierge lui apparaît, à Lourdes, 18 fois entre le 11 février 1858 et le 16 juillet de la même année. Religieuse chez les Sœurs de la charité à Nevers en 1866. La légende veut que son corps, enterré à Nevers et exhumé à trois reprises, reste intact.

SOUDAIN L'ÉTÉ DERNIER (1959), film américain de Joseph Lee Mankiewicz avec Liz Taylor, Montgomery Clift, Katharine Hepburn.

SOUDAN, État africain d'une superficie de 2,5 millions de km² pour 22 millions d'habitants, au sud de l'Égypte. À titre de comparaison, l'Algérie a une superficie de 2,4 millions de km² pour 23,5 millons d'habitants.

SOULIER DE SATIN (LE), voir **CLAUDEL**

SOUPÇONS (1941), film américain d'Alfred Hitchcock avec Gary Grant et Joan Fontaine.

SOUPHANOUVONG (prince) (1909-), homme d'état laotien né en 1909. Il fonde en 1950 le Pathet Lao qui regroupe les forces de gauche pour lutter contre les Français et l'ingérence des États-Unis. Quand la monarchie est abolie, il devient le premier président de la république populaire du Laos en 1975.

SOURIS QUI RUGISSAIT (LA) (1959), film américain de Jack Arnold, avec Peter Sellers.

SOUVANNA PHOUMA (prince Tiao) (1901-1984), homme politique laotien. Grâce à sa politique neutraliste, il essaie de former un gouvernement de coalition en 1962 avec la participation du Pathet Lao mais ce n'est qu'éphémère. Il collabore avec la république populaire du Laos et, en 1975, est nommé conseiller du gouvernement.

SPADE (Sam), héros de romans policiers créés par le romancier Dashiell Hammet. Voir **HAMMET.**

SPAGHETTI, pâtes alimentaires originaires de Chine, d'où elles sont importées en Italie par Marco Polo, puis en France par Catherine de Médicis. Les pâtes ont commencé à être fabriquées industriellement à partir de la fin du XIXᵉ siècle.

SPANGHERO (Claude et Waltter) (nés respectivement en 1948 et 1943), rugbymen français.

SPARTACUS, esclave thrace d'une école de gladiateurs à Capoue. Il prend la tête d'une révolte d'esclaves en 73 av. J.-C. Ce mouvement, suivi par d'autres esclaves, forme bientôt une véritable armée de 100 000 hommes qui tient tête à l'armée romaine pendant 2 ans. Il est vaincu en Apurie, et 6 000 esclaves sont crucifiés le long de la via Appia à titre d'exemple!

SPARTIATE (de Sparte, ville de la Grèce antique, rivale d'Athènes puis de Thèbes). Outre une sandale munie de lanières, ce mot désigne aussi l'austérité et la sévérité et peut être employé comme adjectif ou comme substantif.

SPATIONAUTE, terme recommandé en France pour désigner les *cosmonautes* (terme russe) ou *astronautes* (terme américain). Jean-Loup Chrétien, premier français à être allé dans l'espace, le 24 juin 1982, est le « premier » spationaute.

SPECTRE, voir **ARC-EN-CIEL**

SPEEDY GONZALEZ, dessin animé américain des années 30 de l'équipe de Hugh Harman et Rudolph Ising, également créateurs de Bugs Bunny et du chat Sylvestre entre autres.

SPEER (Albert) (1905-1981), architecte allemand. Il est ministre de l'Armement de Hitler, c'est-à-dire entièrement responsable de la politique et de l'économie de guerre depuis la fin de l'année 1942 jusqu'au mois de septembre 1944. Condamné à 20 ans de prison lors du procès de Nuremberg (20/11/45-25/10/46), il est libéré en 1966.

SPÉLÉOLOGIE (du grec *spélaion*, caverne, et *logos*, science), exploration et études scientifiques des grottes, gouffres et cavernes.

SPHINX, monstre à corps de lion et tête humaine, originaire d'Égypte, puis passé en Grèce où il est surtout attaché à la légende d'Œdipe qui en résout l'énigme, délivrant ainsi sa ville, Thèbes. Celui des pyramides, construit entre 3000 et 2000 av. J.-C., mesure 57 m de long et 21 m de haut. Voir **ŒDIPE,** voir **SEPT MERVEILLES DU MONDE**

SPIELBERG (Steven) (1947-), cinéaste américain. Outre *Les aventuriers de l'arche perdue* (1981), il est l'auteur de *Duel* (1971), *Les dents de la mer* (1975), *Rencontres du troisième type* (1977), *E. T.* (1982), *Indiana Jones et le temple maudit* (1984). Il a aussi produit le film de Joe Dante, *Gremlins* (1984).

SPIROU, journal hebdomadaire de bandes dessinées, créé à Bruxelles le 21 avril 1938. Dans son premier numéro paraît la première des aventures du personnage de Spirou, imaginé par le français Robert Velter, qui signe sous le pseudonyme de Rob Vel.

SPITZ (Mark) (1950-), nageur américain, champion olympique, en 1972, des 100 m et 200 m nage libre, des 100 m et 200 m papillon, des relais 4 x 100 m nage libre, 4 x 200 m nage libre, 4 x 100 m 4 nages; soit un total de 7 médailles d'or.

SPOUTNIK 1, satellite soviétique. Son nom officiel est *Satellite 1957 Apha 2.* Lancé le 4 octobre 1957, il retombe le 4 janvier 1958.

SRI LANKA (*Tamraparni* dès le IIIe siècle av. J.-C., puis *Sihala* – soit *Ceylan,* lion –, *Sri Lanka* depuis 1972, île resplentissante). État insulaire de l'océan indien, membre du Commonwealth, d'une superficie de 65 610 km² pour 16,5 millions d'habitants.

SRINAGAR, ville indienne sise à 1 500 m d'altitude, qui compte 500 000 habitants. Elle partage son statut avec Jammu, l'un des 24 états de l'Inde étant le Jammu-Cachemire et non pas le Cachemire seul.

STAKHANOVISME. – Mot venant du nom de Stakhanov, mineur russe. Il s'agit d'une méthode de travail visant à augmenter son rendement par des initiatives personnelles. Employée par les pays socialistes, elle est encouragée par Staline.

STALAGMITE (du grec *stalagmos,* écoulement goutte à goutte). – Voici un moyen mnémotechnique pour se rappeler laquelle de la stalagmite ou de la stalagtite monte ou descend : la stalag*m*ite *m*onte; la stalag*t*ite *t*ombe.

STALINE (Joseph Vissarionovitch Djougachvili, dit) (1879-1953), homme d'état soviétique. Il commence par entrer au séminaire. Puis, dès 1898, il se lance dans l'action révolutionnaire. Secrétaire général du parti communiste à la mort de Lénine, en 1924, il procède à l'élimination politique de Trotski, Zinoviev, Kamenev, et fait exécuter les derniers opposants. En 1943, pendant la Seconde Guerre mondiale, il devient maréchal.

STALINGRAD. – À partir de 1925, nouveau nom de Tsaritsyne jusqu'en 1961. Depuis la ville s'appelle Volgograd parce qu'elle est située sur le fleuve Volga. Elle compte près d'1 million d'habitants.

STANILAS (place). – Stanislas 1er Leszczinski (1677-1766) est roi de Pologne de 1704 à 1709, puis de 1733 à 1736. Sa fille Marie épouse Louis XV, roi de France, ce qui lui vaut d'être fait duc de Lorraine et de Bar en 1738. Sa Cour s'installe à Lunéville, à 29 km au sud-est de Nancy, qui bénéficie largement de la politique de Stanislas en faveur des arts.

STANLEY (John Rowlands, sir Henry Morton) (1841-1904), explorateur britannique. Journaliste au *New York Herald*, il est envoyé en Afrique à la recherche de Livingstone qu'il retrouve en 1871. Plus tard, en traversant l'Afrique d'est en ouest, il découvre le cours du Congo. En 1885, au service du roi des Belges Léopold II, il crée l'État du Congo.

STARK (Johnny) (1924-), imprésario français.

STAR OF AFRICA et **CULLINAN II,** diamants célèbres. Le Star of Africa (ou Étoile de la Paix) a été découvert en 1974 en Centrafrique (500 carats); il passe à 170,49 carats une fois taillé, et est vendu à l'émir d'Abou Dhabi pour 100 millions de francs. Le Cullinan II est extrait de la taille du Cullinan, découvert en 1905 en Afrique du Sud (3 106 carats); il est taillé en forme de coussin (317,40 carats), et placé sur la couronne d'Angleterre.

STAR OF INDIA, saphir provenant de l'île de Ceylan, de 563,35 carats, aujourd'hui conservé au muséum de New York. Ce n'est pas le plus gros saphir du monde, mais le neuvième.

STARSKY ET HUTCH, série policière de la télévision américaine, importée par la France dans les années 70.

STEEL BAND, orchestre où les instruments sont de vieux bidons. Ici, groupe de rock-and-roll créé autour de la personnalité de Tommy Steel, chanteur anglais né en 1936.

STEEPLE-CHASE (de *steeple*, clocher, et *chase*, chasse), course d'obstacles pour les chevaux.

STEIN (Gertrude) (1874-1946), femme de lettres américaine née en Pennsylvanie et morte à Neuilly-sur-Seine, elle s'établit à Paris en 1903. Elle ouvre alors, rue de Fleurus, un salon littéraire réputé, point de rencontre des expatriés américains des années 20. Elle est l'auteur, notamment, de livre de souvenirs : *Autobiographie d'Alice B. Toklas* (1933), *Autobiographie de tout le monde* (1938). Son importante collection de peintures, constituée à partir de 1904, est dispersée après 1967, à la mort d'Alice B. Toklas qui en avait l'usufruit. La collection comprenait notamment des œuvres de Cézanne, Picasso, Juan Gris, etc.

STEINBECK (John) (1902-1968), écrivain américain né à Salinas en Californie. Prix Nobel de littérature en 1962. *À l'est d'Eden* date de 1952. Autres romans : *Tortilla Flat* (1935), *Des souris et des hommes* (1937), *Les raisins de la colère* (1939). *À l'est d'Eden* est adapté au cinéma par Elia Kazan en 1955, avec James Dean.

STENDHAL (Henri Beyle, dit) (1783-1842), écrivain français né à Grenoble. Principales œuvres : *Le rouge et le noir* (1830), *La chartreuse de Parme* (1839), *Vie de Henry Brulard* (1890), roman inachevé publié en partie en 1855 sous le titre *Le chasseur vert*, et *Lucien Leuwen* (1894). Stendhal est méconnu de son vivant, sauf de Balzac qui déclare que *La chartreuse de Parme* est le plus beau livre qui ait paru en France depuis 50 ans.

STENMARK (Ingemar) (1956-), skieur suédois, champion du monde de slalom spécial en 1978 et 1982, de slalom géant en 1978. Vainqueur du classement général de la coupe du monde de ski alpin de 1976 à 1978 (2e de 1980 à 1983), il remporte la coupe du monde de slalom spécial de 1975 à 1981, puis en 1983, et la coupe du monde de slalom géant en 1975 et 1976, puis de 1978 à 1981. Double champion olympique des slaloms spécial et géant en 1980.

STERN, magazine d'Allemagne fédérale appartenant au groupe Gruner und Jahr GmbH & Co KG, également éditeur d'*Impulse* et *Géo*.

STEWART (Jackie) (1939-) pilote de course écossais, il est champion du monde des conducteurs de formule 1 pour la première fois en 1969, puis à nouveau en 1971 et 1973, année où il se retire de la compétition.

STEWART (Rod) (1945-), chanteur de rock anglais; il a, en effet, évolué comme gardien de buts dans le championnat de première division de son pays.

STICKY FINGERS. – Sur la pochette de ce disque des Rolling Stones est en effet représenté un blue-jean avec une véritable fermeture éclair.

STILTON, fromage à moisissures, fabriqué à partir du lait de vache.

STING (Mattews Gordon Summer) (1951-), chanteur de rock anglais. Ancien membre du groupe Police, il fait un retour en solo remarqué, en 1986, avec Russians.

STOCKHOLM, capitale de la Suède, qui compte 1,6 millions habitants, soit le 1/6e de la population de son pays.

STONE (Annie Gautrot, dite) et CHARDEN (Éric) (nés respectivement en 1947 et 1942), auteurs-compositeurs et interprètes français de variétés. Mariés, ils chantent ensemble au début des années 70, puis se séparent. Leur titre *L'avventura,* sorti en 1971, se vend à 1,2 millions d'exemplaires.

STOUT, bière anglaise brune.

STRABISME, (du grec *strabos*, louche), déviation de l'un ou des deux yeux, qui ne regardent pas dans la même direction. (Strabisme convergent : leurs axes se croisent. Strabisme divergent : leurs axes s'éloignent.)

STRADIVARIUS (Antonio) (1648-1737), luthier italien qui fut à l'origine de l'amélioration de la qualité du violon, par la transformation de ses proportions et de ses matériaux.

STRASBOURG, 12e ville de France, après Grenoble et Rouen, et avant Valenciennes et Lens, avec ses 260 000 habitants. Elle est le siège du Conseil de l'Europe, de l'Assemblée des Communautés européennes, et de la Cour des droits de l'homme.

STRASBOURG-PARIS, épreuve de marche, sur une distance d'environ 500 km, remportée en 1981, l'année où elle a lieu de Paris à Colmar, par le Français Roger Pietquin. Depuis 1979, la course ne compte que des Français parmi ses lauréats. Il faut entre 62 et 64 heures pour réaliser ce parcours.

STRAUSS (Richard) (1864-1949), compositeur allemand né à Munich, il est auteur, notamment, de poèmes symphoniques tels que *Don Juan* (1888), *Mort et transfiguration* (1889), *Ainsi parlait Zarathoustra* (1896), *Une vie de héros* (1898). Il s'oriente ensuite vers l'opéra avec *Le chevalier à la rose* (1911), par exemple. Sa dernière œuvre, pour 23 instruments à cordes, qu'il compose à 84 ans, s'intitule *Métamorphose* et fait figure de véritable testament musical.

STRAVINSKI (Igor) (1882-1971), compositeur russe naturalisé français, puis américain. Il atteint une renommée universelle avec trois ballets commandés par Diaghilev et chorégraphiés par Nijinski : *L'oiseau de feu* (1910), *Pétrouchka* (1911), *Le sacre du printemps* (1913). Lors de la représentation de ce dernier, au théâtre des Champs-Élysées à Paris, a lieu l'un des plus grands chahuts qu'ait jamais connu la création d'une œuvre contemporaine. Stravinski abandonne peu à peu son inspiration russe (contre le conseil de Debussy, qui lui avait dit un jour : « *Pour l'amour de la musique, je vous en prie, restez russe.* ») pour se tourner vers ce qu'on appelle son néo-classicisme, puis vers le sérialisme.

STREEP (Mary Louise, dite Meryl) (1951-), actrice américaine révélée en 1978 par la série télévisée américaine *Holocauste*. Elle est la vedette de *Kramer contre Kramer*, de R. Benton, qui fut réalisé en 1979, du *Choix de Sophie* (1982) et d'*Out of Africa* (1985).

STREISAND (Barbara Joan Streisand, dite Barbra) (1942-), chanteuse et actrice américaine né à New York. *Funny Girl*, de William Wyler, en 1968 est son premier, film; il lui vaut un oscar à Hollywood. Elle réalise également elle-même un film, *Yentl,* en 1983.

STRINDBERG (August) (1849-1912), écrivain suédois également peintre né et mort à Stockholm. Il est tour à tour instituteur, acteur, journaliste, puis secrétaire à la bibliothèque royale, de 1874 à 1882. Son roman *La chambre rouge* (1879) le rend célèbre, car c'est le premier roman naturaliste suédois. Au théâtre, sa pièce *Mademoiselle Julie* est montée en 1888.

STROHEIM (Erich Oswald Stroheim, dit Erich von) (1885-1957), acteur et cinéaste américain, d'origine autrichienne, né à Vienne, mort en France. *Les rapaces*, son cinquième film en tant que cinéaste, est réalisé en 1923 et sort sur les écrans en 1925. Il est l'auteur de 10 films, dont un est aujourd'hui perdu

(*Le passe-partout du diable*, 1920). Sûrement un tour pendable de ce dernier! En tant qu'acteur, Erich von Stroheim a tourné dans plus de trente films, parmi lesquels *La grande illusion*, de Jean Renoir, en 1937, avec Jean Gabin et Pierre Fresnay, Julien Carrette et Marcel Dalio.

STRÜDEL, gâteau feuilleté, fourré aux pommes ou aux noix.

STUTZ BEARCAT, modèle créé en 1911 par la Stutz Motorcar Co of America, compagnie d'Indianapolis disparue en 1935 en partie à cause des coûts élevés de fabrication de la Stutz Bearcat.

STYLO À ENCRE. – Il est découvert par l'Américain Waterman en 1884. Le stylo à bille est découvert par un autre Américain, Loud, en 1888.

STYRON (William) (1925-) écrivain américain, auteur notamment du *Choix de Sophie* (1979).

STYX, un des fleuves des Enfers, dont les eaux rendaient invulnérables selon la mythologie grecque.

SUDORIPARE ou **SUDORIFÈRE** (du latin *sudatio,* sudation; *sudor,* sueur). – Les glandes sudoripares sont les glandes productrices de sueur.

SUÈDE, État du Nord de l'Europe, d'une superficie de 450 000 km² pour 8,5 millions d'habitants. À titre de comparaison, la Finlande a une superficie de 337 000 km², et le Danemark compte 5,1 millions d'habitants.

SUEZ (canal de), canal d'une longueur de 161 km construit entre 1859 et 1869 par l'ingénieur français Ferdinand de Lesseps. Fermé de 1967 à 1975 lors de la deuxième guerre israélo-arabe, il relie la mer Rouge à la Méditerranée en perçant l'isthme de Suez.

SUFFRAGETTES, premières féministe, en Angleterre. Elles réclament le droit de vote pour les femmes. Le mouvement des suffragettes commence en 1865, mais n'est vraiment actif que de 1903 à 1917.

SUISSE. – Les deux lettres CH sur les plaques minéralogiques des véhicules immatriculés en Suisse sont les initiales de Confédération helvétique.

SUKIYAKI, art japonais de la poterie, perpétué depuis le IIIe siècle de notre ère.

SULKY, voiture à deux roues ultralégère attelée derrière les chevaux de courses de trot.

SULLY (Maximilien de Béthune, baron de Rosny, duc de) (1560-1641), homme politique français. Protestant, il commence par combattre aux côtés d'Henri IV puis est surintendant des finances en 1598. Il gère les finances avec économie, favorise l'agriculture et l'élevage. Une de ses maximes est : *Labourage et pâturage sont les deux mamelles de la France.* Il fait construire routes et canaux. Après la mort d'Henri IV il se consacre à ses mémoires.

SULLY PRUDHOMME (René François Armand Prudhomme, dit) (1839-1907), poète français né à Paris. Auteur de *Les solitudes* et *Les vaines tendresses*; il obtient le prix Nobel en 1901 (premier du nom).

SULTANAT DE BRUNEI. – Le pétrole y est découvert en 1929, sous protectorat britannique. Le sultanat obtient son indépendance en 1984. Ses ressortissants ne paient pas d'impôts et bénéficient de la gratuité de l'éducation et des soins médicaux.

SUMATRA, île d'Indonésie située à l'Ouest de l'archipel. Elle compte 31 millions d'habitants. Palembourg est sa capitale (905 000 habitants).

SUMO, sport de lutte japonais codifié à la fin du XIXe siècle. Il est pratiqué par quelques centaines d'adeptes vénérés par les Japonais. Le grade suprême est le *yokozuna* (grand champion). Les sumotoris sont venus pour la première fois en Occident, au Palais des sports de Bercy, en 1986.

SUOMI. – L'appellation officielle est *Suomen Tasavalta.*

SUPÉRIEUR (lac), vaste lac américain situé entre le Canada et les États-Unis. D'une superficie de 82 380 km², il est relié au lac Huron (60 000 km²) par la rivière Sainte-Marie.

SUPERMAN, héros américain d'une bande dessinée réalisée par Joe Schuster (dessin) et Jerry Siegel (texte). Paru pour la première fois en France dans le *Journal de Spirou* le 21 avril 1938, Superman a donné lieu à de nombreuses adaptations au cinéma.

SURF, sport consistant à glisser sur les vagues debout sur une planche, et qui, selon une légende, est à l'origine une épreuve réservée aux prétendants au trône des îles Hawaii, dans le Pacifique.

SURINAM ou SURINAME, État du Nord de l'Amérique latine, d'une superficie de 142 822 km² pour 400 000 habitants. Sous domination hollandaise, il obtient son indépendance en 1975.

SVASTIKA (du sanskrit *svastika* ou *swastika*), symbole sacré de l'Inde, en forme de croix gammée.

SVERDLOVSK. – Située sur le versant est de l'Oural, c'est avec 1,3 million d'habitants la neuvième ville d'U.R.S.S. Elle est, en 1979, le théâtre d'un grave accident survenu dans une usine de produits chimiques.

SWANN (Charles), personnage de *À la recherche du temps perdu.* Voir **PROUST.**

SWANN (UN AMOUR DE), deuxième partie de *Du côté de chez Swann,* premier volet de *À la recherche du temps perdu.* « Faire catleyas » signifie faire l'amour. Voir l'épisode relatif à cette métaphore aux pages 232 à 234 de l'édition de la Pléiade, tome I. Voir **PROUST.**

SWANSON (Gloria Josephine Mac Swanson, dite Gloria) (1897-1983), actrice américaine (1897-1983). *Sunset Boulevard (Boulevard du crépuscule)* de Billy Wilder, lui fait, en 1950, retrouver son aura passée. Elle y interprète d'ailleurs le rôle d'une star déchue, aux côtés d'Erich von Stroheim avec qui elle a, à la fin des années 20, un projet grandiose : *Queen Kelly,* qui n'est jamais achevé et l'endette pendant 20 ans.

SWAZILAND, État d'Afrique situé entre l'Afrique du Sud et le Mozambique. Après la guerre des Boers, ce royaume bantou indépendant devient protectorat du Transvaal. Il acquiert son indépendance en 1968.

SWIFT (Jonathan) (1667-1745), écrivain irlandais de langue anglaise né et mort à Dublin. Déçu dans sa carrière ecclésiastique et politique et dans ses aspirations sentimentales, il écrit *Les voyages de Gulliver*, en 1726, qui font de lui l'un des plus grands écrivains du siècle classique anglais.

SYDNEY. – Fondée en 1788, elle est la plus ancienne ville d'Australie. Située sur le Pacifique, elle compte plus de 3 millions d'habitants (c'est-à-dire plus de 1/5e de la population totale).

SYLVIE (Louise Pauline Mainquené, dite) (1883-1970), actrice française, interprète notamment dans *Un carnet de bal, Entrée des artistes, La fin du jour*, etc.

SYMBOLISME, mode d'expression lié aux beaux-arts et à la littérature, faisant appel au symbole. Courant poétique, littéraire et artistique de la fin du XIXe siècle et du début du XXe siècle, le symbolisme s'oppose surtout au réalisme académique. L'artiste symboliste se veut un visionnaire qui sollicite le rêve comme source de création.

T

TABARLY (Éric), (1931-   ), officier de marine navigateur français né à Nantes. Vainqueur de la Transatlantique en solitaire, en 1964 et 1976, sur *Pen-Duick II* et *Pen-Duick VI,* il remporte la transpacifique en solitaire, en 1969, sur *Pen-Duick V.* Il termine 4e de la transatlantique en solitaire de 1984 avec son bateau *Paul-Ricard.*

TAGE. – Avec ses 1 120 km, c'est le plus long fleuve de la péninsule ibérique. Il prend sa source en Aragon, puis traverse la Nouvelle Castille, l'Estrémadure, avant d'entrer au Portugal et de se jeter dans l'Atlantique à Lisbonne.

TAI CHI-CHUAN ou TAI JIQUAN, gymnastique qui est à l'origine un art martial, mais qui ne peut devenir un sport de combat qu'après plusieurs années d'apprentissage et d'exercices. Ces derniers consistent essentiellement en des assouplissements exécutés régulièrement en contrôlant la vitesse de la respiration. Le tai chi-chuan est également pratiqué en Thaïlande, en Indonésie, au Japon, aux U.S.A., etc.

TAIF, ville d'Arabie Saoudite située à 1 600 m d'altitude dans le Hedjaz. Elle compte 210 000 habitants. La capitale d'hiver du pays est Djeddah (750 000 habitants) et la capitale religieuse La Mecque (500 000 habitants).

TAIPEH ou TAIPEI. – Fondée en 1708 à la jonction des rivières Hsintien, Keelung et Tanshui, elle est depuis 1949 le siège du gouvernement chinois nationaliste, et compte 2,4 millions d'habitants.

TAJ MAHÂL, monument funéraire construit sous l'empire moghol, à Agra (Inde), de 1630 à 1652, par l'empereur shah Jahan pour son épouse Mumtaz.

TALLAHASÉE. – Située au nord de l'État, elle compte 85 000 habitants et est le siège d'une importante université.

TALLEYRAND-PÉRIGORD (Charles Maurice de), homme politique français évêque d'Autun en 1788, député aux États généraux en 1789, agent diplomatique à Londres en 1792, ministre des Relations extérieures du Directoire de 1797 à 1799. Il est rendu à l'état laïque en 1802 et fait grand chambellan et prince de Bénévent par Napoléon en 1802 puis disgrâcié en 1809. Chef du gouvernement provisoire en 1814, à nouveau chef du gouvernement en 1815, il démissionne en septembre après la défaite de Waterloo (9 juillet). Il est enfin ambassadeur de Louis-Philippe à Londres de 1830 à 1834. Une chute dans sa jeunesse l'empêche d'embrasser la carrière des armes.

TANAKA (Kakuei) (1918-), homme politique japonais premier ministre du 5 juillet 1972 au 9 décembre 1974. Impliqué dans le scandale de l'affaire des avions militaires Lockheed (il aurait perçu directement près de 9 millions de francs), il est arrêté le 27 juillet 1976. Dans le même temps, le prince Bernhard, inspecteur général des forces armées des Pays-Bas, se voit contraint de démissionner de ses fonctions.

TANGANYIKA (lac), grand lac situé aux frontières de la Tanzanie, du Zaïre, du Burundi et de la Zambie. Avec ses 32 893 km² c'est le 2e lac d'Afrique et le 7e du monde.

TANGO, adjectif signifiant d'une couleur orange, mais aussi musique, et danse, d'origine argentine. *Le plus beau de tous les tangos du monde* est une chanson à succès de Tino Rossi.

TANK, mot qui vient de l'anglais et qui signifie réservoir ou citerne. Dans l'armée c'est un char de combat.

TAOÏSME, religion populaire de la Chine, mélange du culte des esprits de la matière et des ancêtres et des théories de Lao-Tseu, fondateur de cette religion. L'homme doit être libéré du monde dans lequel il vit pour atteindre celui du Tao.

TAROT. – Le nom est utilisé pour la première fois au XVe siècle. Le tarot se joue à 3 ou 4, avec 78 cartes plus grandes que les cartes classiques et portant des figures différentes. Il comprend 21 atouts numérotés, et un 22e sans numéro, appelé Fou ou Excuse.

TARTUFFE, voir **MOLIÈRE**

TARZAN, voir **BURROUGHS**

TASMAN (Abel Janszoon), voir **TASMANIE**

TASMANIE. – Ce nom vient de celui d'Abel Janszoon Tasman qui, navigateur hollandais, découvrit cette île de 68 000 km², située entre l'Australie et la Nouvelle-Zélande dans la mer de Tasman, en 1642.

TASS (agence), initiales de *Telegrafno agentsvo sovietskogo soïouza*. Agence de presse officielle de l'U.R.S.S., son siège est au 10, Tverskoï bulvar. Créée le 1er décembre 1917 sa direction générale est désignée par le Conseil des ministres. L'agence a des bureaux ou correspondants dans plus d'une centaine de pays.

TATA (Jamshedjî Nasarwanjî ou Jamshîd) (1839-1904), industriel indien. Il implante en Inde le coton égyptien pour créer deux manufactures à Nagpour et Bombay. Il est le promoteur de l'industrialisation de son pays.

TATE GALLERY, musée national créé en 1897 par Sir Henry Tate, industriel anglais.

TATE (Sharon) (1943-1969), épouse du cinéaste Roman Polanski depuis janvier 1968, elle a notamment tourné, en 1967, dans son film *Le bal des Vampires.* Née en Grande-Bretagne, elle est assassinée, à l'âge de 26 ans, en Californie, au cours d'une soirée chez elle, en l'absence de Polanski. Ce meurtre semble avoir été commandité par Charles Manson, adepte du satanisme.

TATI (Jacques Tatischeff, dit) (1907-1982), acteur et cinéaste français. Ses films sont *Jour de fête* (1949); *Les vacances de M. Hulot* (1953); *Mon oncle* (1958); *Playtime* (1967); *Trafic* (1971); *Parade* (1974).

TAUROMACHIE, sport qui prend racine en Espagne, au début du Moyen Âge. En Crète antique, on toréait le Minotaure! Voir **DÉDALE.**

TAXIDERMISTE (du grec *taxis*, arrangement, et *derma*, peau), empailleur d'animaux morts.

TAYLOR (Elizabeth, dite Liz) (1932-), actrice américaine née à Londres. Elle commence sa carrière à l'âge de 10 ans. Elle est le type même du « monstre sacré ». Elle a une soixantaine de films à son actif. Mariée, divorcée, puis remariée à Richard Burton, elle joue avec lui dans *Qui a peur de Virginia Woolf?*, un film de Mike Nichols (1966) qui illustre parfaitement l'ambiance orageuse dans lequel baignait ce couple.

TAYLOR-BURTON (diamant), diamant trouvé en Afrique du Sud en 1966, d'un poids de 240,80 carats, et de 69,42 carats une fois taillé. Il fut offert à Elizabeth Taylor par Richard Burton, qui l'acheta pour la modique somme de 14,5 millions de F! Il est ensuite revendu à New York à Henry Lambert en 1979. Il est également appelé Cartier.

TAZIEFF (Haroun) (1914-), géologue français né à Varsovie. Il se consacre très vite à la vulcanologie. Il est également auteur de films sur l'activité des volcans en éruption et secrétaire d'État chargé de la Prévention des risques naturels et technologiques majeurs de 1984 à 1986 au cabinet de Laurent Fabius. La dernière éruption de la Soufrière (Guadeloupe) a lieu en 1976 et fait 1 467 morts. Celle de Saint-Vincent en 1979 fait 1 165 morts.

TCHAÏKOVSKI (Piotr Ilitch) (1840-1893), compositeur russe, créateur de ballets symphoniques tels que *Le lac des cygnes* (1876) ou *Casse-noisette* (1892). Il est également auteur de sept symphonies, de concertos, et d'opéras tels *Eugène Onéguine* (1878) ou *La dame de pique* (1890). À Saint-Pétersbourg, en 1893, alors que le choléra fait rage, il se sert sciemment un grand verre d'eau de la ville et le boit devant ses amis. Il meurt quelques jours après.

TCHÉCOSLOVAQUIE. – En 1948, la Tchécoslovaquie devient une démocratie populaire. À partir de 1960, un certain libéralisme apparaît en économie et en politique, tendance qui s'affirme plus nettement en 1968. Après plusieurs mises en garde de la part de l'U.R.S.S., les troupes russes occupent la Tchécoslovaquie (en août 1968) et une nouvelle Constitution est adoptée.

TCHERNIA (Pierre Tcherniakowski, dit Pierre), journaliste, puis producteur et animateur d'émissions télévisées telles *En direct, La piste aux étoiles, L'ami public nº 1, Monsieur cinéma.* Cet amoureux du cinéma réalise lui-même des films pour le grand écran : *Le viager*, en 1972; *Les gaspards*, en 1974; *La gueule de l'autre*, en 1979; tous trois avec

Michel Serrault comme interprète principal.

TE KANAWA (Kiri) (1943-), soprano originaire de Nouvelle-Zélande.

TECTONIQUE, discipline interne à la géologie, attachée à l'étude des déformations propres des différents terrains.

TEGUCIGALPA, capitale du Honduras, découverte en 1502 par Christophe Colomb lors de son dernier voyage. Elle compte aujourd'hui 510 000 habitants.

TÉLÉPHÉRIQUE. – Le plus haut et le plus long relie Mérida (1 639 m) au pic Espejo (4 763 m). Il est construit par la France en 1959. L'ascension des 3 124 m de dénivellation se fait sur 12,8 km et dure 1 heure.

TÉLESCOPE. – Le plus grand se trouve en U.R.S.S., à Zelentchouk dans le Caucase; son miroir pèse 70 tonnes. Il est construit en 1976. Vient ensuite le télescope construit en 1948, qui se trouve aux U.S.A., sur le mont Palomar, en Californie, et mesure plus de 5 m de diamètre.

TÉLÉVISION. – En 1929, le physicien britannique John L. Baird (1888-1946) réalise des émissions expérimentales pour la B.B.C. et construit le premier téléviseur, sur lequel il réalise des essais entre New York et Washington (380 km). Le 8 mars ont lieu les premières émissions régulières en Allemagne. La même année, le premier appareil français, avec lampe au néon et disque de Nipkow, est construit par René Barthélemy (1889-1954). La première transmission par Barthélemy, entre Montrouge et Malakoff, a lieu le 14 avril 1931, et non pas en 1929.

TÉMOIN À CHARGE (1958), film américain réalisé par Billy Wilder, avec Charles Laughton (auteur par ailleurs de *La nuit du chasseur* en 1955), et Tyrone Power, un des grands séducteurs du cinéma (1913-1958). Terrassé par une crise cardiaque pendant le tournage de *Salomon et la reine de Saba,* de King Vidor, ce dernier est remplacé par Yul Brynner).

TEMPELHOF, quartier de la banlieue sud de Berlin Est.

TEMPLE (Shirley) (1928-), actrice américaine, elle fait ses débuts au cinéma dès l'âge de 4 ans. De 1934 à 1938, avec 3 films par an en moyenne, comme vedette principale, elle garantit la prospérité des studios Twentieth Century Fox en même temps qu'elle se construit une solide fortune. Quittant le cinéma en 1949, elle se consacre bientôt à la politique dans les rangs du parti républicain. Représentante des U.S.A. à l'O.N.U. en 1968, elle est également ambassadrice au Ghâna de 1974 à 1976 et chef du protocole en 1976.

TEMPS RETROUVÉ (LE), dernier chapitre d'*À la recherche du temps perdu.* Voir **PROUST.**

TENNIS, sport dérivé du jeu de paume. Il apparaît en Grande-Bretagne en 1874, sous l'impulsion du major Wingfield, et se trouve réglementé en 1877 à l'occasion du premier tournoi de Wimbledon. Le premier club français est fondé à Dinard (Côte-du-Nord) en 1878. A.T.P. signifie Association des tennismen professionnels. Décompte des points et des jeux : le premier des deux joueurs qui marque 4 points (avec 2 points d'écart) remporte 1 jeu. 1er point : 15, 2e point : 30, 3e point : 40, 4e point : jeu. En cas d'égalité à 40, le point suivant est compté « avantage ». Le premier qui remporte 6 jeux (avec 2 jeux d'écart) remporte le set. En cas d'égalité à 6 jeux partout, un dernier jeu, appelé *tie break*, disputé en 7 points gagnants (avec 2 points d'écart), départage les deux joueurs. Un match se joue en 2 sets gagnants ou en 3 sets gagnants. Il n'y a pas de tie-break en coupe Davis. La tenue blanche obligatoire pour les joueurs reste encore en vigueur dans certains clubs privés.

TEQUILA, alcool d'agave (plante originaire de l'Amérique centrale, du grec *agauê*, remarquable), fabriquée dans la région d'appellation de Tequila, au Mexique.

TERRE. – La planète qui est sa « jumelle » dans notre système solaire est Mars. Du moins est-elle celle qui ressemble le plus à la Terre, mais aucune trace de vie n'y a encore été décelée.

TERRE ADÉLIE. – Découverte en 1840 dans le continent antarctique par le capitaine de vaisseau Dumont d'Urville, elle a été ainsi baptisée du prénom même de sa femme. D'une superficie de 361 km², elle est territoire d'outre-mer français depuis le 6 août 1955 et abrite 150 personnes l'hiver et 200 l'été dans sa base scientifique.

TERREUR, période de la Révolution française qui dure du 7 septembre 1793 au 28 juillet 1794. Elle s'attaque au complot aristocratique et est légalisée par la loi des suspects. La Terreur a pour résultat l'élimination des Girondins, et des milliers de suspects se présentent devant le tribunal révolutionnaire; beaucoup sont guillotinés. La période la plus terrible de la Terreur se situe lorsque Robespierre devient le maître de la Convention.

THACKERAY (William Makepeace) (Calcutta, 1811-Londres, 1863), journaliste et caricaturiste anglais. Son livre *La foire aux vanités* (*Vanity Fair*, 1847-1848) le désigne au grand public comme écrivain.

THAÏLANDE, État d'Asie du Sud-Est. Le Siam est rebaptisé ainsi en 1939.

THANT (Sithu) (1909-1974), homme politique birman, secrétaire général de l'O.N.U. de 1961 à 1972. Il est remplacé par Kurt Waldheim, qui lui-même laisse sa place à Javier Pérez de Cuellar en janvier 1982.

THATCHER (Margaret Roberts, épouse) (1925-), premier ministre britannique conservateur. Élue le 4 mai 1979, elle est réélue à deux reprises. La rigueur de sa gestion et son intransigeance lui valent d'être appelée la Dame de fer. Son lieu de résidence est à Londres, 10 Downing Street.

THÉORÈME (1968), film italien, réalisé par Pier Paolo Pasolini, avec Silvana Mangano, Terence Stamp, Laura Betti. Ample allégorie sur le thème du messie, ce film suscite à sa sortie une vive polémique en même temps qu'un grand intérêt. Le même thème est développé par Pasolini dans *L'Évangile selon saint Matthieu* (1964), avec plus de bonheur sans doute.

THÉOSOPHIE, nom générique sous lequel sont regroupées diverses doctrines religieuses (hindouisme, boudhisme) et plusieurs autres enseignements traditionnels indiens, érigée en société à New York, en 1875, par Helena

Petrovna Blavatski et Henry Steel Olcott, puis installée près de Madras, en Inde, à Adyar.

THERESA (mère). – Prix Nobel de la paix en 1979, cette religieuse est la sixième femme à obtenir cette distinction.

THERMOPYLES, étroit défilé où, en 480 avant J.-C., Léonidas 1er roi de Sparte, tente d'arrêter, avec quelque 400 Spartiates, l'immense armée perse. Cerné, il combat jusqu'à la mort.

THÉSÉE, roi légendaire d'Athènes, qui passe pour avoir été l'instigateur de l'unification de l'Attique et des premières institutions athéniennes.

THÉVENET (Bernard) (1948-), coureur cycliste français. Vainqueur du Tour de France en 1975, devant Merckx, et en 1977; il arrive deuxième en 1973, derrière Ocaña.

THIBAULT (LES), suite romanesque de Roger Martin du Gard (1881-1958), qui oppose deux frères, Jacques et Antoine, fils d'Oscar. La série comprend les volumes suivants : *Le cahier gris* (1922); *Le pénitencier* (1922); *La belle saison* (1923); *La consultation* (1928); *La sorellina* (1928); *La mort du père* (1929); *L'été 1914* (1936); *Épilogue* (1940).

THIERS (Louis Adolphe) (Marseille, 1797-Saint-Germain-en-Laye, 1877), homme d'État, journaliste et historien français. Fondateur avec Armand Carrel et Auguste Mignet du journal *Le National* en 1830, il est successivement secrétaire général au ministère des Finances dans le cabinet Laffitte, ministre de l'Intérieur en 1832, président du Conseil, ministre des Affaires étrangères, sous Louis-Philippe, représentant des conservateurs sous la IIe République, chef du pouvoir exécutif sous le Second Empire, président de la République en 1871. Il est également l'auteur d'une *Histoire de la Révolution*. Sa vie publique dura près de 50 ans.

THIMONNIER (Barthélemy) (1793-1857), inventeur français. Sa première machine à coudre, réalisée presque entièrement en bois, fut brevetée en 1830.

THOENI (Gustav) (1951-), skieur italien. Il est premier au classement général de la coupe du monde de ski alpin en 1971 (devant le Français Henri Duvillard), 1972 (à nouveau devant Duvillard), 1973, et 1975 (devant le Suédois Ingemar Stenmark, victorieux à son tour les 3 années suivantes).

THOM (René) (Montbéliard, 1923-), mathématicien français. Il est l'auteur d'une théorie des catastrophes qui permet de déceler certaines causes inconnues à des phénomènes observés.

THOR ou TOR, dieu de la mythologie scandinave, fils d'Odin et de Iord. C'est le dieu du tonnerre, de la pluie, peut-être de la fertilité, mais aussi le dieu de la guerre. La tradition voit en lui un colosse infatigable et bon vivant.

THOREZ (Maurice) (1900-1964), homme politique français. Secrétaire général du parti communiste depuis 1930, il joue un rôle important au moment de la formation du Front populaire. Après avoir été ministre d'État en 1945 et 1946, il devient vice-président du Conseil et, peu avant sa mort, secrétaire général du parti communiste. Il écrit le récit de sa carrière sous le titre de *Fils du peuple.*

THORPE (Jim) (1888-1953), athlète américain. Champion olympique du décathlon et du pentathlon en 1912. Le pentathlon est retiré des jeux Olympiques en 1928.

THOU (François Auguste de) (1607-1642), magistrat français. Il est décapité avec son ami et complice le marquis de Cinq-Mars, accusé comme lui de conspiration contre Richelieu.

TIBBETS (Paul), aviateur américain, pilote du bombardier transportant la bombe atomique. Il la lâche sur Hiroshima le 16 août 1945 à 8 h 13.

TIBET, région située au sud-ouest de la Chine et au nord de l'Himalaya. Sa capitale, Lhassa, est couverte de monastères bouddhistes. En 1950, le Tibet est occupé par les troupes chinoises et proclamé République autonome. En 1959, les Tibétains se révoltent mais sont écrasés par la Chine qui établit solidement son emprise. Le dalaï-lama se réfugie en Inde.

TIE-BREAK. – On gagne le tie-break en 7 points avec 2 points d'avance sur l'adversaire. Quand 6 points ont été disputés, les deux joueurs changent de côté. Le tie-break n'est toujours pas en vigueur dans les épreuves de Coupe Davis. Le tie-break le plus long fut gagné par le Suédois Björn Borg contre l'Indien Lall, à Wimbledon en 1973 : 20 points à 18!

TIERCÉ voir **P.M.U.**

TIFFANY, diamant jaune en forme de coussin, appartenant à Tiffany, New York (128,51 carats).

TIGRE, mammifère carnassier, originaire d'Asie du Sud-Est, mesurant 2 m de long, pesant 200 kg, d'une longévité d'un quart de siècle à peu près. En 1967 fut abattu en Inde un tigre du Bengale de 389 kg pour 3,22 m de long!

TIGRE, fleuve d'Asie occidentale qui prend sa source dans le Sud-Est de la Turquie, longe la Syrie, servant en cela de frontière, puis rejoint l'Euphrate en Irak pour former avec lui près du golfe Persique le Chât al-Arab sur les rives duquel (pendant 200 km) se déploie la plus grande palmeraie du monde. Le Tigre mesure quant à lui 1 718 km.

TIJUANA, ville mexicaine située à la frontière des États-Unis. Elle compte 550 000 habitants. Ses principaux pôles d'attraction sont les corridas, la pelote basque, les boutiques, les restaurants et les boîtes de nuit.

TIKAL, site archéologique maya dans le Petén, au Guatemala. Il abrite les vestiges d'une métropole maya (civilisation indienne remontant au milieu du IIIe millénaire) dont une imposante pyramide et une plaque de jade portant la plus ancienne date maya (320 apr. J.-C.).

TIMES (THE), quotidien anglais du matin, fondé en 1785. *Time Magazine* a son siège à New York : il est publié par *Time Life International.* Le *Financial Times* est publié à Londres, le *New York Times* à New York, le *Los Angeles Times* à Los Angeles, etc.

TINTIN, bande dessinée belge créée en 1929 par Hergé (initiales de son vrai nom, Georges Rémi, 1907-1983), avec *Tintin au pays des soviets*. *Tintin* est maintenant traduit dans plus de 33 langues, et s'est vendu à ce jour à plus de 100 millions d'exemplaires.

TIR À L'ARC. – N'ont été officiellement reconnues comme disciplines internationales et olympiques, en 1972, que les compétitions de tir à 90 m, 70 m, 50 m et 30 m (pour les hommes), et 70 m, 60 m, 50 m et 30 m (pour les femmes).

TITANIC (LE). – Dans la nuit du 14 au 15 juin 1912, lors de sa première traversée, ce paquebot britannique, à l'époque le plus grand du monde (271,60 m de long), heurte un iceberg à 22 h 15, puis sombre à pic par 4 000 m de fond à 2 h 20 du matin. On dénombre près de 2 200 morts et disparus et 764 survivants. Le trésor du Titanic, notamment un coffre-fort dont on estime qu'il renferme 300 millions de dollars de bijoux, est repêché en 1987. Des expositions et un film sont prévus.

TITICACA (lac), 19ᵉ grand lac du monde, il est partagé entre la Bolivie et le Pérou. Sa superficie est de 3 141 m²; il est situé à 3 812 m d'altitude.

TIXIER-VIGNANCOURT, (Jean-Louis) (1907-) homme politique et avocat français. Député des Basses-Pyrénées de 1936 à 1942 et de 1956 à 1958, il est candidat à la présidence de la République en 1965.

TÖFFLER (Alvin), écrivain américain du XXᵉ siècle, auteur notamment de *Le Choc du futur, La troisième vague, S'adapter ou périr*.

TOGO, État d'Afrique de l'Ouest, d'une superficie de 56 000 km² pour 3 millions d'habitants. Les Portugais s'y installent au XVᵉ siècle et y pratiquent la traite des Noirs. Au XIXᵉ siècle, Anglais, Allemands, et Français s'y introduisent. Le pays est placé sous protectorat allemand en 1885. Après son occupation par les Alliés lors de la Première Guerre mondiale, le protectorat est partagé entre la France et l'Angleterre. Placé en 1946 sous tutuelle des Nations Unies, le Togo acquiert son indépendance le 30 août 1956.

TOJO (Hideki) (Tokyo, 1884-Tokyo, 1948), homme politique et général japonais. Ministre de la Guerre en 1940, il devient chef du gouvernement en 1941. Il est à l'origine, le 7 décembre, de l'attaque par la flotte de l'amiral Yamamoto de l'escadre américaine de Pearl Harbor, au cours de laquelle les U.S.A. perdent 8 cuirassés, 3 croiseurs, 3 destroyers, 1 porte-avions, 273 avions. Le Japon, quant à lui, ne perd que 5 sous-marins de petite taille et 48 avions. Après les défaites japonaises de 1944, Tojo Hideki démissionne. Il est condamné à mort pour crimes de guerre et exécuté par les Américains.

TOLÈDE, riche cité espagnole située sur la rive droite du Tage. Ne pas confondre, Toledo en Espagne, avec Toledo, port charbonnier situé à l'extrémité ouest du lac Érié dans l'Ohio (U.S.A.).

TOLKIEN (John Ronald Renel) (1892-1973) écrivain britannique, né à Bloemfontein (Afrique du Sud). *Le Seigneur des anneaux*, épopée fantastique, a été écrit en 1954-1955.

TOLSTOÏ (Léon Nicolaïevitch) (1828-1910), écrivain russe (1828-1910). Il est l'auteur entre autres de : d'*Anna Karénine* (1877), *Guerre et Paix* (1865-1869), *La sonate à Kreutzer* (1889), etc. Si Anna Karénine se jette sous les roues d'un train, Tolstoï, lui, ayant fui sa famille, meurt dans une gare de province (Astaport).

TOM ET JERRY. – Le chat Tom et la souris Jerry sont les héros des dessins animés créés par Bill Hanna et Joe Barbera, en 1940.

TOM (LA CASE DE L'ONCLE), voir **BEECHER-STOWE**

TOMBOUCTOU, ville du Mali, au nord-ouest du fleuve Niger. Elle compte 21 000 habitants.

TOPAZE, pierre fine pâle, jaune ou transparente, de la classe des silicates, encore appelée goutte d'eau. On la trouve notamment au Brésil, à Ceylan, en Australie, à Madagascar, au Japon, au Mexique, en Californie, en Oural, etc.

TOPLESS (en anglais, sans haut). – Le contraire est *bottomless,* sans bas.

TORONTO, capitale de l'Ontario, située sur la rive nord du lac Ontario, en face de l'État de New York. Elle compte 3 millions d'habitants.

TORTUE (île de la), petite île située au nord de Haïti. Découverte par Christophe Colomb en 1492, elle est baptisée Hispaniola et sert de base pour ses conquêtes. Après cinq siècles de coups d'État et de guerre civile, Haïti est aujourd'hui un petit État de 27 750 km² peuplé par 6 millions d'habitants.

TOULOUSE-LAUTREC (Henri Marie Raymond de Toulouse-Lautrec-Monfa, dit Henri de) (Albi, 1864-Malromé, 1901), peintre et lithographe français. À partir de 1891, il crée ses célèbres affiches (*Au Moulin-Rouge, La Goulue, Le divan japonais, Jane Avril au Jardin de Paris,* etc.). Plus de 300 sont réalisées jusqu'en 1899, et il remporte grâce à elles un immense succès populaire.

TOUR D'ITALIE (en italien *Giro*) course cycliste par étapes, sur route, créée en 1909, 6 ans après le Tour de France.

TOUR DE CORSE, rallye automobile créé en 1970. La première édition est remportée par l'équipage Darmiche-Demange sur une Alpine Renault.

TOUR DE FRANCE, course cycliste réservée aux professionnels. Créée en 1903, elle comprend alors 6 étapes (2 248 km). 60 cyclistes y participent dont 20 seulement atteignent la ligne d'arrivée. En 1986, le Tour de France compte 210 participants. Maillot jaune : leader au classement général. Maillot vert : leader aux points. Maillot blanc : leader des jeunes. Maillot à pois : leader du classement du meilleur grimpeur.

TOUR DE L'AVENIR, course cycliste créée en 1961 par Jacques Goddet et Félix Lévitan, réservée aux amateurs et se courant par équipes nationales pendant 15 jours.

TOUSSAINT-LOUVERTURE (François Dominique Toussaint, dit) (1743-1803), homme politique et général haïtien. Il aide le gouvernement français à abolir l'esclavage en 1794. Il veut ensuite créer une république noire, mais se heurte alors à Bonaparte et aux troupes du général Leclerc devant lesquelles il capitule en 1802. Arrêté et emprisonné, il meurt au fort de Joux, près de Pontarlier.

TOUTÂNKHAMON, pharaon de la XVIIIe dynastie, mort très jeune, vers 1346 av. J.-C. Son tombeau, rempli de mobilier funéraire de grande qualité, est découvert dans la Vallée des rois par lord Carnarvon et Howard Carter en 1922. Ce mobilier est aujourd'hui au musée du Caire.

TRAFALGAR. – Le 21 octobre 1805, l'amiral de Villeneuve et Carlos de Gravina sont écrasés par la flotte anglaise de Nelson, lequel trouve la mort au cours de cette bataille.

TRAITE DES NOIRS. – Du XVIe au XIXe siècle, sur les côtes africaines, un trafic d'esclaves noirs est mis en place par les Européens. Cette traite des Noirs est condamnée par le congrès de Vienne en 1815 puis prohibée par d'autres conventions. Le *bois d'ébène* est le nom donné aux Noirs par les négriers.

TRAMONTANE (de l'italien *tramontana*, qui est au-delà des monts), vent froid et sec venant du nord-ouest. Il souffle sur le Languedoc et le Roussillon.

TRAMWAY NOMMÉ DÉSIR (UN) (1951), film américain réalisé par Elia Kazan, avec Vivien Leigh et Marlon Brando. La Nouvelle-Orléans, ville américaine, est située au Sud-Est de la Louisiane, sur le fleuve Mississippi.

TRANSATLANTIQUE EN SOLITAIRE, course créée en 1960. Elle se dispute sur 3 000 miles, tous les 4 ans, de Plymouth (Grande-Bretagne) à New York (États-Unis). La première est remportée par Francis Chichester en 40 jours, 12 heures et 30 minutes. Éric Tabarly est vainqueur de la 2e en 1964, puis de celle de 1976.

TRANSSIBÉRIEN, chemin de fer dont la construction (9 334 km de rails) a commencé en 1891. Le voyage complet dure 8 jours 1/2 et comporte 96 arrêts. Son trafic représente environ 10 % du trafic mondial.

TRAVOLTA (John) (1954-) danseur et acteur américain, il est la vedette notamment de *La fièvre du samedi soir* (1977), *Grease* (1978), *Le temps d'une romance* (1978), *Urban Cowboy* (1980), *Blow out* (1981), *Stayin' alive* (1982).

TRENET (Charles) (Narbonne, 1913-), auteur, compositeur et chanteur français surnommé le « Fou chantant ». Parmi ses grands succès, mentionnons *L'âme des poètes* (1951), *Printemps à Rio* (1952), *Moi j'aime le music-hall* (1956), *Le jardin extraordinaire* (1957), etc. Il est également interprète de plusieurs films.

TRENTE ANS (guerre de), grand conflit religieux et politique. Né de l'antagonisme qui oppose les princes allemands protestants à l'autorité impériale catholique, il dévaste l'Europe et particulièrement le Saint Empire romain germanique de 1618 à 1648. Un incident religieux, la défenestration de Prague (mai 1618) déclenche les hostilités. L'accession à la couronne de Bohême de Ferdinand II de Habsbourg, catholique rigoureux et intransigeant champion de la Contreréforme, aggrave la situation. Révoltée, la Bohême le dépose et le remplace sur le trône par l'électeur palatin Frédéric V. Après les victoires des Français à Rocroi (1643) et à Lens

(1648) sur les Espagnols, les Habsbourg se décident à signer le traité de Wesphalie.

TRENTIN (Pierre) (1944-), coureur cycliste français. Champion olympique du kilomètre contre la montre, en 1968, avec un temps de 1 mn 3 s 91, deuxième performance olympique derrière celle de l'Allemand Thoms en 1980 : 1 mn 2 s 95.

TRÉSOR DE LA SIERRA MADRE (LE) (1948), film américain de John Huston avec Humphrey Bogart et Walter Huston, et dans lequel John Huston apparaît lui-même. Il obtient l'oscar de la meilleure mise en scène, et son père, Walter (1884-1950), celui du meilleur acteur de second rôle.

TRÉSOR (Marius) (1950-) footballeur français, « libéro », ayant appartenu aux clubs de Marseille et de Bordeaux.

TREVI (fontaine de). – Construite en 1762 par Niccolo Salvi, elle représente Neptune aux commandes d'un char de coquillages tiré par des chevaux de mer. La coutume veut que les touristes y jettent des pièces de monnaie en signe de fidélité.

TRIAL, épreuve motocycliste, courue sur une distance de 80 à 120 km, au cours de laquelle le pilote n'a pas le droit de poser le pied à terre, une vitesse moyenne minimale de 20 km/h lui étant imposée. Ce sport exige de la moto une grande maniabilité, et du pilote une grande adresse et un excellent équilibre.

TRIANGLE DES BERMUDES. – Depuis 1854, une cinquantaine de navires et d'avions ont disparu dans cette région de l'océan Atlantique, à laquelle Charles Berlitz attribue un pouvoir mystérieux – quand il n'évoque pas la présence d'extraterrestres. Pour leur part, les scientifiques préfèrent parler de conjonctures météorologiques extrêmes responsables de ces disparitions.

TRIANGLE D'OR, région d'Asie ainsi dénommée en raison de la quantité d'opiacés qu'elle produit (710 tonnes en 1985). Elle est principalement constituée de provinces nordiques de 3 pays : la Thaïlande, la Birmanie et le Laos.

TRIBORD, flanc droit d'un navire quand on regarde vers l'avant. Le flanc gauche est appelé babord.

TRINIDAD ET TOBAGO, État formé d'un archipel des petites Antilles, d'une superficie de 5 128 km² (4 827 km² pour Trinidad (Trinité, en français), et 301 km² pour Tobago) pour 1,2 million d'habitants. Découverte par Christophe Colomb en 1498, Trinidad est occupée par les Espagnols (1552) puis par les Anglais (1797). Tobago, colonisée par les Hollandais (1632) est tour à tour anglaise et française. Les deux îles sont administrativement réunies en 1888. Entré en 1958 dans la Fédération des Indes occidentales, l'Etat obtient son indépendance en 1962 tout en restant membre du Commonwealth.

TRINITROTOLUÈNE (ou T.N.T.), puissant explosif.

TRINTIGNANT (Maurice) (1917-), pilote de course automobile français, père du comédien Jean-Louis Trintignant, lui-même passionné de ce sport et pilote (il a par exemple participé aux 24 heures du Mans). Maurice Trintignant a gagné son premier grand prix à Monaco, en 1955. Il réédite son exploit en 1958, toujours à Monaco, sur le circuit le plus difficile du monde, doté de 11 virages et exigeant plus de 1 600 changements de vitesse.

TRIOLET (Elsa Kazan, dite) (1896-1970), romancière française d'origine russe, née à Moscou. Belle-sœur du poète Maïakovski, elle rencontre en 1928 Louis Aragon, autre poète, qu'elle épouse et dont elle devient la constante inspiratrice. Elle obtient le prix Goncourt en 1944 pour *Le premier accroc coûte deux cents francs.*

TRIPOLI, port de Libye, arabe en 643, espagnol en 1510, dépendant des Chevaliers de Malte en 1530, puis des Ottomans en 1551, italien en 1911, britannique en 1943. En 1951, Tripoli devient capitale du royaume indépendant de Libye. La république y est proclamée en septembre 1969.

TRISTAN ET ISEULT, légende médiévale celtique. Victimes d'un philtre magique, Tristan et Iseult sont unis par une passion fatale; la mort seule réunira les amants. La plus ancienne version de l'histoire de Tristan et Yseult date de 1135; elle est racontée à la Cour de Poitiers par le Gallois Bréri. Elle est aujourd'hui perdue. Viennent ensuite le *Tristan* de Béroul, qui aurait été écrit avant 1170, et celui de Thomas, vers 1175. D'autres versions existent mais ont disparu.

TRIVIAL PURSUIT ™, jeu de société créé en 1981 par Chris Haney et Scott Abbott, journalistes canadiens. Importé en France en janvier 1984, ce jeu s'est vendu à ce jour à plus de 50 millions d'exemplaires dans le monde, dont 2 millions en France.

TROCHU (Louis Jules) (1815-1896), général français. Gouverneur de Paris en 1870, il préside après la chute de Napoléon III le gouvernement de la Défense nationale (septembre 1870-janvier 1871).

TROIE ou ILION (cheval de), épisode légendaire de la guerre de Troie, relaté par Homère (*L'Iliade* et *L'Odyssée*). La ruse d'Ulysse consiste à s'emparer de Troie grâce à une gigantesque construction en bois – le cheval de Troie – cachant des guerriers. Les ruines de Troie dominent la vallée de Scamandre, à 20 km de l'Hellespont.

TROIGROS (Pierre et Michel), grands restaurateurs français, dont la célèbre maison obtient 4 étoiles dans le *Bottin gourmand*, 4 toques dans le *Gault et Millau* et une note de 19/20, et 3 étoiles dans le *Guide Michelin.*

TROÏKA, groupe de trois personnalités qui dirigent ensemble un État : Staline, Zinoviev et Kamenev forment la troïka qui écarte Trotski du pouvoir. Le mot désigne à l'origine un attelage de 3 chevaux menés de front, puis une pièce musicale inspirée du rythme du traîneau (Tchaïkovski en a composé une très belle pour piano).

TROIS-ÉVÊCHÉS (les), nom donné à Metz, Toul et Verdun annexées par Henri II en 1552.

TROIS GLORIEUSES (les) (27-28-29 juillet 1830), nom donné aux trois jours d'émeute et de combats sanglants qui se déroulent à Paris pour obtenir le départ de Charles X. Quatre ordonnances royales déclenchent les hostilités : l'une suspend la liberté de la presse, la deuxième dissout la Chambre qui vient d'être élue, la troisième change la loi électorale, la quatrième convoque les collèges électoraux. Le bilan de ces journées en morts et en blessés est très lourd, surtout chez les insurgés. Il est mis fin à la Restauration et une nouvelle monarchie est imposée par les libéraux : celle du duc d'Orléans. Voir **LOUIS-PHILIPPE**.

TROISIÈME HOMME (LE), voir **REED**.

TROIS LANCIERS DU BENGALE (LES) (1935), film américain réalisé par Henry Hathaway (1898-1985).

TROIS MOUSQUETAIRES (LES), voir **DUMAS**

TROIS PETITS COCHONS (LES), conte populaire pour les enfants, dont la version imprimée la plus ancienne est due à l'Anglais J.O. Halliwell (en 1843) incluse dans *Nursery rhymes and nursery tales*. Une version française existe sous le titre *Le loup, le cochon, la cane et l'oie*. Bruno Bettelheim, dans son ouvrage, publié aux éditions Robert Laffont, *Psychanalyse des contes de fées*, estime que ce conte pose la question suivante : faut-il suivre dans la vie le principe de plaisir ou le principe de réalité ?

TROPHÉE LANCÔME, compétition de golf professionnel sur 72 trous (4 fois 18 trous), organisée au golf de Saint-Nom-la-Bretèche, depuis 1970.

TROPIQUE DU CANCER, pendant septentrional (hémisphère nord) du tropique du Capricorne (hémisphère sud). Il est à 23 ° 27 ' de latitude.

TROTSKI (Lev Davidovitch Bronstein, dit Léon) (1879-1940), théoricien et homme politique russe. Il participe à la révolution de 1905, puis s'exile à Vienne où il fonde le journal *Pravda*. De retour en Russie, il participe à la révolution de 1917. Après la mort de Lénine, il s'oppose à Staline. En 1929, il est banni et va de pays en pays. Il est assassiné par un agent stalinien au Mexique, dans son bureau, d'un coup de pioche dans le crâne.

TROU NOIR, région spatiale de laquelle aucun rayonnement ne provient, en raison de l'énorme intensité de son champ de gravitation. Il constitue l'ultime stade d'évolution des étoiles suffisamment massives, c'est-à-dire au moins trois fois plus lourdes que le soleil.

TRUFFAUT (François) (1932-1984), cinéaste français. Il commence sa carrière, grâce à André Bazin, comme critique de cinéma. Il en est l'un des plus clairvoyants critiques dans les années 50. Ses principaux films sont : *Les 400 coups* (1959); *Tirez sur le pianiste* (1960); *Jules et Jim* (1962); *L'amour à vingt ans* (1962); *La peau douce* (1964); *Farenheit 451* (1966); *La mariée était en noir* (1968); *Baisers volés* (1968); *La sirène du Mississipi* (1969); *L'enfant sauvage* (1970); *Domicile conjugal* (1970); *Les deux Anglaises et le continent* (1971); *Une belle fille comme moi* (1972); *La nuit américaine* (1973); *L'histoire d'Adèle H* (1975); *L'argent de poche* (1976); *L'homme qui aimait les femmes (1977); La chambre verte* (1978); *L'amour en fuite* (1979); *Le dernier métro* (1980); *La femme d'à côté* (1981); *Vivement dimanche!* (1983). Son livre sur Alfred Hitchcock, *Hitchcock-Truffaut*, rédigé sous forme d'entretiens qui renseignent autant sur Hitchcock que sur lui-même (édité en 1984 aux éditions Ramsay).

TRUJILLO Y MOLENA (Rafael Leonidas) (1891-1961), homme politique dominicain né à San Cristóbal. Élu président de la République dominicaine en 1930, il est en réalité un dictateur qui fait régner un régime policier. Il est assassiné en 1961.

TRYGVE LIE (1946-), Norvégien secrétaire général des Nations-Unies en février 1946. Il donne sa démission en novembre 1952.

T.S.F. – Elle est mise au point en 1896 par l'Italien Guglielmo Marconi (1874-1937) à partir des travaux sur le révélateur d'ondes réalisés par le Français Édouard Branly (1844-1940).

TSUNAMI. – Mot japonais désignant les raz-de-marée se produisant, dans l'océan Pacifique occidental consécutivement à un tremblement de terre ou à une explosion volcanique. La hauteur de la vague, près des côtes, peut atteindre 30 m.

TUBERCULOSE, maladie infectieuse et contagieuse (bacille de Koch). Plusieurs sortes d'infections sont possibles : tuberculose pulmonaire (la plus fréquente); tuberculose osseuse; tuberculose méningée; tuberculose rénale; tuberculose génitale; tuberculose intestinale; tuberculose cutanée; tuberculose ganglionnaire (rare). La prévention se tente par la vaccination par le B.C.G. (bacille de Calmette et Guérin).

TUDOR, famille britannique originaire du pays de Galles. De 1485 à 1603, cinq souverains issus de cette famille règnent sur l'Angleterre : Henri VII, Henri VIII, Édouard VI, Marie 1re Tudor et Élisabeth 1re.

TUPOLEV 144, avion soviétique à turboréacteurs, dont le premier vol a lieu le 31 décembre 1968, 3 mois avant le premier vol du Concorde franco-britannique, qu'il projette de concurrencer.

TURNER (Ike et Tina) couple de chanteurs de rock américains. Tina Turner (1938), a pour nom de jeune fille Annie Mac Bullock. Ils se séparent en 1973, et Tina Turner met 12 ans avant de revenir sur le devant de la scène.

TURPIN (Eugène) (Paris, 1848-Pontoise, 1927), chimiste français, inventeur des couleurs inoffensives (1877) et de la mélinite (explosif très puissant) en 1885, et non pas en 1887.

TURQUIE. – Au début du XVIe siècle, la dynastie ottomane s'installe en Turquie. Au fil des siècles, elle atteint son apogée, en 1550, sous le règne de Soliman le Magnifique, ayant étendu ses conquêtes en Europe et en Asie. La stagnation puis le déclin suivent rapidement. La Turquie est dissoute après la Première Guerre mondiale, au cours de laquelle elle est aux côtés des Allemands. Mustapha Kemal entreprend la réorganisation du pays dans les années 20.

TWIST, danse moderne apparue en 1961, qui tire son nom du verbe anglais *to twist*, tordre.

TYROL, une des neuf provinces de l'Autriche, dans l'Ouest du pays, d'une superficie de 12 648 km² pour 600 000 habitants. Les huit autres provinces autrichiennes sont : la Haute- et la Basse-Autriche, le Burgenland, la Styrie, Salzbourg, Vienne, la Carinthie et le Vorarlberg.

TYROLIENNE, chant à trois temps, originaire du Tyrol (dans l'Ouest de l'Autriche), caractérisé pour ses grands écarts mélodiques, produits en yodlant, c'est-à-dire en alternant les notes de poitrine avec celles de tête.

TYROSÊMIOPHILE (du grec *turos*, fromage).

TZARA (Samy Rosenstock, dit Tristan) (1896-1963), écrivain français d'origine roumaine, né à Moineşti en Roumanie, fondateur du dadaïsme. Le premier *Manifeste dada* date de 1918. Tout le mouvement aboutira finalement au surréalisme, dont André Breton se fera le théoricien, en 1924, avec son *Premier manifeste du surréalisme.*

U

U 2. – Le 1er mai 1960, le pilote américain Francis Gary Powers est abattu au-dessus du territoire soviétique. Il sera échangé le 10 février 1962 contre le colonel Abel, espion alors retenu prisonnier aux États-Unis.

UBAC (du latin *opacus*, sombre), contraire de l'adret.

UBU, voir **JARRY**

U.L.M., (initiales d'ultra léger motorisé), petit avion de construction légère (moins de 150 kg) équipé d'un moteur d'une puissance de quelques dizaines de chevaux, il peut s'élever à 3 000 m.

ULSTER, Irlande du Nord. C'est en 1920 que l'Ulster devient une entité politique.

ULYSSE, héros de la mythologie grecque, roi d'Ithaque, époux de Pénélope, père de Télémaque. Il apparaît dans l'*Iliade* comme un guerrier lucide et prudent. L'épopée qui lui est consacrée est *L'Odyssée*. Son stratagème du cheval de bois (épisode de la guerre de Troie) est une des illustrations de sa ruse. Voir **TROIE,** voir **HOMÈRE.**

UNION JACK, drapeau du Royaume-Uni de Grande-Bretagne et d'Irlande du Nord, créé en 1606 par Jacques Ier (1566-1625). Il unit trois croix : celle de saint Georges (Angleterre), de saint André (Écosse), et de saint Patrick (Irlande). Il bat au mât de beaupré des navires de guerre.

UNION POUR LA DÉMOCRATIE FRANÇAISE, parti politique français créé le 1er février 1978, réunissant le Parti républicain (François Léotard), le Centre des démocrates sociaux (Pierre Méhaignerie), le parti radical-socialiste (Rossinot), le parti social-démocrate (Donnez), et les clubs perspectives et réalités. L'U.D.F. est présidée par Jean Lecanuet jusqu'en 1988, puis par Valéry Giscard d'Estaing.

UNITED PRESS INTERNATIONAL, fusion de l'International News Service et de l'United Press Association, en mai 1958. Son siège est à Washington, au 1400, Eye Street, et ses bureaux parisiens au 2, rue des Italiens dans le 9e arrondissement.

UNTERSEEBOOT, sous-marins allemands, qui, lors de la Première Guerre

Mondiale, causent d'énormes pertes dans les rangs de la marine anglaise.

URANUS, planète découverte, grâce au télescope, par Herschel en 1781. Elle a une aurore toutes les 8 heures environ.

URIS (Léon) (1924-), romancier américain, auteur de *Trinité*, *Topaze*, et *Hadj*.

U.R.S.S., Union des républiques socialistes soviétiques, fondée en 1922. La république soviétique fédérative socialiste de Russie englobe aujourd'hui 16 républiques soviétiques socialistes autonomes : Bachkirie, Bouriatie, Carélie, Daghestan, Iakutie, Kabardino-Balkarie, Kalmoukie, république des Komis, des Maris, Mordovie, Ossétie du Nord, Oudmourtie, république des Tatars, Tchétchéno-Ingouchie, Tchouvachie, Touva. Au cours de la Seconde Guerre mondiale, les Soviétiques comptent 20 millions de morts (9 millions de militaires) soit environ 10 % de la population. La bataille la plus meurtrière est celle de Stalingrad, durant l'hiver 1942-1943. L'hiver peut être terrible en U.R.S.S., comme en témoignent les – 67 °C relevés à Vst'Shchugor, par exemple : une température aussi glaciale, ou presque, qu'en Antarctique, où l'U.R.S.S. possède 4 bases tout comme les U.S.A. La France pour sa part en possède 3.

U.R.S.S. (cinéma d'). – L'U.R.S.S. possède 151 000 salles de cinéma en 1985. À titre de comparaison, les U.S.A. en possèdent 20 000, l'Italie 5 500, la France 5 200.

U.R.S.S. (frontières de l'). – Elles représentent 60 000 km, soit 1 fois et demie la circonférence de la Terre. Sa superficie représente plus de 14 % des terres du globe.

U.S. OPEN, championnats de tennis des États-Unis, qui se jouent depuis 1923 à Forest Hills, et à Flushing Meadow depuis 1978. Le dernier vainqueur à Forest Hills fut l'Argentin Guillermo Vilas, alors opposé à l'américain Jimmy Connors, lequel gagna, l'année suivante, la première édition de Flushing Meadow.

USTINOV (Peter) (Londres, 1921-) acteur et cinéaste anglais, également auteur dramatique. Ses plus remarquables prestations cinématographiques sont *Lola Montès*, de Max Ophüls (1955), *Spartacus*, de Stanley Kubrik (1960) et *Topkapi*, de Jules Dassin (1964).

V

V 8. – À ne pas confondre avec V1 et V2, bombes volantes utilisées par les Allemands en 1944 et 1945.

VACHE. – La vache a un seul estomac, mais divisé en quatre compartiments qui contribuent chacun au bon fonctionnement de la digestion. Dans un premier temps, l'herbe non encore mâchée est stockée dans la *panse*, après un passage par le *bonnet*. Dans un deuxième temps, elle est ramenée dans la bouche et mastiquée avant de descendre à nouveau dans l'estomac, mais cette fois vers le *feuillet* et la *caillette*, où a lieu la digestion gastrique nécessaire au passage dans l'intestin.

VADE RETRO SATANAS, paroles prononcées par le Christ et rapportées par l'évangéliste Matthieu. Après 40 jours de jeûne dans le désert, Jésus-Christ est tenté par le Diable. Il le chasse en disant : « *Retire-toi, Satan!* »

VADIM (Roger Vadim Plemianikov, dit Roger) (Paris, 1928-) cinéaste français. Son premier film, qui est aussi le plus marquant de sa carrière, est *Et Dieu créa la femme* (1956). Il révèle en même temps la star Brigitte Bardot. Roger Vadim tourne entre autres *Le repos du guerrier*, avec Brigitte Bardot, en 1962, et *La curée*, d'après le roman de Zola, en 1965. Il épouse successivement Brigitte Bardot, Annette Strasberg, Jane Fonda, Catherine Deneuve.

VADUZ, voir **LIECHTENSTEIN**

VAILLANT (Auguste) (1861-1894), anarchiste français. Il lance une bombe pleine de clous lors d'une séance à la Chambre des députés (9 décembre 1893). L'explosion ne fait que quelques blessés légers. Jugé de manière expéditive, Auguste Vaillant est exécuté 2 mois plus tard.

VAILLANT (Michel), bande dessinée française, de Jean Graton, parue pour la première fois en 1958.

VAIR (du latin *varius*, varié, bigarré), nom ancien de la fourrure de petit-gris, écureuil de Russie et de Sibérie blanc et gris. La pantoufle de vair est celle que perd Cendrillon de retour du bal. Voir **PERRAULT.**

VAIRON (du latin *varius*, varié, bigarré), adjectif désignant des yeux de couleurs différentes alors qu'ils appartiennent à la même personne.

VALENTINE, chanson célèbre de Maurice Chevalier. Voir **CHEVALIER.**

VALENTINO (Rodolfo Alfonzo Raffaelle Pierre Philibert Guglielmi, dit Rudolph) (Castellaneta, 1895-New York, 1926), acteur américain d'origine italienne, danseur de formation. *Les quatre cavaliers de l'Apocalypse*, en 1921, font de lui une star mondiale. La même année, il tourne *Le cheikh*, dont la suite est réalisée cinq ans plus tard *Le fils du cheikh*; ce dernier film, est sonorisé en 1938. Valentino meurt à l'âge de 31 ans d'une péritonite (inflammation généralisée de la membrane qui entoure l'abdomen).

VALIUM, tranquilisant mineur, devenu drogue de masse, utilisé comme sédatif ou pour calmer l'angoisse.

VALJEAN (Jean), personnage central, héros du roman de Victor Hugo *Les misérables*. Voir **HUGO.**

VALLI (Alida Maria Altenburger, dite Alida) (1921-) actrice italienne née en Yougoslavie. *Senso*, réalisé par Luchino Visconti en 1954, l'a sacrée vedette internationale. Elle y interprète la comtesse Serpieri, héroïne du court roman du même titre de Camillo Boito.

VAL-THORENS, station de sports d'hiver située dans la Vanoise, en Savoie, près de Moutiers (à 37 km au sud), d'une altitude variant entre 2 300 et 3 300 m.

VAMPIRE, mort vivant la nuit, et se nourrissant du sang des vivants (les vampirisant), selon une légende serbe. La légende est reprise et développée par le romancier britannique Bram Stoker (XIXe siècle) dans son roman *Dracula*, dont la première adaptation au cinéma est réalisée en 1930 par Tod Browning. Le vampire est également un genre de chauve-souris, vivant en Amérique tropicale, mordant certains mammifères endormis pour sucer leur sang. De la famille des desmodontidés, le vampire peut percevoir des fréquences de 120 000 Hz à 210 000 Hz, alors que nous nous contentons pour notre part de 18 000 Hz. Voir **DRACULA.**

VAN GOGH (Vincent Willem) (Groot-Zundert, 1853-Auvers-sur-Oise, 1890), peintre et dessinateur hollandais. Il se mutile l'oreille gauche et l'offre à une prostituée à la suite d'une grave altercation avec le peintre Gauguin, en compagnie duquel il vivait et travaillait en Provence en 1888. 2 ans plus tard il se tire une balle dans la poitrine, en plein champ. Il meurt après une agonie de 2 jours. Il laisse, outre son œuvre picturale, une magnifique correspondance avec son frère Théo, qui d'ailleurs ne lui survécut pas longtemps.

VAN LOOY (Rick) (1933-), coureur cycliste belge 3 fois vainqueur de Paris-Roubaix et de Gand-Welvegem, 2 fois de Paris-Bruxelles, Paris-Tours, et du tour des Flandres, 1 fois de Milan-San Remo, Liège-Bastogne-Liège, du tour de Lombardie et de la Flèche wallonne. Champion du monde professionnel sur route à deux reprises, il est 360 fois vainqueur dans sa carrière professionnelle.

VAN SPRINGEL (Hermann) (1943-), coureur cycliste belge vainqueur du Bordeaux-Paris (course derrière entraîneurs) en 1970, 1974, 1975, 1977 et 1978, 1980 et 1981, soit à sept reprises. (Cette épreuve a été créée en 1891.)

VANERN (lac), plus grand lac de Suède, situé entre la Baltique et le Skagerrak. Sa superficie est de 5 546 km².

VAR, fleuve du Sud de la France. Il coule dans les Alpes-Maritimes, département formé en 1860.

VARAN, reptile omnivore d'Afrique, d'Australie et d'Asie. Ceux de Komodo, en Indonésie, sont des varans géants (60 kg pour 2,25 m), d'où leur surnom de dragons. Ils sont menacés de disparition. On en trouve aussi dans les îles de Rintza, Padar et Flores, et en Nouvelle-Guinée (ces derniers peuvent atteindre 4,75 m).

VARTAN (Sylvie), voir **JOHNNY ET SYLVIE**

VATEL, cuisinier du duc de Condé à Chantilly, où doit être reçu Louis XIV. Les poissons n'arrivant pas à temps pour le repas du roi, Vatel se suicide. Madame de Sévigné raconte cet épisode dans ses *lettres* et s'écrie : *« Pauvre Vatel ! »*

VATICAN, État souverain le plus petit du monde, il a une superficie de 440 m² en 1988 contre 44 000 km² en 1859.

VATICAN (armée du). – La garde suisse est fondée par le pape Sixte IV en 1480. Elle compte dans ses rangs 100 hommes, dont la taille doit en principe excéder 1,74 m, et dont la tenue, originellement créée par Michel-Ange, est redessinée en 1915 par Jules Repoud, 3 officiers, 1 sergent-major, 3 sergents, 8 caporaux, 6 appointés, et 51 hallebardiers.

VATICAN II, concile réuni à l'initiative de Jean XXIII, d'octobre 1962 à décembre 1965, et continué par Paul VI. Destiné à assurer le renouveau de l'Église et à rapprocher les catholiques et les protestants, il vise en même temps à opérer une simplification et une modernisation de la liturgie.

VATNAJÖKULL, calotte glaciaire d'Islande, qui constitue le plus grand glacier européen : vaste de 8 390 km², il atteint par endroits 1 000 m d'épaisseur. L'Islande compte bien d'autres glaciers, lesquels, ensemble, couvrent plus de 11 % de son territoire.

VAUBAN (Sébastien Le Prestre de) (1633-1707), maréchal de France. Il est l'architecte et le promoteur des principales fortifications françaises, notamment le long des frontières. Ses prises de position sur la politique de Louis XIV l'écartent de la Cour et du roi.

VAUCANSON (Jacques de) (Grenoble, 1709-Paris, 1782), ingénieur mécanicien français, créateur de nombreux automates célèbres dont, outre son *Joueur d'échecs*, le *Joueur de flûte traversière* (1737), le *Joueur de tambourin* et le *Canard* (1738).

VAUDOU, culte noir antillais, d'origine à la fois animiste et catholique, également associé à des rites magiques, il est aujourd'hui très pratiqué aux États-Unis. Un film américain en est l'illustration violente, à la fin de l'année 1987 : *Envoûtés*, de John Schlesinger (d'ailleurs mal reçu aux U.S.A.).

VAUTRIN, personnage romanesque de forçat évadé cachant sa véritable identité, créé par Honoré de Balzac. Michel Simon en interprète le rôle dans le film homonyme de Pierre Billon (1906-1981), réalisé en 1944. Voir **VIDOCQ.**

VÉGÉTARISME, doctrine diététique qui exclut la viande de l'alimentation mais permet certains produits du règne animal. Le végétarisme pur ou végétalisme, quant à lui, exclut tous les produits d'origine animale, y compris le miel.

VELÁZQUEZ (Diego Rodríguez de Silva y) (Séville, 1599-Madrid, 1660), peintre espagnol. *Les ménines* (1656) sont, avec *Les fileuses* (1657), ses chefs-d'œuvre. Les impressionnistes le saluent en leur temps comme un précurseur de leur école.

VENDETTA, mot italien signifiant vengeance. Née pendant l'occupation génoise de la Corse, au XIVe siècle, il s'agit d'une justice personnelle rendue par les parents d'une victime.

VENDÔME (colonne). – Construite entre 1806 et 1810, elle est d'abord baptisée colonne d'Austerlitz, puis colonne de la Victoire. Elle s'appelle aujourd'hui colonne de la Grande Armée. La statue de Napoléon qui la surplombe depuis 1863 est de Dumont, et remplace celle réalisée par Seurre (aujourd'hui aux Invalides) qui elle-même remplace en 1814 celle réalisée par Chaudet (aujourd'hui sur le Pont Neuf).

VENDREDI, personnage de *Robinson Crusoe* (1719), roman de Daniel Defoe (écrivain anglais, 1660-1731). Vendredi aide Robinson à revenir dans sa patrie, après un séjour de 28 ans, 2 mois, et 19 jours dans une île déserte.

VENDREDI OU LES LIMBES DU PACIFIQUES, roman de l'écrivain français Michel Tournier (1924), membre de l'académie Goncourt. Ce best-seller est paru en 1967. Les éditions Gallimard éditent en 1977 un deuxième ouvrage de Michel Tournier inspiré du *Robinson Crusoe* de Daniel Defoe (écrivain anglais, 1660-1731) : *Vendredi ou la vie sauvage.*

VENISE, ville d'Italie très ancienne (VIe siècle) bâtie sur des îlots de la lagune de Venise. Elle est une grande puissance méditerranéenne aux XIIIe et XIVe siècles. Ville captivante par ses nombreux monuments, ses musées, elle charme aussi par ses canaux, ses gondoles et ses palais.

VENTRE AU BOIS. – Se mettre « ventre au bois », pour un chasseur, c'est dégager l'allée forestière afin de ne pas gêner le passage du gibier et ne pas risquer de blesser d'autres chasseurs lors d'un tir.

VENTRICULES, cavités du cœur envoyant le sang dans les artères par contraction.

VENTURA (Lino Borrini, dit Lino), (1919-1987), acteur français d'origine italienne né à Parme, en Italie. Il débute au cinéma dans *Touchez pas au grisbi*, de Jacques Becker, avec Jean Gabin, en 1954. Il compte plus de 70 films à son actif. *L'armée des ombres* date de 1969, et est signé Jean-Pierre Melville. Il meurt d'une crise cardiaque.

VÉNUS, deuxième planète à partir du Soleil. Diamètre équatorial : 12 250 km (Terre = 12 740); densité moyenne : 5,15 (Terre = 5,52). La durée d'une journée y équivaut à 117 de nos jours environ.

VER À SOIE, chenille du bombyx du mûrier, variété de papillon. *Bombux*, en grec, signifie ver à soie.

VERCINGÉTORIX (72-46 av. J.-C.), chef gaulois qui parvient à mettre en péril César et son armée à Gergovie. Mais il est bientôt contraint de faire retraite dans la forteresse d'Alésia, puis de se rendre, après 2 mois de siège, ce qui sonne la fin de l'indépendance de la Gaule. Six ans plus tard, Vercingétorix est exécuté par César.

VERDI (Giuseppe) (1813-1901), compositeur italien, auteur de nombreux opéras, parmi lesquels *La traviata*, *Le trouvère*, *Rigoletto*, *Aïda*, *Otello*, *Falstaff*, et d'un *Requiem*.

VERLAINE (Paul) (1844-1896), poète français. La guerre de 1870 et la rencontre avec Rimbaud bouleversent sa vie : leur vie commune à Paris, en Belgique puis à Londres est une succession d'altercations et de séparations. Verlaine est notamment l'auteur de *Poèmes saturniens* (1866), *Fêtes galantes* (1869), *La bonne chanson* (1870), *Sagesse* (1881). Il fait découvrir au public, dans *Les poètes maudits* (1884), Tristan Corbière, Rimbaud et Mallarmé.

VERLAN, langage codé consistant à inverser les syllabes des mots (exemple : *chébran* = branché (à la mode)).

VERMEER (Jan, dit Vermeer de Delft) (Delft, 1632-Delft, 1675), peintre hollandais. Outre une *Vue de Delft* qui inspire par la suite Proust et Claudel, il compose *La laitière* et *La dentellière* entre autres chefs-d'œuvre. Son œuvre n'est révélée de manière universelle qu'au cours du XIXe siècle.

VERNE (Jules) (Nantes, 1828-Amiens, 1905), écrivain français. Il est l'auteur de quelques 80 romans et de plusieurs grands ouvrages de vulgarisation tels que *Géographie illustrée de la France et de ses colonies* (1868), *Histoire des grands voyages et des grands voyageurs* (1878), *Christophe Colomb* (1883). Seul ou en collaboration, il fait représenter une quinzaine de pièces de théâtre. Initiateur en France du roman d'anticipation scientifique, il écrit entre autres, *Cinq semaines en ballon; Voyage au centre de la Terre; De la Terre à la Lune* (1863-1865); *Les enfants du capitaine Grant* (1867); *Vingt-mille lieues sous les mers* (1869); *Le tour du monde en quatre-vingts jours* (1873); *L'île mystérieuse* (1874); *Michel Strogoff* (1876); *Les Indes noires* (1877), *Un capitaine de quinze ans* (1878); *Les tribulations d'un Chinois en Chine* (1879); *Les cinq cent millions de la bégum* (1879) *Le rayon vert* (1882); *Kéraban le têtu* (1883); *L'archipel en feu* (1884); *Mathias Sandorf* (1886); *Robur le conquérant* (1886); *Deux ans de vacances* (1888); *Le château des Carpathes* (1892); *L'île à hélices* (1895); *Face au drapeau* (1896) *Le superbe Orénoque* (1898) *Un drame en Liconie* (1904); *Maître du Monde* (1904).

VERNON (Édith Vignaud, dite Anne) (1925-), actrice française née à Saint-Denis. Elle tourne avec Jacques Becker, Jacques Demy, et Roberto Rossellini.

VERRAZANO-NARROWS (pont de). – Construit entre 1959 et 1964, il relie Richmond et Brooklyn (6,7 km). Il tient son nom de l'explorateur et navigateur italien Giovanni da Verrazano qui, au

XVIe siècle, atteint la côte du Maine, l'estuaire de l'Hudson et Terre-Neuve, contribuant ainsi à l'exploration du Canada. (En 1988 a été achevé au Japon, entre Honshu et Shikoku, un pont plus long encore).

VERRE, substance dure, cassante et transparente fabriquée par fusion à 1 500 °C de divers oxydes (sable, carbonate et sulfate de sodium, dolomie, calcaire, etc.) Au refroidissement, le liquide obtenu se fige sans cristalliser.

VERSAILLES (traité de). – Signé le 28 juin 1919 dans la galerie des Glaces, entre la France, ses alliés et l'Allemagne, il met fin à la Première Guerre mondiale. La France retrouve l'Alsace-Lorraine. Par ailleurs, les effectifs de l'armée allemande sont diminués de façon importante. Les clauses financières prévoient le versement par l'Allemagne de réparations pour dommages de guerre estimés à 20 milliards de mark.

VESPUCCI (Amerigo) (Florence, 1454-Séville, 1512), navigateur italien, responsable de l'équipement des 2e et 3e voyages de Christophe Colomb, dont il prend la place en 1505. Le cosmographe allemand Martin Waldseemüller lui attribue le mérite d'avoir découvert le continent américain qui, depuis, porte son prénom.

VÉSUVE, volcan napolitain encore en activité. Il atteint 1 270 m. L'éruption très violente de 79 ensevelit Pompéi, Stabies, et Herculanum. Les suivantes ont lieu en 1631, 1794, 1872, 1906, 1924 et 1944.

VEXILLOLOGISTE (du latin *vexillum*, étendard des armées romaines).

VIAN (Boris) (Ville-d'Avray, 1920-Paris, 1959), écrivain français. Ingénieur sorti de Centrale, il se consacre à la musique (trompettiste) et à la littérature, se dissimulant parfois sous de multiples pseudonymes, tel celui de Vernon Sullivan. Ses principales œuvres sont *Cantilènes en gelée*, *Poèmes* (1950), *L'automne à Pékin* et *L'écume des jours* (1947), *L'équarrissage pour tous* (pièce de théâtre, 1949). *Le déserteur* est une chanson contre la guerre, dont il écrivit paroles et musique.

VICTOR-EMMANUEL II (Turin, 1820-Rome, 1878), roi de Sardaigne puis d'Italie. Le 28 février 1861, Camillo Benso, comte de Cavour (1810-1861), alors président du Conseil, réunit le premier parlement italien. Le 17 mars suivant, Victor-Emmanuel II est élu roi d'Italie « par la grâce de Dieu et la volonté de la nation ». Monarque constitutionnel, il est l'artisan de l'unification de l'Italie.

VICTOR-EMMANUEL III (Naples, 1869-Alexandrie, 1947), roi d'Italie en 1900, empereur d'Éthiopie en 1936, et roi d'Albanie en 1939, il facilite l'arrivée de Mussolini au pouvoir, lequel développe le fascisme en Italie. En 1943, il tente en arrêtant Mussolini de reprendre le pouvoir réel. Compromis par 15 années d'entente avec le fascisme, il abdique en faveur de son fils (1946) et s'exile.

VICTORIA. – Elle compte 700 000 habitants. Elle tient son nom de la reine Victoria 1re (1819-1901). En effet elle est sous dépendance britannique depuis le XIXe siècle, et le restera jusqu'en 1997.

VICTORIA (chutes). Hautes de 108 m, elles ont un débit de 1,087 million de m³ par seconde, ce qui explique leur utilisation hydroélectrique.

VICTORIA (lac), lac d'Afrique orientale, aux frontières de l'Ouganda, de la Tanzanie et du Kenya. Avec ses 68 100 km² il est le plus important du continent africain.

VICTORIA 1re (Londres, 1819-Osborne, 1901), reine de Grande-Bretagne et d'Irlande. Fille d'Édouard, duc de Kent, 4e fils de George III, elle épouse en 1840 Albert de Saxe-Cobourg Gotha, son cousin. Consciente de sa fonction, simple et courageuse, cette protestante puritaine sait conquérir l'estime de son peuple, malgré son ascendance allemande. La famille royale d'Angleterre change de nom au moment de la Première Guerre mondiale.

VIDOCQ (François Eugène) (1775-1857), policier français condamné au bagne pour faux. Après son évasion, il devient chef d'une brigade de sûreté recrutée parmi les forçats libérés. Réputé pour sa très grande mémoire, il inspire à Balzac le personnage de Vautrin que l'on trouve dans *Splendeurs et misères des courtisanes.*

VIENNE, affluent de la Loire sur sa rive gauche, elle reçoit la Creuse sur sa rive droite. Elle mesure 372 km de long et donne son nom à un département de l'Ouest de la France (86) dans la région Poitou-Charentes.

VIENTIANE ou VIENG-CHAN, l'un des 3 royaumes rivaux (avec Champassak et Luang Prabang). À partir de 1795, c'est le dernier nommé qui impose ses souverains.

VIERGES (îles) archipel des Petites Antilles, d'une superficie de 497 km² pour une population de 110 000 habitants. Elles sont découvertes en 1493 par Christophe Colomb. En 1648 les Hollandais s'y établissent, puis en 1660 les Anglais. En 1916, les U.S.A. achètent au Danemark une partie de l'archipel pour 25 millions de dollars. Aujourd'hui toujours colonie britannique, les îles Vierges ont pour monnaie le dollar américain.

VIÊT-NAM (guerre du), voir **INDOCHINE**

VIETTO (René) (1914-1988), coureur cycliste. Il est sacré meilleur grimpeur du Tour de France 1934 et surnommé le Roi de la montagne.

VIEUX FIDÈLE, geyser des États-Unis situé dans le parc national de Yellowstone, dans la région des Rocheuses. Le jet s'élève à 50 m, à des intervalles qui varient de 35 à 95 minutes.

VIGNERON (Thierry) (1960-), athlète français spécialiste du saut à la perche dont il est le recordman de France avec 5,91 m. Il obtient la médaille de bronze aux jeux Olympiques de 1984.

VIGNY (Alfred, comte de) (1797-1869), écrivain français. Élevé dans le culte des armes mais déçu par la vie de garnison, il quitte l'armée en 1827 avec le grade de capitaine. Il publie ses premiers poèmes en 1822. Auteur entre autres de *Servitude et grandeur militaires* (1835), *Chatterton* (1835), *La mort du loup* (poème publié en 1843 dans la *Revue des deux Mondes*); il est élu, après cinq échecs, à l'Académie française en 1845.

VIGO (Jean) (Paris, 1905-Paris, 1934), cinéaste français. Il est, entre autres, l'auteur de deux chefs d'œuvres : *Zéro de conduite* (1933), et *L'atalante* (1934) avec Michel Simon. Il meurt de tuberculose.

VILAR (Jean) (Sète, 1912-Sète, 1971), comédien et metteur en scène de théâtre français. Responsable du festival d'Avignon à partir de 1947, il dirige le T.N.P. (Théâtre national populaire) de 1951 à 1963, dans le cadre duquel il monte *Le cid*, de Pierre Corneille, avec Gérard Philippe, en 1951.

VILARD (Hervé) (1946-), chanteur français de variétés. *Capri, c'est fini.* est l'un de ses plus importants succès, en tout cas son premier, en 1965.

VILAS (Guillermo) (1952-), champion de tennis argentin. Vainqueur des championnats d'Australie en 1978 et 1979, et de Roland-Garros en 1977, il remporte également les championnats des États-Unis la même année.

VILLA (Doroteo Arango, dit **Pancho)** (1878-1923), général révolutionnaire mexicain. Il se joint à Madero pour lutter contre la dictature exercée par Porfirio Díaz. Madero est assassiné le 22 février 1913. Villa l'est à son tour le 23 juillet 1923, par des parents et des amis...

VILLEHARDOUIN (Geoffroi de) (1148-1213), maréchal de Champagne, il est un des chefs de la quatrième croisade durant laquelle il participe à la prise de Constantinople (1204). Il négocie avec le nouvel empereur Baudouin Ier et devient principal conseiller du roi de Thessalonique, Boniface de Montferrat. Il rédige vers 1207 une célèbre chronique en prose sur la quatrième croisade : *Histoire de la conquête de Constantinople.*

VILLENEUVE (Gilles) (1952-1982), pilote de course automobile canadien, il meurt accidentellement le 9 mai 1982 à Zoldes.

VIN (description d'un). – Couleur : *robe.* Parfum : *arôme* (jeune); *bouquet* (mature). Consistance dans la bouche : *corps.* L'harmonie de ces différents éléments constitue la *charpente* du vin. En 1982, on a consommé, en France et en Italie respectivement, 85,9 l et 82,9 l par habitant et par an.

VINCI (Léonard de) (1452-1519), peintre, dessinateur, anatomiste, sculpteur, architecte, ingénieur, écrivain, musicien, né à Vinci près de Florence et mort en France au château de Cloux, près d'Amboise. Rival de Michel-Ange et proche de Raphaël, il compose entre autres : *La Joconde*, *La Vierge aux rochers*, *La Cène*, grande fresque peinte dans le réfectoire du couvent Santa delle Grazie, à Milan. Elle représente le dernier repas de Jésus et de ses douze apôtres, au cours duquel Judas est désigné par le Christ comme devant être son dénonciateur. C'est pourquoi il est considéré, depuis, qu'être treize à table porte malheur.

VIOLENCE ET PASSION (1974), film italien de Luchino Visconti, sorti deux ans avant sa mort. C'est son avant-dernier film (le dernier étant *L'innocent*, 1976). Helmut Berger est l' « acteur fétiche » de Visconti, qui le révèle dans *Les damnés* en 1969.

VIPÈRE. – Il existe en France deux espèces de vipère : l'aspic (moitié sud de la France) et la péliade (moitié nord). Sa longueur varie de 50 à 60 cm. Après une morsure, on a 2 heures pour agir, à condition que le patient ne fasse aucun effort musculaire, afin d'éviter que le venin ne se diffuse trop rapidement dans l'organisme.

VIRGILE (Publius Virgilius Maro) (70-19 av. J.-C.), poète latin né à Andes près de Mantoue. Ses *Bucoliques* sont écrits entre 42 et 39 av. J.-C. Autres œuvres : *Géorgiques* (29 av. J.-C.) et *L'Énéïde,* grande épopée nationale, équivalant pour les Romains à *L'Iliade*, restée inachevée.

VISCONTI (Luchino) (Milan, 1906 – Rome, 1976), cinéaste italien. Il commence sa carrière avant la Seconde Guerre mondiale comme assistant de Jean Renoir. Ses films les plus célèbres sont *Les nuits blanches* (1957); *Rocco et ses frères* (1960); *Senso* (1954); *Le guépard* (1963); *Les damnés* (1969); *Mort à Venise* (1971); *Ludwig, Le crépuscule des dieux* (1973); *Violence et passion* (1974).

VITAMINE D. – Antirachitique, elle régularise le métabolisme phosphocalcique (phosphore + calcium). Carence : rachitisme chez l'enfant, ostéomalacie chez l'adulte (ramollissement des os). Surabondance : néphrocalciose (calculs rénaux).

VOGUE, magazine mensuel français, consacré à la mode, créé en 1950.

VOIX (registre des). – De la plus basse à la plus aiguë les différentes espèces de voix dans le chant sont : basse, baryton, ténor, ténor léger, haute-contre, contralto, mezzo-soprano, soprano.

VOLGA, fleuve d'U.R.S.S. Prenant sa source sur le plateau du Valdaï (au nord-ouest de Moscou), la Volga se jette dans la mer Caspienne après 3 690 km de parcours, ce qui la place au 18e rang des plus grands fleuves du monde, le Nil étant le plus grand de tous (6 690 km). La Volga inspire, entre autres, le chanteur russe Fiodor Chaliapine (*Les bateliers de la Volga* sont une de ses interprétations les plus fameuses).

VOLKSWAGEN, constructeur automobile allemand. Son record mondial de production annuelle est de 1,2 million de véhicules, en 1984.

VOLT. – Du nom du physicien italien Alessandro, comte de Volta (1745-1827), inventeur de la pile électrique en 1800.

VOLTAIRE (François Marie Arouet, dit) (Paris, 1694-Paris, 1778), écrivain français, auteur entre autres de *Lettres philosophiques* (1734); *Zadig* (1747); *Candide* (1759); *La princesse de Babylone* (1768); *Dictionnaire philosophique* (1764). Par hostilité contre son père, il affirme dans sa jeunesse être un bâtard.

VOYAGE AU BOUT DE L'ENFER (1978), film américain réalisé par Michael Cimino sous le titre original de *The Deer Hunter* (le chasseur de daim). Il est interprété principalement par Robert de Niro, Christopher Walken (qui obtient l'oscar du meilleur second rôle), Meryl Streep, etc. Cimino obtient l'oscar du meilleur film et celui de la meilleure réalisation.

VOYAGER II, sonde lancée par les États-Unis le 20 octobre 1977. Elle pèse 810 kg et transporte 105 kg d'appareils d'investigation scientifique. Elle survole Jupiter le 10 juillet 1979, Saturne le 26 août 1981, Uranus le 24 janvier 1986. Le survol de Neptune est prévu pour le 24 août 1989.

V.S.O.P., initiales de *Very Superior Old Pale* (et non *Very Special Old Pale*), appellation visant à classifier le cognac en fonction de son âge.

VUELTA (en espagnol, boucle), épreuve cycliste par étapes créée en 1935.

W

WAGNER (Richard), (Leipzig, 1813-Venise 1883), compositeur et dramaturge allemand. Il est l'auteur d'œuvres lyriques telles que *Rienzi; Le vaisseau fantôme; L'anneau du Nibelung (L'or du Rhin, La walkyrie, Siegfried, Le crépuscule des dieux); Tristan et Isolde; Lohengrin, Parsifal; Les maîtres chanteurs de Nuremberg*, ainsi que quelques œuvres de jeunesse pour piano seul (2 sonates, 2 fantaisies), etc. Il épouse Cosima Liszt en 1870.

WAKE (île de), atoll du Pacifique, à mi-chemin entre Guam et Midway, d'une superficie de 8 km². Découverte par les Anglais en 1796, américaine depuis 1898, l'île a été occupée par les Japonais de 1941 à 1945. Administrée depuis 1972 par l'U.S. Air Force, elle sert de relais aérien entre Hawaii et les Philippines.

WALESA (Danuta), épouse de Lech Walesa. C'est elle qui reçoit le prix Nobel de la paix à la place de son mari, les autorités polonaises ayant interdit à ce dernier de s'y rendre. Voir **WALESA.**

WALESA (Lech) (Popowo, 1943-), syndicaliste polonais. Leader des mouvements qui, en 1980, aboutissent à la formation de syndicats indépendants en Pologne, le prix Nobel de la paix lui est attribué en 1983.

WALHALLA ou WAL-HALL. – Dans la mythologie germanique, paradis réservé aux guerriers morts héroïquement, lesquels, sous le commandement de Wotan, s'entraînent sans trêve en vue du combat final contre les démons.

WALLABY, mot australien, désignant différentes sortes de kangourous de petite taille. Les marsupiaux (du latin *marsupium*, poche) sont des mammifères dont la femelle dispose d'une poche ventrale à l'intérieur de laquelle sont les mammelles, destinée à accueillir sa progéniture après la naissance.

WALLON (amendement). – l'historien et homme politique français Henri Wallon (1812-1904), alors qu'il est député, fait voter, le 30 janvier 1875, l'amendement qui porte son nom. Ce texte voté à une voix de majorité est à l'origine de l'adoption des lois constitutionnelles de la IIIe République.

WALPOLE (Horace, 4e comte d'Oxford) (Londres, 1717-Londres, 1797), homme politique et écrivain anglais. Il inaugure avec *Le château d'Otrante* (1764) le genre du « roman noir » en Angleterre.

WARGAMES (1983), film américain de science-fiction, réalisé en 1983 par John Badham.

WARHOL (Andrew Warhola, dit Andy) (Pittsburgh, 1930-New York, 1987), peintre américain. Il est, dans les années 60, l'un des principaux représentants du pop-art. Il est également réalisateur de films, dont l'un nécessite près de vingt-cinq heures de projection! Warhol travaille dans un immense atelier, qu'il a baptisé *factory* (l'usine).

WASHINGTON, D.C., ville du district de Columbia (baptisé ainsi en hommage à Christophe Colomb). Elle fait partie, avant 1790, des États du Maryland et de Virginie.

WASHINGTON (George) (1732-1799), homme d'État américain. Riche propriétaire de Virginie, qu'il représente au Congrès de Philadelphie en 1774, il est nommé à la tête de l'armée du continent en 1775. La France, par le biais de Lafayette et Rochambeau, l'aide à battre les Anglais. Grâce à cette victoire il est considéré comme le héros de l'Indépendance américaine (1781). Il est élu Premier président de l'Union en 1789 et réélu en 1792.

WASHKANSKY (Louis), premier greffé du cœur. L'opération est réalisée par l'équipe du Dr Christiaan Barnard, le 3 novembre 1967 en Afrique du Sud. Le patient survit 18 jours.

WATER-POLO, sport nautique originaire de Grande-Bretagne, où il est créé en 1869. Il est introduit aux jeux Olympiques en 1900. Il y a en réalité 11 joueurs dans chaque équipe; mais parmi ces 11 joueurs, 7 seulement sont dans l'eau en même temps.

WATERGATE (affaire du), nom donné à un scandale politique des États-Unis, du nom de l'immeuble de Washington dans lequel le parti démocrate se réunit au cours de la campagne électorale de 1972. L'espionnage politique du Watergate consiste pour les responsables républicains à inspecter l'immeuble du parti démocrate. Convaincu d'imposture, le président Nixon est obligé de démissionner en août 1974.

WATERLOO, commune de Belgique au sud de Bruxelles. À son retour de l'île d'Elbe, Napoléon affronte une 7e coalition formée par les Anglais commandés par Wellington, et les Prussiens commandés par Blücher. Le 18 juin 1815, Waterloo est le théâtre d'une bataille au cours de laquelle le général Cambronne, commandant un des carrés de la vieille garde et a qui l'on demande de se rendre, s'écrie : « *La garde meurt mais ne se rend pas.* » La défaite de Napoléon à Waterloo provoque sa chute et sa seconde abdication. Voir **CAMBRONNE.**

WATSON, voir **HOLMES**

WAYNE (Marion Michael Morrison, dit John) (1907-1979), acteur et réalisateur américain. Archétype hollywoodien du cow-boy de l'épopée de la conquête de l'Ouest et de ses conséquences, il a à son actif environ 170 films! Il réalise *Alamo* en 1960.

WEBB (Mathew) (1848-1883), capitaine anglais, il est le premier homme à avoir traversé la Manche à la nage, les 24 et 25 août 1875, en 21 h 45 min., de Douvres à Calais. Il trouve la mort en tentant de traverser le Niagara. Son corps est retrouvé puis enterré à 11 km des chutes.

WEBER (Constance), sœur de la cantatrice Aloysia Weber. Mozart l'épouse, le 4 août 1782, contre le gré de son père.

WEEK-ENDS DE NÉRON (LES), film italien de S. V. Steno. Il sort sur les écrans en 1956, année qui voit la consécration de Brigitte Bardot dans *Et Dieu créa la femme*, de Roger Vadim.

WEIDMANN (Charles), assassin de 6 personnes. Il est exécuté par le bourreau Henri Desfourneaux, dont c'est le premier client, le 16 juin 1939, devant la prison Saint-Pierre, à Versailles.

WEIMAR (république de), régime politique de l'Allemagne de 1919 à 1933. Il s'agit d'une confédération de 17 États autonomes régis par une Constitution démocratique, promulguée par une assemblée constituante siégeant à Weimar. La crise mondiale qui commence en 1930 va permettre le succès du national-socialisme dont le chef, Adolf Hitler, arrive au pouvoir en 1933.

WEISSMULLER (John) (1904-1984), champion de natation américain, cinq fois champion olympique en 1924 et 1928. Il est le premier interprète au cinéma du rôle de Tarzan, l'homme-singe, pour lequel il tourne 6 films de 1932 à 1942.

WELLES (George Orson) (1915-1985), cinéaste et comédien américain. Ses principaux films sont *Citizen Kane* (1941); *La splendeur des Amberson* (1942); *La dame de Shanghaï* (1948); *Macbeth* (1947-1950); *Othello* (1952); *Monsieur Arkadin* (1955); *La soif du mal* (1958); *Le procès* (1962); *Falstaff* (1966). Il joue dans tous ces films, sauf dans *La splendeur des Amberson* et *Le procès*. Il termine sa carrière de cinéaste par des films en forme d'essais, tel *Vérités et mensonges* en 1975, réflexion sur l'art en général et la peinture en particulier.

WELLINGTON, située sur le détroit de Cook, dans l'île du Nord de la Nouvelle-Zélande. Elle est avec ses 590 000 habitants, la 2e ville du pays après Auckland (895 000 habitants). Elle tient son nom du duc de Wellington (1769-1852), vainqueur de Napoléon à Waterloo en 1815. Elle est à 42 ° au sud de l'équateur; Buenos Aires (Argentine) est à 36 ° au sud ainsi que Camberra (Australie); Santiago (Chili) et Montevideo (Uruguay) sont à 35 °, et Le Cap (Afrique du Sud) à 34 °.

WELLS (Herbert George) (Bromley, 1866-Londres, 1946), journaliste et romancier anglais. Il publie des ouvrages d'anticipation, parmi lesquels *La machine à remonter le temps* (1895); *L'homme invisible* (1897); *La guerre des mondes* (1898).

WENDERS (Wilhelm, dit Wim) (1945-), cinéaste allemand. Il est auteur et réalisateur de *L'angoisse du gardien de but au moment du penalty* (1971); *Alice dans les villes* (1973); *Faux mouvement* (1975); *Au fil du temps* (1976); *L'ami américain* (1977); *Hammett* (1982); *Paris, Texas* (1984), film pour lequel il obtient la Palme d'or au festival de Cannes, et *Les ailes du désir* (1987).

WEST SIDE STORY, voir **WISE**

WESTMINSTER (abbaye de), église abbatiale fondée au VIIIe siècle sur la rive gauche de la Tamise, à Londres. Elle est reconstruite aux XIe et XIIIe siècles, puis remaniée aux XIVe et XVIIIe siècles. On y couronne et inhume les rois d'Angleterre, et c'est également un Panthéon national.

WHIGS ET TORIES, whig : à l'origine, maquisard presbytérien d'Écosse; tory : à l'origine, maquisard catholique d'Irlande.

WHISKY (du gaélique *uisge beagha*, eau-de-vie). – La vente à moins de 40 ° est interdite dans les régions de production. Il atteint sa plénitude à 15 ans d'âge. Le servir *on the rocks*, ou coupé d'eau (gazeuse ou non), est considéré par les amateurs comme une hérésie, devenue cependant très courante.

WHISTLER (James Abbott McNeill) (Lowel, 1834 - Londres, 1903) Peintre, aquarelliste, pastelliste, dessinateur et graveur américain né dans le Massachusetts. Il s'affirme avec une série de portraits et de paysages qui témoignent d'une recherche de tons raffinés et de formes de caractère abstrait.

WHITE II (Edward H.), premier astronaute américain à effectuer une sortie dans l'espace, d'une durée de 20 minutes, le 3 juin 1965. Avant lui, le 19 mars de la même année, le Soviétique Alexis Léonov fait une sortie de la même durée.

WHO (The), groupe anglais de hard-pop ou rock-music, fondé en 1964, en vogue dans les années 65-70. Son leader (guitariste et principal auteur) est Peter Townsend.

WHO'S WHO, équivalent américain du Bottin mondain français.

WILANDER (Mats) (1964-), champion de tennis suédois. Il est vainqueur des Internationaux de France en 1982 et 1985, finaliste en 1983. Il remporte les Internationaux d'Australie en 1983, 1984 et 1988, il en est finaliste en 1985. Également finaliste de l'U.S. open en 1987, mais battu par Lendl, il prend sa revanche en 1988, et conquiert du même coup la place de nº 1 mondial au classement A.T.P.

WILDE (Oscar Fingal O'Flahertie Wills) (Dublin, 1856 - Paris, 1900), écrivain et auteur dramatique anglais d'origine irlandaise. Auteur de poèmes, de contes et d'essais il n'écrit qu'un roman : *Le portrait de Dorian Gray* (1891). Homosexuel, il est calomnié par le père de son ami, qu'il traîne en justice, mais ilperd le procès et est enfermé deux ans à Reading. Il y compose le poème *Ballade de la geôle de Reading* (1898).

WILLIAMS (Esther) (Los Angeles, 1922-) Actrice américaine et championne de natation dès l'âge de 15 ans. Elle tourne dans : *Le bal des sirènes, Dans une île avec vous, La fille de Neptune, La première sirène, Traversons la Manche*, etc.

WILLIAMS (Thomas Lanier, dit Tennessee) (Columbus, 1911-New York, 1983) Auteur dramatique, romancier et poète américain. On lui doit notamment : *Un tramway nommé Désir* et *La chatte sur un toit brûlant.*

WILSON (Daniel), (Paris, 1840-Loches, 1919), homme politique français, gendre de Jules Grévy. Jules Grévy avait été élu président de la République le 30 janvier 1879, et réélu en 1885, mais il fut obligé de démissionner à cause du scandale de la vente de décorations de la légion d'honneur dans lequel était impliqué son gendre.

WIMBLEDON (championnats de), tournoi de tennis anglais créé en 1877. Fred Perry (joueur français né le 18 mai 1909) réalise sa série de 3 victoires consécutives dans la 1re moitié du siècle. Depuis, seul le Suédois Björn Borg, chez les hommes, a égalé puis battu ce record, avec 5 victoires consécutives (1976, 1977, 1978, 1979, 1980, série interrompue par Mc Enroe, lors de la finale 1981). Chez les femmes, l'Américaine Martina Navratilova a battu ce record, avec 6 victoires consécutives (de 1982 à 1987), battant le record de Billie Jean King (6 fois victorieuse en 1966, 1967, 1968, 1972, 1973, 1975) puisqu'elle a aussi gagné en 1978 et 1979 (8 victoires). D'autre part, Billie Jean King a remporté 7 victoires en double dames et 3 victoires en double mixte, et Martina Navratilova, 8 victoires en double dames et 1 victoire en double mixte. Martina Navratilova est donc désormais la championne la plus titrée à Wimbledon.

WINDSOR (château de). – D'une superficie au sol de 94 464 m², il est le principal lieu de résidence de la famille royale d'Angleterre depuis plus de 900 ans. Construit de 1066 à 1087 par Guillaume le Conquérant, il est agrandi aux XIVe et XVe siècles puis restauré entre 1820 et 1830 par Georges IV.

WISE (Robert) (1914-), réalisateur et producteur américain de cinéma. Monteur de deux films d'Orson Welles, *Citizen Kane* et *La splendeur des Amberson*, il réalise avec la collaboration de Jerome Robbins, en 1961, *West Side Story* (version moderne et américaine de *Roméo et Juliette*), film musical et chorégraphique, sur une musique de Leonard Bernstein. Il signe là un des plus gros succès populaires de tous les temps. Il est également l'auteur de *La mélodie du bonheur* (1965), autre comédie musicale.

WONDER (Stevie) (1951-), chanteur populaire américain. Il fait son entrée sur la scène internationale en 1963, âgé de 12 ans, avec un album intitulé *The Jazz Soul of Little Stevie.* Sa carrière n'est pas un feu de paille puisqu'on le retrouve, 20 ans plus tard, avec, notamment, *Part Time Lover*.

WOOD (Natasha Gurdin, dite Nathalie) (San Francisco, 1938-1981), actrice américaine. Elle travaille avec Orson Welles, Joseph Mankiewicz, Nicolas Ray, et James Dean à ses côtés dans *la fureur de vivre. La fièvre dans le sang* d'Elia Kazan (1961) demeure sans doute sa performance d'actrice la plus remarquable. Elle meurt noyée dans des conditions demeurées mystérieuses, après une soirée passée avec des amis.

WOODSTOCK, localité des États-Unis (État de New York) entre New York et Albany. Un festival de pop-music s'y tient en 1969, réunissant Joan Baez, Joe Cocker, Crosby, Still, Nash and Young, Richie Heavens, Jimi Hendrix, Santana, The Who, etc. et un public de 400 000 personnes. Un film de l'événement, tourné par l'Américain Michael Wadleigh, sort sur les écrans en 1970.

WOOSTER (Bertram, dit Bertie), protagoniste des romans de l'écrivain britannique Pelham Grenville Wodehouse (1881-1975). auteur notamment de *S.O.S. Jeeves*.

WORLD TRADE CENTER. – La hauteur des tours est de 550 m pour 110 étages, et il a 208 ascenseurs et 43 600 fenêtres.

WRIGHT (Orville) (Dayton, 1871-Dayton, 1948), aviateur et constructeur américain (avec son frère Wilbur, 1867-1912). Orville est l'auteur du deuxième vol mécanique, à bord d'un avion à deux hélices, le 17 décembre 1903. Ce n'est pas lui, mais son frère, pilote acrobatique, qui trouve la mort en vol.

X

XÉNAKIS (Yannis), (Athènes, 1922-), compositeur français d'origine grecque. Il est également mathématicien et architecte.

XÉNOPHOBIE (du grec *xénos*, étranger, et *phobos*, effroi).

XÉRÈS, vin blanc espagnol, originaire de Jérez, en Andalousie.

Y

Y, petit village de la Somme. Celui qui, de ce point de vue, lui est diamétralement opposé est Saint-Rémy-en-Bouzemont-Saint-Genest-et-Isson, dans la Marne.

YACK ou YAK, ruminant de la famille des bovidés. Il vit à 5 000 m d'altitude, au Tibet où il est domestiqué et utilisé pour le transport des fardeaux.

YALTA (conférence de) (4-11 février 1945), conférence qui se tint à Yalta entre Churchill, Roosevelt et Staline, pour régler, avant la fin de la Seconde Guerre mondiale, les problèmes posés par la défaite des Allemands. L'un des accords stipulait qu'en échange d'une promesse d'intervention de la Russie contre le Japon, l'Europe de l'Est resterait zone d'influence russe. Le général de Gaulle est absent de la conférence.

YAMOUSSOUKRO. – Elle obtient son statut en 1983 aux dépens d'Abdijan. Elle compte 35 000 habitants.

YANG ET YIN, principes du taoïsme, philosophie chinoise fondée au VIe siècle av. J.-C. Le *yang* est le principe solaire et actif; le *yin,* le principe lunaire et passif. Le tao parfait passe par leur harmonisation.

YANNE (Jean Gouyé, dit Jean) (Paris, 1933-), acteur et cinéaste français. Il débute au cinéma en 1964, dans *La vie à l'envers* d'Alain Jessua, avec Charles Denner. Il obtient le prix d'interprétation au festival de Cannes pour son rôle dans *Nous ne vieillirons pas ensemble* (1971) de Maurice Pialat, avec Marlène Jobert. Également auteur de plusieurs films à caractère satirique, tels *Les Chinois à Paris* (1974), *Liberté, égalité, choucroute*, le dernier en date, en 1985.

YAOUNDÉ, avec 528 000 habitants dont 75 % parlent le français, ce n'est pas la ville la plus peuplée du pays – cette dernière est Douala (830 000 habitants). La température y est constante toute l'année : de 22 °C à 25 °C.

YELLOWSTONE (parc national de), premier parc national crée aux États-Unis (1872). Situé dans l'Ouest des États-Unis, dans le Wyoming, il est, avec ses 3 000 geysers, ses cascades et canyons, un haut lieu du tourisme des Rocheuses. Son nom lui vient de la rivière qui le traverse, affluent de la rive droite du Missouri, d'une longueur de plus de 1 000 km.

YÉTI. – L'abominable homme des neiges est un canular zoologique créé au Népal, ainsi qu'en Californie, dans les années 60. La légende le situe dans l'Himalaya, et lui attribue l'apparence d'un très grand singe.

YOGA (de la racine sanscrite *yuj*, joug). – Le joug unit deux animaux afin de les conduire ensemble vers un même but.

YOM KIPPUR (de l'hébreu, jour de la purification). – C'est un jour de jeûne total (plus de 24 heures : du déclin du soleil jusqu'à la nuit suivante), situé entre le 20 septembre et le 12 octobre.

YOUGOSLAVIE. – Issue d'un royaume créé le 1er décembre 1918 et qui réunit au moins 3 nations, cette république d'Europe méridionale est fondée le 29 novembre 1945 avec à sa tête le maréchal Tito (1892-1980). Elle compte plus de 23 millions d'habitants pour 255 800 km^2.

YOUNG (Brigham) (Wittingham, Vermont, 1801-Salt Lake City, 1877), chef mormon américain. Successeur de Joseph Smith, il dirige le grand exode mormon de l'Illinois en Utah et fonde Salt Lake City. La polygamie autorisée par Young est interdite à partir de 1890. On compte environ 4 millions de mormons.

YOURCENAR (Marguerite de Crayencour, dite Marguerite) (Bruxelles, 1903-îles des Monts-Déserts, Maine, 1987), femme de lettres françaises. Auteur de poèmes, de pièces de théâtre, de romans, de nouvelles, de récits autobiographiques et d'essais, on lui doit notamment les *Mémoires d'Hadrien* (1952); *L'œuvre au noir* (1968); *Mishima ou la vision du vide* (1981).

YOURTE ou IOURTE, tente en feutre.

YSEULT, voir **TRISTAN**

YUCATÁN (presqu'île du), presqu'île dont le Nord borde le golfe du Mexique. Elle est le siège de la civilisation des Mayas entre 950 et 1300.

YURCHENKO (Natalia) (1965-) gymnaste soviétique. Elle remporte la coupe du monde de saut en 1982, ainsi que les épreuves d'exercices à la poutre.

Z

ZAMBÈZE, fleuve d'Afrique centrale qui prend sa source au carrefour de la Zambie, de l'Angola et du Zaïre. Il parcourt l'Angola avant de traverser la Zambie et rejoindre le Mozambique par le canal duquel il se jette dans l'océan Indien. D'une longueur de 2 660 km, il possède plusieurs chutes, dont les plus impressionnantes sont proches de Maramba (Livingstone), en Zambie.

ZANDVOORT, circuit automobile sur lequel se court le grand prix annuel de formule 1 des Pays-Bas, créé en 1949.

ZANZIBAR, île de Tanzanie, dans l'océan Indien, d'une superficie de 1 658 km² pour 280 000 habitants. Centre commercial dès l'époque hellénique, elle exporte, en 1982, pour 312 millions de shillings tanzaniens (1 shilling = 0,18 F) de sa principale matière première.

ZARAÏ (Rika Gussman, dite Rika) (1939-), chanteuse israélienne de variétés, elle est également l'auteur d'un best-seller sur la médecine naturelle : *La médecine par les plantes.*

ZÁTOPEK (Emil) (Prague, 1922-) athlète tchécoslovaque. Champion olympique du 10 000 m à Londres en 1948, champion olympique du 5 000 m, du 10 000 m, et du marathon en 1952 à Helsinki, il franchit le cap des 20 km courus en une heure en 1951.

ZAZIE DANS LE MÉTRO, roman français de Raymond Queneau (1903-1976), publié en 1959. L'une des plus fameuses répliques de Zazie est : *« Tu causes, tu causes... c'est tout ce que tu sais faire. »*

ZEN, méthode de méditation bouddhiste fondée en Chine au IVe siècle par l'Indien Bodhidarma sous l'appellation *ch'an* (*zen* est le mot japonais. Le mot originel de cette discipline est *dhyâna* « concentration » en sanscrit). Ses écoles principales sont le *zen riazaï* (méthode des paradoxes), le *zen obaka* et le *zen soto.*

ZÉNITH, contraire de nadir.

ZEPPELIN (Ferdinand comte von), (Constance, 1838-Berlin, 1917), industriel et officier allemand. Il mène à bien la construction des plus gros dirigeables rigides de 1900 à 1914, lesquels, gonflés à l'hydrogène, sont particulièrement sensibles au feu.

007, voir **JAMES BOND**

ZEUS, dieu suprême du panthéon grec, il est Jupiter pour les Romains. De ses amours avec Léda, naissent deux couples de jumeaux : Castor et Pollux, Hélène et Clytemnestre. Voir **LÉDA.**

ZIMBABWÉ, État d'Afrique centrale situé au nord de l'Afrique du Sud. Sa superficie est de 389 362 km² pour près de 9 millions d'habitants. Ancienne Rhodésie, son indépendance est proclamée en 1980. Elle est l'acte de la naissance du Zimbabwé, qui signifie « maison de Pierre ».

ZINZINULER, chanter, pour la fauvette (oiseau passereau de la famille des syrvidés, insectivore et familier des buissons).

ZITRONE (Léon) (1914-) journaliste et présentateur français de télévision, né en Russie. Il est notamment l'un des grands animateurs de retransmissions télévisées de courses hippiques, spécialiste des grands évènements retransmis en Eurovision et présentateur du journal télévisé dans les années 70.

ZODIAQUE (du grec *zoon*, être vivant). – Il y a douze maisons du zodiaque, à chacune desquelles correspond un signe mesurant 30° de longitude. Chaque signe a reçu le nom d'une constellation : Bélier, Taureau, Gémeaux, Cancer, Lion, Vierge, Balance, Scorpion, Sagittaire, Capricorne, Verseau, Poissons.

ZOLA (Émile) (Paris, 1840-Paris, 1902), écrivain français. Il défend dans ses critiques d'art les peintres de l'école des Batignolles, les futurs impressionnistes. Il évolue vers le naturalisme avec *Thérèse Raquin* (1867), dresse la généalogie des Rougon-Macquart. Cette *Histoire naturelle et sociale d'une famille sous le Second Empire* est une grande œuvre cyclique (1871-1893) composée sur le modèle de *La comédie humaine.* Émile Zola écrit également plusieurs contes, des livrets d'opéra, des pièces de théâtre (inédites). Il prend parti pour Dreyfus, dans son retentissant article intitulé *J'accuse* (1898).

ZOO. – La ménagerie du Jardin des plantes, créée en 1793, et le Parc zoologique de la ville de Paris, créé en 1934 aux confins du Bois de Vincennes, dépendent tous deux du Muséum national d'histoire naturelle, c'est-à-dire du ministère de la Culture. Le Jardin d'acclimatation, créé en 1860, qui autrefois accueillait des fauves et des singes, n'abrite plus aujourd'hui qu'une famille d'ours et quelques espèces d'oiseaux.

ZORBA LE GREC (1964), film grec de Michel Cacoyannis.

Z'OREILLES (ou ZOWÈYE). – Comprenant mal le créole, les métropolitains sont considérés par les indigènes comme durs d'oreille. La seconde explication de ce surnom est plus tristement sérieuse : elle vient de ce que les maîtres, autrefois, marquaient leurs esclaves en leur coupant une oreille.

ZWIN, port de Bruges, en Belgique, peu à peu ensablé, en raison du recul de la mer, à partir du Xe siècle. Plusieurs fois désensablé, notamment au XIIe siècle, le port de Bruges se voit finalement contraint, au XVe, de céder le pas à Anvers.

Cet ouvrage a été réalisé sur
Système Cameron
par la SOCIÉTÉ NOUVELLE FIRMIN-DIDOT
Mesnil-sur-l'Estrée
pour le compte des Édition° 1
le 14 novembre 1988

Imprimé en France
Dépôt légal : novembre 1988
N° d'édition : 1268. – N° d'impression : 10569
ISBN : 2.863.91302.6
49.33.0553.01

49.0553.5